*Ch.-A.-Ph. van Loo:
Portrait des jungen Marquis
(um 1760)*

MARQUIS DE SADE
DER MENSCH IST BÖSE

Ein erotisch-philosophisches Lesebuch

Herausgegeben von
MICHAEL FARIN und HANS-ULRICH SEIFERT

Mit einem Nachwort
und einer Bibliographie

Originalausgabe

WILHELM HEYNE VERLAG
MÜNCHEN

HEYNE ALLGEMEINE REIHE
Nr. 01/7708

Copyright © 1990
by Wilhelm Heyne Verlag GmbH & Co. KG, München
Printed in Germany 1990
Die Abbildungen stammen aus den Privatsammlungen
der Herausgeber
Umschlaggestaltung: Atelier Ingrid Schütz, München
Gesamtherstellung: Presse-Druck, Augsburg

ISBN 3-453-04354-5

INHALT

Statt eines Vorworts:
KARL BLEIBTREU
Der Marquis de Sade 7

MARQUIS DE SADE
**Geschichte der Juliette
oder Die Wonnen des Lasters** 27

DR. MED. A. SPER (eigentlich HANS RAU)
Der Marquis de Sade und der Sadismus 129

MARQUIS DE SADE
Sätze und Aphorismen 175

MARQUIS DE SADE
Franzosen, noch eine Anstrengung 186

Der Mensch ist böse
Lehren und Sprüche des Marquis de Sade
in einer Auswahl von ERNST ULITZSCH 233

Ausklang:
MARQUIS DE SADE
Zwei kleine Geschichten 249

Nachwort:
MICHAEL FARIN/HANS-ULRICH SEIFERT
Das schwärzeste Herz — Sade in Deutschland 254

Inhalt

Editionsnotiz 269

Quellennachweis 271

Hans-Ulrich Seifert
**Literatur von und über de Sade
in deutscher Sprache 1791—1989** 273

Statt eines Vorworts

Karl Bleibtreu

Der Marquis de Sade
Eine neue Auffassung

I.

Herostrat verewigte seinen Namen durch jene berühmte Brandstiftung und erreichte damit seine Absicht. Minder freiwillig mußte der berüchtigte Marquis de Sade dazu herhalten, für immer die scheußlichste Nachtseite der Menschennatur zu bezeichnen. Die Vereinigung unnatürlicher Grausamkeit mit unnatürlicher Wollust betitelte man nicht nach dem greulichen Marschall Gilles de Rais, dem Erzscheusal dieser Gattung, sondern brandmarkt sie mit dem Namen Sadismus. Hat de Sade durch sein persönliches Leben Anlaß geboten, ihn vor allen Andern an den Pranger unsterblicher Infamirung zu schmieden? Keineswegs. Wir wissen von ihm nichts anderes Verbürgtes, als daß er einen liederlichen Wandel führte wie alle Cavaliere des Ancien Regime, zum Theil veranlaßt durch das böse Beispiel der entsittlichten französischen Soldateska im Siebenjährigen Krieg, den er von Anfang bis Ende als blutjunger französischer Officier mitmachte, zum Theil durch eine ihm aufgezwungene Convenienzehe, gegen die er sich mit Händen und Füßen sträubte. Er liebte die jüngere Tochter eines Gerichtspräsidenten und mußte die ältere heirathen. Das sind Verhältnisse, die in einer so verderbten Zeit jede Libertinage leicht erklären, als trotzige Verhöhnung aufgedrungenen Jochs. Seine Abneigung, die allgemeine Gesellschaftsheuchelei nachzuahmen und Erotik möglichst unter einem Schleier zu verstecken, brachte ihm allerdings zwei Processe auf den Hals, die ins Gebiet des »Sadismus« fallen. Einmal sollte er an einer Frauensperson Aderlasse und Nadelstiche verübt haben, so daß sie daran starb; ein ander Mal sollte er eine liederliche Gesellschaft mit Pillen von spanischen Fliegen vergiftet haben. Aus sämmtlichen Documenten geht aber hervor, daß erstens keine einzige Person durch ihn den geringsten ernsten Schaden erlitt, daß zweitens in beiden Fällen es sich um *practical jokes* handelt, gerichtet gegen unsaubere Geschöpfe und von diesen aus Erpressungsgründen maßlos aufgebauscht. Die Pillen erwiesen sich als völlig harmlos, die Stechereien fanden überhaupt nicht statt, sondern der spöttische Marquis setzte eine große Gesellschaft, die er zum Besten hatte, und das betreffende angebliche Schlachtopfer nur durch feierliche Manipulationen in einem Secirsaal in Schrecken, wo er anatomische Experimente vorschützte. Bei der Pillengeschichte scheint er obendrein nur ein Manöver bezweckt zu haben, um allgemeine Verwirrung zu erregen, vermittels derer er seine geliebte Schwägerin entführen konnte. Sein giftigster Gegner, Retif de la Bretonne, sein Concurrent als Pornograph, wagte daher später auch nie mehr diese Scandalprocesse gegen ihn auszuspielen, obschon Sade dafür zu maßlosen Freiheitsstrafen und beinahe zum Tode verurtheilt wurde. Sogar seine ihm zeitlebens feindliche Familie empörte sich über solche Ungerechtigkeit, woraufhin mit Hängen und Würgen eine juristische Berufung eingelegt wurde, bei der sich der völlige Ungrund der Beschuldigungen herausstellte. Nichtsdestoweniger sah er sich später mehrmals wegen Entführung seiner Schwägerin *in contumaciam* zum Tode (!) verurtheilt und, nach Ableben seiner Geliebten aus Italien zurückgekehrt, in die Bastille geworfen, wo er lange Jahre schmachtete. Man hat ihn anfangs sogar so barbarisch behandelt, daß man ihm jedes Schreibgeräth und alle Bücher vorenthielt, worüber er in einem Briefe bitterer klagt, als über die Kälte und Öde seines Kerkers. Wir erkennen hier sofort in Sade den Typ des Intellectuellen: Lesen und Schreiben bildet im Grunde seine einzige Leidenschaft. Dies war kein Ausnahmezustand in einer Familie, merkwürdigerweise durch eine weltberühmte Tradition unmittelbar mit der Weltliteratur verknüpft. Sein eigener Onkel, ein frivoler und geistreicher Prälat, schrieb das Leben Petrarkas und seiner Laura, die ebenso unsterblich bleibt wie Dantes Beatrice und die einfach die Ahnfrau des Hauses Sade gewesen ist. Seltsamer Witz des Schicksals, vielleicht mehr als ein Zufall, obschon wir nach menschlichen Begriffen keine Erklärung finden: Laura de Sade als ewiges Symbol der Platonischen Liebe, ihr Abkömmling der angebliche Lehrmeister des Sadismus, der schändlichsten erotischen Greuel!

Wie dem auch sei, dieser erblich mit »Literatur« belastete junge Grandseigneur begann schon früh zu scribeln und fröhnte seiner literarischen Neigung bis zu seinem Tode. Als er durch die Revolution seine Schlösser und Güter verlor, ernährte er sich von Komödieschreiben und soll darin ungeheuer fruchtbar gewesen sein, obschon uns im Druck nichts davon erhalten blieb. Gedruckt auf die Nachwelt gekommen sind nur eine abscheuliche satirische Komödie (keine von den vielen, die er während der Revolutionszeit öffentlich aufführen ließ): *Die Philosophie im Boudoir*, ferner ein boshaftes Pasquill auf Josefine Beauharnais und Barras. Endlich jene zwei entsetzlichen Romane, die ihm herostratische Unsterblichkeit sichern, *Justine* und *Juliette*, zehn Bände. Sie sind offenbar im Gefängnis concipirt und größtentheils geschrieben worden.

Nachdem die Revolution ihn aus endloser Kerkerhaft befreite, hatte er später aufs neue Zeit, fern von Madrid darüber nachzudenken, daß auf Cäsars Gattin kein Makel fallen darf, daß man Josefine Bonaparte, die künftige Kaiserin, nicht ungestraft beleidigt. Wir betonen schon hier, daß der Grundstoff seines obengenannten Pasquills auf Wahrheit beruhte, soweit es Josefines anstößigen Verkehr vor ihrer zweiten Verheirathung und leider auch nach derselben betraf. Napoleon wußte dies sehr gut und die Annahme, Sade habe im Baron d'Orsec den großen Mann selber geißeln wollen, scheint gewagt: die Ähnlichkeit ist im Wesentlichen so verwischt, daß man kaum behaupten darf, Sade habe wirklich den Ersten Consul (1801) selber porträtirt. Um Napoleons Zorn zu begreifen, genügt es, auf dessen damals schon beschlossene Absicht hinzuweisen, Josefine zur Kaiserin krönen zu müssen. Er konnte deßhalb aus politischen Gründen eine solche Majestätsbeleidigung nicht ungesühnt lassen. Sade wurde diesmal für verrückt erklärt und in Charenton eingesperrt, wobei für Napoleons Strenge verschärfend ins Gewicht fiel, daß er die damals schon weltberühmten Schmutzromane Sades verabscheute, sie überall confisciren ließ und sie als Attentat gegen die nationale Sittlichkeit, Sade als einen Verführer zum Laster auffaßte. Darin hatte er, objectiv genommen, vollkommen Recht; ob in subjectivem Sinne, nämlich auf Sades eigene Person und Zwecke bezüglich, werden wir später erörtern. Jedenfalls genoß der mysteriöse Marquis nochmals das Vergnügen elfjähriger Einsperrung, so daß er im Ganzen sechsundzwanzig beste Lebensjahre im Gefängniß zubrachte. Aber wenn diese zweite Verurtheilung durch Napoleon objectiv begründet erscheint, so lag für seine noch längere Verfolgung unter dem Ancien Regime kein wirklicher Grund vor. Seine lange Inhaftirung in der Bastille wegen bloßer Entführung und Ehebruch — Dinge, die damals in der vornehmen Welt einfach das Normale und Landläufige bedeuteten — sollte jeden aufmerksamen Forscher sofort stutzig machen. Wer weiß nicht, daß damals mehr denn je die Justiz gegen hochgeborene Verbrecher blind oder mindestens äußerst milde zu sein pflegte! Woher nun solche drakonische Sittlichkeitswuth gegen Herrn de Sade, schon Anfangs wegen beweisloser Verleumdungen? Ganz einfach, weil er von jeher als überzeugter Revolutionär aus seinem Herzen keine Mördergrube machte. Seinem Haß gegen Monarchie und Clerus blieb er sein Leben lang treu, blieb bis zum Tode Republikaner und Freigeist, weßhalb er sich ja auch die neue schwere Züchtigung unter dem Kaiserreich zuzog. Napoleon war über den Mann gut unterrichtet, erkannte ihn als gefährlichen politischen Charakter und die Verhöhnung Josefines als bloßen Ausfluß ingrimmigen Tyrannenhasses, der in ihr nur die kommende neue Monarchie treffen wollte.

Ein merkwürdiger Zufall hat verhindert, daß wir unter den wenigen »Opfern der Bastille«, die man beim Bastillensturm vorfand und die in keiner Weise Mitleid verdienten, den berühmten Namen des »Verbrecher-Professors«, wie Taine ihn nennt, vermissen. Sade wurde nämlich zwei Tage vor der Erstürmung in ein anderes Gefängniß entfernt, weil er von seinem Kerkerfenster aus das Volk revolutionär aufreizte und wilde Schmähungen gegen den Gefängnißdirektor de Launay ausstieß. Unter dem Terreur galt er als ehrwürdiges Opfer der Bastille und lebte daher nicht nur unbehelligt in Paris, sondern fungirte sogar als Secretär eines Jakobinerclubs. Er schrieb schwülstige Grabverse auf Marat, dessen unerbittlichen Terrorismus er billigte und aufrichtig anpries. Trotzdem wagte er, sich als Jakobiner noch unverdrossen »Marquis« zu nennen und zu zeichnen, so daß er der einzige geduldete »Aristo« innerhalb der republikanischen Sphäre gewesen ist. Diese höchst auffällige Thatsache beweist zweierlei: erstens, daß seine ultrarevolutionäre Gesinnung und seine Leiden »für die Freiheit« zu allbekannt waren, um ihn irgendwelchem Verdachte auszusetzen; zweitens seinen hochmüthigen Trotz in jeder Lebenslage, der sich gerade so über republikanische Vorurtheile erhaben glaubte, wie früher über alle Machtbefugnisse des Ancien Regime. Er ging aber in seiner stolzen Gleichgültigkeit gegen persönliche Gefahr noch weiter, und hier stoßen wir auf eine neue blitzartige Beleuchtung des räthselvollen Menschen. Seine Schwiegereltern nämlich, die ihn aufs Unerbittlichste gequält und verfolgt hatten, rettete er mit größter eigener Gefahr vor der Guillotine, und es ist aufs Neue seltsam, daß er zwar dafür verhaftet und mit dem Tode bedroht, doch bald wieder freigelassen wurde. Das erklärt sich nur durch Anerkennung seiner Dienste für die revolutionäre Sache und außerdem wohl durch die gewandte Sicherheit seines Auftretens, die Hypnose, die von ihm auszugehen schien. Denn später in Charenton bezauberte er alle Welt, wurde das Haupt aller Mitgefangenen, so daß lange Berichte über seine Gefährlichkeit einliefen, genoß der besonderen Gunst des Gefängnißdirectors und der Ärzte und wird in diesbezüglichen Rapporten als ein überaus höflicher, liebenswürdiger Herr geschildert. Daß er im Übrigen nicht die leiseste Spur von Geistesgestörtheit bekunde, darüber sind die Gutachten aller Ärzte einig! Natürlich ging es unter ihm in diesem fidelen Gefängniß wieder ganz literarisch zu, er ließ seine oder andere Komödien aufführen, wobei er als Regisseur leitete, und richtete bei jeder unpassenden Gelegenheit witzige oder pathetische Verse an irgend ein Schlachtopfer seiner Muse. Später freigelassen und in Dürftigkeit gestorben, bekundete er noch in seinem Testament seine antikirchliche und demokratische Gesinnung.

Was wissen wir also thatsächlich von diesem angeblichen Ungeheuer? Daß er ein jovialer Lebemann war wie all seine damaligen Standesgenossen, ohne daß ein einziger Zug verbrecherischer Gemeinheit und Rohheit von ihm verbürgt wäre, wie von unzähligen Anderen; daß er ein liebenswürdiger Charmeur und auch im Elend ein richtiger Grandseigneur gewesen ist, der sich vor Niemand bückte, jeder äußeren Gewalt trotzte und von Anfang bis Ende seine revolutionären Grundsätze nie verleugnete, tapfer auch gegen seine plötzliche Armuth, von der er sich bezeichnender Weise mit der Feder erholte, immer sein Auge auf literarisches Schaffen gerichtet, von wahrem Productionsfieber verzehrt. Seine hochherzige That, feurige Kohlen aufs Haupt seiner Feinde (der Schwiegereltern) zu sammeln, macht es zu psychologischer Unmöglichkeit, daß er etwas anderes, als eine vornehme und im tiefsten Grunde edle Natur gewesen sei. Und wenn die menschliche Natur überhaupt die Inconsequenz zuließe, daß ein verbrecherischer Mensch je eine so selbstlose Handlung verübte, so müssen wir vollends ins Klare kommen, wenn wir sein Verhältniß zu den zwei einzigen Frauen betrachten, die in seinem Leben wirklich eine Rolle spielten. Was finden wir nämlich hier? Nachdem er mit seiner einzigen »wahren Liebe«, seiner Schwägerin, nach Italien geflüchtet, lebte er dort mit ihr bis an ihren Tod in romantischer Zurückgezogenheit einer morganatischen Ehe völlig monogamisch, wie etwa Lord Byron mit seiner Guiccioli. Ihr Tod soll ihn furchtbar erschüttert haben, und er kehrte als seelisch gebrochener Mann in die Heimath zurück, um sich seinen gehässigen Verfolgern auszuliefern. Wie aber verhielt sich nun seine gekränkte Gattin dazu? Sie betete ihn an, blieb ihm die treueste, aufopferndste Freundin, suchte ihn wiederholt aus dem Gefängniß zu befreien und behielt ihre zärtliche Zuneigung und hohe Meinung von seinem Werthe, obschon er ihre Treue meist mit rauhem Mißtrauen vergalt. Da eine solche Anhänglichkeit unter den obwaltenden Umständen jedes eigennützigen oder sinnlichen Beweggrundes entbehrt, so ehrt ihn die unwandelbare Stärke der Liebe, die er einflößte. Denn in diesem Sinne wie hier kann wirkliche, selbstlose Liebe sich schlechterdings nur an seelische Eigenschaften knüpfen, zumal Frau v. Sade als keine sentimentale Närrin, sondern als nüchterne, ehrbare Matrone in ihren Handlungen und Briefen erscheint. Kein Mensch ist je aufrichtig und selbstlos geliebt worden, wenn nicht sein Geist und vornehmlich sein Charakter irgend welchen Anlaß und Anhalt für so edle Empfindungen gaben.

II.

Man erzählt von wiederholten Zornausbrüchen Sades, wenn die arme Frau ihn im Gefängniß besuchte, und er machte zu ihren rührenden Briefen mehrfach unfläthige Randglossen, die sein tiefwurzelndes Mißtrauen bekunden. Dies ist der einzige unschöne Charakterzug, den wir von ihm kennen, gleichzeitig der schlechterdings einzige Stoff für das Schnüffeln der Pathologen, die hier sofort jenes unmotivirte Mißtrauen und jene Wutanfälle wittern, wie sie als wichtiges Symptom des Irrsinns gelten. In Wahrheit gehört viel Naivetät dazu, dies nur zu begreifliche Mißtrauen mit Geistestrübung zu verwechseln. Seine Schwiegereltern waren seine ärgsten Feinde, doch zu Gunsten seiner Frau, von der er logisch annehmen mußte, daß sie mit ihren Eltern unter einer Decke stecke, um sich für alle ihr angethane Unbill und Kränkung zu rächen. Diese Ehe hielt er für das eigentliche Unglück seines Lebens, und es war unverzeihliche Grausamkeit gewesen, ihn an eine Ungeliebte zu fesseln, trotzdem er sofort ihrer Schwester seine Hand anbieten wollte. Sein Vater, seine Schwiegereltern hatten seine zerstörte Laufbahn auf dem Gewissen, und es wird wahrscheinlich, daß auch hierbei die selbstische Rücksichtslosigkeit der »Familie« gegen geniale Menschen zu Grunde lag: diese boshafte Strenge und Durchkreuzung seiner Neigungen sollte den Freigeist und Revolutionär heilsam züchtigen. Als lebendige Verkörperung aller ihm feindlichen Gewalten galt ihm seine conventionell aufgezwungene Gattin, und nichts natürlicher, als daß bei ihrem Anblick der durch unablässiges Kerkerleid Verbitterte in zornige Aufwallung gerieth. In einer Epoche, wo der ohnehin landesübliche Egoismus die wüstesten Orgien feierte, an allesverzeihende reine Liebe, die edelsten Gesinnungen der Menschenseele glauben sollen, wird man am Wenigsten in diesem Falle einem ungerecht Verfolgten zumuthen, dem so lange Abgeschlossenheit von der Welt nothwendig Haß und Argwohn nähren mußten. Und siehe da, die Pathologen sind auch gleich bei der Hand mit der weisen Erklärung, daß nichts so sehr das Gehirn schwäche als lange Kerkerhaft. Deßhalb muß natürlich der literarische Urheber des »Sadismus« langsam verrückt geworden sein, ein rührend mildernder Umstand! Nur schade, daß auch andere bedeutende Menschen lange im Gefängniß saßen, ohne daß Giordano Bruno, Walter Raleigh, Silvio Pellico, Fritz Reuter, um nur einige Namen zu nennen, darob in Geisteszerrüttung verfielen! Nur schade, daß de Sade expreß auf diesem heut nicht mehr ungewöhnlichen Wege als Irrenhäusler unschädlich gemacht werden sollte und doch sämmtliche, ihn beobachtenden Ärzte von seiner völligen Normalität überzeugte! Da ferner Grund vorliegt, anzunehmen, daß er trotz seiner Kerkergeistesschwäche und seines durchaus logischen Argwohns sich zuletzt dazu bekehrte, seine Frau sei wirklich keine Heuchlerin, sondern eine seltene treue Seele, — unter den obwaltenden schwierigen Verhältnissen ein stärkster Beweis seiner Geistesklarheit — so legen wir nochmals weit mehr Gewicht darauf, daß alles Zurückstoßen und alles Verkennen das brave Weib nicht in unerschütterlicher Zuneigung und sogar Verehrung für diesen Gatten beirrte. Meist kennt und durchschaut die dümmste Ehefrau das innerste Wesen ihres Eheherrn besser, als der klügste fernstehende Beobachter. Die Versicherung der dummen Mathilde, daß ihr Henri »so gut« gewesen sei, bleibt dem Heineverehrer das triftigste Zeugniß gegen seine Verleumder. Frau de Sade wird ihren Mann wohl am besten gekannt haben, und hier befinden wir uns obendrein in der glücklichen Lage, zu sehen, daß sie recht hatte: sein hochherziges Betragen gegen die tödtlich gehaßten Schwiegereltern, wozu unter Hunderttausenden noch nicht Einer fähig wäre, erhebt diesen echten Grandseigneur mit einem Ruck auf die Stufe des Edelmenschlichen im vornehmsten Sinne.

Mit der Verrücktheit de Sades ist es also nichts, mit seiner Verruchtheit noch weniger. Gleichwohl hat man allzeit den traurigen Muth gehabt, ihn nur unter diesem Gesichtswinkel zu betrachten. Man hat mancherlei über ihn geschrieben, Jules Janin z. B. einiges Lesenswerthe*. In neuerer Zeit bildet er für sogenannte Pathologen ein geschätztes Versuchskaninchen. So hat der geistreiche Professor Eulenburg sich lehrhaft über die Selbstverständlichkeit ergangen, daß jeder »Sadist« unzurechnungsfähig sei, vor Allem Sade selber. Der erstere Theil dieser These ist in seiner Ausschließlichkeit höchst anfechtbar, der zweite hingegen die vollkommenste Wahrheitsfälschung, wie aus allem Obigen ersichtlich! Pathologen arbeiten bekanntlich nach dem Grundsatz: legt ihr nicht aus, so legt doch was unter. Mit ihrer Normalelle, die selbst nur eine fixe Idee und Zwangsvorstellung bedeutet, kann man ja jedem Genie das Maß nehmen. Nach Möbius gehörte selbst Goethe zu den Umdunkelten. Hier aber bewegt sich »wissenschaftlicher« Leichtsinn im drolligsten Circulus viciosus: Sades Schandbücher kann nur ein Verrückter geschrieben haben, also war Sade verrückt, obschon alle Anzeichen und Thatsachen das Gegentheil bekunden! Die Bedenken jedes ehrlichen Logikers gegen diese schiefe Auffassung haben nun vor einigen Jahren das beste bisherige Werk über Sade veranlaßt: Dr. Eugen Dühren, der als Pathologe sich zwar auch nicht aus dem Bann vorgefaßter Vorurtheile losmachen konnte, aber ein Pfadfinder zum rechten Wege durch seine Theorie wurde, man müsse den »Lasterprofessor« culturhistorisch werthen und aus seiner verderbten Epoche erklären. Dazu lächeln wir: »*Cette sentence est vraie et belle, mais dans l'enfer de quoi sert-elle?*« (Scarron). Denn so lange Sade nur ein naiver Exponent zeitgenössischer Niedertracht bleibt, würde er im Grun-

---

* Wieder zugänglich in: Jules Janin: Der Marquis von Sade und andere Anschuldigungen. München: belleville 1986.

de doch unter Zwangsvorstellungen gearbeitet haben, als unfreiwillig berauschter Dolmetsch eines ungeheuerlichen Verbrecherthums, dessen Odeur zwar seinem Milieu entströmte, das aber in solchem Climax des Ungeheuerlichen nur in seiner eigenen Teufelei beruhte, gleichgiltig, ob dies Teuflische von ihm persönlich in Thaten umgesetzt wurde oder nur in zügelloser Phantasie-Orgie schwelgte. Denn wenn Sade alle diese Monstrositäten erdachte, um anderen Lasterhaften einen Leitfaden und eine Bibel des »Sadismus« an die Hand zu geben, so müßte man ihn für den schwersten intellectuellen Verbrecher und Sünder »wider den heiligen Geist«, auch wirklich für einen Tollhäusler ansehen. Denn um die seelische Verfassung eines Lustmörders und eines in *Psychopathia Sexualis* schlammwühlenden Erotomanen ununterbrochen in langem, geistigem Schaffen festzuhalten, bloß um seiner eigenen geistigen Unzucht zu fröhnen und seine für entsprechende Thaten zu impotente und feige (Sade feige!) Bosheit durch literarische Onanie zu befriedigen, dazu gehört ein entschieden pathologischer Zustand. Dann hätten also die Pathologen immer noch Recht, er bliebe ein dämonischer *déséquilibré*, wie die Franzosen es treffend nennen. Aber dem widersprechen sein eigener sonstiger Charakter und Lebenswandel. Gesunde Logik lehrt: wenn einer Hypothese, die an und für sich einleuchtet, umgekehrt unbestreitbare Thatsachen entgegenstehen, so muß die Hypothese einen Knacks haben und wir müssen eine andere Erklärung suchen, die sich den Thatsachen anpaßt. Weiter: ein **materielles** Motiv für seine literarische Greuel läßt sich nirgends entdecken. Trotz der späteren enormen Verbreitung seiner Bücher scheint er keinerlei lucrativen Lohn, vermuthlich nur eigene Unkosten dabei gehabt zu haben. Er wurde eben straflos überall nachgedruckt. Und wenn man in späterer Zeit, just vor seinem Tode, vor Allem aber nachher auf ihn als den »leider nur zu berühmten Autor« anspielte, so hat er selbst von diesem Ruhm wenig genossen, auch anfangs einmal Autorschaft seiner Bücher verleugnen müssen, um schwerer Buße zu entgehen. Einträgliche Pornographie lag also nicht vor, dagegen scheint allerdings, daß seine Zeitgenossen und nächsten Nachkommen diese Sittenromane viel ernster nahmen, d. h. sie zur ernsten Literatur rechneten, keineswegs sie als bloße Pornographie verschlangen. Sie sind auch in Deutschland nachgedruckt und »studirt« worden. Es muthet eigen an, daß ein nach Göttingen emigrirter französischer Gelehrter Charles de Villers sein wildes, kritisches Autodafé gegen diese pestilenzialische Ansteckung damit anhebt, eine Dame habe ihn um seine Ansicht darüber ersucht. Ei, ei, was für eine Zeit muß das gewesen sein, wo deutsche Damen den Sade als Modelectüre und erotische Pille einnahmen und sich nicht scheuten, ihre Lectüre zu bekennen! Eine beispiellos verderbte Zeit? Seltsam, wir kennen sie doch als die Zeit Voltaires und Friedrichs des Großen, der französischen Revolution, Goethes, Kants, Lord Byrons, Napoleons, denn diese ganze Entwicklung umschreibt Sades langes Leben. Kurz, es ist mit der auch nicht gerade zimperlichen Renaissance zusammen die größte Epoche der Menschheit, von deren geistigen Großthaten wir noch heute zehren, eine ausgesprochen geniale Zeit. Diese Leute hatten eben stärkere Nerven als wir, und stärkere Gehirne, sie pflegten jenen gesunden Cynismus, der sich oft dem Heldischen und heroisch »Tugendhaften« paart, sie konnten den Sade verdauen, ohne Schaden an ihrer Seele zu nehmen, während heute jeder nicht geistig Tactfeste in Ohnmacht fällt oder ein Glas Wasser trinken muß, wenn er ein paar Capitel des schrecklichen Marquis über sich ergehen ließ.

Denn allerdings, um es frei zu sagen, die Scheußlichkeit dieser »Literatur von Kot und Blut«, wie die Franzosen es nennen, geht über alle Begriffe. Niemand, der den Inhalt von *Justine* und *Juliette* nicht kennt, kann sich von den hier aufgehäuften erotischen Greueln auch nur den entferntesten Begriff machen. Das Gerücht übertreibt meist; doch die dunkle Sage, seine heute vergriffenen und nie mehr nachgedruckten Werke (kein Staat könnte den Nachdruck dulden, und spannte er den Rahmen des Erlaubten noch so weit) seien das Ruchloseste, was je Menschenhand geschrieben, trifft diesmal das Rechte. Jede noch so hochgespannte Erwartung bleibt hier noch hinter der Wahrheit zurück. Die erotischen Massenmorde des Gilles de Rais wirken matt, eintönig, fade, wie Zuckerwasser neben Absynth, neben dieser Vielseitigkeit und Fülle stinkender (wörtlich!) Gemeinheit und blutrünstiger Menschheitsschändung. Diese fürchterliche Feder ist unerschöpflich und unersättlich, mit wollüstigem Behagen in seelischen Eingeweiden und Excrementen der *Bête Humaine* herumzustochern. Dühren muß in seiner Analyse fortwährend lateinische Sätze einflicken, weil solche Schmutzereien sich kaum noch französisch, geschweige denn in unserm geliebten Deutsch ausdrükken lassen. Die Feder sträubt sich, die Tinte erröthet. Dabei wird aber diese satanische Zehnbändigkeit weder je weitschweifig, noch wirr und zerfahren. Es herrscht solche methodische Festigkeit und eiserne Logik, daß der köstliche letzte Einfall der Pathologen, Sade als »Graphomanen« zu bemitleiden, sofort als morscher Rettungsanker ihrer Leichtfertigkeit zerreißt. Das Bild des Graphomanen steht wissenschaftlich fest, Sade entspricht ihm in keinem Zuge. Eulenburg und Dühren müssen selber zugestehen, daß die unverdrossene Arbeitskraft, diese zehn Bände zu verbrechen — nur ein Theil von Sades massenhafter verschollener Production — außerordentlich und nur einem hochbegabten Intellect möglich sei. Auch verkennen sie nicht die scharfe innere Logik und die Gewalt der Darstellung, suchen dies aber durch allerlei Clauseln abzuschwächen. So meint z. B. Dühren, Sade sei als »Philosoph« nur ein mittelmäßiger Eklektiker und Phrasendrescher. Er sündigt hier erstens gegen seine eigene culturhistorische Theorie. Denn in allen Werken der Aufklärungsepoche, auch bei Rousseau und Voltaire, findet sich, was wir theils als Phrase, theils als Platitude heute kennzeichnen würden: Damals war es keines von beiden, sondern naiver spontaner Ausdruck einer neuen, aber noch gährenden Weltanschauung. Die Große Revolution strotzt von Phrasen und Gemeinplätzen, aber darum bleibt sie doch die Große, und es scheint eine recht unwissenschaftliche Anmaßung, von jenem Geschlecht die blasirt abgeklärte »Reife« unsrer Decadence zu fordern, während es an Kraft des Handelns, an Leidenschaft, differenzirter Nervenfeinheit, Schönheitsgier uns hundertfach, an Fähigkeit zu idealer Begeisterung und Heroismus tausendfach überlegen war. Dührens vortrefflich geschriebenes Buch giebt daher in seinen einseitig zusammengescharrten Documenten der Verbrecherstatistik ein ebenso schiefes Bild jener Zeit, wie Taines großartiges Pamphlet gegen die Jakobiner und Napoleon. Und was versteht er hier unter eklektischem Mischmasch in Sades langathmigen philosophischen Excursen, deren häufige Wiederholungen er womöglich auch noch als pathologisches Symptom auffaßt? (Ohne zu bedenken, daß z. B. Buddhas Reden unablässig Früheres wiederholen, um stets die logische Beweiskette vor Augen zu halten.) Erwartet er die wahre (metaphysische) Philosophie der Inder, Griechen, Deutschen von französischen Encyclopädisten? Voltaire, Diderot, Lamettrie, Helvetius sind über platten Sensualismus nie hinausgekommen und Sade besaß doch nur die Bildung seines Nationalmilieu. Jener Materialismus hat aber das bleibende Verdienst, Schuttgeröll des Aberglaubens auf allen Gebieten weggeräumt und in seiner einseitig beschränkten Weise manches Wahre entdeckt zu haben. Nun lag zwar Sade nichts ferner, als »Berufsphilosoph« zu sein, »Philosoph« nannte sich damals jeder Freigeist. Den Zeitgenossen schienen die Ergüsse seiner naiv weltmännischen Lebensphilosophie nicht weitschweifig, und er unterstrich wiederholend seine (angeblich ernstgemeinte) Lasterlehre, um die von ihm entdeckte Wahrheit recht eindringlich zu machen. Denn er ist weit mehr Denker als Dichter in seiner eigenthümlichen Weise, hat ausgesprochen didaktische Absichten, weßhalb Taine für ihn ganz glücklich den Titel »Professor des Verbrechens« wählte. Ein Professor erdichtet nicht, er experimentiert; Sade ist genau so ein Analytiker wie Taine, dessen famosen Spruch »Laster und Tugend sind Producte wie Vitriol und Zucker« er sich vielleicht zu eigen gemacht hätte. (Auch sein später von Dühren entdeckter hinterlassener Roman *Sodoms hundert Sünden* bietet ein wahres Conversationslexikon der Unzuchtwissenschaft.) **Was ist denn nun diese Wahrheit, die er beweisen will?** Schon der Buchtitel *Justine oder das Unglück der Tugend* deutet darauf hin. Diese Bücher machen sich wie Voltaires Candide über die beste aller Welten lustig, sie zeigen, wie in verderbter Hypercultur nur das Laster florirt und das Gute nothwendig zu Grunde geht. **Doch eine viel tiefere Wahrheit über das Laster selbst wird hier entwickelt, wovon der geprägte Begriff »Sadismus« im Grunde eine ganz verkehrte Vorstellung giebt.** Denn dieser soll nur einfach eine Verschmelzung von Grausamkeit und Wollust als klinische Specialität festhalten, Sade aber hat etwas viel Furchtbareres und viel Bedeutenderes ausgesagt und plastisch mit unerbittlicher Analyse bewiesen. Er hat nämlich klipp und klar dargelegt, daß nicht »anormale« Ausnahmenaturen, sondern die allermeisten Menschen zu harter Bestialität veranlagt sind; daß sexuelle Verderbtheit die Brutstätte aller Laster (Grausamkeit, Raubsucht, Verlogenheit, Feigheit, Faulheit) bei ihnen bildet, daß sie, sobald Luxus, Wohlleben, schlechtes Beispiel und vor Allem Mangel an sonstiger intellectueller Ablenkung ihnen dazu Zeit und Raum gewähren, **zuerst nothwendig auf Unzucht verfallen, sodann auf widernatürliche jeglicher Art und zuletzt auf den »Sadismus« als Gipfelpunkt des Satanismus. Das ist eine erstaunliche, gewaltige Wahrheit, wegen deren Entdeckung Sade verdient, neben den berühmtesten Seelenkundigen wie Shakespeare und Dostojewski genannt zu werden, *ein Columbus der Bête Humaine*, und so unendlich tief er literarisch unter solchen Größen steht, wird man ihm doch für diese epochale Leistung nicht den Rang verweigern dürfen, der ihm zukommt: wir stellen ihn sofort in die Reihe der **genialen Menschen**.

Über die Schrulle der Pathologen, jede Genialität auf morbidem Hirnboden entspringen zu lassen, können wir zur Tagesordnung übergehen. Ach ja, Goethe war entschieden ein Graphomane, Schopenhauer und Rousseau litten an verkniffenem Querulantenwahn, Giordano und Kant hatten Anfälle von Mystik (o weh!), Newton im Alter desgleichen, Dante war Hallucinator, Byron wie alle Weltschmerzler und in weiterer Folge überhaupt alle Idealisten war ein weinerlicher Mieselsüchtiger. Shakespeare vollends, wir wissen es durch Tolstoi, muß als eine Art Vorfrucht de Sades gelten, da er nur an Verbrechen und Unflätherei seine Freude hatte. Nehmen wir den armen Sade in diese traurige Gilde auf! Oder lieber noch nicht, denn wir werden einen anderen Genialen und Verrückten finden, zu dem er besser paßt, und diese Verwandtschaft wird uns mit eins sein wahres Wesen entschleiern.

Daß Sade keineswegs — **dies** wäre pathologisch — die »Tugend« für nicht vorhanden hielt, zeigt gerade die ergreifende Schöpfung der unglücklichen Justine, neben der sich triumphirend ihre Schwester, dies Naturwunder der Schlechtigkeit, spreizt. Letztere heult aber dazwischen weltschmerzlich, erstere wird vom Blitz erschlagen, als die Bösen sie gerade verderben wollen: deutlicher konnte Sade doch nicht unterstreichen! Aber hat er denn überhaupt erdichtet, nur aus unsauberer Einbildungskraft geschöpft, von sich selbst aus Anleitung zu tausend Lastern gegeben? Weit gefehlt! Sobald wir in seiner Schilderung der Italienischen Gesellschaft auf Caroline und Ferdinand von Neapel stoßen, rufen wir erstaunt: das ist ja Alles richtig bis aufs I-Tüpfelchen, historische Forschung bestätigt jedes Detail. Und es ist Dührens Verdienst, durch zahlreiche Belege es klarer und klarer zu machen, daß jede Episode des Sadeschen Höllenbreughels so »documentirt«, wie ein Zolascher Roman. Wir geben sogar unsrerseits der Vermuthung Raum, daß zur Engländerin Clairwill keine Andere als Lady Hamilton, zum schurkischen Minister St. Fond der Staatslenker Duc de Choiseul Modell stand, welch letzterer bekanntlich mit seiner eigenen Schwester in Incest lebte. Wohin der eingeweihte Zeitgenosse schaute, überall fand er bei Sade liebe Bekannte, nur mit veränderten Namen, wie z. B. beim Erzbischof von Lyon. Sobald man sich die überraschende Erkenntniß zu eigen macht, daß wir in diesen angeblichen Delirien sadistischer Phantasie nur einen getreuen Sitten- und Schlüsselroman vor Augen haben, enthüllt sich immer deutlicher die Umsturztendenz dieser anscheinend unpolitischen Höllenbilder. Könige, Minister, vor Allem den ganzen Klerus an den Pranger zu nageln, diese übertünchten Gräber unter entsetzlichem Miasmengestank aufzudecken, machte Sade unendliches Vergnügen. Diabolisches *Ecrasez l'infâme* knirscht zwischen den Zoten grinsender Schadenfreude. Als Damiens sich am Hirschpark-Louis vergreifen wollte, mordete das Ancien Regime ihn langsam auf eine Art, die alle sadistischen Schandthaten in Schatten stellt, und gierig zuschauende Damen befriedigten dabei ihre Geschlechtlichkeit, worüber sich selbst Casanova empört. Nun, unser revolutionärer Marquis hat das Ancien Regime literarisch ebenso hingerichtet, Auge um Auge, Zahn um Zahn, er riß es Glied für Glied in Stücke. Wenn sein St. Fond auseinandersetzt, wie man zur Füllung monarchischer und ministerieller Taschen das Land entvölkern und das Elend steigern müsse, wer hört da nicht eine Sturmmöve *Ça ira* kreischen, unterm Hohngelächter den drohenden Fluch: *Aus armes, citoyens!* Doch wie bezeichnend, daß Sade seine eigentlichen Massenblutbäder erst unterm Terreur in späterer Auflage hineinbrachte! So treulich schrieb er nach dem Leben, hielt sich an copirte Wirklichkeit. Wenn er manchmal übertreibt, was ihm Dühren natürlich als pathologisch aufmutzt, so verlegt er nur den Schauplatz: Carrier und Collot haben in Nantes und Lyon sicher mehr Menschen umgebracht, als Sades Unheilstifterinnen in Neapel. Pathologen sollten endlich Bescheidenheit lernen und nicht als literarische Sachverständige auftreten. Nur ein Ignorant kann sich erbosen, weil Sade mal genau 1176 Schlachtopfer berechnet, jeder Literarhistoriker einnert sich sofort an Swift, der gerade so mit gravitätischer Schwindelstatistik um sich wirft. Übertreibung gehört mit zum Handwerkszeug der Satyre. Hat nicht auch Swift das Rösten der Säuglinge in Irland kannibalisch empfohlen, hat er nicht die Menschheit moralisch geschunden mit sadistischer Schmerzenswollust? Von Menschenhaß und Ekel verzehrt, mit der gleichen Maske wie Swift, hat Sade sich gerächt: **Sade hat dem allgemeinen Sadismus die Wahrheit gesagt.**

Diese Versittlichung Sades wird natürlich gerade so wie dem Moralpöbel auch jenem kindlichen Unmoralpöbel unbequem sein, der heut das große Wort führt und allen Ernstes zu glauben scheint, die Geistesgröße der Griechen und Renaissancemenschen sei nur durch ihre allgemeine Sinnlichkeit und besonders ihre perversen Neigungen ermöglicht worden. Der alte schauerliche Philisterwahn, der Liederlichkeit mit Genialität verwechselt und nicht ahnt, daß große Geistesarbeiter überhaupt keine Zeit zur Ausschweifung haben, daß die Muse eine gar strenge und eifrige Göttin ist, die sich eifersüchtig rächt, wenn man der Venus opfert. Was Byron, Goethe oder gar der arme Heine im Tempel des Priapus leisteten, erreicht schwerlich die gesammelten Werke eines Leutnants oder Handelsreisenden in dieser Branche. Ein Genialer, der sich zu sehr der Erotik hingiebt wie Musset und Maupassant, geht denn auch richtig daran zu Grunde und zwar geistig noch früher als physisch. Sades ungeheurer Fleiß und rastloses Geistesstreben können daher unmöglich mit eigener ungesunder Erotik gepaart gewesen sein. Seine düstere Menschenverachtung aber folgte dem Grundsatz seines Zeitgenossen Chamfort: »Die Pessimisten sind ehrlich, weil sie sonst keine Pessimisten wären.«

Geschichte
der
Juliette
oder
Die Wonnen des Lasters
vom
Marquis de Sade.

Eingeleitet durch eine Biographie des Verfassers
und einer Inhaltsübersicht.

Amsterdam.
Gedruckt auf Kosten guter Freunde.

Biographie

Sade (Donatien Alphonse François, *comte de*), französischer Schriftsteller, unter dem Namen *Marquis de Sade* bekannt, wurde am 2. Juni 1740 in Paris geboren und starb am 2. Dezember 1814 im Irrenhause zu Charenton bei Paris. Er war ein Sohn des als Schriftsteller und Diplomat bekannten Jean Baptiste Franz Joseph Graf von Sade, welcher selbst jedoch viel zu beschäftigt war, um sich der Erziehung seines Sohnes widmen zu können; dieser wurde daher den Händen seines Onkels, des Abtes von Ebreuil, anvertraut, unter dessen Leitung er die ersten Jahre seiner Jugend in der Abtei Ebreuil zubrachte, welche er verließ um im *Kollege Louis le Grand* in Paris seine Studien fortzusetzen. Im Alter von 14 Jahren trat er bei den Chevau-legers ein, später wurde er Unterlieutenant im Regiment des Königs, dann Lieutenant bei den Carabiniers und machte als Rittmeister in einem Kavallerie-Regiment den siebenjährigen Krieg mit. Nach Paris zurückgekehrt, heiratete er 1766 die Tochter des Präsidenten de Montreuil. Obschon seine Frau sanftmütig und hübsch war, fühlte er doch gar keine Neigung zu ihr und ergab sich schon im ersten Jahre seiner Ehe einem ausschweifenden Lebenswandel. Er entführte eine Schauspielerin des *Theatre français* auf sein Schloß in der Grafschaft Avignon, woselbst er sie für seine Frau ausgab. Dann kehrte er nach Paris zurück und trat die Erbschaft seines Vaters an, der (1767) als General-Statthalter von Bresse, Bugey und Valromey gestorben war. In Folge einer Skandal-Geschichte, bei welcher eine gewisse Rosa Keller (siehe weiter unten) dem Marquis zum Opfer gefallen war, wurde er verhaftet und erst auf das (befestigte) Schloß in Saumur, dann auf das von Pierre Encise gebracht. Das peinliche Parlaments-Gericht — genannt *Chambre de la Tournelle* — leitete eine Untersuchung ein; Ludwig XV. schlug sie aber nieder und setzte ihn außer Verfolgung; so erlangte der Marquis bereits nach sechs

Wochen seine Freiheit wieder, nachdem er der Rosa Keller hundert Louisd'or Entschädigung gegeben, wogegen diese von jeder Klage Abstand nahm.

Dieser Zwischenfall änderte nicht das Geringste in der Aufführung de Sade's, der sich einzig und allein damit beschäftigte, neue »Verfeinerungen« — wenn wir uns so ausdrücken dürfen — seiner Ausschweifungen zu ersinnen. Er verführte die Schwester seiner Frau und ging auf einige Zeit mit ihr nach Italien, um dann wieder nach Frankreich zurück zu kehren. Im Juni 1772 befand er sich in Marseille und veranstaltete dort eine so widerliche Orgie, daß der Gerichtshof in Aix sich der Sache bemächtigte und ihn zum Tode verurteilte. Freilich erging es dem Gerichtshofe, wie den Nürnbergern, die Keinen hängen, ehe sie ihn haben, denn der Marquis wartete die Ausführung des Urteils nicht ab, sondern flüchtete sich mit seinem treuergebenen Kammerdiener, der ihm mit Leib und Seele ergeben war, nach Italien. Er erreichte glücklich Genua und begab sich von da nach Chambery, dem Hauptorte Savoyens. Hier aber wurde er auf Befehl des Königs von Sardinien festgenommen und als Gefangener auf die Festung Miolans gebracht, doch gelang es ihm mit Hülfe seiner Frau nach sechs Monaten von dort zu entfliehen. Nun lebte er mehrere Jahre abwechselnd in Frankreich und Italien, wo er sich allen möglichen Schandtaten und Verbrechen hingab. Im Anfang des Jahres 1777 in Paris abermals verhaftet, wurde er nach Vincennes gebracht und von dort nach Aix überführt, woselbst man seinen Prozeß (siehe oben) wieder aufnahm. Das neue Urteil verdammte ihn wegen »widernatürlicher Unzucht« zu einer Verwarnung seitens des ersten Präsidenten des Gerichtshofes (Parlaments) zu Aix, zur Verbannung aus Marseille auf die Dauer von drei Jahren und zu 50 Livres Geldbuße zu Gunsten der Gefängnisarmen.

Doch setzte man ihn noch nicht in Freiheit. Während man ihn von Aix nach Vincennes zurückbrachte, gelang es ihm, und zwar wieder mit Hülfe seiner Frau, abermals zu entfliehen, aber schon nach wenigen Tagen erfolgte in *Lacoste* seine Wiederverhaftung und Zurückführung nach Vincennes. Von da wurde er 1784 in die Bastille gebracht, wo seine Frau ihn mehrmals besuchte und ihm Bücher, sowie alles zum Schreiben Nötige mitbrachte. Zu dieser Zeit verfaßte er mehrere Theaterstücke und Romane von der entsetzlichsten Unzucht.

In Folge eines Zwistes, den er mit dem Gouverneur der Bastille hatte und wobei er diesen bedroht haben sollte, wurde er in das Irrenhaus zu Charenton überführt. Auf Grund eines Dekrets der konstituierenden Versammlung, welches die Freilassung aller in Folge einer sogenannten *Lettre de cachet* Eingesperrten anbefahl, verließ der Marquis de Sade Charenton am 29. März 1790. Seine Frau hatte sich in's Kloster zurückgezogen und weigerte sich, ihn zu empfangen, ja sie erwirkte sogar beim Gerichtshofe des Châtelet eine Scheidung von Tisch und Bett. Merkwürdigerweise führte er anscheinend während der ersten Jahre der Revolution ein ziemlich geregeltes Leben. Um sich Existenzmittel zu schaffen, versuchte er es, einige seiner Theaterstücke aufführen zu lassen, von denen eins auch wirklich Erfolg hatte. 1791 ließ er unter dem Deckmantel der Anonymität die erste Ausgabe seines Romanes: *Justine oder die Leiden der Tugend* (2 Bde. in 18°) erscheinen. Nachdem es ihm geglückt war, sich nach den Ereignissen des 10. August 1792 zum Sekretär der »Volkstümlichen Gesellschaft, Sektion der Pikenmänner« ernennen zu lassen, rettete er mehrere Personen u. A. seine Schwiegereltern; er selbst wurde aber im Dezember 1793 auf Befehl des Wohlfahrtsausschusses verhaftet, jedoch im Oktober des folgenden Jahres wieder in Freiheit gesetzt.

Der 9. Thermidor (26. Juni 1794) bewirkte einen Umschwung nicht allein in der Politik, sondern auch in den Sitten, welche wieder gerade so entartet wurden, wie sie es unter der Monarchie gewesen waren. Die Naturtriebe des Marquis erwachten auf's Neue. 1797 gab er eine neue

Auflage der *Justine* heraus, um einige noch ekelhaftere Episoden vermehrt, als die ursprünglichen, und mit Abbildungen versehen; einige Exemplare davon ließ er auf Velinpapier abziehen und überreichte sie den fünf Mitgliedern des Direktorium.

1798 gab er dann *Juliette oder die Wonnen des Lasters* (6 Bde. in 18°) heraus, einen noch weit obszöneren Roman und widmete beide Werke Napoleon Bonaparte, der sie jedoch ins Feuer geworfen haben soll. Anfangs 1801 beschlagnahmte die Polizei eine Ausgabe von *Justine und Juliette* in 10 Bänden mit 100 Abbildungen.

Am 5. März desselben Jahres wurde er wieder einmal verhaftet und in St. Pelagie eingesperrt, von wo er am 9. März 1803 als unheilbarer und gefährlicher Narr abermals nach Charenton überführt wurde. Dort brachte er seine letzten Lebensjahre zu und starb daselbst am 2. Dezember 1814 im Alter von 74 Jahren.

Wir könnten uns an diesen Zeilen über das Leben und die Schriften dieses merkwürdigen Menschen genügen lassen, wenn nicht gerade die Schriften uns veranlaßten, uns dieses Menschenwunder etwas näher zu betrachten. Der Marquis de Sade war bei weitem nicht der Erste, den Reichtum und Müßiggang dahin brachten, sich allen möglichen Ausschweifungen hinzugeben, was ihn aber von seinen Vorgängern unterscheidet, ist sein Hang zur Grausamkeit, seine Vorliebe für die gräßlichsten Menschenschindereien, sein fortwährendes Bemühen neue Martern, neue Mißhandlungen zu ersinnen, die zwar den Opfern das Leben kosteten, die ihm aber so zur zweiten Natur geworden waren, daß es ohne sie gar keinen sinnlichen Genuß mehr für ihn gab. Hier nur einige Beispiele:

Schon im zweiten Jahre seiner Ehe wurde das gemeine Gelüste des Marquis nach ebenso grausamen, wie unzüchtigen Auftritten durch folgendes zum allgemeinen Tagesgespräch: Er beauftragte seinen Kammerdiener am 3. April 1768 ihm in sein Absteigequartier zu Arcueil zwei Freudenmädchen zu bringen; er selbst hatte am gleichen Tage auf dem Platze des Viktoires eine gewisse Rosa Keller, die Witwe eines Pastetenbäckergehilfen angetroffen, der er ein Nachtessen anbot und sie gleichfalls nach Arcueil führte. Nachdem er ihr das ganze Haus gezeigt hatte, in dem sie die zwei halbnackten Huren fast ganz betrunken antrafen, führte er sie schließlich auf den Speicher, schloß sich dort mit ihr ein und zwang sie, mit vorgehaltener Pistole, sich vollständig nackt auszuziehen; dann band er ihr die Hände auf dem Rücken zusammen und geißelte sie bis auf's Blut; als sie über und über mit Blut bedeckt war, zog er ein Töpfchen Salbe aus der Tasche, verband ihre Wunden und ließ sie so liegen; er selbst suchte dann die Dirnen auf und brachte mit ihnen die Nacht in der tollsten Orgie zu. Des anderen Tages gelang es der Keller zu entkommen, indem sie, auf die Gefahr hin, den Hals zu brechen, aus einer Luke des Speichers herab sprang; der Marquis wurde verhaftet, vor Gericht gestellt und ... wir haben oben gesehen, wie leichten Kaufes er davon kam.

In allen seinen Häusern und Schlössern richtete er Folterkammern ein. Ein Bibliophile in Paris besitzt den Plan eines vom Marquis projektierten Bordells; in demselben ist die genaue Verteilung aller Räume eingezeichnet: der Vorplatz, die Zimmer der Mädchen, die Folterkammern (jede Kammer ist einer bestimmten Folter gewidmet); selbst der Friedhof ist nicht vergessen, wo die Leichen der Opfer, die bei den Orgien ihren Tod fanden, eingescharrt werden sollen; geheime Türen sind in den Mauern angebracht um das heimliche Hinein- und Herausgehen zu erleichtern; ja, der Verfasser hat sogar den Speisezettel eines »Aufregenden Diners« beigefügt.

Wenn der Marquis auch diesen Plan nicht vollständig ausführte, so schreckte er doch vor nichts zurück, was zur Befriedigung seiner viehischen Leidenschaft dienen konnte. Als er sich in Marseille befand, veranstaltete er mit Hülfe seines von ihm unzertrennlichen Kammerdieners einen Ball, zu dem er eine Menge Personen, besonders aber alle öffentlichen Weibsbilder einlud; an die Damen welche dieser Festlichkeit beiwohnten, wurden Chokolade-Bonbons verteilt, welche Kanthariden enthielten.

Jeder kennt die Wirkung dieses furchtbaren Aphrodisiacums; der Ball artete in eine wütende Orgie aus, mehrere Personen starben an den Folgen und der Gerichtshof zu Aix verurteilte — wie bereits oben berichtet — den Urheber dieser Vergiftung zum Tode sowie auch »seinen Kammerdiener als Mitschuldigen«.

Eines Tages gab er den jungen Bauernburschen seiner Güter ein Fest. Diese brachten ihre Geliebten mit, und er führte sie in einen großen Saal, als das Fest recht im Gange war, ließ er plötzlich alle Lichter auslöschen; in den Wein hatte er berauschende und aufregende Mittel mischen lassen, dazu war der Fußboden spiegelglatt, so daß die jungen Leute kunterbunt durch einander hinpurzelten. Nun spielte sich eine fürchterliche Szene ab. Als die durch das entsetzliche Geschrei herbeigelockte Polizei endlich die Türe des Saales erbrach, bot sich ihr ein furchtbarer Anblick dar, Burschen und Mädchen *pêle-mêle* durcheinander liegend, die einen im Blute schwimmend, andere in grauenerregendem Zustande. Viele Mädchen waren vergewaltigt worden, noch dazu von solchen, die nicht ihre Liebhaber waren, was sie aber in der Dunkelheit nicht hatten bemerken können.

Man führte sie sämtlich hinweg, aber eine Anzahl mußten getragen werden, besonders junge Mädchen.

In dem Werke *Von den Verirrungen des Geschlechtssinnes* von Dr. Paul Morceau in Tours (Paris 1881) ist auch von dem »in den psychologischen Jahrbüchern als berüchtigt erwähnten Marquis de Sade« die Rede; es wird darin von einem Balle mit darauf folgenden Nachtessen erzählt, bei welch letzterem zum Nachtisch Zeltchen von Vanille-Chokolade in Hülle und Fülle aufgetragen wurden. Plötzlich fühlten sich die Gäste, Herren und Damen in erotischer Wut entbrennen, so daß die Herren in unzüchtiger Weise offen die Damen angriffen. Der den Zeltchen beigemischte Kanthariden-Extrakt wühlt in den Eingeweiden der Unglücklichen, so daß sie weder Scham noch Zurückhaltung mehr kennen, die Ausschweifungen nehmen entsetzliche Gestalt an, das Vergnügen verwandelt sich in Mord, der Fußboden ist blutgetränkt und die Damen haben für die widerlichen Auswüchse ihrer Mannstollheit nur ein Lächeln. Da de Sade wohl voraussehen konnte, welche Folgen dieser den Orgien Nero's vergleichbare Auftritt haben würde, wenn der Taumel sein Ende erreicht habe, so ergriff er noch vor Tagesanbruch die Flucht, geleitet von seiner Schwägerin, die in Folge seiner rohen Umarmungen, noch mit Blut besudelt war. Mehrere Damen von Rang starben an den Folgen der Gräueltaten dieser Nacht.

Doch war die Triebfeder de Sade's nicht die Selbstsucht, er handelte nie nur für sich, sondern, er wünschte gerade daß auch andere vom Glück Bevorzugte ebenso genießen sollten, wie er selbst. Der Ruf seiner Schandtaten drang bis zu den Ohren Ludwigs XV., welcher gerade so verworfen und abgestumpft war, er zog ihn an den Hof und ernannte ihn zu seinem »Geheimen Maître de Plaisir«. In dieser Eigenschaft organisierte de Sade die scheußlichen Orgien des »Hirschpark«, bei denen er den Vorsitz führte.

Wer hat nicht schon von dem unter Ludwig XV. errichteten »Hirschpark« gehört. Der Hirschpark war die Planzschule des Lasters für die Prinzen aus dem Hause Bourbon. Wehe dem Knaben oder dem Mädchen, das einem der Wüstlinge des französischen Hofes in die Augen stach. Die Unschuld der Kinder, die zuweilen selbst wilde Tiere zu rühren im Stande ist, war in den Augen dieser verhärteten und durch Sittenlosigkeit und Ausschweifungen jeder Art abgestumpften Menschen nicht nur ganz machtlos, sondern sie reizte diese Leute noch dazu, daß sie sich an den moralischen und physischen

Qualen ihrer Opfer weideten: Die meisten Szenen, die in den vier letzten Bänden der *Justine und Juliette* beschrieben werden, sind zumeist treue Nachbildungen der Bachanalien im Hirschpark. Sie waren teils schon bekannt, teils wurden sie erst von de Sade vorgeschlagen, entworfen und ausgeführt. Als das später sehr vervollkommnete Buch de Sade's erschien, ließ sich König Ludwig XV. ebenfalls ein Exemplar geben und fand für sich nur wenig Neues in demselben. »Dies kenne ich, nichts Neues!« meinte er achselzuckend, als er in dem Buche herumblätterte.

Die Ausschreitungen des französischen Hofes und Adels, welche nur an die Befriedigung ihrer unzüchtigen Gelüste dachten, während das Volk im größten Elend schmachtete, haben ohne Zweifel im höchsten Maße dazu beigetragen, den so schrecklichen Ausbruch der ersten Revolution zu beschleunigen.

Was unseren Helden betrifft, der ein sehr beträchtliches Vermögen besaß, so opferte er alles, Familie, Vermögen, Stellung, Freunde, Ehre, Freiheit seiner unwürdigen Leidenschaft und selbst der im Irrenhause erfolgte Tod überraschte ihn noch beim Abfassen einer seiner erotischen Schriften.

Dieser unselige Mensch, den man überraschte, wie er ein Frauenzimmer bei lebendigem Leib sezieren wollte, hat alle diese Schändlichkeiten in der Bastille erdacht. Sein Grausamkeitstrieb fand stets Gefallen an diesen chimärischen Gräueln, womit er noch, wie behauptet, die kannibalische Leidenschaft verband, jede Woche einer Unglücklichen, die gerade seine Geliebte war, Blut abzapfen zu lassen.

Gerade diese uns unbegreifliche Grausamkeit aber läßt uns den Marquis de Sade gleichzeitig so abstoßend und doch wieder so anziehend erscheinen. War es der Einfluß seiner Wollust, dem er unterlag oder riß ihn eine dämonische Gewalt wider Willen hin, der er sich vergeblich mit seiner ganzen Kraft entgegenstemmte. Letzteres würde ihn in unseren Augen eher bemitleidenswert als verdammenswürdig erscheinen lassen. Wir wagen es nicht, eine Entscheidung zu fällen. Jedenfalls bieten uns gerade in dieser Beziehung die Vorfälle, die sich erst in neuester Zeit in London zugetragen, wobei Kinder im zartesten Alter der Wollust zum Opfer fielen, und welche die *Pall Mall Gazette* so schonungslos enthüllte, Stoff genug zum Nachdenken.

Wie bekannt hat Dr. Gall in seiner Schädellehre das Organ der Grausamkeit beschrieben, das ein jeder Mensch in größerem oder geringerem Grad besitze und daß ein solches existiert, daran darf Niemand zweifeln, man braucht nur unsere Kinder zu beobachten und zu sehen, wie diese mit Fliegen, Maikäfern und Fröschen verfahren. Es wird noch viele Menschen geben, die sich der Zeiten erinnern als man Verbrecher auf öffentlichem Markte stäupte und brandmarkte und wie groß der Zudrang bei allen diesen Hinrichtungen gewesen ist. Diese krankhafte Leidenschaft wohnt sehr vielen Menschen inne und nur der immer mehr sich verbreitende Humanismus macht es, daß sie abnimmt, statt zuzunehmen. Die Grausamkeit ist eine Ausgeburt der Rohheit und des Mangels an Sittlichkeit. Unter den Wilden finden wir sie am ausgebreitetsten.

Was uns bei dem Marquis de Sade am meisten auffällt, ist, daß er mit all diesen Lastern ein überaus anziehendes Äußeres verband. Schon als Kind war er von so außergewöhnlicher Schönheit, daß alle Damen, die ihn erblickten, stehen blieben, um ihn zu bewundern. Mit seinem reizenden Äußeren verband er eine natürliche Anmut in allen seinen Bewegungen und sein Organ war so wohlklingend, daß schon seine Stimme allen Frauen in's Innerste des Herzens dringen mußte. Sein Vater ließ ihn stets nach der neuesten Mode gekleidet einhergehen und die damalige Roccocotracht hob die glänzende Erscheinung des jungen Mannes noch mehr hervor. Wer weiß ob der Verfasser der *Justine und Juliette* unter anderen

Verhältnissen ein solcher Ausbund der Verruchtheit geworden wäre und ob er den Damen so sehr auffiele in der geschmacklosen Tracht unseres Zeitalters.

Der junge Mann war seit frühester Kindheit ein Bücherwurm und gründete sich so zu sagen ein eigenes philosophisches System auf ausgebreitest epikuräischer Basis. Neben seinen Schulstudien lag er den schönen Künsten ob; er war ein tüchtiger Musiker, ein gewandter Tänzer, Fechter und versuchte sich auch in der Bildhauerei. Er brachte ganze Tage in den Gemäldegallerien, namentlich in jenen des Louvre, von Fontainebleau und Vincennes zu, wodurch sein künstlerischer Geschmack immer mehr ausgebildet wurde. Jeder Menschenkenner würde erraten haben, wohinzu sich der Geschmack des jungen Mannes neigte. Während er beinahe kalt und ungerührt an Gemälden, deren Gegenstände Landschaften, Tier- oder Seestücke und Heilige waren, vorüberging, wenn sie auch von dem Pinsel eines Tizian, Poussin, Correggio oder Rafael gemalt waren, so fesselten ihn mythologische Gruppen auf der Leinwand und in Marmor um so mehr und man konnte seine Aufregung beim Anstaunen solcher Gemälde und Statuen leicht erkennen. Daher mag es denn auch kommen, daß, als man ihn als Verfasser der *Juliette* verhaftete — deren Autorschaft er übrigens hartnäckig leugnete — man die Wände seines Arbeitszimmers mit großen Gemälden verziert fand, welche die hauptsächlichsten Unzuchtszenen aus diesem Roman darstellten, und was sein schriftstellerisches Talent anbelangt, so mißbrauchte er dasselbe nur dazu, im Geiste weiter auszumalen, was er in Wirklichkeit verübt hatte.

Jules Janin schreibt in einem Werkchen über den Marquis de Sade: »Soll ich Ihnen die Bücher de Sade's analysieren? Blutige Leichname, den Armen ihrer Mütter entrissene Kinder, junge Frauen, die man zum Schluß einer Orgie erwürgt; Pokale angefüllt mit Blut und Wein, unerhörte Folterungen. Man heizt Siedekessel, richtet Folterbänke her, man zieht Menschen bei lebendigem Leibe die Haut ab; man schreit, man flucht, man beißt sich untereinander, man reißt einander das Herz aus dem Leibe und das ohne Aufhören zwölf, fünfzehn Bände hindurch und das auf jeder Seite, in jeder Zeile, immer und immer.«

»Oh! welch unermüdliche Verruchtheit! In seinem ersten Buche *(Justine)* zeigt er uns ein unglückliches auf's äußerste getriebenes Mädchen, verloren, verdorben, mit Schlägen überhäuft; von Ungeheuern in Menschengestalt von einem unterirdischen Gewölbe in's andere, von einem Kirchhofe zum anderen geschleppt, zerschlagen gebrochen, auf den Tod abgehetzt, geschändet, zerschmettert ... und wenn der Verfasser alle Verbrechen erschöpft hat, wenn es keine Blutschande, keine Ungeheuerlichkeit weiter zu begehen gibt, wenn er erschöpft und röchelnd auf die Leichname niedersinkt, die er erdolcht und geschändet hat, wenn keine Kirche mehr vorhanden, die er nicht entweiht, kein Kind, das er nicht seiner Wut geopfert, kein moralischer Gedanke, den er nicht mit dem Kote seiner unflätigen Ideen und Worte besudelt hätte, dann hält dieser Mensch endlich ein, betrachtet sich und lächelt selbstgefällig, statt Furcht und Reue zu empfinden. Kaum aber hat er diesen Roman fertig, als sich der Verfasser beim Überlesen sagt, daß er eigentlich weit hinter dem zurückgeblieben ist, was er hätte leisten können und ... er setzt sich hin und schreibt *Juliette.*«

Der Marquis de Sade wollte sich in der Einförmigkeit des Gefängnisses zerstreuen, als er erotische Werke schrieb; Mirabeau verfiel unter den gleichen Umständen denselben Ausschreitungen; kaum aber war der feurige Volkstribun der Freiheit wiedergegeben, als er sich mit allem Eifer in das Getriebe der Politik stürzt; de Sade dagegen, der eingesperrt blieb, wurde von der Verzweiflung zum Wahnsinn getrieben; seine Phantasie erhitzte sich in Folge des unendlich langen, gezwungenen Müßiggangs immer mehr und mehr, so daß er schließlich in einen Wahn verfiel, der ihn in einen Abgrund stürzte, in welchen er gern die ganze Menschheit nachgerissen hätte.

Indem er sich bemühte, die ekelhafteste Verderbtheit zu verbreiten, glaubte er nur ein Wiedervergeltungsrecht auszuüben; doch war das, was er schrieb, nicht ein bloßes Erzeugnis seiner Einbildungskraft, sondern es waren Auftritte, denen er selbst beigewohnt, ja deren eifrigster Veranstalter er selbst gewesen.

So ist denn auch das Werk *Justine und Juliette* eigentlich nur seine Selbstbiographie, und wer die Geschichte des Lebens unseres Helden kennt, findet auf jeder Seite den Verfasser wieder.

Die teuflisch erklügelten Variationen seiner Wollust-Gelage fanden in den unterirdischen Räumen eines Hauses statt, das er genau und vollständig hierzu hatte einrichten lassen. Für die gewöhnliche Unzucht schon vollständig abgestumpft, ersann er immer grausamere Neuerungen, die ihm mit vollem Rechte den allgemeinen Abscheu und die ganze Strenge des Gesetzes zuzogen. Er entführte neuvermählten Ehemännern ihre jungen Gattinnen, um an diesen seine tierische Lust zu stillen. Er verführte seine Schwägerin und floh mit ihr nach Italien, wo sie starb. Nach Frankreich zurückgekehrt, wurde er auf Betreiben seiner Familie, welche seine fortwährenden, der Welt bekannten Schandtaten an den Rand der Verzweiflung brachten, in die Bastille eingekerkert. Der 14. Juli 1789 gab auch ihm die Freiheit wieder, während der »Schreckenszeit« trug er stets die gerade herrschende politische Meinung zur Schau und so hätte er unbehelligt leben können, wenn er nicht die Kühnheit gehabt hätte, seine Werke zu veröffentlichen. Das Direktorium, welches für Angriffe auf die Moral sehr nachsichtig war, schloß die Augen, aber eine spätere festere Regierung konnte und durfte einem solch gefährlichen Wahnsinnigen die Freiheit nicht lassen, die er auf das Schnödeste mißbrauchte.

Die zynischen Sophismen, von denen seine Bücher wimmeln, sind oft mit solch philosophischer Schärfe verfochten, daß der Leser irre werden muß und sie für Wahrheiten hält. So behauptet de Sade unter anderem, daß es Menschen gäbe, bei denen gerade die furchtbaren Schmerzen der Folter Wollustgefühle hervorriefen und beruft sich hierbei auf — die Geschichte der Märtyrer, welche ihrer Peiniger spotteten. — Er behauptet, daß sie dies nicht aus religiöser Begeisterung, oder aus Heldenmut taten, sondern weil der Schmerz ein solch rasendes Nervenprickeln erzeugt, daß er zuletzt zur Wonne wird; ja er geht noch weiter, indem er sagt, die Ohnmacht, die einer derartigen Folterung folge, spreche dafür, daß der Schmerz Wonne sei und der Tod selbst, die letzte Ohnmacht, ein Übermaß von körperlicher Wonne. Selbst die geistige Aufregung, die man fühle, wenn man gemartert werde, trage zur Steigerung des wonnigen Gefühls bei.

Wenn man Sade zum Richtplatz geführt hätte, so würde er noch immer an nichts anderes gedacht haben, als an Sinnenlust. Ein berühmter englischer Arzt pflichtete übrigens der de Sade'schen Theorie des wonnigen Schmerzes bei. Er bringt als Beweise die Tätowierung vieler wilden Stämme, ferner die Kriegerprobe der Indianer Amerikas, gegen welche die Folterungen der Inquisition des Mittelalters Kinderspiele sind. Er versichert, der Indianer liebe es, gemartert zu werden. Sie tun es zuweilen unter sich, um zu sehen, wer mehr aushalten kann. Nicht anders die Fakirs der Hindu, die sich auf die Wippe hängen lassen, indem ihre Haut an den Schulterblättern aufgeschlitzt und durchstochen wird, so daß sie nur an derselben hängen. Auch die noch heute im Schwange befindlichen Geißelungen — lassen sich doch in den Bordells fast Impotente den Hintern bis auf's Blut zerhauen, um ihr Wollustgefühl rege zu machen — bestätigen die Theorie de Sade's; man denke nur an die Flagellanten-Kongregationen des Mittelalters.

Das Monstrum de Sade wird für alle Zeiten als einziger Typus einer unbegreiflichen Sinnesart, der Erotomanie in seiner schrecklichsten Gestalt dastehen. Alles, was nur die wahnwitzigste Phantasie Ungeheuerliches erdenken kann, hat er geschrieben, er ist gleichsam der menschliche Irrwahn in der höchsten Potenz, und hat das Laster und das Verbrechen durch tausendfach bewiesene Lehrsätze philosophisch vertieft und sanktioniert.

So ist das Leben, so sind die Werke des Marquis de Sade.

Inhalts-Übersicht

Juliette, die Fortsetzung von *Justine* erschien 1796 [!] Die Schändlichkeiten, die Niederträchtigkeiten, vor denen der Verfasser bisher zurückgeschaudert hatte, erschienen ihm nunmehr als etwas Lobenswertes, die Grundsätze der Unnatur, der Verruchtheit, die er seinen Personen in den Mund legte, schienen ihm nun so vernünftig, daß er sich ordentlich schämte, bisher so feigherzig gewesen zu sein. Um diesen Fehler (sic!) wieder gut zu machen, ließ er in *Juliette* seiner Phantasie freies Spiel und warf die armseligen Bedenken über Bord, denen er bislang Gehör geschenkt hatte. Das genügte ihm aber nicht, er nahm *Justine* wieder vor und machte aus ihr ein würdiges Seitenstück zu ihrer Schwester, wobei er sie um zwei Bände vermehrte, dann überarbeitete er auch *Juliette* und brachte sie auf sechs Bände.

O! was sind wir doch für gottesfürchtige Seelen! Wir glaubten, daß in der ersten Ausgabe (von 1794) der *Justine*, diejenige von der die Sage geht, daß Couthon, Robespierre und Collot d'Herbois sie zu ihrem Andachtsbuche gemacht hätten, wir glaubten, daß in dieser schon gerade genug von Frauen die Rede sei, die mit Ochsenziemern zerdroschen, geviertelt, bei lebendigem Leibe geschunden, sekiert, gehangen, gebrüht, enthauptet würden; anders der Marquis de Sade, er schämte sich ordentlich, daß deren nur so wenige seien und verleugnete sie, als eine seiner unwürdige Skizze.

Doch kommen wir endlich zu Juliette! Während ihre Schwester Justine, ein Opfer der Tugend, jeglichem Mißgeschick ausgesetzt ist, ist Juliette ein Mädchen ganz anderen Schlages und als sie die Abtei Panthémont verließ, vertauschte sie eigentlich nur ein Kloster mit einem anderen: dem Bordell.

Im Hause der Duvergier lernt sie Männer jeden Alters, jeden Standes kennen, sie geht zu den Fürsten, zu den feinen Herren, bald als Hofdame, bald als Arbeiterin, bald als Fischweib verkleidet. Eines Abends schickt sie die Duvergier zu einem gewissen Dorval »dem größten Spitzbuben von Paris«. — Dorval verliebt sich ernstlich in Juliette, er vervollkommnet ihre Erziehung, er unterrichtet sie in der Theorie des Stehlens, an welcher Juliette außerordentlichen Gefallen findet. Dorval überweist ihr als Probestück zwei deutsche Tölpel, die dann auch wirklich bis auf's Hemd ausgeplündert das Zimmer verlassen, in dem sie sich mit Juliette und einer ihrer Genossinnen vergnügt haben. Bei einem ihrer Bestellgänge lernt sie Noirceuil kennen, einen wohlhabenden Wollüstling, einen durch und durch schlechten Kerl, der ihr aber gerade deshalb außerordentlich zusagt. Er selbst erzählt ihr, daß er ihre Eltern umgebracht habe und daß die vielen Millionen, die er besitze, eigentlich ihr Eigentum seien.

Nun tritt in Juliettens Schicksal eine entscheidende Wendung ein; Noirceuil stellt seine Geliebte seinem vertrauten Freunde, dem Staatsminister St. Fond vor und zu dem festen Monatsgeld, das ihr Noirceuil ausgesetzt hat, gesellen sich bald die reichen Geschenke des Ministers.

Sie hat ein palastähnliches Haus in Paris, ein Landgut bei Sceaux, ein auf das wollüstigste eingerichtetes Haus an der Barrière Blanche, zwölf Tribaden, vier Kammerjungfern, kurz alles was zur Führung eines vornehmen Haushalts gehört.

Der Ministers stellt sie an die Spitze der nicht unbedeutenden Verwaltung der »Gifte«, indem er ihr auseinandersetzt, daß sich der Staat öfter in die Notwendigkeit versetzt sehe, sich unbequem gewordener Personen zu entledigen, deren Vergiftung dann ihre Aufgabe sei, wofür sie 30.000 Francs für jede vergiftete Person erhalten werde. Dieses »Geschäft« geht so schwungvoll, daß sie sich schließlich auf sechs Millionen Francs jährlich steht.

Sofort nehmen nun die Soupers ihren Anfang, bei welchen die vom Ministerium Bezeichneten vergiftet werden sollen und Juliette läßt mit einer ganz außergewöhnlichen Liebenswürdigkeit die Frau Noirceuil's und den Vater St. Fond's verschwinden. Um aber einige Abwechslung in die Vergnügungen der »kleinen Soupers« zu bringen, ersetzt man hin und wieder die einfachen Vergiftungen durch die gräßlichsten Martern, wie: Ausstechen der Augen, Herausreißen der Zähne, Zerbrechen der Gliedmaßen; ein junges Mädchen wird bei den Haaren an der Decke des Zimmers aufgehangen und mit Nadeln gespickt; ein junger Mann wird in einen hohlen, innen mit Hunderten von Messerklingen versehenen Zylinder gesteckt, den ein Henkersknecht wie einen Kaffeeröster dreht. Bei einigen aber gibt man sorgfältig darauf acht, daß der Kopf unversehrt bleibt, den man der Königin Marie Antoinette zu bringen hat, die darauf mit Ungeduld wartet.

Um die vernachlässigte Erziehung Juliettens ganz zu vervollkommnen, bewirkt ihre vertrauteste Freundin, eine Engländerin namens Lady Clairwill, ihre Aufnahme in eine Gesellschaft, der sie (Clairwill) selbst angehört, deren Vorsitzender der Graf von Belmor ist, während St. Fond, Noirceuil u. A. zu den Gründern zählen. Diese Gesellschaft nennt sich: *Gesellschaft der Freunde des Verbrechens;* sie hält ihre, den Augen aller Unberufenen verborgenen Sitzungen in einem ungeheueren Palaste. In demselben befinden sich Prunksäle, Galerien, lauschige Kabinette und Harems wohl versehen mit Insassen beiderlei Geschlechts, welche geschickte Werber unter dem Schutz der Polizei und in deren Namen den Eltern die Opfer entreißen. Der Hirschpark, wie er sich in der Einbildung des Volkes darstellte, hat dem Marquis de Sade den Gedanken der Errichtung eines solch geheimen Schlupfwinkels eingegeben, wo die vornehmsten Herren ihre Vergnügungen abhielten oder richtiger sich in den unnatürlichsten Lüsten wälzten.

Die unzähligen männlichen und weiblichen Schlachtopfer genügen aber unserer unersättlichen Heldin noch lange nicht, deshalb läßt sie sich mit Clairwill nächtlicher Weile in ein Karmeliter-Kloster einführen und die Orgien, die nun folgen, lassen ihr in der Tat nichts zu wünschen übrig. Doch der Prior führt die beiden unzertrennlichen Freundinnen auch noch in ein kleines ihm persönlich zugehörendes Gartenhaus nächst der Barrière de Vaugirard, wo sie nicht nur gute Weine und zum Wollust einladende Sophas finden, sondern auch eine ausgesuchte erotische Büchersammlung.

Eines Tages erfährt sie, daß der Banquier, den Noirceuil zu Grunde gerichtet und umgebracht hat, gar nicht ihr Vater ist, sondern ein gewisser Bernole, ein armseliger, schmutzig geiziger Kerl; sie ladet ihn zu sich ein, treibt mit diesem, ihrem wirklichen Erzeuger Blutschande, nimmt dann eine Pistole aus der Schublade und zerschmettert ihm den Schädel. Doch die »Wonnen« des Lasters nähern sich ihrem Ende, wenigstens in Frankreich. Die beiden Freundinnen besuchen eines schönen Tages eine berüchtigte Kartenschlägerin namens Durand, welche vor ihnen ihr ganzes wunderbares Wissen darlegt und ihnen ein sehr unglückliches Los weissagt.

An Juliette erfüllt sich die Prophezeiung zuerst. Der

Minister St. Fond, dessen Vertraute sie ist, legt ihr eines Tages den Plan zu einer Entvölkerung Frankreichs vor. In einem unbegreiflichen Anfall von Verirrung kann Juliette eine Bewegung des Erstaunens nicht unterdrücken, St. Fond nimmt es wahr und ... ihr Todesurteil ist gesprochen. Zum Glück warnt sie Noirceuil noch bei Zeiten, daß ihr Kopf auf dem Spiel stehe und daß die Entvölkerung Frankreichs wohl mit ihr beginnen dürfte. Es heißt also fliehen und Juliette verläßt Paris, Hals über Kopf.

Sie rafft ihre Diamanten, ihre Schmucksachen und einige Tausend Francs zusammen und flieht nach Angers, wo sie ein Hurenhaus, nach der Art dessen der Duvergier in Paris errichtet. Welcher Niedergang! Doch ihr, der kein Laster fremd ist, lächelt bald wieder das Glück. Der Graf von Lorsange, Besitzer von mehr als 50.000 Francs Rente, verliebt sich in sie und macht sie zu seiner Gattin.

Jetzt beginnt ein neues Dasein für unsere Abenteurerin die alles genossen hat, bis auf die süßen Freuden des ehelichen Lebens, doch wird sie derselben rasch überdrüssig und zu ihrer Freude macht der Abbé Chabert, einer der Genossen der »Freunde des Verbrechens«, den der Zufall in diese entfernte Gegend verschlagen hat, der Einförmigkeit bald ein Ende. Die Feste, die Orgien gehen bald wieder in rascher Aufeinanderfolge ihren altgewohnten Gang, der Gatte wird unbequem, doch hat Juliette nicht vergessen aus Paris einige Päckchen des »Erbschaftspulvers« mitzunehmen, dessen sie sich in so liebenswürdiger Weise bei den ministeriellen Soupers bediente: eine kleine Dosis davon und der liebe Gemahl haucht in den Armen seines Beichtigers, des Abbé Chabert seinen Geist aus und hinterläßt seine Witwe als unumschränkte Besitzerin von 50.000 Livres Rente.

Einige Wochen später finden wir Juliette in Begleitung ihres einzigen Kammermädchens, Zephire, auf dem Wege nach Italien, wo sie als Courtisane zu leben gedenkt und kaum in Turin angekommen läßt sie die Diana, die bekannteste Kupplerin dieser Stadt wissen, daß eine junge und schöne Französin zu vermieten ist. Bald lösen sich Grafen, Herzöge, Marquis bei ihr ab und der König von Sardinien, Beherrscher aller Murmeltiere ist nicht der Letzte dem nach ihr gelüstet.

(Der Verfasser (de Sade) hatte einen Groll auf diesen König, der ihn gelegentlich einer Flucht aus Frankreich einmal auf sechs Monate in der Festung Miolans gefangen hielt. Diese Flucht hat sehr belustigende Seiten. Dank seiner Frau aus dem Gefängnisse entwischt, brachte der Marquis mehrere Jahre in Florenz, Rom und Neapel zu.)

Um ihre Reise weiter fortzusetzen schließt sich Juliette an einen Industrieritter Sbrigani an, der außer all seinen persönlichen Vorzügen, auch noch in hohem Grade die Kunst besitzt, sich das Eigentum Anderer anzueignen. Es gelingt ihr, Sbrigani zu überreden sich für ihren Liebhaber oder ihren Gemahl auszugeben, wodurch sie ungenierter zusammen reisen können und sie schlagen den Weg nach Florenz ein.

Unterwegs begegnet ihnen dann das unangenehme Abenteuer mit dem Riesen Minski, welches in unserem Auszuge des weiteren beschrieben ist.

Wir finden sie endlich in Florenz wieder, wo sie ein öffentliches Haus errichtet, das alles in allem ist: Spielbank, Hurenhaus, Auskunftsbureau und Gift-Apotheke; und zwar ist es ihnen nicht darum zu tun, Geld zu verdienen, sondern der Lust, dem Vergnügen zu fröhnen. Die vornehmste Gesellschaft verkehrt bei ihnen oder zieht sie in ihre Kreise; auch der Großherzog Leopold ladet sie zu sich und veranstaltet ihnen zu Ehren einen »Musikalischen Enthauptungs-Abend«, d.h. die Köpfe fallen genau nach dem Takte eines Ritornells.

Nun führt sie ihr Weg nach Rom. Die Empfehlungsbriefe des Abbè Chabert öffnen Juliette die Tore aller Paläste, selbst die des Vatikan. Sie verkehrt auf das vertraulichste mit den Kardinälen und der Abbé Bernis (damals französischer Gesandter beim Vatikan) sowie der Papst machen ihr die größten Lobeserhebungen über die Erhabenheit ihrer Gedanken.

Die Kardinäle veranstalten zu Ehren Juliettes großartige Festlichkeiten, in welche sich unzüchtige Zwischenspiele einweben, und bei denen nicht nur Männer und Frauen, sondern auch Affen, Ziegen, Truthähne, ein Eunuch und ein Hermaphrodit (Zwitter) eine Rolle spielen! Ein altes Weib, das wegen ihrer Missetaten zum Feuertode verurteilt ist, wird bei einer solchen Festlichkeit verbrannt, wir haben also ein *Auto-da-fé* im Zimmer!

Doch unsere Reisenden lassen auch diese Vergnügungen im Stich und machen sich auf den Weg nach Neapel. Unterwegs haben sie wieder ein unangenehmes Zusammentreffen! Sie fallen der Räuberbande des berüchtigten Brisa-Testa in die Hände, dessen Frau noch weit grausamer sein soll, wie er selbst. Die Banditen erzählen ihnen auf dem Wege, daß sie sich am Ende mit Brisa-Testa noch aus der Patsche ziehen könnten, der im Grunde genommen ein ganz guter Mann sei, aber sobald sie einmal in den Klauen seiner Frau wären, könnten sie sich darauf gefaßt machen, geschunden, mit Zangen gezwickt und enthauptet zu werden. — Nach einigen in grausiger Erwartung verbrachten Stunden in dunklen Gefängnissen, werden sie der schrecklichen Megäre vorgeführt, die ihnen auch sogleich die entsetzlichsten Martern verkündet. Aber, welche Überraschung die Megäre ist — Lady Clairwill. Die beiden Freundinnen fallen einander in die Arme und werden wieder die alten Unzertrennlichen.

Juliette setzt ihre Reise nach Neapel fort, wo der König Ferdinand sie mit der größten Ehrerbietung aufnimmt; er beehrt sie mit einer Einladung für sein Privattheater. Marter nichts als Marter: das ist das stehende Programm der Vorstellungen. Jeder Eingeladene hat seine besondere Loge, an deren Wänden 7 Gemälde aufgehangen sind, welche 7 verschiedene Folterarten darstellen, nämlich: das Feuer, die Geißel, der Strick, das Rad, der zugespitzte Pfahl, das Köpfen, das Hacken des Körpers in Stücke. In einem weiteren Rahmen befinden sich 50 Bildnisse von Personen jeden Geschlechts und Alters, zu jedem Bildnisse, zu jeder Folterart gehört ein Glockenzug, um den Maschinisten von dem, was man wünscht, in Kenntnis zu setzen. Erstes Glockenzeichen, man bezeichnet das gewünschte Opfer und sofort erscheint es; zweites Glockenzeichen: man gibt die gewählte Folter an und zwei Henker »nackt und schön wie Mars« stehen bereit, sie zu vollstrecken. Das ist unerhört; das ist himmlisch. Die Eingeladenen strengen ihren ganzen Scharfsinn an, um die ergötzlichsten (sic!) Kombinationen zu erdenken und bei einer dieser Vorstellungen werden nicht weniger als 1176 Opfer hingeschlachtet.

Der sechste und letzte Band gibt uns die Beschreibung von Ausflügen nach Herculanum, nach Pompeji, nach Capri, Beschreibungen, die 1796 [!] von Interesse sein mochten die aber heute längst veraltet sind.

Durch den sonderbarsten Zufall stoßen Juliette und Lady Clairwill auf ihre alte Bekannte, die Kartenschlägerin Durand, die sie zur Teilnehmerin an ihren Vergnügungen machen. Doch die Durand ist gegen Lady Clairwill übel gesinnt und redet Juliette ein, daß die schöne Engländerin ihr nach dem Leben trachte und Juliette kommt ihr zuvor und vergiftet sie.

Juliette faßt den wahrhaft großartigen Gedanken, dem Könige von Neapel eine hübsche Anzahl der Millionen, die er in den Kellern seines Palastes aufgespeichert hat, zu stehlen, sie weiht die Königin Caroline in ihren Plan ein, nachdem sie dieselbe zu überreden gewußt hat, daß Ferdinand sie verstoßen und umbringen lassen will. Caroline bringt nun die Millionen bei Juliette unter und trifft ihre Vorbereitung um mit ihr nach Frankreich zu entfliehen; unsere Heldin aber teilt dem König das Komplott mit, welcher die Königin in's Gefängnis werfen läßt, während Julie sich und den Schatz in Sicherheit bringt.

Diese Erdichtung beweist, daß der Marquis de Sade sich einbildet, die intimsten Geheimnisse der italienischen Monarchen zu kennen und doch keine Ahnung von denselben hatte, trotzdem die Intrigen der Königin von Neapel und ihrer Günstlinge ziemlich offenkundig waren und selbst die glühendste Einbildungskraft noch weit hinter der Wirklichkeit zurückbleibt.

Damit endigt dieser furchtbare Roman. Juliette kehrt mit ihrem getreuen Sbrigani nach Frankreich zurück; sie steht noch in der Blüte ihrer Jahre, ist vielfache Millionärin und von den besten Absichten beseelt.

Aufzählung verschiedener Sitten und Gebräuche bei allen Nationen, um die Rechtmäßigkeit der von der Gesellschaft der »Freunde des Verbrechens« angenommenen Grundsätze zu beweisen.

Wir schätzen die Jungfernschaft einer Braut sehr hoch. Die Einwohner der Philippinen aber machen sich gar nichts daraus, ja man hat auf diesen Inseln eigene gutbezahlte Beamte, welche die Pflicht haben, die jungen Mädchen am Vorabend ihrer Hochzeit zu entjungfern.

In Sparta war der Ehebruch gesetzlich gestattet.

Wir verachten die Mädchen, die sich für Geld hingeben, die Lydierinnen dagegen wurden nur nach der Anzahl ihrer Liebhaber geachtet und was sie durch ihre Prostitution verdienten, machte einzig und allein ihre Mitgift aus.

Die Cypriotinnen boten sich um sich zu bereichern, öffentlich für Geld jedem Fremden an, der auf ihrer Insel landete.

Die Verderbtheit der Sitten ist in einem Staate durchaus notwendig; das begriffen die Römer, die deshalb auch in dem ganzen umfangreichen Gebiete der Republik Bordelle mit männlichen und weiblichen Insassen errichteten und ebenso Schaubühnen, auf welchen nackte Mädchen tanzten.

Die Babylonierinnen gaben sich einmal jährlich im Tempel der Venus dem Ersten Besten preis.

Die Armenierinnen waren gehalten ihre Jungfernschaft den Priestern des Tanaïs zu opfern; diese fickten sie jedoch erst in den Arsch und nur wenn das Mädchen dies mutig ausgehalten hatte, wurde ihm die Ehre der Entjungferung zuteil; eine Weigerung, eine Träne, ein einziges Zurückziehen, ein Schrei und es war des Angriffs von vorn unwürdig und fand auch keinen Mann.

Die Einwohner der Stadt Goa — Vorderindien, Canara-Küste — unterziehen ihre Töchter einer noch ganz anderen Folter, diese müssen sich mit einem Götzenbild prostituieren, welches einen unmäßig großen Penis von Eisen hat, den man erst glühend macht, ehe man ihn dem Mädchen gewaltsam in die Votze stößt und nur auf diese grausame Weise erweitert, ist es dem armen Kinde möglich, einen Gatten zu finden; ohne daß gedachte Zeremonie vorangegangen, würde sie Keiner heiraten.

Die Kaïniten, eine im zweiten Jahrhundert entstandene Sekte, stellten die Behauptung auf, daß man nur durch Unkeuschheit zur ewigen Seligkeit gelangen könne, sowie ferner daß jede Gräueltat ihren Schutzengel habe und sie verehrten diesen Schutzgeist, indem sie sich den unglaublichsten Ausschweifungen ergaben.

Ewen, einer der ältesten Könige Englands, erließ ein Gesetz, laut welchem kein Mädchen heiraten durfte, ohne daß er es vorher entjungfert hatte; in Schottland und in einigen Teilen Frankreichs genossen die vornehmsten Vasallen dieses Vorrecht.

Die Unzucht treibt sowohl Männer als Frauen allmählich zur Grausamkeit. Als die Spanier (1532) zur Zeit des letzten selbständigen Inca, Atahualpa Peru eroberten, gaben sich ihnen sofort dreihundert eingeborene Weiber preis und halfen ihnen dann, ihre eigenen Ehemänner zu massakrieren.

Die Sodomiterei ist über die ganze Erde verbreitet; es gibt kein Volk, das ihr nicht fröhnt, keinen großen Mann, der ihr nicht ergeben gewesen wäre; ebenso allgemein ist die »lesbische Liebe«. Diese letztere Leidenschaft liegt gerade so in der menschlichen Natur, wie die erstere; sie ergreift das junge Mädchen schon in der zartesten Kindheit, im Alter der Arglosigkeit und der Unschuld, wo es noch gar keine fremden Eindrücke in sich aufgenommen hat.

Auch die Unzucht mit Tieren war allgemein verbreitet. Schon Xenophon berichtet, daß bei dem berühmten Rückzug der Zehntausend die Griechen sich nur mit Ziegen vergnügt hätten. Dieser Gebrauch ist in Italien noch sehr im Schwange und zwar ist der Bock besser dazu geeignet, wie das weibliche Tier; sein After ist enger und heißer und von Natur schon geil, macht er von selbst unzüchtige Bewegungen, sobald er fühlt, daß man abprotzt.

Auch der Truthahn ist zur Unzucht vorzüglich geeignet; doch muß man ihm im Augenblick der Krisis den Hals abschneiden, dann aber verschafft einem auch die Zusammenziehung seines Mastdarms den höchsten Genuß.*

Die Sybariten vögelten Hunde; die Egypter trieben mit Krokodilen, die Ureinwohner Amerikas mit Affen Unzucht; selbst Statuen wurden zu diesem Zwecke benutzt. Es ist allbekannt, daß ein Page von Ludwig XV. dabei betroffen wurde, wie er seinen Samen auf die Ve-

---

* Man findet solche daher auch in mehreren Pariser Hurenhäusern; die Dirne hält ihn mit dem Kopf zwischen ihren Schenkeln, wendet Euch den Arsch zu und im Augenblick wo ihr entladet, schneidet sie ihm den Hals ab.

nus Kallipyga spritzte. Ein Grieche, der nach Delphi gekommen war, um das Orakel zu befragen, sah im Tempel zwei Genien aus Marmor und brachte während der Nacht demjenigen, den er für den schöneren hielt, seine unzüchtige Huldigung dar; nachdem dies geschehen, krönte er ihn mit Lorbeer aus Erkenntlichkeit für das Vergnügen, das er durch ihn gehabt habe.

Die Siamesen halten den Selbstmord nicht nur für erlaubt, sondern sie glauben sogar durch ihn die ewige Seligkeit zu erlangen.

In Pegu wälzt man die Wöchnerinnen fünf Tage lang über einem Gestell voll glühender Kohlen hin und her, um sie dadurch zu reinigen.

Die Karaïben kaufen die noch ungeborenen Kinder, machen ihnen gleich nach der Geburt mit Orlean (roter Extrakt aus dem Samen des Orleanbaums — *Bixa orellana*) auf den Bauch ein Zeichen, entjungfern sie gewöhnlich, nachdem sie dieselben mißbraucht haben.

In Nicaragua ist es den Eltern gestattet, ihre Kinder behufs der Opferung zu verkaufen; wenn diese Völker Mais als Opfer darbringen, so begießen sie denselben mit ihren Samen und tanzen dann um diese beiden Erzeugnisse der Natur.

Die Indianer in Brasilien geben jedem Gefangenen, den sie ihren Götzen zu Ehren schlachten, ein Weib; er beschläft sie und sie, die oft schwanger von ihm ist, hilft ihn zerfleischen und auffressen.

Die Ureinwohner Perus, die lange vor der Herrschaft der Inkas dort hingekommenen Scythen — die überhaupt die ersten Einwohner Amerikas waren — brachten ihre Kinder den Göttern zum Opfer.

Die Umwohner des Rios-Real wenden statt der bei manchen Völkern üblichen Beschneidung der Mädchen folgenden grausamen Gebrauch an:

Sie stoßen ihnen, sobald sie mannbar sind, mit großen Ameisen bedeckte Stöcke in die Gebärmutter, welche natürlich von den Insekten furchtbar zugerichtet wird; dabei aber wechseln sie öfter die Stöcke, um die Folter zu verlängern, die nie unter drei Monaten dauert.

Der heilige Hieronymus erzählt, daß er, gelegentlich einer Reise, die er zu den Galliern machte, die Schotten mit großem Behagen die Arschbacken junger Hirten und die Brüste junger Mädchen verspeisen sah. Was mich betrifft, so würde ich das erstere Gericht vorziehen, da ich der Ansicht aller menschenfressenden Völker bin, daß Mädchenfleisch wie ja überhaupt das Fleisch der weiblichen Tiere, dem der Männchen weit nachsteht.

Die Mingrelier und Georgier sind zwar die schönsten Völker der Erde, zugleich aber auch diejenigen, welche am meisten der Ausschweifung und dem Verbrechen ergeben sind, gerade als ob uns die Natur dadurch zu erkennen geben wollte, daß sie weit davon entfernt die Verirrungen zu verdammen, die Anhänger derselben erst recht mit ihren schönsten Gaben schmücken wolle. Bei diesen Völkern sind die Blutschande, die Notzucht, der Kindermord, die Prostitution, der Ehebruch, der Mord, der Diebstahl, die Sodomiterei, die lesbische Liebe, die Unzucht mit Tieren, die Brandstiftung, die Vergiftung, der Mädchenraub, der Elternmord, lauter verdienstliche Handlungen, deren man sich rühmt. Bei ihren Versammlungen sind die Schandtaten, die sie begangen das Hauptgespräch, je größer deren Zahl und je schrecklicher dieselben sind, desto lieber ist es ihnen und gegenseitig stacheln sie sich zur Begehung neuer Missetaten an.

Im Norden der Tartarei lebt ein Volk, welches jeden Tag einen anderen Gott anbetet und zwar ist dieser Gott derjenige Gegenstand der ihnen, beim Erwachen zuerst in die Augen fällt; ist dies nun zum Beispiel ein Scheißhaufen, so ist dieser der Götze des betreffenden Tages; und ist dieser streng genommen nicht gerade so viel wert, wie der lächerliche Gott, den sich die Katholiken aus Mehl bereiten — die Hostie. Jener ist schon Kot, dieser wird es gar bald sein; wahrlich, der Unterschied ist ein verschwindend geringer.

In der Provinz Matomba sperrt man die Kinder beiderlei Geschlechts, sobald sie 12 Jahre alt sind, in ein stockfinsteres Haus und dort unterwirft man sie allen Entbehrungen und Martern, welche die Priester ihnen aufzuerlegen für gut finden, ohne daß die Kinder, wenn sie diese Häuser endlich verlassen dürfen, auch nur das Geringste enthüllen oder sich beklagen können.

Wenn in Ceylon ein Mädchen heiratet, so wird sie von ihren Brüdern entjungfert, nie aber wird dieses Recht dem Gatten zugestanden.

Wir halten das Mitleid für eine Regung des Herzens, die uns zur Vollbringung einer guten Tat veranlaßt; in Kamtschatka dagegen hält man sie und mit weit größerem Rechte, für ein Übel, ja es wird bei dem dortigen Volke als ein Hauptverbrechen angesehen, Jemand aus irgend einer Gefahr zu retten und wenn man einen Menschen ertrinken sieht, so hütet man sich wohl, ihm beizuspringen, sondern geht ruhig seines Weges weiter.

Bei uns einfältigen Christen betrachtet man es als eine Tugend, seinen Feinden zu vergeben, bei den Indianern Brasiliens dagegen als ein verdienstliches Werk, sie zu töten und aufzufressen.

Sobald ein junges Mädchen in Guyana zum ersten Male den Monatsfluß hat, gibt man es den Stichen der Mosquitos preis und kommt es dabei um, so ist dies für den zufälligen Zuschauer Anlaß, den Tag freudig zu begehen.

In Brasilien zerfleischt man der jungen Zukünftigen am Vorabend der Hochzeit die Arschbacken, um den jungen Ehemann, der in der Folge seines heißen Blutes und des heißen Klimas mehr den Freuden der Hinterpforte zuneigt, durch den Anblick der Wunden etwas von seiner Passion abzubringen.

Diese wenigen Beispiele, welche ich — es ist Noirceuil den wir in der Einleitung kennen lernten, der spricht — Dir, mein liebes Julchen, angeführt habe, zeigen Dir genugsam, was eigentlich die Tugend ist, von der unsere europäischen Gesetze und Religionen so viel Wesen machen, was es mit der geradezu hassenswerten Nächstenliebe auf sich hat, die das Christentum so heilig hält. Da kannst Du erkennen, ob diese Gefühle wirklich das so oft zitierte »allgemein Menschliche« repräsentieren und was es mit diesem allgemein menschlichen für eine Bewandtnis hat.

Wie könnten so viele grausame Gebräuche existieren, wenn nur die vom Christentum gepredigte Tugend der Liebe als höchstes Sittengesetz jedem Erdenbewohner in die Brust gepflanzt wäre.

Ich kann es Dir nicht oft genug wiederholen: was man Humanität zu nennen beliebt, ist nichts als ein leerer Wahn, der nicht einmal den Bedürfnissen, wie viel weniger also den Leidenschaften gegenüber Stand hält; sehen wir doch täglich, wie sich die Menschen unter einander selbst zerfleischen. Diese Humanität ist also nichts weiter als ein Erzeugnis der Furcht und des Vorurteils, eine Schwäche, die der Natur vollkommen fremd ist. Wir können doch unmöglich bestreiten, daß es die Natur ist, die uns unsere Bedürfnisse, unsere Neigungen vorschreibt, nun haben wir aber gesehen, daß die Natur die vorgebliche Tugend der Menschlichkeit nicht kennt, folglich ist diese Tugend auch nichts weiter als der Ausfluß der nackten Selbstsucht, welche uns rät mit unseren Nächsten in Frieden zu leben, um selbst der Ruhe zu genießen. Derjenige aber, der keine Wiedervergeltung zu befürchten hat, wird sich schwerlich eine Pflicht auferlegen, welche nur dem, der Angst vor ihm hat, lobenswert erscheint. Nein, nein, Julchen, es gibt kein aufrichtiges Mitleid, kein Mitleid außer für unser liebes Ich. Prüfen wir uns doch einmal ernstlich in dem Augenblicke, wo uns eine innere Stimme zuruft: »Du weinst wegen dieses Unglücklichen, weil Du selbst unglücklich bist und es noch mehr zu werden fürchtest«; diese Stimme ist doch nichts weiter wie die Furcht und die Furcht entspringt doch nur aus der Selbstsucht!

Darum lassen sie uns mit der Wurzel ausrotten, diese feigherzige Humanität, dieses einfältige Gefühl, das stets schmerzlich für uns sein muß, weil es uns nur beim Anblick des Unglücks ergreifen kann.

Sobald Du, mein teures Mädchen, einmal ganz den Unsinn, ja ich möchte fast sagen, das Verbrechen einsiehst, das Vorhandensein dieser angeblichen Nächstenliebe zuzugeben, dann wirst Du mit den Weisen ausrufen: »Warum soll ich auch nur einen Augenblick schwanken, eine Tat zu begehen, wenn diese Tat, wie wehe sie auch meinem Nächsten tun mag, mir das größte Vergnügen verschafft? Denn nehmen wir einmal an, ich beginge durch Vollführung dieser Tat eine Ungerechtigkeit gegen meinen Nächsten, so beginge ich durch Unterlassung derselben eine Ungerechtigkeit gegen mich. Wenn ich z. B. meinen Nachbar seiner Frau oder einer Erbschaft oder seiner Tochter beraube, so begehe ich dadurch in der Tat ein Unrecht gegen ihn, lasse ich ihm aber diese Gegenstände, die mir doch besonderes Vergnügen machen würden, so begehe ich ein Unrecht gegen mich, sollte ich aber ein so großer Feind meiner selbst sein, um nicht dem Unrecht den Vorzug zu geben, welches mir auch nur einen vergnügten Augenblick verschafft? Täte ich dies nicht, so könnte es doch nur aus Mitgefühl geschehen; wenn nun aber dieses Gefühl mich die Dummheit begehen ließe, auf mir so wünschenswerte Genüsse Verzicht zu leisten, so muß ich doch selbstverständlich alles aufbieten, dasselbe gründlich zu unterdrücken, damit es in Zukunft nicht noch einmal die Herrschaft über mich gewinne. Sobald mir dies gelungen ist (und das ist nicht schwer, wenn man sich nach und nach daran gewöhnt, Andere leiden zu sehen) werde ich mich nur noch dem Reize des Selbstgenießens hingeben; er wird dann durch nichts mehr im Schach gehalten werden, ich werde auch keine Gewissensbisse mehr zu befürchten haben, denn dieselben könnten doch nur aus Mitgefühl entspringen und dieses habe ich in mir erstickt.

Ich werde mich also dann ohne Furcht ganz meinen Neigungen hingeben, mein Interesse oder mein Vergnügen werden mir höher stehen, als die Leiden des Anderen, die mich nichts weiter angehen und ich werde begreifen, daß es eine wahre Albernheit von mir wäre auf irgend ein greifbares Gut zu verzichten, weil es einen Anderen in eine unglückliche Lage brächte (eine Lage, deren Rückschlag mich nicht treffen kann), denn das hieße diesen Anderen, mir Fremden, mehr lieben als mich selbst, was allen Gesetzen der Natur, allen Grundsätzen des gesunden Menschenverstandes einen Schlag ins Gesicht versetzen würde.

Auch die Familienbande brauchen Dir nicht heilig sein, Julchen, sie sind gerade so wahnwitzig, wie alle anderen. Es ist vollständig unrichtig, daß Du dem Wesen, aus dessen Schoße Du entsprungen bist, irgend welche Dankbarkeit schuldest, noch viel weniger aber brauchst Du auf das Geschöpf, das Du zur Welt gebracht hast, Rücksicht zu nehmen; aber geradezu abgeschmackt wäre es, sich einzureden, man habe auch nur die geringste Verpflichtung gegen Brüder, Schwestern, Neffen oder Nichten. In wiefern kann das Blut eine Verpflichtung auferlegen? Warum treiben wir denn den Beischlaf? Doch nur unsertwegen. Wieso sollten wir also unserem Vater Dank schuldig sein, weil es ihm Spaß gemacht hat, uns zu zeugen; welche Verpflichtung hätten wir denn gegen unser Kind dadurch, daß wir uns das Vergnügen gemacht, etwas kalten Bauer in eine Gebärmutter zu spritzen, oder gar gegen einen Bruder, eine Schwester, weil zufällig dasselbe Blut in ihren Adern fließt? Vernichten wir diese Bande wie alle übrigen, sie sind alle, alle verabscheuenswert.

O, Noirceuil! rief ich aus, wie oft hast Du das an mir schon erwiesen... aber sagen wolltest Du es mir nicht. — Julchen, erwiederte mir mein liebenswürdiger Freund, eine solche Enthüllung konnte ich Dir nur als Belohnung für Dein Betragen gegen mich machen, ich werde Dir mein ganzes Herz ausschütten, sobald Du noch eine kleine Prüfung bestanden hast. In diesem Augenblicke trat ein Diener ein, um Noirceuil zu benachrichtigen, daß der Minister — dessen Busenfreund Noirceuil war — ihn im Salon erwarte; wir mußten uns also für jetzt trennen.

Ich beeilte mich, die 60.000 Francs, welche ich Mondor entwendet hatte, auf's Vorteilhafteste anzulegen. So sehr ich auch der Billigung Noirceuil's gewiß sein konnte, hielt ich es doch für geratener, ihm nichts von diesem Diebstahl zu erzählen, denn ich hätte dabei zugleich meine Untreue eingestehen müssen und dann hätte mein Liebhaber auch befürchten können, daß mir auch sein Eigentum nicht allzu heilig sei. Dagegen beschäftigte ich mich eifrigst mit Plänen auf dieselbe Weise mein Vermögen zu vergrößern und hierzu fand ich bald durch eine von der Duvergier arrangierte Partie Gelegenheit.

Es handelte sich hierbei darum, als Vierte mit zu einem Herrn zu gehen, dessen ebenso grausames, wie wollüstiges Steckenpferd war, Mädchen zu geißeln. Ich traf in dem Café am Tore St. Antoine mit drei reizenden Geschöpfen zusammen, dort wartete bereits ein Wagen auf uns und wir fuhren alle vier nach dem prächtigen Landhause des Herzogs Dendemar in St. Maur. Man konnte sich wirklich keine jugendfrischeren hübscheren Mädchen denken, als meine Gefährtinnen, die Älteste, welche Minette hieß, war kaum 18 Jahre alt und gefiel mir dermaßen, daß ich mich nicht enthalten konnte, sie auf das wollüstigste zu liebkosen; die beiden anderen zählten 16 und 14 Jahre. Von der Frau, die uns zum Herzog brachte, erfuhr ich unterwegs, daß dieser äußerst heikel in der Wahl seiner Opfer sei und daß ich es nur meiner Jugend und meiner Schönheit zu verdanken habe, daß er von seinem Grundsatze: nie ein öffentliches Frauenzimmer zu empfangen, abgewichen sei. Meine Gefährtinnen waren junge Modearbeiterinnen und hatten noch nie so etwas mitgemacht; sie waren wohlerzogene, ehrbare Mädchen, die nur durch die bedeutende

Summe, welche der Herzog bezahlte und die feste Versicherung, daß er sich strikt auf die Geißelung beschränken und keinen Angriff auf ihre Jungfräulichkeit versuchen werde, bewogen worden waren in den ihnen gemachten Vorschlag einzuwilligen. Wir bekamen jede 50 Louisd'or und man wird gleich sehen, ob wir sie verdienten.

Wir wurden alle vier in ein prächtiges Gemach geführt, wo uns unsere Führerin auskleiden und die Befehle Sr. Durchlaucht erwarten hieß.

Jetzt konnte ich auch mit Muße die natürliche Anmut der herrlichen sanften Reize meiner drei Genossinnen bewundern. Man konnte sich nichts Schlankeres denken, wie ihre Taille, nichts Frischeres wie ihren Busen, nichts Wollusterregenderes, wie ihre Schenkel, nichts Niedlicheres, wie ihren reizenden, fleischigen Hintern. — Ich verzehrte sie, besonders Minette, fast mit meinen zärtlichen Küssen, die sie mit einer solch ungezwungenen Natürlichkeit erwiederten, daß ich in ihren Armen entlud.

Fast dreiviertel Stunde gaben wir uns so dem Ungestüm unseres Verlangens hin, bis endlich ein großer, schöner, fast vollständig nackter Diener uns benachrichtigte, daß wir vor dem Herzog erscheinen sollten und zwar die Älteste zuerst. — Endlich kam auch an mich — als Dritte — die Reihe, das Allerheiligste des Wollusttempels dieses neuen Sardanapal zu betreten und Sie werden hören, wie es mir (gleich meinen Genossinnen) dort erging.

Das Kabinett, in welchen uns der Herzog erwartete, war rund und alle Wände vollständig mit Spiegeln verkleidet; in der Mitte befand sich ein etwa zehn Zoll hoher Säulenstumpf aus Porphyr. Ich mußte dieses Piedestal besteigen und der Diener, von dem ich vorhin sprach und der bei den Vergnügungen seines Herrn diensttuender Adjutant war, befestigte nun meine beiden Füße an Bronze-Ringe, die eigens zu diesem Zwecke angebracht waren, dann hieß er mich, die Arme in die Höhe heben und band sie an eine Schnur fest, wodurch sie fast senkrecht aufwärts gehalten wurden. Jetzt erst näherte sich mir der Herzog, der bis dahin auf dem Sofa gelegen und sich am Schwanze herumgespielt hatte; er trug nichts weiter, als eine einfache Weste ohne Ärmel von braunem Atlas, sonst war er vollständig nackt; unter dem linken Arm hatte er eine schmale, biegsame Rute, mit einem schwarzen Bande umwunden. Er mochte ungefähr 40 Jahre alt sein; sein Äußeres war grobkörnig und sein Inneres schien demselben ganz zu entsprechen. — Lubin, sagte er zu seinem Diener, die scheint mir noch besser für mich geeignet, wie die anderen, ihr Arsch ist rundlicher, ihre Haut feiner, ihr Gesicht interessanter; es tut mir leid um sie, aber sie wird deshalb nur noch mehr auszustehen haben; bei diesen Worten näherte der Unhold seine Schnauze meinem Hintern, küßte ihn erst und biß dann hinein. — Ich stieß einen Schrei aus. — Ah! ah! Du bist empfindlich, scheint's; desto schlimmer für Dich, denn wir sind noch lange nicht zu Ende. — Ich spürte nun, wie seine krallenartigen Nägel sich in meine Arschbacken einbohren und mir an mehreren Stellen ganze Fetzen Haut herunterreißen; mein Wehegeschrei stachelte den Verruchten nur noch mehr auf, der nun zwei Finger in meine Scheide steckte und sie mit Haut aus dem Innern dieser so sehr empfindlichen Stelle bedeckt, wieder herauszog. — Lubin, rief er voller Freude dem Diener zu und zeigte ihm seine blutigen Finger, »Triumph, Lubin, ich habe Haut aus der Votze«, und damit überzog er die Eichel des Dieners, dessen Schwanz kerzengrade hinaus stand, mit dieser Haut. Hierauf nahm er aus einem geheimen Wandschränkchen eine Guirlande von grünen Blättern; ich wußte weder welchen Gebrauch er von dieser Guirlande machen wolle, noch aus welchen Pflanzen sie gewunden war; welcher Schrecken ergriff mich aber, als ich sah, daß es Dornen waren. — Er schlang mir dieselbe, mit Hilfe seines Adjutanten einigemale rings um den Körper und befestigte sie sodann auf eine zwar sehr malerische aber ebenso schmerzhafte Weise, denn er preßte sie fest an meinen Körper, besonders an meinen Busen, wodurch ich überall von den Dornen zerfleischt wurde; nur meine Arschbacken blieben von diesem grausamen Schmuck verschont, denn diese sollten Qualen anderer Art erdulden; von allen Seiten recht bloßgelegt, boten sie den Augen des Wüstlings ihre ganze Fülle dar, die bald den Spielplatz der Rute abgeben sollte. Als mich Dendemar in dem gewünschten Zustande sah, meinte er, so, jetzt können wir anfangen, die Geschichte wird aber ein bischen lange dauern. Zehn leichte Hiebe, die er mir versetzt, sind nur die Vorboten des Ungewitters, das gleich darauf meinen Arsch überzieht. — Vorwärts! zum Teufel! schrie der Herzog, weg mit aller Schonung und damit ließ er ohne anzuhalten mit voller Kraft mehr als zweihundert Rutenstreiche auf meine beiden Arschbacken niedersausen. Während er auf diese Weise arbeitete, kniete sich der Diener vor ihn hin und strengte sich an, dem Unmenschen durch Lutschen am Schwanze das Gift auszusaugen, das ihn so bösartig machte; endlich schrie der Herzog mit Aufgebot seiner ganzen Lungenkraft: »Ah! das Saumensch... die Hure... ah! wie verabscheue ich das Weibsgezeug, oh könnte ich das ganze Gezücht mit Rutenhieben ausrotten... Sie blutet... endlich, endlich Blut... ah! zum Henker, sie blutet... sauge zu, Lubin, sauge zu... ich bin glücklich, ich sehe Blut«; hierauf nähert er seinen Mund meinem Arsche und leckt das Blut, das er mit solcher Wonne fließen sieht, sorgfältig auf. Dann fuhr er fort: Wie Du siehst, Lubin, will mir der Schwanz noch immer nicht stehen, darum werde ich zuhauen, bis er steht, bis ich abprotze; ei, was, das Hurenmensch ist ja jung, das wird's schon aushalten. Das blutige Schauspiel beginnt von neuem, nur ändert sich diesmal die Szene, denn Lubin lutscht nicht mehr, sondern er gibt mit einem tüchtigen Ochsenziemer die Hiebe, die sein Herr mir versetzt, diesem hundertfach wieder. — Ich bin mit Blut bedeckt, es läuft mir an den Schenkeln herab, das Piedestal rötet sich; von den Dornen, von den Hieben zerfleischt, wußte ich nicht, welcher Teil meines Körpers mich am meisten schmerzte. — Endlich ließ mich der Henker, der Folterung müde, losbinden und warf sich auf das Sofa, Schaum vor dem Munde vor geiler Wut. — Ich näherte mich ihm mit schlotternden Knien, er küßte die Spuren seiner Grausamkeit und sagte mir: Wichse mich ab ... oder nein ... wichse Lubin einen ab; ich sehe lieber einen Anderen abprotzen, als daß ich selbst entlade und dann, so schön Du auch bist, ich bezweifle sehr, daß es Dir bei mir gelingen würde. Lubin wirft sich sogleich auf mich, wobei mir der Unmensch mit Fleiß die Dornen — ich hatte die unselige Guirlande noch um — noch tiefer ins's Fleisch drückt, während ich ihn zur Entladung zu bringen suche. — Seine Stellung war dabei derart, daß sobald ich zum Ziele gelangte, er seinen kalten Bauer seinem Herrn in's Gesicht spritzte; dieser letztere aber fuhr unterdessen fort, mich mit der einen Hand in den Hintern zu petzen, während er mit der anderen an seinem Schwanze spielte. — Endlich geht's los, das Gesicht des Herzogs wird über und über mit Samen begossen, den seinigen aber läßt er nicht kommen, den will er erst bei einer noch tolleren Szene verspritzen.

Die vertrauteste Freundin Juliens war eine Engländerin, Lady Clairwill, eine kalte, gefühllose Schönheit. Diese fand nicht ihr Hauptvergnügen darin, Frauenzimmer zu peinigen, sondern, an Männern ihrer Grausamkeit freien Lauf zu lassen; aber wenn sie sich auch (nichts) daraus machte, selbst die Frauenzimmer zu quälen, so betrachtete sie doch, neben Dormon sitzend, dessen Schwanz sie liebkoste, mit boshafter Neugier die Mißhandlungen, welche Faustine erlitt, ja sie wußte sogar neue anzugeben.

Wißt Ihr was, sagte der Minister St. Fond, wir wollen die, welche doch bald das Band der Ehe umschlingen soll, gleich vereinigen; ich bin nicht so grausam, fuhr er höhnisch fort, um dem Herrn da nicht wenigstens eine der Jungfernschaften seines Liebchens zu gönnen; Clairwill bereite Du den Bräutigam zur Begattung vor, ich werde dasselbe bei der Braut tun.

Ich hätte nie geglaubt, daß ein solches Unterfangen gelingen könne. Wie war es möglich, daß der Schrecken, der Kummer, die Unruhe, die Tränen, überhaupt der ganze unglückliche Zustand, in dem sich die beiden Liebenden befanden, ihnen trotzdem die Ausübung des Liebesaktes gestatten konnte? Und doch offenbarte sich hier eins der größten Wunder der Natur, ihre Willenskraft siegte über alle Leiden, welche die Liebenden erlitten hatten: der aufgeregte Dormon vögelte seine Geliebte; was dagegen diese betraf, so ließen ihre furchtbaren Schmerzen keine Regung des Vergnügens zu; wir mochten uns die größte Mühe geben, sie aufzuregen, wir mochten sie auszanken, sie liebkosen, alles vergebens, sie beharrte bei ihrer Apathie, die ihr der vorhergegangene abscheuliche Auftritt verursacht hatte, wir erhielten von ihr nur Tränen und Zeichen der Verzweiflung. — Meinetwegen sagte St. Fond, wenn sie nicht will, ist mir's auch recht; ich mache mir überhaupt verdammt wenig daraus, auf dem Gesicht eines Weibsbildes den Eindruck des Vergnügens zu sehen, der ist doch meist trügerisch, der Schmerz drückt sich viel wahrer aus.

Schon fließt Blut, ein Zeichen, daß die Rose gepflückt ist. Durch die von Clairwill angegebene Stellung hielt Dormon seine Faustine so über sich geneigt, daß uns dies liebliche Kind den Anblick der schönsten Arschbacken gewährte, die man nur sehen konnte. Halte sie so fest, sagte St. Fond zu einer der Alten, während sie vorn gefickt wird, will ich ihr meinen Schwanz in's Arschloch stecken, so daß sie ihre Jungfernschaften auf einmal los wird. Gesagt, getan, das junge Mädchen aber stößt dabei das schrecklichste Wehegeheul aus, denn ein solcher Dolch, wie der St. Fond's hatte sie noch nie durchbohrt; ach! es sollte für sie ein Leidenstag sein. Während der Schweinehund die arme Faustine fickte, griff er die beiden alten Hexen aus und ich spielte mit meiner Zunge in der Votze der Clairwill; der vorsichtige St. Fond geizte mit seinem kalten Bauer und ließ ihn nicht fließen.

Nun kamen neue Unflätereien an die Reihe.

Junger Mann, wandte sich St. Fond an Dormon, ich werde jetzt etwas von Dir verlangen, was Du zwar sehr unmenschlich finden wirst, aber es ist das einzige Mittel Deinem Liebchen das Leben zu retten. Schaue her, es ist ganz einfach; ich lasse sie an die Säule da festbinden, Du aber nimmst eine Rute und zerhauest ihr damit aus Leibeskräften den Arsch.

Ungeheuer, wie kannst du mir zumuten? ... Ist es Dir lieber, wenn sie stirbt? Entweder Du gehorchst oder ich lasse sie umbringen. Ach! Warum gibt es denn gar kein Mittel, mich aus diesem Dilemma zu retten! Was willst Du, Du bist einmal hier der Schwächere, hast also zu gehorchen, tue darum, was ich Dich geheißen habe oder Dein Liebchen wird vor Deinen Augen erdolcht. St. Fond verstand, wie man sieht, die große Kunst, seine Opfer in eine solche Lage zu bringen, daß ihnen keine andere Wahl blieb, als zu tun, was seiner unzüchtigen Hinterlist am besten paßte.

Dormon kann sich nicht entschließen, er beobachtet ein beredtes Schweigen. Ich binde Faustine an, wobei ich mir das Vergnügen nicht versagen kann, die zarten Teile dieses prachtvollen Körpers so zu knebeln, daß die Stricke in's Fleisch einschneiden (das ist nämlich ein Hauptspaß für mich die Unschuld auf diese Weise dem Laster bloßzustellen) und während dessen saugte Clairwill an ihrem Munde. — Welche Reize bieten sich unseren Quälereien dar! — Ja, wenn der Himmel selbst diese Leute nicht beschützt, so zeigt er deutlich, wie sehr er die Tugend verachtet.

Siehe Dormon, sagt St. Fond, so mußt Du's machen und dabei versetzt er den weißen und fleischigen Arschbakken mit aller Kraft zehn wuchtige Hiebe, ja, ja, so wird's gemacht und versetzt ihr nochmals zehn Streiche, deren in's Violette schillernde Striemen den wunderbarsten Gegensatz zu der Weiße der zarten und feinen Haut bilden. Oh! Herr, das werde ich nie über mich gewinnen können... Und doch heißt's entweder oder, denn die Drohungen werden verdoppelt und die ganz rasende Clairwill schreit: Zieht ihm die Haut über die Ohren, wenn er sich länger weigert.

Dormon fängt an zu schlagen, aber er ist zu schwach dazu, so daß St. Fond ihn aufrecht erhalten, ihm die Hand führen muß. — Mein Liebhaber fängt an ungeduldig zu werden, man setzt Faustine den Dolch auf die Brust... Dormon versucht es, stärker zuzuschlagen, aber er wird ohnmächtig... Aha! sagte St. Fond, dem der Schwanz wie einem Karmeliter-Mönch steht, ich sehe schon, die Liebe taugt nicht dazu, da muß sich schon die Bosheit hinein mischen und schlägt aus Leibeskräften auf den Prachtarsch los, so daß derselbe in kaum einer halben Viertelstunde blutüberströmt ist.

Dicht daneben vollzieht sich ein anderes gräßliches Schauspiel: Clairwill weit entfernt dem ohnmächtig daliegenden Dormon beizustehen, läßt an ihm ihre ganze Wut aus. Ich muß mein Geschlecht rächen, schreit sie und gibt dem, von den Alten an Händen und Füßen gebundenen Dormon alle die Hiebe, die St. Fond Faustinen versetzt, mit Wucher zurück. Bald waren die beiden Unglücklichen in einem entsetzlichen Zustande. Da ich Clairwill noch nicht auskannte, so überraschte mich, ich gestehe es ein, ihre Grausamkeit; als ich aber gar sah, daß sie ihre Wangen mit dem Blute ihres Opfers beschmierte, daß sie es aufsaugte und verschluckte, daß sie mit ihren Zähnen ganze Fetzen Fleisch herausriß und solche gierig verschlang, daß sie ihr Schamzüngelchen an den blutigen Wunden ihres Schlachtopfers hin- und herrieb und mir dabei zurief: »So ahme mich doch nach, Julchen« da, ich will es Euch nur gestehen, meine Freunde, da riß mich das Beispiel dieser Wilden und vielleicht noch mehr meine verdammte Einbildungskraft hin, ich tat, wie sie ... was sage ich? Ich tat, wie sie, nein, ich suchte sie zu übertreffen und reizte ihre Phantasie zu Missetaten an die sie vielleicht gar nicht gedacht hätte. Auch ich war im höchsten Grade aufgeregt, mein verderbtes Herz kannte keine Schonung mehr und die wollüstige Aufregung, die nur die Leiden anderer verursachte war gleich groß, ob ich sah wie man einen Mann zerfleischte oder wie man ein Weib marterte.

St. Fond wollte einstweilen nicht weiter gehen, bis auch das andere Paar zugegen sei, man band also dieses Paar vorerst an und ließ auch das andere kommen. Delnos und Felicitas wurden nun den gleichen Martern unterworfen, nur daß hierbei alles in umgekehrter Ordnung vor sich ging. Anstatt, wie vorher, den Liebhaber unter fürchterlichen Drohungen zu bewegen, seine Geliebte zu verlassen, machte man es diesmal umgekehrt, aber ebenso fruchtlos. Felicitas war ein sehr schönes Mädchen (von etwa 20 Jahren) und wenn auch ihre Haut nicht so blendend weiß war, wie die der Schwester, so waren doch ihre Formen nicht minder reizend, die Augen aber ausdrucksvoller. Sie zeigte auch mehr Willenskraft, wie ihre Schwester, dagegen Delnos weit weniger als Dormon. Unser Menschenschinder fing nun damit an, daß er Felicitas in den Hintern fickte, spritzte aber, und zwar wieder seinen Samen in den schönen Arsch Delnos', während er die prächtigen Brüste des Mädchens marterte. Dann ließ er sich ruhig zwischen Clairwill, die ihm einen Finger in's Arschloch steckte und mir, die ihm den Schwanz steifte, nieder, und beriet mit uns über das fernere Schicksal der beiden Paare die man uns gegenüber angebunden hatte. Ich bin der Henker dieser ganzen Familie, erzählte er uns, und spielte sich am Schwanze; drei Glieder derselben haben hier ihr Leben eingebüßt, zwei ließ ich in ihrem Landhause umbringen, eins in der Bastille vergiften und hier diese vier sollen mir auch nicht entgehen; das ist eine Rechnung deren »Facit« mir unendliche Wonne bereitet. Tiberius soll eine solche jeden Abend gemacht haben. Was wäre auch das Verbrechen ohne diese süße Rückerinnerung. O Clairwill! zu was reißt uns die Leidenschaft nicht hin! Sage mir, mein Engel, wärest Du schon wieder ruhig genug, hättest Du vielleicht schon genug entladen, um mir über die Gewalt der Leidenschaft eine schöne Rede halten zu können? Nein, in drei Teufels Namen, nein! antwortete ihm Clairwill, rot wie eine Bacchantin, handeln will ich, nicht reden, ein Feuerstrom fließt durch meine Adern, ich bin außer mir, ich muß Gräueltaten sehen... Ganz meine Ansicht, meinte St. Fond, lasse uns Gräuel über Gräuel begehen; diese zwei Paare regen mich so furchtbar auf, daß es gar keine Martern gibt, die ich sie nicht erdulden sehen möchte. Alles das mußten die Unglücklichen anhören, sie mußten hören, wie wir uns gegen sie verschworen und doch blieben sie am Leben!

Vor unseren Augen stand das von Delcour erfundene unselige Rad, St. Fond betrachtete es mit hämischen Blikken und der Gedanke ein oder das andere Opfer darauf zu flechten, verursachte, daß sich sein Schwanz in seiner ganzen Größe aufrichtete. Der Verruchte erklärte uns nun erst genau die Eigenschaften dieser höllischen Maschine um uns dann vorzuschlagen, die beiden Mädchen sollten losen, welches von ihnen auf demselben sterben solle. Clairwill bekämpfte diesen Plan mit der Begründung, daß, da St. Fond schon einmal ein Mädchen rädern sehen, er sich jetzt das Vergnügen machen solle, einen Jüngling darauf zu flechten und zwar verlange sie das Vorrecht für Dormon, der ihr den Kopf furchtbar warm mache. St. Fond aber meinte, die Ehre als Erster durch eine solche Marter umzukommen, sei schon Vorrecht genug und bedürfe keines weiteren. Man machte also Lose, die jungen Leute zogen und Dormon traf das Todeslos. Das hätte ich Euch voraussagen können, meinte Clairwill, der Himmel erfüllt schon längst alle meine Wünsche und kaum habe ich den Vorsatz zu einem Verbrechen gefaßt, als auch das verabscheuenswerte Wahngebilde, welches man das »Höchste Wesen« zu nennen beliebt, mir auch die Ausführung ermöglicht. Umarme Deine Verlobte, sagt mein Liebhaber zu Dormon, den man zwar losband aber doch an Händen und Füßen gefesselt ließ, küsse sie, mein Junge, sie wird Dich während der ganzen Prozedur nicht aus den Augen verlieren und Du darfst zusehen, wie ich sie dabei in ihren schönen Arsch ficke.

Seiner Gewohnheit gemäß schloß er sich darauf eine volle Stunde mit dem sorgfältig gefesselten Jüngling in ein Nebenzimmer ein; wahrscheinlich hatte der Wüstling seinem Opfer ein Geheimnis für die andere Welt anzuvertrauen. Was mag er nur eigentlich da drinnen tun? sagte Clairwill, die das Warten langweilte und näherte sich der Tür des Nebenzimmers. — Ich weiß es auch nicht, entgegnete ich, aber ich brenne so vor Neugier, daß ich gern mein Leben darum geben würde, wenn ich zusehen dürfte. — Endlich erschien Dormon wieder; sein ganzer Körper trug die Spuren entsetzlicher Mißhandlungen, besonders waren seine Arschbacken und seine Schenkel auf das fürchterlichste zerfleischt; Scham, Wut, Furcht und Schmerz malten sich abwechselnd auf seinem entstellten Gesicht. Blut floß von seinem Schwanz und seinen Hoden herab und seine hochroten Wangen zeigten die Male von Ohrfeigen. Was St. Fond betrifft, so stand ihm der Schwanz wie ein Ast und die scheußlichste Grausamkeit malte sich auf allen seinen Zügen; er hatte noch mit einer Hand den Arsch seines Opfers gepackt, als er mit ihm eintrat. Jetzt heißt es sterben, verdammter Hund, schrie Clairwill Dormon an, als sie ihn zu ihrer Freude in diesem Zustande sah und sich darauf zu St. Fond wendend, sagte das entmenschte Weib zu diesem: es sind mir zu wenig Mannsbilder hier, ich möchte gern auf jede mögliche Art und Weise gehurt werden und das tüchtig, während ich den Lumpenkerl da krepieren sehe. Seine Hure wird Dich dabei abwichsen, entgegnete ihr St. Fond, und ich werde Dich in den Arsch ficken. Wird denn sein Blut auf uns herunterfließen? Selbstverständlich. Na dann komm' her, Hundsfott, und küsse mich, ehe Du gefoltert wirst. Da er sich widerstrebend zeigte, rieb die Hure seine Nase an ihrem Arsch; dann gestattete man ihm, seine Geliebte zu umarmen, die in Tränen zerfloß; hierbei spielte Clairwill an seinem Schwanze und St. Fond an dem Kitzler des jungen Mädchens. Endlich ergriffen ihn die alten Hexen und befestigten ihn auf das Rad. Faustine mußte sich gleichzeitig auf Clairwill legen und deren Votze ausgreifen, meine Freundin aber küßt und kitzelt mich während dessen; St. Fond fickt Faustine in den Arsch und bald werden wir alle vier mit dem Blute des Gefolterten besudelt. Das junge Mädchen aber hält das entsetzliche Schauspiel nicht bis zu Ende aus, schmerzerstickt haucht es sein Leben aus. Halt mal, schrie St. Fond, ich glaube gar das Hurenmensch untersteht sich zu sterben, ohne daß ich die unmittelbare Ursache davon bin und bei diesen Worten spritzt der Elende seinen Samen in den bereits leblosen Körper. Clairwill, deren Hände die Hoden Delnos' kneten, während ich dessen Arschbacken mit Nadeln zerstach, kann sich beim Anblick des gerädeten Dormon nicht mehr halten und dreimal entladet die Hure, wobei sie ein Geheul wie ein wildes Tier ausstößt.

Nun waren nur noch Felicitas und ihr Liebhaber übrig. Ah! zum Donnerwetter sagt St. Fond, die Hure da muß mich schadlos halten für das, was mir bei der Anderen entgangen ist und da vorher das Mensch ihren Kerl hat krepieren sehen, so wollen wir's jetzt umgekehrt machen und der Hund da soll zusehen wie wir seine Hure foltern. Darauf führt er sie in das bewußte Nebenzimmer, bleibt da eine gute halbe Stunde mit ihr unter vier Augen und führt sie uns dann in einem entsetzlichen Zustande wieder zu. Sie wird dazu verdammt, lebendig gespießt zu werden und St. Fond stößt ihr eigenhändig den zugespitzten Pfahl so in den Arsch, daß derselbe zum Munde wieder herauskommt.

Und so blieb der aufrecht stehende Pfahl mit dem Opfer den ganzen Tag über zur Schau ausgestellt.

Einige interessante Episoden aus dem Leben des reichen Bösewichts Noirceuil.

Die Mädchen, mit denen ich den Minister St. Fond versorgen mußte, kosteten mich nicht immer die Summen, welche ich für sie erhielt, manchmal brachten sie mir sogar noch Geld ein, statt mich welches zu kosten. Davon will ich Euch einige Beispiele erzählen, wenn dieselben Euch auch gerade keinen großen Begriff von meiner Rechtlichkeit beibringen werden.

Eines Tages schrieb mir ein Mann aus der Provinz, daß die Regierung ihm noch eine halbe Million schulde, welche er ihr während des letzten Krieges vorgeschossen habe; seitdem sei sein Vermögenszustand vollständig zerrüttet worden und es bleibe, wenn er diese Summe nicht wieder erhalte, ihm und seiner sechzehnjährigen Tochter, der Trost seines Alters nichts übrig als Hungers zu sterben, während, wenn ihm das Geld zurück erstattet werde, er einen Teil desselben seiner Tochter als Mitgift bestimmen und dieselbe verheiraten werde. Er wisse, daß ich beim Minister in besonderer Gunst stehe und dies habe ihn bewogen, sich an mich zu wenden, zugleich schickt er mir alle seine Belegstücke. Ich erkundige mich, die Tatsache ist richtig, aber es bedarf ganz besonderer Begünstigung, um die Gelder heraus zu bekommen. Die junge in Rede stehende Person aber ist, wie man mich versichert eines der interessantesten Geschöpfe. Ohne mich bei dem Minister weiter über meine Pläne auszulassen, ersuchte ich ihn um einen Befehl zur Erhebung des Geldes; er fertigt mir denselben sofort aus und bereits nach 24 Stunden bin ich im Besitze dessen, was der biedere Provinziale nicht in sechs Jahren erlangen konnte. Sobald ich es in Händen habe, schreibe ich dem Bittsteller, daß alles im besten Zuge, seine Gegenwart aber durchaus notwendig sei, auch könne es den Erfolg seines Gesuches nur beschleunigen, wenn er mit einer jungen und hübschen Person vor dem Minister erscheine, weshalb ich ihm dringend rate, seine Tochter mitzubringen. Der Dummkopf geht richtig auf den Leim, überbringt seine Antwort persönlich und stellt mir dabei seine Tochter, ein reizend schönes Mädchen vor.

Ich ließ die Beiden natürlich nicht lange zappeln und eines der ministeriellen Diners, die ich St. Fond wöchentlich abgeben mußte, brachte sie vollständig in meine Gewalt. Herrin der halben Million war ich bereits, durch diese Erzverräterei wurde ich es nun auch über Vater und Tochter und Ihr könnt Euch leicht denken, welchen Gebrauch ich von dem Einen und den Anderen machte. Das Geld, das für das Vermögen mehrerer Familien hingereicht hätte, brachte ich in weniger als einer Woche durch; das Mädchen aber, das der Vater den »Trost seines Alters« nannte, mißbrauchten wir drei Tage lang bei unseren nächtlichen Schwelgereien in jeder nur möglichen Weise und am vierten Tage fiel es mitsamt seinem Vater der Grausamkeit St. Fond's und seiner Freunde zur Beute, wobei sie Beide auf eine umso grausamere Weise ihren Geist aufgaben, als sie noch zwölf Stunden in den gräßlichsten Todesqualen lebten.

Damit Ihr mich jedoch ganz kennen lernt, muß ich Euch neben obigem Beweise meiner Hinterlist auch ein Pröbchen meines Geizes geben. Könnt Ihr glauben, daß ich ihn soweit trieb, daß ich auf Pfänder lieh? Eines Tages fand ich, daß für etwa 800.000 Francs Wertgegenstände bei mir versetzt waren, die wenn ich sie zurückgegeben hätte, mir noch nicht den vierten Teil dieses Betrages wieder hereingebracht haben würden. — Ich entschloß mich kurz und machte Bankrott, wodurch ich freilich zwanzig Familien in's Unglück stürzte, die ihre wertvollsten Sachen nur bei mir versetzt hatten, um sich für den Augenblick den nötigsten Lebensunterhalt zu verschaffen, den ihnen selbst die angestrengteste Arbeit nicht bieten konnte.

Ostern nahte heran. Clairwill war die Erste, mich an unsere Partie zu den Karmelitern zu erinnern. Kaum waren wir mit meinen zwei schönsten Tribaden, Elvire und Charmail, im Inneren des Klosters, so fragte uns der Superior nach Claude, der sich, seit unserer letzten Einladung nicht mehr habe sehen lassen. Wir versicherten den guten Mönch, daß uns absolut nichts über das Schicksal seines Kollegen bekannt sei, bei seiner uns wohlbekannten Liederlichkeit dünke es uns aber sehr wahrscheinlich, daß er die Kutte abgelegt habe. Es war nicht weiter davon die Rede. Wir begaben uns in einen riesigen Saal, wo der Superior die Kämpfer vor uns Revue passieren ließ; Eusebius ließ sie Einen nach dem Anderen vortreten; sie wurden den Händen meiner beiden Frauenzimmer überantwortet, welche ihnen die Schwänze steiften. Jeder, dessen Schwanz nicht mindestens sechs Zoll Umfang auf neun Zoll Länge hatte oder der über 50 Jahre alt war, wurde abgewiesen. Man hatte uns von etwa 30 Kämpfern gesprochen, es waren aber 64 Mönche und 10 Novizen, alle mit Werkzeugen versehen, deren kleinstes sich in den gedachten Verhältnissen hielt, während einige 10 auf 14 Zoll hatten.

Das Fest begann.

Clairwill und ich streckten uns nun in diesem Saale auf breite, elastische und tiefe Sofas hin, die Beine herabhängend, die Hüften durch tüchtige Kissen unterstützt, vollständig nackt, so boten wir unseren Gegnern die Votze zum ersten Angriff dar. Die Tribaden sandten uns nun die Schwänze nach der Größe zu, wobei die Kleinsten den Anfang machten; unsere Hände waren dabei in vollster Tätigkeit, indem sie stets die Schwänze der beiden Nachfolger dessen, der uns gerade vögelte, liebkosten. Sowie aber eine Hand ihren Schwanz an die Votze abgab, bekam sie sofort einen frischen, so daß es Jede mit drei Männern zu tun hatte. Derjenige, der kampfunfähig war, zog sich bis auf weiteres in einen anstoßenden Saal zurück. Alle waren nackt und entluden in einem Condom, den sie über den Schwanz gezogen hatten; erst fickten sie Clairwill und dann mich, so daß wir also Jede vorerst vierundsechzigmal gevögelt wurden. Während die Letzten uns noch rammelten, begaben sich unsere beiden Frauenzimmer ebenfalls in den zweiten Saal, wo sie sich damit beschäftigten die Mönche wieder kampffähig zu machen. Der zweite Korso begann, wieder bekam jede von uns vierundsechzig Salven. Dasselbe Verfahren leitete den dritten Kampf ein, bei welchem wir aber unseren Athleten den Arsch hinhielten; diesmal hatten wir stets einen Schwanz im Arsche und einen im Munde und zwar lutschten wir den ab, der eben unseren Arsch verlassen hatte, um ihn so zu einem vierten Angriff fähig zu machen; bei diesem nun wechselten wir aber derart ab, daß ich den Schwanz saugte, der aus dem Arsche von Lady Clairwill kam und sie denjenigen, der meinen Steiß verließ. Dadurch wurde die Anzahl der Stöße verdoppelt, so daß wir also in diesem ersten Akt Jede hundertachtundzwanzigmal in die Votze und ebenso oft in den Arsch gevögelt wurden, was wohlgezählt für Jede 256 Ficke ergab. Hierauf reichte man uns Biskuits und spanische Weine, um dann Gruppen zu bilden. Nun wurden einer Jeden von uns acht Mann auf einmal zugeteilt; wir hatten je einen Schwanz in jeder Achselhöhle, einen in jeder Hand, einen zwischen den Brüsten, einen im Mund, den siebenten in der Votze und den achten im Arsch; Condoms wurden nicht mehr angewendet; Alle entluden zu gleicher Zeit, so daß alle Teile unseres Körpers zugleich mit ihrem kalten Bauer begossen wurden, der überall an uns herunterrieselte. Jede Brigade von acht Mann wechselte dabei sowohl mit dem Frauenzimmer als auch in der Art des Vögelns, so daß wir Jede acht dieser Angriffe auszuhalten hatten, nach deren Beendigung wir einstweilen nichts mehr begehrten. Doch stellten wir uns beide ganz ihrer Geilheit zur Verfügung und erklärten ihnen, daß es ihnen vollkommen freistehe zwischen Clairwill und mir zu wählen und daß sie ganz nach ihrem Gutdünken genießen könnten. Hierbei wurde Clairwill noch fünfzehnmal in den Mund, zehnmal in die Votze und neununddreißigmal in den Arsch, ich sechsundvierzigmal in den Hintern, achtmal in den Mund und zehnmal in die Votze gefickt, was also für Jede von uns beiden die Summe von zweihundertmal, alles in allem, ergab.*)

Auf ihren Reisen in Italien begegnen die »Freunde des Verbrechens« einem sieben Fuß großen Riesen, der sich von Menschenfleisch nährt. Er teilt unseren Reisenden mit, daß es unfehlbar ihre Bestimmung sei, in Gestalt von Fricandeaux und Braten auf seiner Tafel zu erscheinen; darauf führt er sie in seinen Schlupfwinkel, ein auf

---

* Sehen wir vom Munde ab, der ja kein so ausgesprochenes Gefühl hervorbringt, um in Rechnung gestellt zu werden, so wurden die beiden ehrbaren Damen also bis jetzt: Clairwill 185 Mal, Juliette 192 Mal — sei es in die Votze, sei es in den Arsch — gevögelt. Wir hielten es für unsere Pflicht, dieses Facit zu ziehen, um unseren Leserinnen, die sich sonst gewiß hier unterbrochen hätten, um diese Rechnung zu machen, diese Mühe zu ersparen. Bedanken Sie sich also meine Damen, und ahmen Sie unseren Heldinnen nach; das ist alles, was wir von Ihnen verlangen, denn ihre Belehrung, Ihre angenehme Aufregung und Ihr Glück sind wahrhaftig das einzige Ziel unserer beschwerlichen Arbeit und wenn Sie uns beim Lesen der Justine verflucht haben, werden Sie uns jetzt bei Juliette segnen.

unzugänglichen Felsen gelegenes Schloß. Ehe er sie verspeist, will er ihnen aber höflichst die Honneurs machen und zeigt ihnen seine außergewöhnlich bevölkerten Harems etc. Jeder Tag bietet eine neue Zerstreuung. Einmal sind es lebendige Tische, aus Weibern bestehend, auf deren Busen die Lakaien, ohne erst ein Tischtuch aufzulegen, das ganze Tafelgeschirr stellen, wobei man sich die Hände an den aufgelöst herabhängenden Haaren abtrocknet. Die Speisen sind vorzüglich, Juliette kostet ein Ragout und auf ihre Frage, was dies sei, antwortet ihr der Riese mit einem verbindlichen Lächeln: Deine Kammerfrau. Den nächsten Tag läßt das Ungeheuer die Auslese seines Harems von Löwen zerreißen, am folgenden zeigt er Julietten das Spiel einer komplizierten Maschine, welche zu gleicher Zeit sechzehn Opfer niederschlägt, erdolcht und enthauptet. Doch lassen wir wieder Sade reden:

Wir betraten ein anderes Gemach. Ein prachtvolles Frühstück aus Früchten, feinem Backwerk, Milch und warmen Getränken bestehend, wird uns von hübschen halbnackten Knaben dargereicht, welche indem sie uns die Schüsseln präsentieren, tausend Körperbewegungen, tausend mutwillige Streiche ausführen, die einen immer unzüchtiger, wie die anderen. Meine beiden Begleiter und ich griffen tüchtig zu. Für Minski, den Riesen, wurden solidere Speisen aufgetragen: 8—10 Blutwürste, aus Jungfrauenblut gefertigt und zwei mit Hoden gefüllte Pasteten dienten zu seiner Sättigung, während achtzehn Flaschen griechischen Weines diese Speisen in seinem gewaltigen Magen verdünnten.

Er peitschte ein Dutzend der kleinen Mundschenken bis auf's Blut, mit denen er ohne irgend welchen Grund Händel suchte. Einem von ihnen, der ihm widerstand, brach er beide Arme mit einem Gleichmut, als handele es sich um die einfachste Sache von der Welt, er erdolchte noch zwei Andere und dann begannen wir unsere Inspektion.

Der erste Saal den wir betraten, enthielt 200 Frauen von 20—35 Jahren. Sobald wir erschienen, bemächtigten sich zwei Henkersknechte — nach einem geheiligten Brauche — eines Opfers und hingen es nackt vor unseren Augen auf; Minski nähert sich der Gehängten, tätschelt mit den Händen ihre Arschbacken und beißt ihr hinein, während im selben Augenblick sich sämtliche Frauen in sechs Reihen aufstellen. Wir gingen die Reihen durch; um die, welche sie bildeten genauer betrachten zu können. Die Art, auf welche diese Frauen gekleidet waren, verdeckte keinen ihrer Reize; eine einfache Draperie, die ihre Hüften umschloß, gab ihren Busen und ihre Arschbacken unseren Blicken preis, dagegen konnte man ihre Votze nicht sehen, dieses von Minski angeordnete Raffinement verbarg seinen geilen Augen den Tempel, in welchem er nie ein Opfer brachte.

An diesen Saal schloß sich ein etwas kleinerer an, in dem sich 25 Betten befanden, in diesen lagen die Frauen, welche, in Folge der Völlerei des Ungeheuers, Wunden davon getragen hatten oder krank waren. Wenn das Unwohlsein ernst wird, sagte Minski zu mir, indem er ein Fenster öffnete, so kommen sie hierher. Wie erstaunten wir aber, als wir den Hof, auf den dieses Fenster ging, voller Bären, Löwen, Leoparden und Tiger sahen.

In der Tat, sagte ich, indem ich diesen Schreckensort betrachtete, das sind Ärzte, die sie rasch von jeder Krankheit befreien. Gewiß, es bedarf nur einer Minute um sie zu heilen, dadurch verhüte ich auch die schlechte Luft. Was könnten denn auch Frauen, welche eine Krankheit befleckt und verunstaltet hat, der Wollust noch bieten? Dadurch erspare ich mir auch Kosten, denn das wirst Du einsehen, Juliette, daß ein krankes Weib nicht die Spesen wert ist, die es verursacht. Dasselbe Gesetz gilt auch für die anderen Serails.

Minski untersucht die Kranken und sechs derselben, die sich etwas schlechter als die anderen befinden, werden ohne Erbarmen vor unseren Augen in die Menagerie hinabgestürzt, wo sie in weniger als drei Minuten verschlungen sind. Das ist, sagte Minski leise zu mir, eine der Martern, die meine Einbildungskraft am meisten erregt. Mir geht's gerade so, Geliebter, erwiderte ich dem Riesen, während ich das Schauspiel mit meinen Blicken verschlang, fühle her, sagte ich, indem ich seine Hand an meine Votze führte, wie ich Dein Entzücken teile — ich entlud. — Minski, der dadurch erriet, daß mir eine zweite Ausmusterung Vergnügen bereiten würde, untersuchte die Betten auf's neue und ließ ihnen diesmal einige unglückliche Mädchen entnehmen, die sich nur wegen einiger schon fast geheilten Wunden darin befanden. Sie schauderten, als sie ihr Schicksal erkannten, um uns aber länger und grausamer zu vergnügen, zeigten wir ihnen erst die wilden Tiere, deren Fraß sie werden sollten. Minski zerkratzte dabei ihre Arschbacken und ich zwickte sie in die Brüste. Man wirft sie hinab. Der Riese und ich kitzelten uns während ihrer Qualen an den Geschlechtsteilen und ich muß gestehen, daß sich in meinem ganzen Leben meine Natur nicht auf wollüstigere Art ergossen hat.

Wir durchliefen darauf noch die anderen Säle, wo man uns verschiedene Szenen, die einen immer scheußlicher wie die anderen zum besten gab und bei denen Zephire als Opfer der Wut des Ungeheuers umkam.

Dies alles ist zwar sehr unterhaltend, kann aber die Unruhe Juliens nicht beschwichtigen. Sie spricht darüber mit Sbrigani, der ihre Befürchtungen teilt und, gleich ihr, die Zeit zum Handeln für gekommen hält.

Eine hübsche Portion Gift in die Morgenchokolade und ... der Riese ist gewesen.

Die beiden Verschworenen, die dadurch Herren des Schlosses sind, brechen die Türe der unterirdischen Schatzkammern auf und schleppen fort, so viel ihnen nur möglich, ganze Berge von Gold- und Silberbarren, die fast das Schiff zum Kentern bringen, auf dem sie entfliehen.

Ankunft in Rom.
Besuch bei der Fürstin Borghese.

Juliette, sagt die Fürstin, ich werde mich Dir gegenüber setzen, diese fünf jungen Mädchen werden Dich umgeben und Dir durch die verliebtesten Kitzeleien, die unzüchtigsten Stellungen Deine Natur entlocken, ich werde Dich entladen sehen und das ist alles, was ich wünsche. Du kannst Dir nicht denken, welches Vergnügen es mir gewährt, ein hübsches Weibsbild im Sinnentaumel zu sehen; ich werde mich unterdessen abwichsen; dabei werde ich meine Gedanken umherschweifen lassen und ich versichere Dich, meine Phantasie ist grenzenlos.

Der Vorschlag schmeichelte meiner Wollustbegierde zu sehr, als daß ich ihn hätte ablehnen können. Olympia (das war der Vorname der Fürstin und Juliette nannte sie stets nur bei diesem) stellte die Gruppe; eines der hübschen Mädchens hockte sich so über mich hin, daß ich an seinem niedlichen Vötzchen saugen konnte, ich selbst lag auf einer Art von gepolstertem und mit schwarzem Atlas überzogenem Gurtenbett, meine Arschbacken ruhten dabei auf dem Gesicht eines Zweiten, welches mein Arschloch ausschleckte; ein Drittes schlug in meiner Votze einen Zungentriller und dazu griff ich mit jeder Hand eine Votze aus. Olympia, die mir gegenüber sitzend, dieses Schauspiel mit den Augen verschlang, hielt in der einen Hand eine seidene Schnur deren anderes Ende an den Gurten befestigt war, auf denen ich lag und indem sie diese Schnur sanft hin- und herzog, versetzte sie mich in eine schaukelnde Bewegung, welche die Zungenschläge, die ich gab und empfing, verlängerte und vermehrte, wodurch meine Wollust unglaublich vergrößert wurde. Ich hatte bisher nicht gedacht, daß eine noch größere Wollust-Steigerung möglich sei, wie sie Olympia mir vorbereitete — nun aber ließ sich eine herrliche Musik hören, ohne daß es möglich gewesen wäre, zu entdecken, woher sie kam. Ich glaubte, die Truggebilde des

Korans würden hier zur Wahrheit, ich sei ins Paradies versetzt, umgeben von den Houris, die Mohammed den Gläubigen verheißt und daß sie mich nur liebkosten, um mich in den äußersten Wonnetaumel der Unzucht zu versenken. Jetzt schaukelte mich Olympia nur noch taktmäßig. Ich war wie im Himmel, ich lebte nur noch dem Gefühle meiner Geilheit. Nachdem mir so eine Stunde der Trunkenheit verflossen war, bestieg Olympia die Schaukel, umgeben, wie ich, von fünf Mädchen. Durch die Musik auf das angenehmste erregt, schaukelte ich fünf Viertelstunden lang Olympia in dieser wollüstigen Maschine. Dann, nach einer Ruhepause, gaben wir uns anderen Vergnügungen hin.

Wir legten uns Beide auf die Erde, auf einen Haufen von Kissen, mit welchem der Fußboden bedeckt war und nahmen das schönste der Mädchen zwischen uns; sie spielte mit den Händen an unserem Kitzler, während zwei andere Mädchen, zwischen unseren Schenkeln liegend, uns einen Zungentriller schlugen und die beiden Letzten rittlings auf unserer Brust sitzend, uns ihre Votzen zum Lecken boten. So versenkten wir uns fast eine volle Stunde in die wollüstigste Aufregung, dann wechselten wir mit den Mädchen ab, so daß wir nunmehr die Vötzchen derjenigen mit der Zunge kitzelten, die vorher an den unserigen gesaugt hatten und umgekehrt. Die Musik spielte während dessen ruhig weiter. Olympia fragte mich, ob sie die Musik hereinkommen lassen solle. Ich bin damit einverstanden, entgegnete ich, ich möchte, daß die ganze Welt mich in diesem Zustande der Wollusttrunkenheit sähe.

O, Du Gute! Du Liebe, Gute! sagte Olympia zu mir, indem sie mich glühend in den Mund küßte, Du bist die richtige, echte Hure, ich bete dich an; so sollten alle Frauenzimmer sein. Was sind diejenigen dumm, welche nicht alles dem Vergnügen aufopfern, o, was sind diejenigen blödsinnig, welche eine andere Göttin anbeten können, als die Venus, die sich nicht unaufhörlich Allen ohne Unterschied des Geschlechts und des Alters, kurz jedem lebenden Geschöpf hingeben. O, Juliette, der mächtigste Drang meines Herzens ist die Hurerei, ich atme nur, um meinen Balsam zu verspritzen, ich kenne kein anderes Bedürfnis, kein anderes Vergnügen; o, ich möchte mich öffentlich feilbieten und zwar für recht wenig Geld. Dieser Gedanke entflammt mein Gehirn ganz unsagbar; ich möchte es mit recht schwer zu befriedigenden Wüstlingen zu tun haben, ich möchte gezwungen sein, alle nur möglichen Aufstachelungen anzuwenden, um ihren Schwanz zum Stehen zu bringen; ich möchte ihr Opfer sein, alles was ihnen nur einfiele, sollten sie mit mir machen, ich wollte gern alles leiden, selbst die größten Martern.

Julchen, wir wollen öffentliche Dirnen werden ... wir wollen uns verkaufen ... und dem Ersten, dem Besten hingeben ... seien wir Huren mit und in jedem Teil unseres Körpers. Hol's der Teufel, ich verliere den Kopf, mein Engel; dem feurigen Renner gleich möchte ich mir selbst die Sporen eindrücken, möchte mich auf den Dolch aufspießen, der mich durchbohrt. Ich weiß, daß ich meinem Untergang entgegen eile, daß es unvermeidlich ist, doch ich trotze ihm. Ich bin fast böse, daß die Achtung, die man vor meinem Titel hat, meinen Ausschweifungen zu Gute kommt. Ich wollte daß die ganze Welt darum wüßte, ich möchte, daß meine Wollust mich wie die gemeinste Kreatur in's Verderben risse. Glaubst Du, daß ich ein solches Los fürchte? Nein, und abermals nein, wie es auch sein möge, ich fliege ihm entgegen. Selbst das Schaffot wäre für mich ein Thron der Wollust; ich würde auf ihm dem Tode Trotz bieten, ich würde entladen, bei dem freudigen Gedanken als Opfer meiner Verbrechen umzukommen, die vielleicht eines Tages die ganze Welt in Schrecken versetzen. Dahin bin ich gekommen, dahin hat mich die Liederlichkeit gebracht, daß ich so leben und sterben möchte, darauf kann ich Dir jeden Eid ablegen, ich liebe Dich innig genug, mein Julchen, um es Dir einzugestehen. Ja, ich sage Dir mehr, ich fühle, daß ich im Begriffe bin, mich den abschreckendsten Ausschweifungen in die Arme zu werfen; alle Vorurteile schwinden, alle Zügel reißen bei mir, ich bin fest entschlossen, die größten Exzesse zu begehen, die Binde löst sich von meinen Augen; ich sehe den Abgrund vor mir und stürze mich mit Wonne hinein. Ich trete sie mit Füßen diese sogenannte Ehre, der die Frauen dummer Weise ihre Glückseligkeit opfern, ohne in irgend einer Weise dafür entschädigt zu werden. Die Ehre besteht nur in der Einbildung, aber nur die eigene Einbildung macht uns glücklich, nicht die Anderer. Man sei doch endlich einmal so gescheit, die öffentliche Meinung, die so gar nicht von uns abhängt, zu verachten, aufgeklärt genug, die einfältige Empfindelei nicht aufkommen zu lassen, die uns nur durch Entbehrungen zum Glücke führt und man wird bald einsehen, daß man als Gegenstand der allgemeinen Verachtung eben so glücklich sein kann als unter der traurigen Krone der Ehre. O, meine Genossen der Unzucht und der Verbrechen, macht Euch lustig über diese sogenannte Ehre, als das niedrigste aller Vorurteile; eine einzige Verirrung der Sinne, ein einziger Genuß ist tausendmal mehr wert, als alle die eitlen Freuden, welche die Ehre uns bieten kann. Ah, Ihr werdet gleich mir eines Tages empfinden, wie die Wollust weit größer ist, wenn man diesen Wahn in Ketten legt und je mehr Ihr ihn verachtet, desto vollkommener wird Euer Genuß sein.

Wie haben Sie mein Diner gefunden? fragte uns die Fürstin beim Nachtisch. Ausgezeichnet antworteten wir und wahrlich es war ebenso reichhaltig als köstlich gewesen. Wohlan denn, sagte sie, so wollen wir dies hier verschlucken. Es war dies ein Liqueur, der uns alles wieder erbrechen machte, was wir zu uns genommen hatten, aber drei Minuten später hatten wir wieder gerade solchen Hunger, wie vor der Mahlzeit. Ein zweites Diner wird aufgetragen und von uns förmlich verschlungen.

Jetzt wollen wir diesen Liqueur trinken, sagte Olympia, und alles wird diesmal nach unten abgehen. Kaum war dies geschehen, als der Hunger sich auf's neue fühlbar machte. Ein drittes Diner, noch kräftiger als die beiden anderen wird aufgetragen und wieder von uns verschlungen. Zu diesem wollen wir aber keinen gewöhnlichen Wein trinken, fuhr Olympia fort, der Alicante mache den Anfang, der Falerner den Schluß und dabei vom ersten Zwischengericht an feine Liqueure. Wie geht es denn dem Opfer? Zum Teufel, es atmet noch! sagt Ghigi. Wechseln wir damit und lassen wir dieses tot oder lebendig einscharren. Es geschieht und das zweite der jungen Mädchen, mit dem Arschloch auf einen Pfahl gespießt, dient uns beim dritten Diner als Tafelaufsatz. Als Neuling bei diesen Tafel-Exzessen glaubte ich nicht, daß ich sie aushalten könne, ich täuschte mich; der Liqueur, den wir tranken, reizte und stärkte zugleich den Magen und obwohl wir sämtlich von allen 180 Schüsseln, die man unserer Gefräßigkeit dargeboten, gegessen hatten, spürte doch Keiner irgend welches Unbehagen. Da unser zweites Opfer beim dritten Nachtisch noch lebte, wurde es von unseren ungeduldigen Wüstlingen mit Schmähungen überhäuft; schäumend vor Geilheit und Trunkenheit, gab es gar keine Marter, die sie seinen armen Körper nicht erleiden ließen und ich gestehe, daß ich tüchtig dabei half. Bracciani machte an ihm einige physikalische Versuche, deren letzter darin bestand, einen Blitzstrahl nachzuahmen, der es mit einem Schlage zerschmettern sollte; das war ein grauenvolles Ende. Es hatte kaum sein Leben ausgehaucht, als die Familie Cornelias das gräßliche Verlangen nach neuen Schandtaten in uns erweckte.

Wie nichts der Schönheit Cornelias gleichkam, so übertraf nichts die Majestät der Züge und des Wuchses ihrer unglücklichen fünfunddreißigjährigen Mutter. Leonhard, der Bruder Cornelias hatte kaum sein fünfzehntes Jahr erreicht und stand seinen Verwandten in nichts nach. Bracciani bemächtigte sich seiner sogleich und meinte: Das ist der schönste Lustknabe, den ich seit langer Zeit gevögelt habe.

Die unglückliche Familie zeigte sich aber so niedergeschlagen und traurig, daß wir es uns nicht versagen konnten, sie einen Augenblick in diesem Zustande zu betrachten, denn es ist für das Verbrechen ein wahrer Genuß sich an den Trübsalen zu weiden, mit denen seine Schlechtigkeit die Tugend überhäuft. Deine Augen beleben sich, sagte Olympia zu mir. Sehr möglich, antwortete ich, man müßte sehr kalt sein, wenn Einen ein solches Schauspiel nicht aufregte. Ich kann mir kein Köstlicheres denken, entgegnete Olympia, und nichts auf der Welt macht mich so geil. — Gefangene, begann nun unser Richter, indem er den strengsten Ton erheuchelte, Ihr seid, wie mir scheint, Euerer Verbrechen völlig bewußt?

Wir haben keine begangen, sagte Cornelia, ich hielt meine Tochter einen Augenblick für schuldig aber Dein Betragen hat mich rasch eines besseren belehrt und ich weiß nun, was ich davon zu halten habe. Das wirst Du bald noch besser wissen. Sogleich mußten sie uns in den kleinen Garten folgen, der für die Hinrichtung schon hergerichtet war. Ghigi unterwarf sie dort einem förmlichen Verhör, während ich ihm dabei am Schwanze spielte. Es ist kaum zu glauben mit welcher Kunst er sie in die Falle gehen ließ, die er ihnen gestellt, die Kniffe, die er anwandte, um sie verstummen zu machen und mit welcher Sanftmut, mit welcher Einfalt sich auch die drei Unglücklichen verteidigten, Ghigi fand sie schuldig und sprach ihnen sogleich ihr Todesurteil. Sofort bemächtigte sich Olympia der Mutter, ich ergriff die Tochter, der Graf und der Richter stürzten sich auf den Knaben.

Welchen Qualen unterwarfen wir sie nicht, bevor wir diejenige in Anwendung brachten, welche diese Orgie beschließen sollte! Olympia wollte den Bauch Cornelias peitschen, Bracciani und der Richter zerrissen die schönen Arschbacken Leonhards mit ihren Zähnen und ich zermarterte den schönen Busen der Mutter. Endlich legte man ihnen den Strick um den Hals, der ihrem Leben ein Ende machen sollte. Fünfzehnmaliges Auf- und Niederwippen zerriß ihnen gar bald Brust, Lenden und Blutgefäße; beim zehnten Zug löst sich das Kind Cornelias los und fällt auf die Schenkel Ghigis dessen Glied ich auf den Arschbacken Olympias liebkoste, während Bracciani den Strick in Bewegung setzte. Bei diesem Anblick entluden wir Alle und ich bemerke, daß man das Spiel schrecklicher Weise fortsetzt. Obgleich wir bei kaltem Blute waren, fiel es doch Keinem von uns ein, um Gnade zu bitten und das Auf- und Abwippen wurde fortgesetzt, bis die Unglücklichen ihr Leben ausgehaucht hatten. So macht sich das Verbrechen über die Unschuld lustig, wenn es Achtung und Reichtum für sich und nur gegen Unglück und Elend zu kämpfen hat.

Der scheußliche Vorschlag für den nächsten Tag wurde ausgeführt. Olympia und ich, wichsten uns gegenseitig ab, während wir auf einer Terrasse sitzend dem raschen Umsichgreifen der Feuersbrunst zusahen.

Die 37 Spitäler gingen in Flammen auf und mehr als zwanzigtausend Menschen kamen dabei um.

Himmeldonnerwetter! sagte ich zu Olympia, während mir, beim Anblick ihres und ihrer Genossen Verbrechen, einer abging, wie ist es doch göttlich, sich so allen Ausschweifungen hinzugeben! O, unergründliche, geheimnisvolle Natur; wenn es wahr ist, daß solche Vergehen dich auf's äußerste beleidigen, warum entzückst du mich durch sie? Ach! du Hure täuschst mich vielleicht gerade so, wie ich früher durch den nichtswürdigen Wahn von einem Gotte, dem du unterworfen seiest, betrogen wurde; wir hängen eben so wenig von dir ab, wie von ihm.

Die Feuersbrunst dauerte acht Tage, während deren wir unsere Freunde nicht sahen, erst am neunten erschienen sie wieder. Es ist alles abgemacht, sagte der Richter, der Papst ist vollständig über das geschehene Unglück getröstet, ich habe das Privilegium erhalten, um das ich gebeten; das ist mein sicherer Nutzen und Euere Belohnung. Liebe Olympia, fuhr Ghigi fort, wenn je etwas Dein wohltätiges Herz hätte rühren können, so wäre es ohne Zweifel der Brand der Konservatorien gewesen, wenn Du alle die jungen Mädchen gesehen hättest, nackt, mit aufgelösten Haaren, durcheinander stürzend, um den verfolgenden Flammen zu entgehen, sowie die Bande von Schurken, die ich dort aufgestellt hatte und die sie, unter dem Vorgehen sie zu retten, in's Feuer zurück stießen, natürlich haben sie die schönsten gerettet, um sie eines Tages meinen tyrannischen Gelüsten darzubieten, dafür haben sie sich aber beeilt, die anderen desto grausamer wieder mitten in die Flammen hinein zu treiben. Olympia! Olympia! wenn du das gesehen hättest, Du wärest gestorben vor Vergnügen. Bösewicht, sagte Borghese, wieviel hast Du denn übrig behalten? Fast zweihundert, antwortete der Monsignore, sie sind einstweilen in einem meiner Paläste gut aufgehoben, von wo ich sie einzeln auf meine verschiedenen Landgüter verteilen werde. Die zwanzig Schönsten werde ich Dir schenken, das verspreche ich Dir und verlange dagegen als Erkenntlichkeit weiter nichts, als daß Du mir manchmal so hübsche Geschöpfe vor die Augen bringst, als es diese reizende Person ist, dabei deutete er auf mich.

Es wundert mich sehr, so etwas von Dir zu hören, sagte Olympia, nachdem ich doch Deine Ansichten über diesen Gegenstand kenne.

Ich gestehe, entgegnete der Richter, daß meine Gefühle weit davon entfernt sind, sich zugleich mit meinem Schwanze hinzugeben und daß es mir genügen würde, daß ein Frauenzimmer meinen Genuß zu lieben schiene, um sie auf's Äußerste zu hassen und zu verachten. Ich will nicht, daß ein Frauenzimmer meint, ich sei ihm Dank schuldig, weil ich mich auf ihm besudele, ich verlange von ihm nichts als Unterwürfigkeit und dieselbe Unempfindlichkeit, wie von dem Sessel auf dem mein Hinterer ruht. Ich kann nicht daran glauben, daß die Vereinigung zweier Körper auch die der Herzen zur Folge haben muß; für mich bietet diese physische Vereinigung nur starke Gründe der Verachtung, selbst des Ekels, aber keinen einzigen zur Liebe, ich kenne überhaupt nichts unsinnigeres, als dies letztere Gefühl, nichts was geeigneter wäre jeden Genuß zu verderben, mit einem Worte, was meinem Herzen ferner läge. Doch gestehe ich Ihnen, gnädige Frau, ohne Ihnen schmeicheln zu wollen, fuhr Ghigi fort, indem er mir die Hand drückte, daß Ihr Geist Sie gegen diese, meine Art zu denken schützt und daß Sie stets die Achtung aller philosophischen Wüstlinge verdienen.

Nach diesen Schmeichelreden, aus denen ich mir sehr wenig machte, gingen wir zu ernsteren Dingen über. Ghigi wollte noch einmal meinen Hinteren betrachten, an dem er sich nicht satt sehen könne. Olympia, Bracciani, er und ich begaben uns deshalb in das Geheimkabinett der Vergnügungen der Fürstin, wo feierlichst neue Schandtaten begangen werden sollten und ich erröte, auf Ehre, Ihnen dieselben mitzuteilen.

Diese verdammte Borghese verstand sich auf alle Gelüste, und ihre Phantasie war bewundernswert. Ein Verschnittener, ein Zwitter (Hermaphrodit), ein Zwerg, ein achtzigjähriges Weib, ein Truthahn, ein Affe, eine große Dogge, eine Ziege und ein Knabe von vier Jahren — Urenkel des alten Weibes — das waren die Gegenstände, welche die Kammerfrauen der Fürstin unserer Unzucht preisgaben. O großer Gott, rief ich aus, als ich alles dies sah, welche Verworfenheit! Und doch ist nichts natürlicher, sagte Bracciani, die Erschöpfung der Genüsse macht es nötig nach neuen zu forschen, für die gewöhnlichen Dinge abgestumpft, wünscht man sich ganz besondere, darum ist auch das Verbrechen die letzte Stufe der Unzucht. Ich weiß nicht wie Du, Julchen, Dich dieser sonderbaren Objekte bedienen würdest, aber dafür stehe ich Dir ein, daß die Fürstin, mein Freund und ich in denselben die Quelle großer Freuden finden werden. Ich werde auch daran Anteil nehmen, antwortete ich, und ich gebe Euch im voraus die Versicherung, daß ich was Unzucht und Schweinereien betrifft nicht hinter Euch zurückbleiben werde.

Ich hatte noch nicht geendet, als die große Dogge, ohne Zweifel an solches Tun gewöhnt, unter meinen Röcken herumschnüffelte. Aha! Lucifer ist im Zuge, sagte Olympia lachend. Ziehe Dich aus, Julchen, und gib Deine Reize den Liebkosungen dieses prächtigen Tieres hin; Du wirst sehen, wie Du damit zufrieden sein wirst. — Angenommen — wie hätte auch irgend eine Schweinerei mich anwidern können, mich, die dieselben täglich mit größtem Eifer aufsuchte. Ich mußte mich auf allen Vieren mitten in's Zimmer stellen, die Dogge umkreist mich, beriecht mich, leckt mich und besteigt mich schließlich, um mich auf's herrlichste zu ficken, wobei sie mir ihren kalten Bauer bis in das Innerste der Mutter spritzt. Aber nun geschah etwas Merkwürdiges, das Glied war während des Fickens dermaßen angeschwollen, daß es mir furchtbare Schmerzen verursacht, als das Tier es herausziehen will. Der Schlingel wollte noch einmal und wir fanden, daß dies das einfachste sei. Nachdem ihn darauf eine zweite Ausspritzung wirklich geschwächt hatte, zog er sich zurück, na er hatte mein Inneres zweimal tüchtig mit seinen Samen eingeseift.

Paßt auf, sagte Ghigi, jetzt werdet Ihr Herrn Lucifer mich gerade so behandeln sehen, wie unser Julchen. Furchtbar ausschweifend in seinen Gelüsten, verehrt dieses reizende Tier die Schönheit, wo es sie findet und ich wette, daß es meinen Arsch mit demselben Vergnügen ficken wird, mit der es eben erst Julchens Votze gevögelt hat. Aber ich werde dabei nicht so untätig bleiben, wie unsere liebe Freundin und während ich Lucifer als Hure diene, werde ich die Ziege bocken. Ich habe noch nie etwas seltsameres gesehen, als diesen Genuß. Ghigi geizte mit seinem Samen und spritzte nicht, aber er schien in dieser wollüsigen Ausschweifung außerordentliches Vergnügen zu finden. Nun schaut mich an, sagt Bracciani, ich will Euch jetzt ein anderes Schauspiel bieten ... Er läßt sich von dem Verschnittenen den Schwanz in den Hinteren stecken, während er selbst den Truthahn in den Arsch fickt.

Olympia, die Arschbacken ihm zugewendet, hielt zwischen ihren Schenkeln den Kopf des Tieres, den sie im selben Augenblicke abschnitt, wo der Physiker seinen Samen verlor. Das, sagte der Wüstling, ist das köstlichste aller Vergnügen, Ihr könnt Euch gar nicht denken, welche Empfindung die Zusammenziehung des Arschringes des Truthahns verursacht, wenn man ihm im Moment der Krisis den Hals abschneidet.

Das habe ich noch nie versucht, sagt Ghigi, aber ich habe diese Art des Vögelns so sehr rühmen hören, daß ich sie auch, jedoch in anderer Weise probieren muß. Julchen, sagt er zu mir, nimm dieses Kind zwischen Deine Beine, während ich es in den Arsch ficke, und im selben Augenblicke, wo Dir meine Flüche meine Ekstase kundgeben, schneidest Du ihm den Hals ab. Ganz schön, sagt Olympia, aber, mein Lieber, wenn meine Freundin Dir dient, soll sie auch genießen. Der Hermaphrodit wird sich also derart unter ihren Mund legen, daß sie in ihm die beiden Geschlechter liebkost, indem sie mit ihrer Zunge bald die Beweise seiner Männlichkeit, bald die seiner Weiblichkeit belecken kann. Halt, meint Bracciani, die Gruppe können wir dahin vervollständigen, daß ich dabei den Zwitter meinen Schwanz in den Arsch stecke, während der Eunuch mich vögelt und die Alte mit ihrem Arsche über meiner Nase liegend, mir in den Mund scheißt. Welche Verworfenheit! sagt Olympia. Meine Liebe, erwiedert Bracciani, das läßt sich alles erklären, es gibt keine Neigung, deren Ursache man nicht entschleiern könnte. Nun wohl, sagt Ghigi, da Ihr alle eine Kette bilden wollt, so muß der Affe mich in den Arsch ficken, während der Zwerg sich rittlings auf den kleinen Knaben setzt und mir seine Arschbacken zum Küssen darbietet.

So geht alles auf's schönste, sagte Olympia; es bliebe also Niemand weiter unbeschäftigt, als ich, Lucifer und die Ziege. Nichts ist leichter zu machen, als daß wir alle miteinander in Aktion treten, meinte Ghigi. Du und die Ziege legt Euch mir so zur Seite, daß ich mit Eueren Ärschen abwechseln kann und wenn ich mich nicht mit Deinem Arsch beschäftige, wird Dir Lucifer seinen Schwanz hineinstecken, aber entladen werde ich stets nur in den Hinteren des kleinen Knaben, dem Julchen den Hals durchschneiden wird, sowie sie bemerkt, daß ich in ein wollüstige Ohnmacht sinke.

Das Bild wird, wie angegeben, gestellt und nie war etwas so Widernatürliches von höchster Unzucht ausgeführt worden. Nichts desto weniger entluden wir Alle, das Kind wurde genau zur richtigen Zeit enthauptet und wir lösten die Gruppe nur auf, um ein Loblied auf die göttlichen Genüsse anzustimmen, welche uns diese Ausgeburt der Phantasie verschafft hatte.

Den Rest des Tages verbrachten wir mit ähnlichen Sauereien. Ich wurde vom Affen gerammelt, dann nochmals von der Dogge, aber diesmal in den Arsch, vom Zwitter, vom Verschnittenen, von den beiden Italienern und schließlich fickte mich noch Olympia mit ihrem Godmiché; die Übrigen griffen mich aus, leckten mich und erst nach zehn Stunden der pikantesten Genüsse hörte dieses neue und sonderbare Gelage für mich auf. Ein köstliches Nachtessen krönte das Fest, bei dem wir noch ein griechisches Opfer feierten, bei welchem alle Tiere, die uns zur Wollust gedient hatten, hingeschlachtet wurden, die Alte aber wurde gebunden und geknebelt auf den für die Tierleichen errichteten Scheiterhaufen gelegt und lebendig verbrannt.

Nur der Zwitter und der Verschnittene wurden verschont; wir aber flogen neuen Genüssen entgegen.

*Reise über Stockholm, wo Julie
eine geheime Audienz bei König Gustav hat.
In St. Petersburg am Hofe der ebenso
durch ihren Geist berühmten, wie durch ihre
Ausschweifungen und ihre Verbrechen berüchtigten
Kaiserin Katharina II.*

Bisher war ich nur im Landhause der Kaiserin zugelassen worden, diesmal aber erwies man mir die Ehre des Empfanges in dem auf der Admiralitäts-Insel gelegenen Winterpalaste.

Was ich bis jetzt von Dir gesehen habe, Borchamps, richtete die Kaiserin an mich das Wort, läßt mir keinen Zweifel an der Festigkeit Deines Charakters. Ach ich habe alle die Vorurteile abgestreift, die man mir in der Kindheit eingeimpft hat und stimme ganz mit Deiner Denkungsart über das, was die Dummköpfe »Verbrechen« nennen überein; wenn aber diese Anschauung schon für den einfachen Privatmann öfters von Nutzen ist, so ist sie für den Souverain oder auch für den Staatsmann meist unentbehrlich. Der für sich allein Stehende braucht, um sein Glück zu sichern, höchstens ein- oder zweimal in seinem Leben Verbrechen zu begehen; es stehen seinen Wünschen nur so Wenige im Wege, daß er sie leicht niederwerfen kann. Anders mit uns Monarchen, die wir beständig von uns nur betrügen wollenden Schmeichlern oder von mächtigen Feinden umgeben sind, deren Ziel und Streben es ist, uns zu vernichten. Wie oft müssen wir nicht zum Verbrechen greifen, um uns zu halten! Ein Fürst, der seine Gerechtsame hoch hält, sollte eigentlich nur mit der Geißel in der Hand schlafen.

Peter der Große, mein berühmter Vorfahr glaubte wunders welchen Dienst er Rußland leistete, daß er die Fesseln eines Volkes brach, welches nichts anders als die Sklaverei kannte und in ihr allein sein Glück fand. Aber

Peter, der mehr auf seinen Ruhm bedacht war, wie auf das Glück derer, die berufen waren, nach ihm den Thron einzunehmen, bedachte nicht, daß er dadurch die Krone in den Staub ziehe, ohne das Volk glücklicher zu machen. Und was hat er bei diesem Umsturz gewonnen? Was konnte ihm an der Vergrößerung eines Reiches liegen, von dem ihm ja doch nur wenige Meilen von eigentlichem Nutzen waren und was hatte er davon, mit großen Kosten Kunst und Wissenschaft auf einen Boden zu verpflanzen, von dem er nichts weiter als Ergiebigkeit verlangte. Wie konnte er sich an dem Schein einer Freiheit erfreuen, der seine Gewaltmaßregeln umso fühlbarer machte? Sagen wir es ohne Scheu, Peter hat Rußland unglücklich gemacht und nur derjenige, der es wieder unter das frühere Joch beugt, wird sich mit Recht sein Befreier nennen können. Die wenigen aufgeklärten Russen wissen sehr wohl, was ihnen abgeht, die große Masse aber ist zufrieden, wenn für ihre täglichen Bedürfnisse gesorgt ist. Wer ist nun glücklicher zu nennen, der, dem die Binde von den Augen gefallen, so daß er sich dessen bewußt ist, was er alles entbehrt oder der, welcher in seiner Unwissenheit ruhig dahinlebt, ohne an etwas Höheres zu denken? Sage selbst, Borchamps, ob in diesem Lichte betrachtet, der ärgste Despotismus dem Untertan nicht weit besser behagen muß, als die ungebundendste Unabhängigkeit?

Gibst Du mir aber das zu — und ich glaube, daß es unmöglich ist, sich meinen Gründen zu verschließen — so wirst Du mich auch unmöglich tadeln können, daß ich mit allen Mitteln danach strebe, Rußland wieder auf den Punkt zurück zu führen, auf dem es vor der unseligen Ära Peters stand. Wie Wasiljewitsch* regierte, so will auch ich regieren; seine Tyrannei soll mir als Vorbild dienen. Man erzählt von ihm, daß er sein Vergnügen darin

---

* Hier ist wohl Iwan IV. Wasi Gewitsch gemeint (1533—84), der 1570 Nowgorod zerstörte.

fand, die Gefangenen niederzuschlagen, ihre Frauen und Töchter zu notzüchtigen, sie mit eigener Hand zu verstümmeln, um sie dann zerfleischen und verbrennen zu lassen; er brachte seinen Sohn um und ließ in Nowgorod zur Strafe eines Aufstandes 3000 Menschen in die Wolga werfen; kurz, er war der Nero Rußlands und ich, ich will seine Theodora oder seine Messaline sein. Keine Greueltat soll mir zu groß sein, wenn sie meinen Thron festigt und der erste sei die Vernichtung meines Sohnes; Dich, Borchamps, aber habe ich ausersehen diese politische Untat zu vollführen. Wenn ich dazu einen Russen wählen würde, so wäre die Möglichkeit vorhanden, daß er insgeheim ein Anhänger des Großfürsten wäre, so daß ich mich einem Verräter, statt einem Mitschuldigen anvertraute. Es ist mir noch zu gut in der Erinnerung, wie ich mich über den Russen zu beschweren hatte, den ich mit der Ermordnung meines Gemahls betraute und in diese Lage will ich nicht wieder geraten. Es darf sogar kein Eingeborener sein, den ich mit der Vollziehung meiner großen Absichten beauftrage, denn ein Überbleibsel der hergebrachten Anhänglichkeit an seinen Fürsten würde seine Hand lähmen, wie denn ein Verbrechen stets schwer auszuführen ist, wenn man dabei mit Vorurteilen zu kämpfen hat. Bei Dir brauche ich dies nicht zu fürchten, darum hier das Gift dessen Du Dich bedienen sollst. Ich habe gesprochen; wohlan Borchamps bist Du bereit?

Majestät, antwortete ich dieser wahrhaft großen Frau, wenn das Verbrechen nicht schon an und für sich mein Lebenselement wäre, so würde ich mich doch durch Ihr, mir durch diesen Vorschlag bewiesenes Vertrauen hochgeehrt fühlen; schon der bloße Gedanke, einen gutmütigen Prinzen gewaltsam in's Jenseits zu befördern und dadurch zur Erhaltung der Tyrannei beizutragen, deren eifrigster Anhänger ich bin, würde hinreichen, mich mit Freude zum Vollstrecker Ihrer Pläne zu machen. Zählen daher Ew. Majestät auf meinen unbedingten Gehorsam.

Eine solch rührende Ergebenheit fesselt mich für ewig an Dich, entgegnete mir Katharina, indem sie mich in ihre Arme schloß. Morgen will ich alle Deine Sinne in den Wonnen der Wollust berauschen, Du sollst mich, ich will Dich genießen sehen und während wir in den ausschweifendsten Genüssen der Unzucht schwelgen, werde ich Dir das Gift einhändigen, das dem Leben des verabscheuenswerten Wesens, das ich in die Welt gesetzt habe, ein Ende mit Schrecken bereiten soll.

Zum Stelldichein für den nächsten Tag wurde das Landhaus bestimmt, wo ich die Kaiserin bereits gesehen hatte. Sie empfing mich in einem feenhaften Boudoir, rings herum an den Wänden liefen Bänke aus Mahagoni, in welche Blumen aller Jahreszeiten eingesetzt waren, die durch Einwirkung heißer Luft gleichzeitig ihre Blüten entfalteten. Schwellende türkische Divans, neben und über welchen Spiegel angebracht waren, luden zum Genusse ein. An dieses Boudoir aber stieß ein Verschlag, der einen grausigen Anblick darbot: Vier schöne etwa zwanzigjährige Jünglinge, angekettet, um später den zügellosen Begierden Katharinas zur Beute zu fallen. Die hier, sagte die Fürstin zu mir, sollen unserer Unzucht die Krone aufsetzen. Mit den gewöhnlichen Genüssen wollen wir beginnen unsere Lüste anzustacheln, die da werden uns dann zum Schlusse auf den höchsten Gipfel der Wollust bringen, oder wären Dir etwa weibliche Opfer lieber? Das ist mir höchst einerlei, erwiederte ich, der Mord entflammt stets meine Sinne, gleichviel an wem er begangen wird; ich werde also Ihr Vergnügen teilen. Ach, Borchamps gibt es denn etwas höheres, als gleichsam die Natur zu notzüchtigen! ihr entgegen zu handeln!

Aber der Mord ist ihr nicht entgegen. Das weiß ich wohl, aber er spricht den Gesetzen Hohn und auch schon der Gedanke hieran regt meine Sinne auf.

Aber der Gesetzgeber selbst steht doch über dem Gesetze. Doch lassen wir das, haben Ew. Majestät schon Ihre Lust mit diesen vier Kerlen gehabt? — Wären sie sonst in Ketten? — Wissen sie, welches Schicksal ihnen bevorsteht? Noch nicht, das werde ich ihnen erst verkünden, wenn sie unserer Wollust dienen; während Dein Schwanz in ihrem Arsche steckt, werde ich ihnen das Urteil sprechen. Welche Wonne wäre es für mich, wenn Sie dieselben dabei hinschlachteten! — Ach! Du Bösewicht, entgegnete mir Katharina, ich bete Dich an. — Nun traten die Opfer ein, die uns während des Gelages zur Befriedigung unserer Ausschweifungen dienen sollten: Sechs Mädchen von zirka 16 Jahren und der ausgesuchtesten Schönheit und 6 Männer. Jeder fast sechs Fuß groß, deren Priap man kaum umspannen konnte. — Setze Dich mir gerade gegenüber, sagte Katharina, und passe auf, wie ich der Lust fröhne, störe mich aber nicht dabei, wenn Du mir am Kitzler spielen willst, magst Du's mir meinetwegen tun. — Ach, welche Götterwonne wird es für mich sein, mich Dir als die schamloseste, die geilste Hure zu zeigen; je unzüchtiger, je ausgelassener, desto lieber ist mir's, desto mehr erhitzt es mein Blut! Ich tat nach ihrem Begehren.

Die jungen Mädchen entkleideten nun die Kaiserin und überhäuften sie mit Liebkosungen. — Abwechselnd saugten ihrer Drei ihr gleichzeitig an Mund, Votze und Arsch, wobei sie sich mit unglaublicher Schnelligkeit ablösten; dann ließ sich Katharina von ihnen am ganzen Körper mit Ruten fitzen; die Männer umgaben dabei diese Gruppe und die Mädchen züngelten mit ihnen und wichsten sie ab.

Sobald der ganze Körper Katharinas die Farbe des Purpurs angenommen hatte, ließ sie ihn sich mit Branntwein waschen. Alsdann hockte sie sich über das Gesicht eines der Mädchen, das ihr mit der Zunge im Arschloch spielen mußte, ein zweites schlug ihr einen Zungentriller in der Votze, ein drittes züngelte mit ihr und ein viertes saugte ihr an den Brustwarzen, während sie selbst die Votzen der beiden übrigen ausgriff und die Jünglinge mit ihren Schwänzen die Arschbacken der Mädchen patschten. Ich habe nie eine wollüstigere Gruppierung als diese gesehen, die denn auch Katharinen reichliche Ergießungen verursachte, wobei sie nach ihrer Gewohnheit russische Flüche ausstieß.

Nun wechselte die Szene. Sie spielte den Mädchen der Reihe nach am Kitzler und züngelte ihnen im Arschloche, während immer einer der Männer sie mit einem Finger in der Scheißröhre kitzelte, da aber dies stets nur zwei Personen bei ihr beschäftigte, so mußten die jeweils freien fünf Paare miteinander dasselbe Liebesspiel aufführen. Doch bald wird wieder eine neue Abwechselung beliebt; sie läßt sich von einem der Kerle in die Votze fikken, wobei sie sich so über ihn beugt, daß sie ihren Arsch einem zweiten hinhält, der sie denn auch mit aller Kraft hineinvögelt und zwei anderen liebkost sie mit der Hand ihre in der Arschrinne je eines Mädchens liegenden Schwänze; dabei peitscht man ihrem Spinatstecher den Arsch und die noch übrigen bilden unzüchtige Gruppen. So wurde sie nach der Reihe von allen sechs Mannsbildern in Votze und Arsch gehurt.

Nun spielt sie zur Abwechslung die Kupplerin der jungen Mädchen und steckt ihnen eigenhändig in ihre vorderen und hinteren Luströhren je einen Freudenspender, den sie ablutscht, sobald er seinen stinkenden Aufenthalt verläßt und während des Vögelns spielt sie den Mädchen am Kitzler und steckt ihnen die Zunge in den Mund.

Nach Beendigung dieses Auftritts läßt sie sich auf einen Divan fallen und abermals von allen sechs Kerlen hernehmen und zwar so, daß sie ihr die Beine in die Höhe heben und ihr den Hurentröster abwechselnd in die Votze und Arschloch stoßen, die Mädchen mußten sich eins nach dem anderen über sie hocken, ihr in's Gesicht pissen und ihren Fickhengst küssen, wobei das Saumensch natürlich wieder Ströme von Votzenschleim vergoß.

Ich, der ich bisher Qualen ausgestanden, gegen welche die des Tantalus Kinderspiel waren, was das Hurenmensch ja gerade bezweckte, kam jetzt endlich auch an die Reihe. Steht er Dir? fragte mich die Hure spöttisch. Schau her, Du Saunickel, antwortete ich ihr, und diese unverschämte Antwort machte ihr den größten Spaß. Wohlan denn, sagte sie darauf, indem sie mir ihren Steiß zuwandte, mein Arsch ist voller kalter Bauern, spritze den Deinigen auch noch hinein ... und während ich das unzüchtige Weibsbild nun in den Arsch fickte, saugte sie den sechs Kerlen nacheinander an der Scheißröhre und ich griff die Ärsche der Mädchen aus, wobei mir wider meinen Willen mein Samen entspritzte. Sie verbot mir nun ausdrücklich meinen Schwanz aus ihrem Arschloch zu ziehen, dagegen mußten die Männer mir den ihrigen hineinstecken, um meinen Priap wieder zu steifen; während dessen mußten die Mädchen mir ihren Arsch zum Küssen oder ihre Kitzler Katharina zum Lutschen darbieten. Hierbei vergoß ich dreimal meinen Samen.

Jetzt wollen wir endlich Grausamkeiten begehen, meinte die Fürstin; ich bin erschöpft und bedarf stärkerer Reizmittel. Nun nahm jeder der Männer ein Mädchen rittlings so auf die Lenden, daß ihre Rückseiten zwei Ärsche präsentierten, worauf das Lumpenmensch eine Knute ergriff und damit die reizenden Hinteren dermaßen zerhieb, daß das Blut nur so im Zimmer herumfloß, während dessen mußte ich sie mit einer Birkenrute fitzen und nach jedem zwanzigsten Streich niederknien um ihr das Arschloch auszulecken. Ich werde diese Kreaturen noch ganz anders martern, sagte sie mir hierauf, und wenn ich meine Lust an ihnen gebüßt habe, sollen sie unter den schrecklichsten Qualen umkommen. Darauf erfaßten die Mannsbilder die Mädchen und spreizten ihnen die Schenkel so weit wie möglich auseinander und Katharina geißelte sie aus Leibeskräften in die Scheide, so daß das Blut stromweise herausfloß; dann mußten die Mädchen die Männer festhalten, denen Katharina die Schwänze und Hodensäcke zerpeitschte. Was soll mir das Gesindel noch, meinte sie, das kann nichts mehr und ihr Gemächte ist höchstens noch gut für die Würmer. Doch vielleicht willst Du noch Deine Lust mit ihnen treiben, Borchamps nun denn ich überlasse sie Dir, mache mit ihnen, was Dir einfällt, ich werde dir zusehen.

Die Mädchen bringen richtig den Schwanz der Kerle noch einmal zum Stehen, worauf ich mich von Jedem zweimal in den Arsch ficken lasse, dann noch Jedem meinen Schwanz in die Furzröhre stecke und darauf einige lebende Bilder arrangiere. Katharina aber sieht mir eifrig zu und spielt sich mit ihrer Fummel.

Jetzt genug dieser Spielereien, meinte sie dann, wir wollen nun zu ernsterem übergehen. Die Opfer aus dem Verschlage wurden hereingeführt; und wie groß war mein Erstaunen, als ich eines dieser Individuen dem Sohne der Kaiserin dermaßen ähnlich fand, daß ich im ersten Augenblick glaubte, er sei es selbst. Ich hoffe, Du errätst meine Absicht, sagte sie, als sie meine Überraschung bemerkte.

Dich nach mir beurteilend, entgegnete ich ihr, bin ich der Ansicht, daß wir an diesem Kerl hier, der Deinem Verurteilten so ähnlich sieht, die Giftprobe machen wollen. Richtig, erwiederte mir Katharina, da ich leider nicht die Freude haben kann, mich an den Todesqualen meines Sohnes zu weiden, so soll mir dieser hier wenigstens ein Bild davon bieten; ich kann mir dann unschwer einbilden, daß es mein Sohn selbst sei, den ich leiden sehe und werde Ströme von Votzensaft dabei vergießen. Du herrliches Weib, rief ich aus, warum bist Du nicht die Beherrscherin der Welt und ich Dein Premierminister!

Ach dann wollten wir aber Verbrechen begehen, erwiederte die Kaiserin, die Zahl unserer Opfer sollte unendlich sein.

Ehe nun das eigentliche Drama seinen Anfang nahm, ließ sich Katharina von den vier Opfern bespringen, wobei ich sie in den Arsch fickte und die zwölf bisherigen Gegenstände unserer Unzucht uns geißelten, ausgriffen oder unzüchtige Gruppen bildeten. Gewöhnlich sind die sechs Kerle, mit denen wir vorhin gehurt haben meine Henker, bedeutete mich die Kaiserin, und nun sollst Du sie auch in dieser Eigenschaft bei unseren vier Opfern an der Arbeit sehen. Falls Deine Wollustbegierde auch eins oder das andere der Mädchen zum Tode verurteilen sollte, brauchst Du es nur zu bezeichnen, die Übrigen jage ich dann hinaus, damit wir uns in aller Gemütlichkeit an den Qualen der Verdammten weiden können. Ich weihte darauf zwei der reizenden Geschöpfe, die meine Geilheit ganz besonders erregt hatten, dem Tode, so daß wir also unser vierzehn waren, nämlich die sechs Henker, ebensoviel Schlachtopfer, die Kaiserin und ich.

Das lebende Ebenbild des Sohnes Katharinas wurde als erstes Opfer ausersehen. Ich überreichte ihm den Gifttrank, dessen Wirkung sich jedoch erst nach einer halben Stunde fühlbar machte, während welcher Zeit wir nicht aufhörten, den Jüngling zu mißbrauchen, endlich machten sich die Schmerzen geltend, sie waren schauderhaft. Zehn Minuten lang wand sich der Unglückliche unter unseren Augen, bis er endlich krepierte und während dieser ganzen Zeit ließ sich Katharina in den Arsch vögeln. Dann ließ sie die drei Übrigen einen nach dem anderen auf ihren Körper festbinden und während die Henker, denen die Hure auch mich beigesellt hatte, die Opfer auf ihr zerfleischten und ihnen keine nur irgend erdenkliche Marter ersparten, schnäbelte sie mit ihnen und wichste sie ab. Ich hatte mir als besondere Gunst auserbeten, die beiden Mädchen allein, ohne weiteren Beistand abschlachten zu dürfen und wahrlich die Qualen, die ich sie erdulden ließ, standen denen der Männer in nichts nach; ja ich kann mich sogar rühmen, daß meine Phantasie in Erdenkung neuer Martern noch über die der Kaiserin hinausging. So füllte ich z. B. die Votze der Einen mit kleinen Stecknadeln und vögelte sie dann, wobei natürlich jeder meiner Schwanzstöße ihr die Spitzen der Nadeln tiefer in's Fleisch trieben, so daß die Unglückliche das entsetzlichste Schmerzensgeheul ausstieß.

Katharina selbst mußte mir zugestehen, daß sie nie etwas so herrliches ersonnen habe.

Als Julie den Palast verließ wurde sie auf Befehl Katharinas angeblich wegen begangener Treulosigkeit festgenommen und nach Sibirien verschleppt, wo sie dem Kommandanten ihrer Station monatlich zwölf Tierfelle einliefern mußte. Nach mehrmonatlichen Drangsalen gelang es ihr endlich in Begleitung des Ungarn Tergowitz und des Russen Waldemar zu entfliehen, sie erreichte Tiflis, das schwarze Meer und Constantinopel, von wo aus sie nach Italien zurückkehrt. Auf dem Wege nach Neapel trifft sie auf die Bande des Brisa-Testa. (Siehe Inhalts-Übersicht).

Julie verliebt sich in den Lieutenant Carlson, der sie zur Teilnehmerin seiner Orgien macht.

Die neuen Züchtigungen nehmen ihren Anfang; Borghese wird mit deren Ausführung betraut. Einen Augenblick, sagt der Hauptmann, als er sieht, daß Olympia den Feuerbrand ergreift, der Rosinens Büste in Asche verwandeln soll, warte einmal, während du das Weibsbild peinigst, will ich ihren Arsch ficken. Gesagt, getan ... Heilig Kreuz Donnerwetter, schreit er, ist das eine Wonne einer Kreatur den Arsch auszupeilen, während sie ordentlich gemartert wird; wer das nicht kennt, weiß überhaupt nicht, was Vergnügen ist.

Aber trotz ihrer Angst, nimmt Ernelinde das von Clairwill verordnete schmerzstillende Mittel aus den Händen ihres Vaters entgegen, der sie vorher in den Arsch fickt; auch alles andere geht in der vorgeschriebenen Ordnung vor sich; dann lösen sich die Gruppen auf und man schreitet zu neuen Greueltaten. Carlson ist förmlich außer sich, ihr Arsch verdreht ihm, wie er sagt, immer mehr den Kopf, wie wütend ergreift er ihre Kinder, versetzt ihnen Faustschläge, peitscht sie, vögelt sie während wir Frauenzimmer uns bei diesem Anblicke, der uns vorkommt, als ob ein reißender Wolf in eine Schafherde geraten sei, uns gegenseitig abwichsen. Vorwärts, Du Hure, ruft Borchamps Rosinen zu, während er mich in den Hintern fickt und mit den Händen an den Arschbacken Olympias und Raimundes herumspielt, vorwärts Du Hure, peinige Deine Kinder, Carlson setze dem Mensch den Dolch auf die Brust und stoße ihn ihr in's Herz, so wie sie auch nur im geringsten zögert, zu tun, was wir ihr befehlen. Rosine schluchzt. Lass' das Geseufze, sagt Olympia zu ihr, dadurch reizest Du unsere Grausamkeit nur noch mehr, je mehr Tränen Du vergießest, desto ärger werden wir dich peinigen. Borchamps ergreift wieder das Wort, so jetzt packe Deine Tochter bei den Haaren; Du Clairwill, ordne zuerst an, was sie tun soll, dann Du, Borghese und Julie macht den Schluß. Ich will, sagt meine Freundin, daß das Saumensch die Brüste ihrer Tochter bis auf's Blut zerbeißt; Rosine zögert, Carlson aber läßt sie die Spitze des Dolches spüren und die unglückliche Mutter gehorcht. Was befiehlst Du, Olympia? fragt Borchamps. Ich will, daß sie verbrennenden Siegellack auf die Arschbacken ihrer Tochter träufelt. Neues Zögern, neues Eindringen der Dolchspitze und — neuer Gehorsam der unglücklichen Rosine. — Und Du, Julchen, was ist dein Begehren? Ich will, daß sie den ganzen Körper ihrer Tochter so lange zerpeitscht, bis überall das Blut herausschießt. Welche Qual mußte nicht diese Marter einem Mutterherzen bereiten! Rosine schlägt erst so sanft zu, daß die Hiebe nicht einmal den Hintern röten, aber der Dolch Carlson's lehrt sie bald, alle Schonung aufzugeben und der Arsch ihrer Tochter schwimmt im Blute. Die anderen Kinder werden ähnlichen Qualen unterworfen, wobei wir uns im Erfinden von Martern zu überbieten suchen. Als mich die Reihe trifft, ist einer meiner grausamen Befehle, daß Franz seine älteste Schwester in den Arsch fickt, während er gleichzeitig seiner Mutter Dolchstiche versetzt; Borchamps, der mich gerade in den Hinteren vögelt, wird beim Anhören dieses Spruches so aufgeregt, daß ihm diese Schändlichkeit einen Erguß entlockt. Tod und Teufel sagt der Hauptmann, seinen Schwanz aus meinem Arsche herausziehend und diesen noch immer stolz und steif gegen den Himmel strotzenden Priap streichelnd, laßt uns endlich einmal zur Sache kommen. Wir wollen, damit anfangen, daß wir die Vier so Bauch gegen Bauch zusammenbinden, daß sie gleichsam nur einen einzigen Körper bilden. Gut; jetzt nimmt Jeder von uns Acht eine Geißel aus glühendem Eisen und bearbeitet damit diese Kadaver; nachdem wir solche eine volle Stunde auf's unbarmherzigste gegeißelt hatten, sprach der Hauptmann: So, Rosine, jetzt nimmst Du diesen Dolch und stößt ihn Deinem Sohne in's Herz, den sein Vater dabei festhalten wird. Nein, Barbar, schrie die unglückliche Mutter in hellster Verzweiflung auf, das wird nicht geschehen, lieber stoße ich ihn mir in's eigene Herz und sie würde sich durchbohrt haben, wenn ich ihr nicht in den Arm gefallen wäre.

Willst Du gleich gehorchen, Du Hure, rief Carlson wütend, und indem er ihre Hand mit dem Dolche ergriff, zwang er sie, ihn dem Sohne in die Brust zu stoßen. Clairwill aber, deren höchstes es ist einen Mann ermorden zu können, ist wütend, daß man diesen von einer Anderen abstechen ließ und um doch wenigstens noch in etwas ihrem Gelüste genüge zu tun, ergreift sie einen zweiten Dolch und bedeckt den Unglücklichen noch mit tausend Wunden. Dann wird Rosine auf eine hölzerne Pritsche geschnallt und Borchamps befiehlt Ernelinden, ihr mit einem Seziermesser den Bauch zu öffnen. Das Kind weigert sich, man droht ihm; erschreckt, zerschlagen und in der Hoffnung, das eigene Leben zu retten, wenn es einwilligt, gibt es endlich dem barbarischen Drängen nach, wobei ihm Carlson die Hand führt. Schau her, sagt der grausame Vater zu ihr, sobald der Bauch geöffnet ist, da bist Du herausgekommen, da mußt du jetzt auch wieder hinein, worauf er es in einen solchen

Klumpen zusammenschnüren läßt, daß man es lebend wieder in die Mutterscheide stecken kann. Diese hier, sagt der Hauptmann und deutet auf Christine, wollen wir der Mutter auf den Rücken schnallen und nachdem dies geschehen, meint er: hättet Ihr je geglaubt, daß man drei weibliche Körper auf einen so geringen Umfang zusammenpressen könnte? Was soll denn mit Franz werden? fragte Clairwill. Den überlassen wir Dir, entgegnet Borchamps, gehe mit ihm in einen Winkel und mache mit ihm, was Dir gut dünkt. Komm mit Julchen, sagt darauf Clairwill zu mir, und führt den Jüngling in ein anstoßendes Kabinet, wo wir ihn, zügellosen Bacchantinnen gleichend, mit einer Grausamkeit umbringen, wie sie nur die wildeste und spitzfindigste Einbildungskraft erinnen kann. Als wir fertig waren und wieder zu den anderen zurückkehrten, fanden uns Carlson und Borchamps so schön, daß sie uns durchaus ficken wollten, aber die eifersüchtige Borghese schrie dazwischen: Nichts da, laßt die anderen Opfer nicht länger schmachten und verzögert das Vergnügen nicht noch weiter, das uns ihre Qualen bereiten sollen; wir pflichten ihr bei und da es schon spät ist, so beschließen wir, zu gleicher Zeit zu Nacht zu speisen. Die Borghese, die dadurch, daß sie an der Marterung von Franz nicht teilgenommen, das Recht erlangt hatte, jetzt zu befehlen, ordnet nun an, daß dabei die noch übrigen Opfer der Länge nach auf den Tisch gelegt werden; das, sagt sie wird uns doppeltes Vergnügen bereiten, einmal indem wir uns an dem elenden Zustande weiden, in den wir sie versetzt haben und dann durch die Martern, die wir ihnen dabei noch zufügen. Recht so, man lege sie also hin, Clairwill, aber ehe ich zu Nacht esse, will ich ordentlich huren. Aber mit wem denn? fragte ich sie, unseren Kerlen hier steht er ja nicht mehr. Lieber Bruder, fährt das unersättliche Mensch fort, lasse die zehn kräftigsten Deiner Soldaten hereinkommen, denen wollen wir uns hingeben, wie die gemeinsten Lustdirnen. Die Soldaten kommen; wir Olympia, Clairwill und ich, strecken uns auf die am Boden liegenden Kissen und bieten den Schwänzen Trotz, die uns bedrohen, wobei wir Elise und Raimunde zur Erhöhung unseres Vergnügens ausgreifen und Sbrigani, der Hauptmamn und Carlson sich, uns anschauend, in den Arsch ficken. So ließen wir uns volle vier Stunden wie die abgefeimtesten Hurenmenscher rammeln, wobei das Wehgeschrei der auf dem Tische liegenden Opfer unsere Ohren kitzelte; dann streckten unsere Kämpfer die Waffen und wir gönnten ihnen Ruhe. Was tue ich mit einem Manne, dem er nicht mehr steht? meinte Clairwill, weißt Du was, lieber Bruder, lasse die zehn Kerle hier vor unseren Augen erwürgen! Auf Befehl des Hauptmanns werden dieselben nun von zwanzig anderen Soldaten ergriffen und massakriert, wobei wir, die Borghese, Clairwill und ich, uns an den Votzen herum krabbelten. Auf ihren Leichnamen, so zu sagen, wird uns jetzt das köstlichste Nachtmahl aufgetragen und wir, nackt, über und über mit Blut, sowie Schwanz- und Votzenschleim besudelt, wir treiben die Wildheit so weit, daß wir unseren auf dem Tische liegenden Opfern Stücke Fleisches herausreißen, um solche unter unsere Speisen zu mischen. Übersättigt von Mord und Unzucht fallen wir endlich selbst über und untereinander, mitten unter die Leichname der Soldaten in eine wahre Sintflut von Wein, Spirituosen, Scheißdreck, Saft aus Schwänzen und Votzen und Stücke Menschenfleisch. Was weiter mit uns vorging, davon habe ich keine Ahnung, nur soviel weiß ich, als ich die Augen wieder aufschlug ich mich zwischen zwei Leichnamen liegend fand, mit der Nase im Steiße Carlson's, der mir seinerseits in den Mund geschissen hatte, selbst aber ebenfalls bewußtlos dalag mit dem Schwanze im Arschloch der Borghese. Der Hauptmann, der mit dem Kopfe auf den beschissenen Arschbacken der Raimunde liegend, eingeschlafen war, hatte seinen Pisser in meinen Steiß und Sbrigani schnarchte in den Armen Elisens; auf dem Tische lagen unsere zerfleischten Opfer.

Wir fuhren über Resina nach Pompeji, dieses wurde bekanntlich zugleich mit Herkulanum bei einem Ausbruche des Vesuv (79 n. Ch.) vollständig verschüttet. Resina selbst ist auf den Trümmern Herkulanums erbaut. Überhaupt zerstört, verschlingt der Vesuv alle Wohnstätten, die in seinem Bereiche liegen, ohne daß dieses die Menschen abhielte, stets wieder auf's neue an den früher verschütteten Plätzen zu bauen; denn wahrlich ohne diesen grimmigen Feind wäre die Umgebung Neapels das Paradies auf Erden.

Von Pompeji fuhren wir nach Salerno und von da nach dem berüchtigten, unter der tyrannischen Geißel Vespoli's stehenden Zuchthause, wo wir übernachten wollten.

Vespoli, einem der ersten und vornehmsten Geschlechter des Königreichs Neapel entstammend, war vorher Großalmosenier des Hofes gewesen; der König (Ferdinand IV.), dessen Ausschweifungen und dessen Gewissen er zugleich dirigiert hatte, hatte ihm die vollständig unbeschränkte Leitung dieses Zuchthauses bewilligt und, ihn mit seiner Königlichen Macht deckend, erlaubte er ihm, sich dort allem hinzugeben, was nur den verbrecherischen Leidenschaften dieses Wüstlings schmeicheln konnte, und gerade wegen dieser entsetzlichen Untaten, machte Ferdinand sich ein Vergnügen daraus, uns dorthin zu schicken.

Vespoli mochte etwa 50 Jahre alt sein; er hatte einen imponierenden aber harten Gesichtsausdruck und eine herkulische Gestalt, sowie die Kraft eines Stieres. Er begrüßte uns auf das Verbindlichste, sobald er unsere Empfehlungsbriefe gelesen hatte, da es aber schon spät war, als wir ankamen, sorgte man an diesem Abend nur noch für unsere Nachtessen und unser Nachtlager.

Am anderen Morgen brachte uns Vespoli eigenhändig die Chokolade und als er unser Verlangen vernommen, sein Reich zu besichtigen, machte er selbst den Führer des Hauses. Jeder der Säle, die wir durchschritten, bot unserer verbrecherischen Lüsternheit neuen Stoff und als wir schließlich zu den Zellen der Irrsinnigen gelangten, befanden wir uns in der furchtbarsten Aufregung. Auch der Hausherr war sehr aufgeregt und als wir nun in diesen Bezirk gelangten, war sein Priap von einer unglaublichen Größe und Steifheit, denn es gab, wie er uns sagte, für ihn nichts aufreizenderes wie mit einem Verrückten die Lust zu fröhnen; er fragte uns, ob wir ihn an der Arbeit sehen wollten und daß unsere Antwort bejahend ausfiel, kann man sich leicht denken.

Sie müssen nämlich wissen, fuhr er fort, daß ich Sie gefragt habe, weil bei dem Genusse dieser Kreaturen die Verwirrung meiner Sinne so ungeheuer, mein Verfahren so extravagant und meine Grausamkeit so fürchterlich ist, daß ich mir nur ungern dabei zusehen lasse. Und wären Deine Einfälle noch tausendmal launenhafter, sagte Clairwill, wir möchten Dich dabei sehen, ja wir flehen Dich förmlich an, zu tun, als ob Du allein wärest und uns besonders nichts von den herrlichen Auswüchsen Deiner Einbildungskraft vorzuenthalten, die uns so ganz Deinen großartigen Geschmack, Deine schöne Seele enthüllen soll. Schon seine Frage aber schien ihn auf's äußerste aufgeregt zu haben, denn als er sie uns stellte, mußte er unwillkürlich seinen Schwanz abwichsen. Aber fuhr Clairwill fort, warum sollten wir uns nicht auch dem Genusse mit diesen Verrückten hingeben? Dein edles Beispiel wird uns begeistern und wir werden uns bestreben, alle Deine Phantasien nachzuahmen. Sind die Narren wider Verhoffen bösartig, nun dann werden wir uns dabei fürchten und sind sie es nicht, so werden sie unsere Sinne gerade so erhitzen, wie die Deinigen, beeilen wir uns; ich wenigstens brenne schon vor Verlangen mit ihnen handgemein zu werden.

Die Zellen der Irren gingen sämtlich auf einen großen, mit Cypressen bepflanzten Hof, deren düsteres Grün dem Orte ganz das Aussehen eines Kirchhofs verliehen; in der Mitte desselben war ein Kreuz angebracht auf dessen einer Seite eine Menge von eisernen Spitzen herausragte; an dieses wurden die Opfer festgebunden, welche die Schlechtigkeit Vespoli's sich ausersehen hatte. Vier Schließer, jeder einen dicken eisenbeschlagenen Stock in der Hand, von dem ein einziger Schlag hingereicht hätte, einen Ochsen zu töten, begleiteten und beschützten uns. Vespoli, der ihre Blicke nicht scheute, weil sie stets bei seinen Vergnügungen zugegen waren, ließ uns von ihnen eine Bank bringen, worauf er dann anordnete, daß ihrer zwei zu unserem Schutze bei uns bleiben, die beiden Anderen aber die Irren herbeiführen sollten, die er zu gebrauchen Verlangen trug. Der Erste, den man losließ war ein nackter Jüngling, gebaut wie ein Herkules, der sich nicht so bald frei sah, als er auch schon tausend Torheiten beging; eine der ersten war, uns dicht vor die Füße zu scheißen, wobei ihm Vespoli aufmerksam zusah, indem er sich dabei am Schwanze spielte; dann betastete er den Kothaufen und rieb sein Glied an demselben. Hierauf fing er an zu tanzen und dieselben Sprünge zu machen, wie der Irrsinnige, den er plötzlich hinterrücks packt und wider das Kreuz drückt, an welches ihn die Schließer sofort festschnallen. Kaum ist er sicher befestigt, als Vespoli, ganz außer sich, vor seinem Arsche niederkniet, denselben mit Liebkosungen bedeckt, das Arschloch öffnet und seine Zunge in demselben spielen läßt, dann aber springt er auf, ergreift eine Peitsche und schlägt damit eine volle Stunde auf den unglücklichen Narren los, der ein durchdringendes Schmerzensgeheul ausstößt. Sobald der Arsch im Blute schwimmt, stößt Vespoli seinen Schwanz hinein, wobei er in seiner entsetzlichen Wollusttrunkenheit gerade so verwirrtes Zeug redete, wie sein Opfer. Verdamm mich Gott, schreit er dabei von Zeit zu Zeit, welchen Genuß bietet doch der Steiß eines Verrückten! Auch ich bin verrückt, Herrgott Donnerwetter; ich hure mit Narren, ich entlade in Narren, sie verdrehen mir den Kopf, nur sie, nur sie will ich ficken! Vespoli, der nicht alle seine Kraft an diesem Einen vergeuden will, läßt ihn darauf losbinden und einen Anderen herbei bringen, der sich für Gott hält. Schaut her, ruft uns Vespoli zu, jetzt will ich unseren Herrgott zu meiner Hure machen; aber ehe ich ihm meinen Schwanz zu kosten gebe, will ich den lieben Gott gehörig durchhauen. Her mit Deinem Arsch, Du Hund von einem Gott, her mit Deinem Arsch, und Gott, den die Schließer an's Kreuz geschlagen haben, wird nun von seinem armseligen Geschöpf zerfleischt, das ihn in den Arsch fickt, sobald es ihm die Arschbacken zu Brei zerhackt hat. Ein schönes Mädchen von 18 Jahren kommt nun an die Reihe, welche sich für die Heilige Jungfrau hält, neue Gotteslästerungen von seiten Vespoli's der die heilige Mutter Gottes blutig zergeißelt und dann eine Viertelstunde lang mit seinem männlichen Glied in ihrem After spielt.

Clairwill ist Feuer und Flamme; sie springt auf und ruft uns zu: Ich halte es nicht länger aus; befolgt mein Beispiel liebe Freundinnen und Du Hund von einem Bösewicht, befehle Deinen Kerkerknechten uns vollständig auszuziehen und uns dann in die Zellen zu sperren, betrachte uns auch als Verrückte, wir werden ihnen nachahmen; dann lasse uns an die Seite des Kreuzes binden, wo keine Spitzen herausragen, Deine Narren sollen uns zerhauen und uns dann den Schwanz in die Scheißröhre stecken. Dieser Vorschlag kommt uns geradezu himmlisch vor und Vespoli beeilt sich ihm Folge zu geben. Zehn Narren werden nacheinander auf uns gehetzt; einige zerhauen uns, einige die sich dessen weigern, werden dafür von Vespoli zerhackt, aber alle ficken uns, wobei ihnen Vespoli mit eigener Hand ihren Schwanz in unsere Hintern steckt; die Schließer, der Herr selbst, alle müssen sie unser Arschloch vernageln, allen halten wir stand. Jetzt protze aber auch endlich einmal, sagt Clairwill zum Hausherrn; wir haben bisher alles getan, was du uns geheißen hast, wir haben alle Deine Sonderbarkeiten nachgeahmt, jetzt wollen wir aber auch sehen, wie Du Dich im letzten Stadium der Wollust anstellst. Einen Augenblick Geduld, entgegnet er, ein Narr ist hier, der meine Geilheit ganz besonders reizt und ich verlasse diesen Ort nie, ohne den Kerl vorher gefickt zu haben. Und wen bringt auf sein Geheiß der Schließer herbei? Einen Greis von über achtzig Jahren, dem ein schneeweißer Bart bis über den Nabel reicht!

Komm, Hans, sagt Vespoli indem er ihn am Barte packt und im ganzen Hofe herumschleift, komm, lass' mich meine Rute in Deinen Steiß vergraben. Der Greis wird ohne Erbarmen an den Materpfahl, das Kreuz, gebunden und zerhauen; sein runzeliger Arsch, der wie altes vergilbtes Pergament aussieht, wird geküßt, abgeschleckt und angespießt; doch zieht Vespoli seinen Schwanz schnell noch vor dem Entladen heraus. Ah, sagt er, Ihr wollt mich meinen Saft verspritzen sehen, wißt Ihr denn auch, daß erst zwei oder drei dieser Verdammten ihr Leben lassen müssen, ehe ich zur Entwickelung der Krisis gelange! Desto besser, erwiedere ich ihm, aber ich hoffe, daß Du bei der Metzelei weder Gott noch die heilige Jungfrau verschonst; ich gestehe Dir gern, daß ich meinen Votzenschleim auf das Wollüstigste verspritzen werde, wenn ich Dich dabei mit der einen Hand den lieben Gott, mit der anderen seine Hure, die sich Mutter Gottes nennt, morden sehe. Dann muß aber gleichzeitig Jesus Christus meine Arschhure sein, entgegnet mir darauf der Schändliche; oh, den haben wir auch hier; wie Du siehst, ist der ganze Himmel hier in der Hölle versammelt.

Die Schließer führen hierauf einen schönen, jungen Mann von etwa 30 Jahren herbei, der sich für Gottes Sohn ausgibt und den Vespoli sofort an's Kreuz schlagen läßt, um ihn aus Leibeskräften zu geißeln.

Nur Mut, Ihr tapferen Römer, ich habe Euch ja stets gesagt, daß ich nur zum Leiden geboren sei!

Und Ihr, Henker, verschont mich nicht, ich bitte Euch, ich weiß, daß ich am Kreuze sterben muß, um die Menschheit zu erlösen!

Vespoli kann sich nicht mehr halten, er spießt Christus

auf seinen Schwanz und erfaßt mit jeder Hand ein Stilett, um damit Gott und die heilige Jungfrau zu traktieren. Herbei, ruft er zu uns, umgebt mich, zeigt mir Euere Scheißlöcher und da Ihr so erpicht darauf seid, mich spritzen zu sehen, so will ich Euch weisen, wie ich dabei zu Werke gehe ... Langsam bewegt er den Schwanz in seinem Futteral vorwärts und rückwärts und nie wurde der Sohn Gottes so prächtig gefickt; dabei begleitet Vespoli jede Bewegung seiner Lenden mit einem Dolchstich in die beiden Körper die rechts und links seiner Wut preisgegeben sind. Erst sind es die Arme, die Achselhöhlen, die Schultern, die Seiten, die er spickt, aber je näher die Krisis heranrückt, desto zartere Teile bedenkt der Unmensch mit seinen Dolchstichen; schon schwimmt der Busen der Jungfrau in Blut. Bald mit der einen, bald mit der anderen Hand zustoßend, gleichen seine Arme dem Pendel einer Uhr und man konnte das allmählige Herankommen der Krisis genau nach der Zartheit der Körperteile berechnen, die er sich für seine Stöße aussucht.

Gräßliche Flüche, die der Wütende ausstößt, verkünden uns endlich die Nähe des entscheidenden Augenblicks, jetzt zerfleischt er ihnen das Gesicht und im Augenblick wo er die letzten Tropfen seines Samens verspritzt, sticht er ihnen die Augen aus.

Dieses Schauspiel regt uns unsäglich auf; wir brennen ordentlich darauf, es dem Scheusal gleich zu tun; man bringt uns Opfer in Menge herzu und Jede von uns schlachtet deren drei ab. Clairwill trunken vor Wollust stürzt sich mitten in den Hof und reißt Vespoli an sich. Hure mit mir, elender Bösewicht, schreit sie ihn an, begehe ein einziges Mal eine Untreue an Deinem Abgott, um der Votze eines Weibsbilds willen, das Dir gleicht!

Ich kann nicht, keucht der Italiener. Ich befehle es Dir ... Wir reizen Vespoli auf alle mögliche Weise, endlich bringen wir seinen Schwanz zum Stehen und zwingen ihn, Clairwill in die Votze zu vögeln, wir zeigen ihm unsere Ärsche, aber der Launenhafte will Irrsinnige und erst als ihm einer derselben in's Gesicht scheißt, spritzt der Elende, den wir, Olympia und ich dabei noch mit den Händen bearbeiten seinen kalten Bauer der Clairwill in die Votze.

Wir aber merken jetzt erst beim Verlassen dieses verfluchten Schreckensortes, daß wir uns dreizehn Stunden in den unflätigsten Schandtaten gewälzt haben.

Einige Tage nach unserer Rückkehr nach Neapel ließ uns der König Ferdinand einladen, vom Balkon des Palastes aus, einer sogenanten »Cuccagna« beizuwohnen, einem der eigentümlichsten Feste seines Reiches. Ich hatte schon oft von dieser ausschweifenden Volksbelustigung gehört, aber was ich zu sehen bekam, war gar sehr verschieden von dem was ich darunter verstanden hatte.

Ferdinand und die Königin Charlotte erwarteten uns in einem Boudoir, dessen Fenster auf den Festplatz hinausgingen. Außer uns waren nur noch der Herzog de Gravines — ein bekannter Wollüstling von etwa 50 Jahren — und La Riccia zugegen.

Nachdem wir Chokolade getrunken, sagte der König zu uns: »Wenn Sie das Schauspiel noch nicht kennen, werden Sie es sehr barbarisch finden.« Das lieben wir ja gerade, Sire, entgegnete ich ihm, ist es doch schon lange mein Wunsch, daß wir in Frankreich dergleichen Volksspiele oder doch Gladiatoren-Kämpfe hätten; nur durch blutige Schauspiele erhält man die Tatkraft einer Nation, diejenige, welche solche verwirft, verweichlicht und wird entnervt. Was wurde aus den Bürgern des weltbeherrschten Rom, als ein Dummkopf von Kaiser den Thron der Cäsaren bestieg, das einfältige Christentum einführte und den Zirkus schließen ließ? Abbés, Mönche oder Herzöge. Ich bin ganz Deiner Meinung, erwiederte Ferdinand, darum geht auch mein Streben dahin die Kämpfe von Menschen gegen Tiere und sogar von Menschen gegen Menschen wieder einzuführen; Gravine und La Riccia unterstützen mich dabei auf's eifrigste und so hoffe ich, daß es uns gelingen wird. Ist denn das Leben aller dieser Lumpenkerle auch nur der Rede wert, warf Charlotte ein, sobald es sich um unser Vergnügen handelt? Wenn uns das Recht zusteht, daß wir sie um unseres Interesse willen hinwürgen lassen um wie viel mehr, wenn es gilt unsere Wollust zu befriedigen.

Nun wurde ein ausgezeichnetes Mahl aufgetragen; junge Mädchen bedienten uns bei Tische und schwangere Weiber, die uns als Fußschemel dienten, wurden von uns dabei nach Herzenslust auf jede Weise gepeinigt.

Von den köstlichen Speisen und feurigen Weinen im höchsten Grade aufgeregt, begaben wir uns jetzt, freilich etwas schwankenden Schrittes in einen prächtigen Saal, wo schon alle Vorbereitungen für die zu feiernden Orgien getroffen waren. Die Handelnden bei denselben waren: Ferdinand, Gravines, La Riccia, Clairwill, Charlotte, Olympia und ich; die Opfer, die vier schwangeren Weiber und die vier jungen Mädchen, die uns während des Mahles gedient hatten und acht Kinder, beiderlei Geschlechts, aus deren Arschlöchern wir dabei feine Liqueure getrunken hatten. Nun erschienen vierzehn Kämpfer mindestens ebenso kräftig und nervig, wie diejenigen, die wir am Vormittage entkräftet hatten, nackt und mit eingelegter Lanze und harrten stumm und ehrfurchtsvoll unserer Befehle. Da unsere Mahlzeit ziemlich lange gedauert hatte, mußte der Schauplatz unserer Lüste erleuchtet werden. Fünfhundert durch grüne Gaze-Schirme verdeckte Wachskerzen verbreiteten im Saale eine sanfte, angenehme Helle. Jetzt aber keine Vergnügungen unter vier Augen mehr, jetzt muß alles vor den Augen Aller vor sich gehen, sagte Ferdinand.

Wir stürzten uns nun, ohne lange zu wählen, auf die ersten besten Objekte, die sich uns darboten; man fickt und läßt sich ficken, aber bei solch regellosen Ausschweifungen, wie die, denen wir fröhnten, hat stets die Grausamkeit das erste Wort. Hier zerquetschte man Weiberbrüste, dort geißelte man Ärsche, rechts zerriß man Votzen, links folterte man schwangere Weiber, eine zeitlang waren Seufzer der Wollust oder des Schmerzes untermischt mit Jammern und gräulichen Flüchen das einzige Geräusch, das sich vernehmbar machte, bald aber machte sich ein die Ausspritzungen ankündigendes stärkeres Geschrei geltend; Gravines war der Erste, der es ausstieß. Kaum aber hatten uns seine Worte die Wonne verraten, die er fühlte, als auch ein erwürgtes Weib zu seinen Füßen niederstürzte, deren Leibesfrucht aus den Eingeweiden heraushing; beide schwammen natürlich im Blute. Ich werde die Sache anders anpacken und indem er eines der angepumpsten Saumenscher mit dem Rücken wider die Wand befestigen ließ, rief er uns zu: »Jetzt paßt auf«. Dann zog er einen Schuh an, dessen Sohle mit eisernen Spitzen gespickt war, stützte sich auf zwei Männer und versetzt nun dem Weibsbild mit voller Kraft einen solchen Tritt wider den Bauch, daß derselbe blutüberströmt aufplatzt und uns seine Frucht vor die Füße speit, die der Schweinehund sofort mit Strömen seines kalten Bauern begießt. Ganz dicht bei diesem Schauspiele stehend, von vorn und hinten gleichzeitig gevögelt, dabei den Schwanz eines Knaben ablutschend, der mir in diesem Augenblick eine volle Ladung in den Mund spritzt und mit jeder Hand an einer Votze spielend, konnte ich nicht umhin die Wollust des Fürsten zu teilen und mein Votzenschleim ergoß sich. Ich schaute mich nach Clairwill um; sie ließ sich in den Arsch ficken und von einem jungen Mädchen einen Votzentriller schlagen, während sie selbst einen der Knaben geißelt; auch ihr entfuhr der Saft.

Charlotte, den Schwanz eines Knaben im Mund, ließ sich von vorn hernehmen, dabei wichste sie zwei Mädchen ab und ließ einem der schwangeren Weiber den Bauch zerpeitschen. Ferdinand bearbeitete ein Mädchen; er zwickte sie mit glühenden Zangen und ließ sich dabei einen ablutschen; sobald der Elende spürte, daß es ihm kam, ergriff er ein Seziermesser und schnitt seinem Opfer die Brüste ab, die er uns dann in's Gesicht warf. Das waren so ungefähr unsere Belustigungen, als Ferdinand uns einlud, ihm in ein anstoßendes Kabinet zu folgen, wo eine in wahrhaft raffinierter Weise ersonnene Maschine uns den Hochgenuß einer ganz außerordentlichen Marter für schwangere Weiber bieten würde. Wir traten hinein und nun packte man die zwei noch übrigen Schwangeren und schnallte sie auf so zwei vertikal über einander befindliche Eisenplatten, daß ihre Bäuche sich genau senkrecht gegenüberstanden; dann entfernte man die Platten etwa zehn Fuß von einander. Nun bereitet Euch auf ein ganz besonderes Vergnügen vor, sagt uns Ferdinand; wir drängen uns um ihn, worauf er durch einen Druck auf eine Feder die Eisenplatten so gegeneinander prallenläßt, daß die zwischen ihnen befindlichen Geschöpfe mitsamt ihrer Frucht förmlich zu Staub zermalmt wurden. Daß wir bei diesem Schauspiel für Götter, welches uns die höchsten Lobeserhebungen entlockte, sämtlich ohne Ausnahme abprotzten, ist wohl selbstverständlich.

Nun kommt mit mir in ein anderes Gemach, sagte Ferdinand, vielleicht daß uns dort noch größere Genüsse der Wollust bevorstehen.

Wir begaben uns in einen riesigen Theatersaal. Auf der Bühne befanden sich die Vorrichtungen zu sieben verschiedenen Folterarten, nämlich: Feuer, Geißelung, der Strick, das Rad, der zugespitzte Pfahl, die Köpfmaschine und die Vorrichtung, um eine Körper in Stücke zu hakken; jede dieser Torturen wurde von vier nackten Henkern ausgeübt, Männer schön wie Mars. Jeder von uns erhielt eine große Loge angewiesen, in die er sich mit einem Vögler, einem kleinen Mädchen und einem kleinen Knaben begab, die ihm während des Schauspiels der Folterungen zur ferneren Wollust dienen sollten. In jeder der Logen befanden sich die Bildnisse von fünfzig der wunderschönsten Kinder beiderlei Geschlechts und neben jedem Bildnis war ein Glockenzug angebracht.

Nun wähle sich Jeder nach der Reihe ein Opfer unter den Bildnissen, die ihn umgeben, sagte Ferdinand, ziehe dann die betreffende Glocke und das bezeichnete Opfer wird sofort vor ihm erscheinen; er mag dann mit demselben einen Augenblick seiner Lust fröhnen. Wie Ihr seht, führt von jeder Loge eine Treppe auf die Bühne; wenn sich nun ein Jeder mit seinem Opferlamm genug belustigt hat, dann läßt er es auf die Bühne führen, um es dort derjenigen Marter unterwerfen zu lassen oder — wenn ihm dies mehr Spaß macht — selbst zu unterwerfen, die ihn am wollüstigsten zur Entladung bringt. Aber warum ich Euch in Euerem eigenen Interesse oder vielmehr im Interesse Euerer Wollust bitte, ist, daß Ihr nach der Reihe immer nur Einer handelt; die Zeit gehört ja uns, zu eilen haben wir nichts und die glücklichsten, die best angewendeten Stunden des Lebens sind diejenigen, um die man es Anderen verkürzt.

Donnerwetter, sagt Clairwill zum Könige, eine fruchtbarere Phantasie, wie die Deinige ist mir noch nicht vorgekommen. Leider gebührt mir nicht der Ruhm davon entgegnet der Neapolitaner, alle diese Phantasien brachten schon die Schwänze der Tyrannen von Syracus zum Stehen; ich fand in meinen Archiven die Beschreibung dieser Schändlichkeiten, sie entflammten auch mich und bilden nun auch meine und meiner Freunde Lust.

Gravines machte den Anfang; seine Wahl fällt auf einen Jüngling von 16 Jahren, schön wie der junge Tag; er tritt ein und Gravines hat, wie ausgemacht, allein das Recht, ihn zu gebrauchen; er peitscht ihn, saugt an ihm, beißt ihm in den Schwanz, zerquetscht ihm eine Hode, fickt ihn in den Arsch und weiht ihn schließlich dem Flammentode; »er ist ein Spinatstecher«, höhnt der Bösewicht, »darum ist das die geeignetste Strafe für ihn«. Nun ist's an Clairwill die Glocke zu ziehen und ihre Wahl fällt selbstverständlich ebenfalls auf einen Jüngling; dieser, kaum 18 Jahre alt, ist ein wahrer Adonis; die Hure suckelt an ihm herum, steift ihm den Schwanz, geißelt ihn und läßt sich von ihm Votze und Arsch auslecken, dann stürzt sie sich mit ihm auf die Bühne, wo das Saumensch ihn aufpfählt, während sie sich von einem der Henker in den Arsch huren läßt.

Nun folgt Olympia; ein dreizehnjähriges Mädchen ist ihre Wahl; sie treibt erst ihre Lust mit demselben und läßt es dann aufknüpfen.

Dann kommt Ferdinand an die Reihe, der — gleich Clairwill — einen Jüngling wählt. Ich bin zwar auch ein Freund davon, Weiber Qualen erdulden zu lassen, bemerkt er, aber bei Personen meines eigenen Geschlechts macht's mir doch noch mehr Spaß. Der Jüngling erscheint; er zählt 20 Jahre, hat ein Glied wie Herkules und das Aussehen des Liebesgottes. Ferdinand läßt sich von ihm in den Arsch ficken, tut ihm dann das Gleiche, geißelt ihn und führt ihn selbst zur Folter; er bricht ihm die Glieder, läßt ihn in diesem Zustande auf's Rad flechten und so bleibt er unseren Blicken preisgegeben.

La Riccia läßt sich ein sechzehnjähriges Mädchen, schön wie Hebe kommen und läßt sie, nachdem er alle möglichen Schandtaten an ihr begangen, lebendig in Stücke hacken.

Charlotte bestellt sich ein zwölfjähriges Mädchen und nachdem sie dasselbe in jeder Hinsicht mißbraucht hat, läßt sie es köpfen und dabei von vorn und hinten ficken.

Ich lasse mir ein prachtvolles Mädchen von 18 Jahren vorführen, in meinem ganzen Lebn hatte ich noch keinen so schönen Körper gesehen. Nachdem ich sie überall tüchtig abgeküßt, abgegriffen und abgeschleckt hatte, führte ich sie selbst auf die Bühne; dort mit den Henker um die Wette arbeitend, zerhaue ich sie derart mit einem derben Lederriemen, daß Stücke Fleisch, größer wie meine Hand, davonflogen; endlich haucht sie ihren Geist aus, worauf ich mich von den Henkern auf ihren Leichnam vögeln lasse.

Diese Spielerei gefiel uns zu sehr, als daß wir sie nicht auf jede Weise hätten verlängern sollen. Im ganzen massakrierten wir 1176 Opfer, nämlich 600 weibliche und 576 männliche, so daß auf Jeden von uns einhundertachtundsechzig Geopferte kamen.

Höllische Orgie in einem Landhause des blutschänderischen Kaufmanns Cordelli in der Nähe von Ancona.

Dieser Unmensch hatte seine reizende vierzehnjährige Tochter Dorina vergiftet und nicht damit zufrieden, hatte er sie in der Nacht vor ihrem Begräbnisse aus dem Sarge herausgerissen um in der Kapelle selbst seine unnatürlichen Gelüste an ihrem Leichnam zu befriedigen.

Die Orgie endigte mit dem Tode seiner beiden anderen Kinder, der beiden Gesellschafterinnen Juliens; Elise 16 Jahre und Raimunde 18 Jahre alt.

Sie fand statt in Gegenwart der berüchtigten Kartenschlägerin Durand welche 8 Tage vorher Julien geraten hatte, sich der Clairwill durch Gift zu entledigen, um sich ihres Vermögens zu bemächtigen.

Zum Teufel Donnerwetter! schrie Cordelli, rot vor Zorn, Verbrechen will ich, Schandtaten, nur dadurch wird es mir möglich sein, meinen Schwanz neue Ausspritzungen zu entlocken und es kommt mir gar nicht darauf an, Euch Alle, wie Ihr hier seid, hinzuschlachten, um eine einzige tüchtige Entladung zu Wege zu bringen. Nun mit wem willst Du den Anfang machen, Du verruchter Kerl? fragte ich ihn darauf. Mit Dir, mit einer Anderen, mir ganz gleich, wenn er mir steht. Glaubt Ihr vielleicht, es wäre hier Eine unter euch, deren Leben mir einen Pfifferling mehr wert wäre, wie ein anderes? Da ist ja gleich so eine Hure für mich, sagte der Galgenstrick und damit packte er die zitternde Elise an der Brust und riß sie zu seinen Füßen nieder. Dann ließ er sich glühende Zangen bringen und während ich ihm den Schwanz steifte, einer der Henker das Opferlamm festhielt und die Anderen ihm sämtlich den Steiß zuwandten, zwickte der Unmensch solange das Fleisch stückchenweise aus den Brüsten des armen Mädchens, bis der Busen vollständig flach und auch keine Spur der schneeigen Halbkugeln mehr zu sehen war.

Nach dieser ersten Operation mußten ihm vier Personen die arme Elise auf eine andere Art hinhalten, nämlich so, daß er die Votze voll und ganz vor Augen hatte und die Schenkel so weit wie möglich auseinander gespreizt.

So, sagte der Menschenschinder, jetzt will ich einmal in der Werkstatt arbeiten, in der die Menschen verfertigt werden, und während ich ihm den Schwanz lutschte, fuhr er erst eine Viertelstunde lang mit der Zange in der Votze herum, um sie dann mit aller Gewalt in die Gebärmutter zu stoßen. Dreht sie jetzt herum, schrie er wütend. Die schönsten Arschbacken der Welt boten sich nun seinen Blicken dar, aber ohne Erbarmen stößt er das grausame Eisen in das Arschloch und der ganze, so zarte Körperteil wird mit derselben Wut zefleischt, wie die Vorherigen. Und ich, die ich vorher so für dies holde Geschöpf geschwärmt hatte, ich stachelte jetzt den feigen Mörder zu immer größerer Wut an. Dahin kann uns die unselige Unbeständigkeit der Leidenschaft bringen. Wäre Elise mir unbekannt gewesen, so hätte ich vielleicht eine Regung des Mitleids gehabt; aber es ist unglaublich was man alles ersinnt, sagt und tut, wenn man dessen satt ist, was man eben noch anbetete.

Elise, obgleich im Blute schwimmend, atmete noch, Cordelli beobachtete mit Wonne ihren Wollust erregenden Todeskampf; denn der Verbrecher liebt es nun einmal, sich an seinem Werk zu erfreuen, es ist ihm selbst ein Hochgenuß. Er zwingt mich, ihm den Schwanz auf seinem Opfer zu steifen und taucht ihn dann mit wahrer Wollust in das Blut, das seine Hand vergossen hat, um schließlich Elisen mit Dolchstichen vollends den Rest zu geben.

Einer der Knaben tritt nun an die Stelle meiner Tribade. Cordelli läßt die auf's Meer hinausgehenden Fenster öffnen. Nun befestigt man das Kind an ein, über eine Rolle laufendes Seil und läßt es plötzlich und unvermittelt fünzig Fuß hinabfallen, worauf ihm Cordelli zuruft, es möge sich zum Tode vorbereiten und ihm ein Messer zeigt, mit dem er — Cordelli — wenn ihn auch nur die geringste Lust dazu ankommt, das Seil durchschneiden und ihn — den Knaben — von den Wellen verschlingen lassen kann.

Das Kind schreit laut auf, ich spiele Cordelli am Schwanze, der seinerseits während er Raimunde in den Mund küßt den Penis des einen Henkers liebkost, sich von dem anderen in den Arsch ficken und in die Arschbacken stechen läßt. Man zieht das Seil wieder herauf und den Knaben in's Zimmer, läßt ihn jedoch angebunden. Na! hast Du recht Angst gehabt? sagt der Kaufmann zu ihm. Ach! ich bin halb tot, mein Vater, Gnade, Gnade, ich beschwöre Dich! — Lass' Dir sagen, kleiner Hundsfott, schreit ihm Cordelli wütend an, daß das Wort Vater keine Bedeutung für mich hat; ich höre nicht mehr darauf, her mit Deinem Arsche, damit ich Dich noch einmal ficke, ehe ich Dich den Fischen zur Speise vorwerfe ... ja, mein lieber Sohn, den Fischen ... das ist's, was ich Dir bestimme, da kannst Du auch gleich sehen, wie stark die Stimme des Blutes in meinem Herzen spricht. Der Gaudieb steckt ihm darauf den Schwanz in den Hintern und während er ihn fickt, verlängert man das Seil auf zweihundert Fuß. Sobald Cordelli durch einige Stöße befriedigt zu sein scheint, ergreifen die Henker das Kind und stürzen es zum Fenster hinaus, also in eine Tiefe von

200 Fuß und da das Seil nicht länger ist, so renkt es ihm da, wo es befestigt ist, bei dem plötzlichen Anprall die Glieder aus. — Man zieht den armen Jungen wieder auf, der an allen Gliedern gebrochen ist und dem überall das Blut herausdringt. — Jetzt wieder einen Arschfick, sagt der Italiener... Und dann wieder einen Luftsprung, ergänzt ihn die Durand. Selbstverständlich, aber diesmal wollen wir das Seil so verlängern, daß er nur noch 25 Fuß über dem Meere schwebt. Das Kind wird darauf wieder gefickt, hinabgestürzt und heraufgezogen, diesmal aber schon fast tot, sein Vater fickt es auf's neue und läßt es dann wieder an dem abermals verlängerten Seil hinabwerfen, sobald es noch etwa zehn Fuß von der Oberfläche des Wassers entfernt ist, schreit ihm der grausame Italiener zu: Nun mußt du sterben, zugleich schneidet er das Seil durch und der Unglückliche stürzt endlich in's Meer.

Schau, sage ich zu Cordelli, das ist eine der hübschesten Quälereien, die ich kenne. Hat sie Dir den Kopf warm gemacht, Julchen? — Ja, auf Ehre! — Nun, recke mir Deinen Steiß her, ich will Dich hineinvögeln, das wird dich abkühlen. Cordelli fährt mir eine Viertelstunde mit seinem Schwanz im Arsch hin und her, indem er dabei auf neue Ausschweifungen sinnt, dann ruft er Raimunde zu sich und sie kann deutlich in seinen Augen lesen, was ihr bevorsteht. O! geliebte Herrin, sagt sie zu mir, indem sie mich umarmt, willst Du mich denn wirklich eine Beute dieses Ungeheuers werden lassen? mich, die Dich so innig liebte! Ein sardonisches Gelächter war meine ganze Antwort. Die Henker führten darauf den heimtückischen Schurken sein liebes Töchterchen zu, welches er erst liebkost, er betastet und küßt alle fleischigen Teile ihres Körpers, spielt ihr mit der Zunge und den Fingern am Kitzler, steckt ihr seinen Schwanz bis an die Wurzel in den Arsch und läßt ihn vielleicht zehn Minuten darin; dann wird aber Raimunde nackt, wie sie ist, in einen eisernen Käfig geworfen, in dem sich Kröten,

Schlangen, Nattern, Ottern, tolle Hunde und Katzen befinden, die seit vier Tagen nichts zu fressen bekommen haben.

Das Geschrei der Unglücklichen, ihre Verrenkungen, ihre Sprünge, als die Tiere sie anfielen, kann man sich gar nicht vorstellen und unmöglich konnte man etwas Rührenderes sehen, als der Ausdruck des Schmerzes in ihren Zügen. Ich hielt's nicht länger aus, die Durand mußte mich vor dem Käfig tüchtig abwichsen, während Cordelli fickte und sich von einem der alten Weiber am Arsch lutschen ließ. Im Nu hatten die Tiere Raimunde bedeckt, so daß bald nichts mehr von ihr zu sehen war und da sie sich vor allem an die fleischigen Teile hefteten, waren die Arschbacken und Brüste in wenigen Minuten aufgefressen. Sie öffnet den Mund, um zu schreien, sofort schlüpft ihr eine Viper (Otter) in die Kehle und sie erstickt, leider viel zu früh für unsere Wollust. Im Augenblicke ihres Todes, ließ sich Cordelli gerade von einem Henker ficken, während er seinerseits einer der Alten seinen Schwanz, der Anderen seine Zunge in's Arschloch steckte und dabei mit der einen Hand meine Arschbacken, mit der anderen die des noch übrigen kleinen Mädchens ausgriff und die Durand nicht aufhörte, mich abzuwichsen.

O, du doppelt vermaledeiter und verabscheuter Gott! schrie Cordelli auf und zog schnell seinen Schwanz aus dem Arsch der Alten, jetzt habe ich geglaubt, ich wäre gegen jede Entladung gefeit wenn ich die alte Hexe in ihr Scheißloch ficke und nun will mir's doch kommen. Nein, nein, Du sollst noch nicht abprotzen, mein Schatz, sagte ich ihm, indem ich rasch den Kopf seines Schwanzes abwärts beugte, damit hat's gar keine Eile; lasse uns einen Augenblick an etwas anderes denken. Schön, liebes Julchen, meinte der Kaufmann; nun sage mir einmal, wie hat Dir denn eigentlich diese Marter gefallen? Sie ist mir eingefallen, sobald ich den Steiß der Hure sah; überhaupt brauche ich bei einem Weibsbild nur diesen Körperteil näher anzusehen, um sofort ihre Todesart zu bestimmen. Wenn Du willst, Julchen, will ich Dir die Deinige auf Deine Arschbacken selbst schreiben ... da er sie hierbei kräftigst petzte, entwand ich mich ihm behend und bot ihm den Arsch des noch übrig gebliebenen kleinen Knaben dar, er betrachtet ihn mit rollenden Augen. Es ist derjenige Knabe, dessen Mutter der Verruchte hingeschlachtet hatte, deren einbalsamierten Leichnam wir noch besitzen. Wenn ich nicht irre, sagt der abscheuliche Wüstling, so habe ich doch schon angegeben, daß man dem kleinen Lumpenhund die Gnade derselben Folter angedeihen ließe, durch die vor drei Tagen seine gnädige Frau Mama umkam. Was meinst Du dazu, Julchen? Lass' dir sagen worin diese Folter besteht. Erst sticht man dem Opfer die Augen aus, dann schneidet man ihm Hände und Füße, sowie alle hervorstehenden Teile ab, dann bricht man ihm Arme und Beine und schließlich fickt man es in den Arsch und gibt ihm während dessen mit Dolchstichen den Rest. Dieser Marter hast Du seine Mutter unterworfen? — Ja. — Das ist ganz nett, das können wir gleich ausführen. Aber ich hoffe, daß Du dabei nicht vergissest, ihm die Zähne auszureißen und die Zunge abzuschneiden. Ah! zum Teufel! da hast Du recht, Julchen, das habe ich leider bei seiner Erzeugerin übersehen; desto besser werde ich mich dessen bei dem Sohne erinnern. Vorwärts, an die Arbeit, sagt er den Henkern, und während diese seinen Befehlen nachkommen, durchbohrt er meinen Arsch und läßt sich den, des jungen Mädchens vor die Nase halten, dessen Tortur der des Knaben folgen soll. Zu seiner Rechten bietet sich ihm der Anblick des Arsches der Durand, zu seiner Linken die Folterszene und die beiden Alten geißeln ihn dabei aus Leibeskräften.

Rückkehr nach Paris.

Der Abbé Chabert hatte alles gefunden, was ich wünschte. Acht Tage nach meiner Ankunft in Paris bezog ich das Ihnen bekannte prachtvolle Haus, dann kaufte ich das schöne Landgut bei *Essonne*, wo wir jetzt vereinigt sind; den Rest meines Vermögens verwendete ich auf verschiedene Erwerbungen und befand mich, alles gerechnet im Besitze von vier Millionen Rente. Die halbe Million der Fontanges diente mir, um meine zwei Häuser mit dem Luxus zu möblieren, den Sie darin bewundern. Dann beschäftigte ich mich mit den zur Ausübung der Wollust nötigen Vorbereitungen; ich richtete in der Stadt und auf dem Lande die Ihnen wohlbekannten Frauen-Serails ein; ich nahm dreißig Lakaien an, von der schönsten Gestalt und der herrlichsten Gesichtsbildung, doch gab hier die Größe des Gliedes den Ausschlag und welchen Gebrauch ich von denselben mache, brauche ich Ihnen nicht erst zu sagen. Außerdem habe ich in Paris sechs Kupplerinnen die ausschließlich für mich arbeiten und wenn ich in der Stadt bin, bringe ich täglich mindestens drei Stunden bei denselben zu. Bin ich auf dem Lande, so schicken sie mir alles zu, was ihnen neues aufstößt und von der Güte ihrer Lieferungen haben Sie sich selbst oft genug überzeugen können. Sie sehen also, daß sich gar wenige Frauen schmeicheln können, das Leben so angenehm zu genießen, wie ich und dennoch bin ich noch unzufrieden und halte mich immer noch für arm. Meine Wünsche gehen tausendfach über meine Mittel hinaus, wäre ich doppelt so reich, ich gäbe es aus; darum werde ich auch vor nichts, selbst nicht vor den größten Verbrechen zurückschrecken, wenn ich dadurch mein Vermögen vergrößern kann.

Sobald alles in Ordnung war, ließ ich Fräulein von Fontanges in Chaillot holen; ich bezahlte ihre Pension und nahm sie aus dem Kloster. Auf der ganzen Welt können Sie nichts schöneres finden, als dieses Mädchen.

Denken Sie sich die Göttin Flora verkörpert und Sie haben dennoch nur eine ganz unvollkommene Idee von seiner Anmut, von seinen Reizen. Fräulein von Donis war 17 Jahre alt, blond, ihre prachtvollen Haare hüllten sie bis zu den Füßen ein, in ihren lebhaften Augen vom schönsten braun funkelten Liebe und Wollust und ihre Zähnchen, die schönsten, die man sich nur denken kann, glichen Perlen eingerahmt von Korallenlippen, die ihr liebliches Rosenmündchen bildeten. Nackt hätte dieses herrliche Mädchen als Modell der Grazien dienen können. Welch schwellender Venushügel! Welch pralle, runde zum Genusse einladende Schenkel. Welch göttlicher Arsch! O, Fontanges! Wie grausam und ausschweifend mußte ich doch sein, daß so viel Reize nicht Gnade vor meinen Augen fanden, daß ich nicht wenigstens bei Dir eine Ausnahme von dem schrecklichen Lose machte, das allen denen bevorsteht, die ich genossen habe.

Seit fünf Jahren schon von ihrer Mutter dahin belehrt, mir alle mögliche Zuvorkommenheit, die größte Erfurcht zu erweisen, schätzte sie sich glücklich, als sie erfuhr, daß ich sie holen ließ und sie, die noch nie das Kloster verlassen hatte, glaubte, als sie ankam, sich in den Wohnort der Götter, den Olymp versetzt, so blendete sie dieser Luxus, die Menge der Diener und Dienerinnen, die Pracht der Einrichtung, von der sie bisher keine Ahnung gehabt hatte. Mich selbst betrachtete sie als die Venus. Sie warf sich mir zu Füßen; ich hob sie auf, küßte sie auf ihr Rosenmündchen, ihre großen, glänzenden Augen, auf ihre Alabasterwangen, die sich unter meinen Küssen mit der lieblichsten Schamröte überzogen. Ich preßte sie an meine Brust und fühlte ihr Herzchen so ängstlich wider meinen Busen pochen, wie das der jungen Taube, die man ihrer Mutter entreißt. Sie war zwar einfach, aber ziemlich gut gekleidet, unter ihrem mit Blumen gezierten Hut stahlen sich ihre herrlichen blonden Haare hervor und fielen in wallenden Locken über ihre prachtvollen Schultern. Mit der sanftesten und einschmeichelndsten Stimme begann sie: Gnädige Frau, dem Himmel sei Dank, daß er mir die Gunst gewährt, Ihnen mein ganzes Leben weihen zu können. Ich weiß, daß meine Mutter leider tot ist und daß ich auf der ganzen Welt Niemand habe wie Sie, und dabei traten ihr die Tränen in die Augen. Ja mein Kind, antwortete ich ihr lächelnd, Deine Mutter ist dahin geschieden, sie war meine Freundin; sie starb eines sonderbaren Todes ... sie hat mir Geld für Dich hinterlassen. Wenn Du Dich gut bei mir aufführst, kannst Du eines Tages reich werden; aber das hängt ganz von Deinem Betragen, von Deinem unbedingten Gehorsam ab. Ich werde Ihre Sklavin sein, gnädige Frau, entgegnete sie und beugte sich auf meine Hand nieder; ich aber küßte sie wieder auf den Mund und diesmal etwas eingehender. Ich befahl ihr nun, ihren Busen zu entblößen. Sie errötete, sie war bewegt, nichtsdestoweniger aber war alles, was sie mir sagte, voll Geist und Ehrerbietung. Nun umarmte ich sie zum dritten Male, drückte meine Lippen auf ihr flatterndes Haar, ihren entblößten Busen, dann sagte ich ihr, während ich ihren Mund mit meinen Küssen verschlang: Ich glaube, daß ich Dich lieb gewinnen werde, Du bist sanft und frisch ... Nun aber kam mir der Gedanke Ärgernis bei ihr zu erregen, denn nichts kitzelt das Laster mehr, als der Tugend ein rechtes Ärgernis zu geben. Ich klingele meinen Dienerinnen und lasse mich von ihnen in Gegenwart der schönen Kleinen nackt ausziehen, wobei ich mich wohlgefällig im Spiegel betrachte. Ist es wahr, liebe Fontanges, sagte ich dann zu ihr, ist es wahr, daß mein Körper schön ist? ... Die Kleine wurde über und über rot und wendete die Augen ab. Ich hatte vier der schönsten meiner Dienerinnen um mich, nämlich Phryne, Laïs, Aspasia und Theodora; alle vier standen im Alter von 16—18 Jahren und waren schön, wie die Liebesgöttin. Treten Sie doch näher, Fräulein, sagte Laïs zu ihr, die gnädige Frau erweist Ihnen eine ganz besondere Gunst und Sie sollten sich dieselbe zu Nutze machen. Sie nähert sich mit niedergeschlagenen Augen. Ich erfasse ihre Hand und führe sie über meinen Körper. Was sie noch für ein Kind ist, sage ich zu meinen Frauen; Phryne zeige doch einmal der Kleinen da, was sie zu tun hat ... Phryne beugt mich auf eine Ottomane nieder, setzt sich neben mich, legt meinen Kopf wider ihren Busen und kitzelt meine Clitoris — das versteht nämlich kein Frauenzimmer so gut als sie. Ihr Kitzeln ist wahrhaft wissenschaftlich, ihr Fingerspiel erweckt die unzüchtigsten Begierden, dabei küßt und liebkost sie den Arsch auf ganz eigentümliche Weise und kitzelt mir, wenn ich es wünsche, das Arschloch gerade zu wunderbar, ihr Spielen am Venusberg hält dabei auf eine erstaunliche Weise gleichen Takt mit dem am hinteren Liebestempel, den sie, auf Verlangen, auf das köstlichste ausleckt. Während sie auf diese Weise arbeitet, kauert sich Laïs über meinen Mund und gibt mir ihr Vötzchen zu lecken, Theodora kitzelt mich am Arsch und die schöne Aspasia zwingt Fontanges sich diesem Schauspiele zu nähern und es genau zu betrachten; sie kitzelt dabei das Vötzchen der Kleinen, um ihr die Pille zu versüßen. Haben Sie so etwas nie mit Ihren Mitschülerinnen getrieben? fragt sie Aspasia. O, nie! Das ist unmöglich, sagte ich, während ich Laïs am Arsch lecke, ich weiß, daß man gerade in Klöstern das Fingerspiel auf's eifrigste treibt; als ich in Deinem Alter war, hatte ich schon allen meinen Genossinnen die Röcke aufgehoben; dann fuhr ich fort, indem ich das Vötzchen, das ich gerade beleckte, los ließ: Komm' her und küsse mich. Sie nähert sich schüchtern und ich verzehre sie fast mit meinen Küssen.

Zieht sie doch aus, rufe ich meinen Dienerinnen zu, und unsere Gruppe löst sich einen Augenblick auf, damit wir die lästigen Kleidungsstücke, welche unserem Vergnügen nur im Wege stehen, abwerfen. Alle fünf sind im Nu ebenso nackt, wie ich. Himmel, was war die Fontanges in diesem Zustande schön! Welche Formen! Vorwärts, sagte ich, legt sie so über mich, daß ihr Vötzchen auf meinen Lippen ruht. Du, Aspasia, wirst Dich des Arsches, den sie Dir auf diese Weise darbietet, bemächtigen und ihr mit der Zunge im Furzloch spielen. Du, Phryne, kitzelst ihr Schamzüngelchen, damit sich ihr Votzenschleim in meinen Mund ergießt; ich werde meine Schenkel weit öffnen, damit Du Theodora in meiner Votze züngeln kannst und Du, Laïs, wirst mir das Arschloch auslecken. Aber ich bitte euch, meine schönen Freundinnen, gebt Euch alle mögliche Mühe, wendet Eure ganze Kunst an, denn die Kleine regt mich im höchsten Grade auf und ich will, ihr zu Ehren, Ströme von Votzensaft vergießen.

Ich brauche Ihnen wohl nicht erst das Vergnügen zu schildern, welches mir dieser unzüchtige Auftritt bot, ich war wollusttrunken. Endlich, endlich bemächtigte sich die Wollust auch der kleinen Fontanges, wie hätte sie auch länger den herrlichen Gefühlsäußerungen widerstehen können, deren Ausdruck sie rings um sich her sah. Die Scham muß dem Vergnügen weichen, der Saft entströmt ihr! O, wie köstlich sind solche Erstlinge des Votzenschleims! Mit welcher Gier verschlang ich sie! Dreht sie jetzt herum, befahl ich, so daß ihr Kopf zwischen die Schenkel Theodoras zu liegen kommt und sie derselben die Votze auslecken kann; ich werde ihr mit der Zunge im Arsche spielen und Laïs wird mir das Gleiche tun, ich werde mit jeder Hand einen Arsch ausgreifen und dabei mit einem Finger in der Scheißröhre spielen! Neue Extase, neuer Erguß meinerseits; ich kann mich nicht länger zurückhalten, ich stürze mich auf die Fontanges, ich reibe mit aller Kraft meinen Kitzler wider den ihrigen, ich verzehre ihren Mund mit feurigen Zungenküssen; meine Frauen kitzeln meinen Arsch, geißeln ihn dann, um mit der freien Hand an meinem Venusberg herum zu spielen, überhäufen mich mit einem Worte mit Vergnügen und ich entlade mindestens zum zehnten Male, um mit meinem unsauberen Saft, die herrliche Votze des jungfräulichsten, des schönsten Mädchens zu überschwemmen. Sobald ich genugsam entladen hatte, trat auch wieder

Ernüchterung bei mir ein. So reizend auch die Fontanges war, so betrachtete ich sie jetzt nur noch mit der boshaften Gleichgültigkeit, welche die Grausamkeit in mir hervorruft, wenn ich den Gegenstand meiner Lust satt bin und so ist denn auch ihr Tod gar bald in meinem Inneren beschlossen.

Zieht sie wieder an, befahl ich meinen Dienerinnen. Ich tat ein Gleiches und man läßt uns allein.

Nun beginne ich in strengem Tone: »Mein Fräulein, ziehen Sie aus den Augenblicken der Wollusttrunkenheit, zu dem mich die Natur wider meinen Willlen fortgerissen hat, nur ja keine Schlüsse zu Ihren Gunsten; glauben Sie nur nicht, daß Sie mir auch nur um ein Haar lieber seien, als irgend eine Andere; ich liebe die Frauenzimmer überhaupt; Sie haben meine Lust befriedigt und damit basta. Erfahren Sie also, daß Ihre Mutter mir vor ihrem Tode eine halbe Million Francs behändigt hat, die Ihre Mitgift bilden sollte; da Sie dies möglicherweise durch Andere hätten hören können, hielt ich es für einfacher, es Ihnen selbst zu sagen. Ja, gnädige Frau, ich wußte es bereits. Ah! Sie wußten es schon, mein Fräulein, nun desto besser; was Sie aber nicht wußten, ist, daß Ihre Frau Mama diesen Betrag einem Herrn von Noirceuil hier schuldig war, welchem ich ihn demgemäß übergab und dieser kann Ihnen nun diese Summe zum Geschenk machen oder sie behalten, ganz nach seinem Gutdünken, denn sie gehört rechtmäßig ihm. Ich werde Sie morgen zu diesem Herrn von Noirceuil bringen und rate Ihnen dringend, ihm in allem, was er etwa von Ihnen begehren sollte, ohne Widerrede zu Willen zu sein.

Aber, gnädige Frau, die Lehren der Moral und des Schamgefühls, welche die Grundlagen der ausgezeichneten Erziehung bilden, die ich erhalten habe, vertragen sich schlecht mit Ihren Ratschlägen. Setzen Sie dreist hinzu: mit meinen Handlungen, da Sie doch gerade daran sind, mich auszuzanken; es fehlte nur noch, daß Sie mir auch noch die Güte, die ich stets für Sie gehabt habe, zum Vorwurf machten. Das wollte ich nicht, gnädige Frau. Meinetwegen tun Sie es, Ihre Vorwürfe lassen mich eben so kalt, wie Ihre Lobeserhebungen; man amüsiert sich eine Zeitlang mit einem kleinen Mädchen, wie Sie, dann verachtet man es. Verachten, gnädige Frau ... ich habe immer geglaubt, man verachte nur das Laster. Das Laster bereitet uns Vergnügen und die Tugend Langeweile und ich bin der Meinung, daß dasjenige, was uns Freude verschafft stets den Sieg über das davon tragen wird, was uns gähnen macht. Das junge blühende Geschöpf hauchte wenige Wochen darauf in den Gemächern Noirceuil's seinen Geist aus.

Der Marquis de Sade
und der Sadismus

von

Dr. med. A. Sper.

Berlin W. 57.
Berliner Zeitschriften-Vertrieb.

Vorwort

Der Marquis de Sade gehört unstreitig zu den merkwürdigsten Persönlichkeiten der Literatur. Man mag ein noch so hartes Urteil über diesen Mann fällen, man mag ihn als ein Ungeheuer, als einen Wahnsinnigen ansehen — nur übersehen kann man ihn nicht. Sein Einfluß auf seine Zeit war ein so ungeheurer, daß er mit Recht von Dr. Dühren in den Mittelpunkt seiner Kultur- und Sittengeschichte des 18. Jahrhunderts gestellt worden ist. Seine Arbeit ist das erste wissenschaftliche Original-Werk über diese rätselvolle Persönlichkeit, die bisher fast nur dem Namen nach in unserem Vaterlande bekannt war. Jeder, der daher eine eingehendere Darstellung des in vorliegender Skizze behandelten Gegenstandes wünscht, sei auf das Buch Dr. Dührens* verwiesen, in welchem in der Tat alles erreichbare Material über den Marquis zusammengetragen wurde.

Wir beschränkten uns im folgenden auf eine kurze Darstellung der Lebensgeschichte des Marquis de Sade sowie seiner Werke, schließen aber an diese eine Übersicht der Erscheinungsformen des Sadismus an, die, wie wir hoffen, von einigem Nutzen sein könnte.

Der Verfasser

Das Zeitalter des Marquis de Sade.

Wer die Persönlichkeit des Mannes verstehen will, dem die folgenden Seiten gewidmet sind, muß einen kurzen Blick auf die Zeit werfen, die diesen Mann

---

* Eugen Dühren: Der Marquis de Sade und seine Zeit. 3., vermehrte Auflage. Berlin: H. Barsdorf 1901.

hervorgebracht hat. Denn man darf behaupten, daß sich die Hauptströmungen seines Zeitalters in dem Marquis de Sade vereinigten und daß er uns gewissermaßen als Repräsentant einer ganzen Epoche entgegentritt.

Das 17. und 18. Jahrhundert offenbaren uns eine grenzenlose Unsittlichkeit, ein Überwuchern und eine Ausartung des Geschlechtslebens, wie sie selbst in den verderbtesten Zeiten des römischen Reiches nicht vorgekommen sein dürfte. Alle Bande der Moral und Sitte waren gesprengt. Man genoß das Leben um jeden Preis; die Auskostung aller Genüsse erschien als der Zweck und das Ziel des Daseins.

Insbesondere war es der französische Hof, der als eine Brutstätte des Lasters und der Unmoral bezeichnet werden muß. Nie hat es größere Lebemänner gegeben als die damaligen Herrscher Frankreichs. Die Maitressenwirtschaft überstieg alle Grenzen, Orgien und Bachanalien der furchtbarsten Art wurden in Versailles gefeiert. Man fühlte es unwillkürlich, daß man auf einem Vulkan stand, der jeden Augenblick ausbrechen konnte und man genoß die kurzen Stunden, die das Leben bot, darum doppelt. Mochte der Bau des Weltalls darüber zusammenbrechen, man hatte doch das Leben und seine Freuden bis auf die Neige ausgekostet. Ein wahrer Taumel, eine völlige Raserei hatte sich der französischen Gesellschaft bemächtigt. Alles drehte und wälzte sich. Zur Besinnung kam niemand. Ein Erlaß folgte dem andern. Man wollte nichts denken, man wollte keinen klaren Gedanken fassen. In diabolischer Trunkenheit sollte das Dasein verrinnen.

Dabei war man im höchsten Grade abergläubisch, ja man huldigte dem tollsten Wahnsinn. Der Herzog Philipp von Orleans, welcher nach dem Tode Ludwig XIV. die Regentschaft bis zur Großjährigkeit des Dauphins übernahm, wollte allen Ernstes mit dem Teufel in Verbindung treten. Dr. Emil Laurent und Paul Nagour berichten in ihrem Buche: *Okkultismus und Liebe** eingehend über die Schwarze Messe des 17. Jahrhunderts. Wenn man diese Schilderungen liest, überkommt einen ein geheimes Grauen. Dr. Legué läßt in seinem Buche *Medecinset Empoisonneurs* die Damen vom Hofe Ludwig XII. in der kleinen Straße Beauregard zu der berüchtigten Wahrsagerin und Giftmischerin Voisin gehen. »Alle, ja alle«,** sagte er, »wollen dort Zaubertränke für den Tod verhaßter Ehegatten, um ihre Geliebten zu bezaubern, um eine Jugend zu verlängern, welche die Ausschweifung zu schnell welken macht, um die aus frischem Ehebruch entstandene Leibesfrucht zu töten und am folgenden Tage ihre Exkursionen auf dem Gebiet ihrer unerlaubten Liebschaften wieder zu beginnen.«

Man sieht dort die beherztesten und kühnsten Frauen, von unwillkürlichem Schrecken erfaßt, bei dem winzigen Lichtschein einer qualmenden Lampe erzittern, während sie ihr Geschick im Kaffeesatz, in den Karten, in den dampfenden Eingeweiden aufgeschnittener Tiere, im Zauberspiel, auf schwarzer Tafel, erfragen, wo sich zur bestimmten Stunde, zu der man den glänzenden Ring des Saturn leuchten sehen wird, seltsame Zeichen kundgeben werden.

Selbst die Marquise von Montespan verschmähte es nicht, zur Voisin zu kommen, um sich die Gunst des Sonnenkönigs, Ludwig XIV. zu sichern. Sie unterwarf sich willig all den ekelhaften Zeremonien, welche die Voisin in richtiger Beurteilung ihrer Besucher von diesen forderte. Sie ließ sich völlig entkleiden und auf einen Altar legen, dessen Platte durch ein auf Gestelle gelegtes Polster gebildet wurde.

Bei den verschiedenen Phasen der Zeremonie, bei denen küßte Guiboury den Körper der Marquise von Montespan.

---
* Berlin 1903.
** Ich zitiere nach dem Buche von Dr. Laurent und Nagour.

Alsdann wurde einem neugeborenen Kinde der Hals durchgeschnitten, und das Blut aufgefangen. Hierbei sprach der Offiziant folgende Worte:

»*Je demande l' amitié du Roy et de Monseigneur le Dauphin et qu' elle me soit continuée; qu la Reine soit stérile, que le Roy quitte son lit et sa table pour moy et mes parents; que mes serviteurs et domestiques lin soisent agréables ... qu cette amitié redonblant plus que par le passé, le Roy quitte et ne regarde Fontanges et que la reine etant répudiée, je puisse épouser le Roy.*«

Man sieht, die Wünsche der guten Dame waren nicht gering. Aber der Erfolg dieser Teufelsbeschwörung blieb nicht aus. Die Montespan wurde die anerkannte Geliebte des Herrschers. Ihr Gemahl, der seinen Ansprüchen nicht entsagen wollte, wurde verbannt. Die neue Maitresse wußte den König durch ihre Schönheit, ihren Witz, Geist und eine seltene Gabe der Unterhaltung völlig zu fesseln. Sie war längere Zeit der Mittelpunkt des Hofes, die Hoffnung und der Schrecken der Minister und Generäle. Die Kinder der Montespan und des Königs wurden von diesem legitimiert und erhielten hohe Rangstufen.

Die Voisin hatte also in der Tat hier Ungewöhnliches geleistet. Ihr Ruhm stieg, bis sie endlich in den Proceß der Marquise de Brinvilliers* verwickelt wurde und auf dem Gréveplatz endete.

Aber der obengenannte Abbé Guiboury setzte sein Amt fort. In dem bereits mehrfach angeführten Buche: *Okkultismus und Liebe* wird auch von einer »messe du sperme« berichtet, die dieser würdige Priester zu lesen pflegte. Dies geschah auf Verlangen einer Dame, namens *Des Oeillets*. »*Cette femme qui était indisposée donna de son song; l'homme qui l'accompagnait se retira dans la ruelle de la chambre ou se passait la scène et Guibourg recueillit de sa semence dans le calice;* dann fügte er Blutpulver und Mehl

---
* Siehe Dr. med. A. Sper: *Berühmte Giftmischerinnen.*

hinzu und nach den frevlerischen Zeremonien verließ die *Des Oeillet* mit ihrem Teige den Schauplatz.«

Dieser Abbé war indessen keineswegs der einzige Priester, welcher seine Dienste dem Satan widmete. Vielmehr hatte Beelzebub in jenen Tagen eine so große Schar von Anhängern, daß er stolz sein konnte.

Der Cynismus machte selbst nicht vor dem Heiligsten halt:

Dazu hatte die Philosophie jener Tage manches beigetragen. Die französische Literatur des 18. Jahrhunderts war fast ausschließlich Opposition gegen alles Bestehende. Es gab nichts, an das nicht die schärfste Kritik angelegt worden wäre. Vor dem Feuer der rationalistischen Schriftsteller sanken auch die festesten Bauten in Schutt und Asche und auf den Ruinen der Götzen und der Tempel erhob man ein gellendes Hohngelächter. Der Materialismus erhob damals stolz sein Haupt. Diderot lehrte mit Pathos, daß Seele und Geist nur Kräfte des Stoffes seien, während Willensfreiheit, Unsterblichkeit und Gott Phantome wären. Der Baron von Holbach schuf sein »System der Natur«, welches die Materie allem zu Grunde legte und als das allein Wirkliche bezeichnete. Diese philosophischen Strömungen charakterisieren am stärksten jene Zeit. Der Boden versank den Menschen unter den Füßen. Es gab kein Ideal, es gab nichts Hohes und Heiliges, das man ihnen nicht geraubt hätte. Sie konnten sich nicht festhalten, der Strudel der Unsittlichkeit verschlang alles. Man stand vor einem völlig moralischen Bankrott, von einer Umwertung aller Werte.

So fühlten denn die Menschen jener Tage eine innere Leere und Hohlheit, die durch keine geistige Tätigkeit überbrückt werden konnte und so stürzten sie sich gänzlich in den Taumel der Sinnenlust.

»Wollust! das ist das Wort des achtzehnten Jahrhunderts«, schreiben Edmond und Jules de Goncourt[*]. »Das

---

[*] Ich zitiere nach der Übersetzung von Dr. Dühren. —

ist sein Geheimnis, sein Reiz, seine Seele. Es atmet Wollust und macht sie frei. Die Wollust ist die Luft, von der es sich nährt und welche es belebt. Sie ist seine Atmosphäre und sein Atem, sein Element, seine Inspiration, sein Leben und sein Genie. Sie zirkuliert in seinem Herzen, seinen Adern und seinem Kopfe. Sie giebt seinem Geschmack, seinen Gewohnheiten, seinen Sitten und seinen Werken einen eigenen Reiz. Die Wollust geht aus dem innersten Wesen, dieser Zeit hervor, sie redet aus ihrem Munde. Sie fliegt über diese Welt dahin, nimmt sie in Besitz, ist ihre Fee, ihre Muse, das Bestimmende ihrer Moden, der Stil ihrer Kunst. Und nichts ist von dieser Zeit übrig geblieben, nichts hat das Jahrhundert der Frau überlebt, was nicht von der Wollust geschaffen, berührt und bewahrt wurde, wie eine Reliquie der göttlichen Gnade in dem Dufte des Genusses.«

Das Bezeichnende jener Zeit aber ist, daß man nicht nur die Wollust zum Mittelpunkt des Lebens erhob, sondern sie auch philosophisch zu zerlegen und zu verstehen suchte. Damals ist zum erstenmal eine Metaphysik der Geschlechtsliebe geschaffen worden. Man tauschte geistreiche Gedanken über sexuelle Angelegenheiten aus, man bildete sich eine Philosophie der Unmoral und Unsittlichkeit.

Es liegt darin etwas geradezu dämonisches. Der Mann nun, der alle Eigenarten jener Tage in sich vereinigt, in welchem die Physiognomie der ganzen Zeitperiode ihre treffendste Verkörperung findet, ist der Marquis de Sade.

Es ist daher ein Zeichen von Unwissenheit, wenn man in diesem nur einen beliebigen pornographischen Autor sieht. Es handelt sich bei ihm vielmehr, wie Albert Eulenburg[*] treffend bemerkt, »um eine ganz ungewöhnliche persönliche und literarische Erscheinung, **eine, ich möchte sagen, direkt aus dem Urquell des Bösen schöpfende antimoralische Kraft.**«

---

[*] *Der Marquis de Sade.* Dresden 1901.

Das Leben des Marquis de Sade.

Der Marquis de Sade entstammte einem uralten französischen Adelsgeschlecht. Ein Treppenwitz der Weltgeschichte ist es, daß die von Petrarca so wunderbar gefeierte Laura mit einem der Vorfahren des Marquis vermählt war. »Ein grausamer Witz der Literaturgeschichte hat so die Objektivation selbstlosester, fast unirdischer Liebessehnsucht und den literarischen Hauptvertreter unerhörtester Ausschweifung und Verirrung in derselben Familie zu greller Kontrastwirkung vereinigt.[*]

Dr. Dühren verfolgt die Vorfahren des Marquis bis in das 15. Jahrhundert zurück. Von den meisten wissen wir nur noch ihren Beruf. Wir finden unter ihnen Gelehrte, Schriftsteller und Soldaten. Der Vater des Marquis, sowie dessen Oheim haben sich literarisch betätigt, der Oheim sogar mit großem Erfolg. Dieser Oheim ist unstreitig unter den Vorfahren des Marquis die interessanteste Persönlichkeit. Er war ein Epikuräer, huldigte einer heiteren Lebensauffassung und verstand es durch die Vereinigung von Arbeit und Genuß ein harmonisches Dasein zu führen. Seine Werke erfreuen sich noch heute einer großen Anerkennung. Insbesondere hat er über die Stammutter seines Geschlechts, jene Laura, umfangreiche Untersuchungen angestellt.

Donatien Alphonse François, Marquis de Sade wurde am 2. Juni 1740 in Paris geboren. Er wurde von jenem Oheim in den ersten Jahren erzogen und kam dann mit dem 10. Jahre auf das *College Louis le Grand* in Paris. Dieses Institut war durch seine Güte bekannt, so daß er eine sorgfältige Erziehung erhielt. Er soll damals von großer Anmut und Liebenswürdigkeit gewesen sein, Eigenschaften, die ihm sein ganzes Leben lang treu blieben.

---

[*] Albert Eulenburg: *Der Marquis de Sade.*

Ein anonymer Autor* schilderte ihn folgendermaßen:

»Der junge Vikomte war von so außergewöhnlicher Schönheit, daß alle Damen, die ihn erblickten, selbst als er noch ein Knabe war, stehen blieben, um ihn zu bewundern. Mit seinem reizenden Äußern verband er eine natürliche Anmut in allen seinen Bewegungen und sein Organ war so wohlklingend, daß schon seine Stimme allen Frauen ins Innerste ihres Herzens dringen mußte. Sein Vater ließ ihn stets nach der neuesten Mode gekleidet einhergehen, und die damalige Rokokotracht hob die glänzende Erscheinung des jungen Mannes noch mehr hervor. Wer weiß, ob der Verfasser der Justine und Juliette unter anderen Verhältnissen ein solcher Ausbund von Verruchtheit geworden und ob er den Damen so sehr aufgefallen wäre in der geschmacklosen Tracht unseres Zeitalters.«

Der junge Mann war seit frühester Kindheit ein Bücherwurm und gründete sich so zu sagen ein eigenes philosophisches System auf ausgebreitetste epikuräischer Basis. Neben seinen Schulstudien lag er den schönen Künsten ob; er war ein tüchtiger Musiker, gewandter Tänzer, Fechter und versuchte sich auch in Bildhauerei. Er brachte ganze Tage in den Gemäldegallerien, namentlich in jenen des Louvre, von Fontainebleau und Versailles zu, wodurch sein künstlerischer Geschmack immer mehr ausgebildet wurde.

Mit vierzehn Jahren trat der Marquis bei den Chevaulegers ein und machte dann die militärischen Chargen durch. Im siebenjährigen Kriege, an welchem sich bekanntlich Frankreich auf den Wunsch der damals allmächtigen Madame de Pompadour beteiligte, wurde der Marquis zum Kapitän eines Kavallerieregiments ernannt.

Es ist wohl zweifellos, daß gerade die Teilnahme an diesem Kriege, der Anblick der blutigen Schlachtgefilde,

---

* *Justine und Juliette oder die Gefahren der Tugend und die Wonne des Lasters.* Leipzig 1874. (Wieder zugänglich in: Marquis de Sade: Die Wonne des Lasters. Seltene Sadiana. München: Heyne 1988.)

der sich vor Schmerz krümmenden Sterbenden — kurzum all der Greul und Grausamkeiten, die mit dem Kriege untrennbar verbunden sind, auf die Entwicklung des Marquis einen großen Einfluß ausgeübt haben. Der latent in ihm schlummernde Grausamkeitstrieb wurde hier auf das schnellste geweckt. Wir wissen nicht, welche Erfahrungen der Marquis während dieses Krieges im einzelnen gesammelt hat, wohl aber dürfen wir annehmen, daß der alle Grenzen übersteigende Cynismus des Marquis von da seinen Ursprung nahm. Wie manche bestialische Handlung mag er schon damals vorgenommen haben!

Da seine geschlechtlichen Ausschweifungen seinem Vater zu Ohren kamen, so griff dieser zu einem Gewaltmittel. Er zwang den Dreiundzwanzigjährigen sich wider seinen Willen mit der Tochter des Präsidenten Montreuil zu vermählen. Seine Frau, eine Brünette mit schwarzem Haar und dunklen Augen, war eine große majestätische Erscheinung, sehr fromm, ohne Herzenswärme*(?) Der Marquis liebte sie nicht, wohl aber deren dreizehnjährige Schwester, die ihn leidenschaftlich wiederliebte und in ein Kloster gebracht werden mußte, um einen Skandal zu vermeiden.

Es war sicherlich ein großer Fehler von Seiten des Vaters, die Gefühle eines derartig leidenschaftlichen Sohnes in solcher Weise mit Füßen zu treten. Einer Frau gegenüber, die er nicht liebte, die er nie geliebt hatte, fühlte sich der Marquis zu nichts verpflichtet, und so sehen wir, wie er bereits im selben Jahre seiner Verheiratung alle möglichen Ausschweifungen begeht, Bordellen seinen Besuch abstattet und schließlich wegen seiner Zügellosigkeiten — allerdings nur auf kurze Zeit — in Vincennes eingesperrt wurde. Seine Frau hat unter diesen Umständen ein trauriges Los gehabt. Er behandelte sie roh und gemein, obwohl sie ihn aufrichtig liebte und sich immerdar von edler Gesinnung zeigte.

---

* Dühren: *Der Marquis de Sade*. Berlin 1901.

Es wird auch von einem Autor behauptet, daß der Marquis um diese Zeit bereits so berüchtigt war, daß ihn Ludwig XIV. zu seinem *»maitre de plaisir«* ernannte. In dieser Eigenschaft organisierte er dann die Orgien des von der Pompadour ins Leben gerufenen Hirschparks. Dieser Hirschpark war der Ort der furchtbarsten Ausschweifungen, die die Welt je gesehen hat. In strengster Abgeschiedenheit von der Welt reihte sich Häuschen an Häuschen, die alle junge Geschöpfe beherbergten, die selten freiwillig, sondern meistens solange gefangen gehalten wurden, bis sie eben — nachdem sie eine bestimmte Abfindungssumme erhalten hatten — anderen den Platz räumen mußten. Hier fanden die abscheulichsten, gar nicht wiederzugebenden Ausschweifungen statt, zu denen der König von Frankreich sich hergab. »Wehe dem Knaben oder Mädchen«, ruft Wladimir Russalkow aus, »das einem der Wüstlinge des französischen Hofes in die Augen sah. Die Unschuld der Kinder, die zuweilen selbst wilde Tiere zu rühren imstande ist, war in den Augen dieser verhärteten und durch Sittenlosigkeit und Ausschweifungen jeder Art abgestumpften Menschen nicht nur ganz machtlos, sondern sie erhöhte nur noch ihre Lust an den moralischen und physischen Qualen ihrer Opfer.«

Es ist klar, daß der Marquis in dieser Schule des Lasters den letzten Rest von Scham einbüßte, der ihm noch geblieben war, und daß der Anblick und die Teilnahme an diesen Orgien alles Gute in ihm völlig erstickten.

Selbstverständlich kennen wir nicht alle Verbrechen, die der Marquis in seinem Leben begangen hat. Immerhin sind uns eine Reihe seiner Taten überliefert, die uns eine hinreichende Vorstellung von dem Leben und Treiben dieses Wüstlings geben. Die einfache geschlechtliche Hingebung war für ihn etwas absolut Reizloses. Es lag ihm vielmehr vor allem daran, seine Partnerin auf das entsetzlichste zu peinigen, ihr rasende Schmerzen zu bereiten. Die Grausamkeit ist der hervorstechende Zug in seinem Charakter. Natürlich brachten ihn derartige Taten oft genug mit den Gerichten in Konflikt. So mußten die Gerichte unter andern im Jahre 1768, ein Jahr nach dem Tode seines Vaters, gegen ihn einschreiten. Die Skandalaffäre, um die es sich dabei handelt, wird von verschiedenen Autoren verschieden geschildert. Wir folgen der Darstellung, die Madame du Deffand in einem Briefe giebt, der in der Übersetzung Dr. Dührens wie folgt lautet:

Hier haben Sie eine tragische und sehr sonderbare Geschichte! — Ein gewisser Komte de Sade, Neffe des Abbé und Petrarcaforschers begegnete am Osterdienstag einer großen, wohlgewachsenen Frau von 30 Jahren, die ihn um ein Almosen bat. Er fragte sie lange aus, bezeigte ihr viel Interesse, schlug ihr vor, sie aus ihrem Elend zu befreien und zur Aufseherin seiner *»petite maison«* in der Nähe von Paris zu machen. Die Frau nahm dies an und wurde auf den folgenden Tag hinbestellt. Als sie erschien, zeigte ihr der Marquis alle Zimmer und Winkel des Hauses und führte sie zuletzt in eine Dachkammer, wo er sich mit ihr einschloß und ihr befahl, sich vollständig zu entkleiden. Sie warf sich ihm zu Füßen und bat ihn, sie zu schonen, da sie eine anständige Frau sei. Er bedrohte sie mit einer Pistole, die er aus der Tasche zog, und befahl ihr zu gehorchen, was sie sofort tat. Dann band er ihr die Hände zusammen und peitschte sie grausam. Als sie über und über mit Blut bedeckt war, zog er einen Topf mit Salbe aus seinem Rock hervor, bestrich die Wunden damit und ließ sie liegen. Ich weiß nicht, ob er ihr zu trinken und zu essen gab. Jedenfalls sah er sie erst am folgenden Morgen wieder, untersuchte ihre Wunden und sah, daß die Salbe die erwartete Wirkung gehabt hatte. Dann nahm er ein Messer und machte ihr am ganzen Körper Einschnitte damit, bestrich wiederum mit der Salbe die blutenden Stellen und ging fort. Es gelang der Unglücklichen ihre Bande zu zerreißen und sich durchs Fenster auf die Straße zu retten. Man weiß nicht, ob sie sich beim Hinunterspringen verletzt hat. Es entstand ein großer Auflauf. Der Polizeileutnant wurde von dem Falle benachrichtigt. Man verhaftete Herrn de Sade. Er ist, wie man sagt, im Schlosse von Saumoir untergebracht. Man weiß nicht, was aus der Sache werden wird, und ob man sich mit dieser Strafe begnügen wird, was wohl der Fall sein könnte, da er zu den Leuten von Stand und Ansehen gehört. Man sagt, daß das Motiv dieser abscheulichen Handlung der Wunsch gewesen sei, die Brauchbarkeit der Salbe festzustellen. Das ist die Tragödie, die Sie etwas unterhalten mag.

Am folgenden Tag schrieb dieselbe Dame:

»Seit gestern kenne ich die weiteren Folgen der Affäre des Herrn de Sade. Das Dorf, in dem sein ›kleines Haus‹ sich befindet, ist Arcueil. Er peitschte und zerschnitt die Unglückliche am selben Tage und goß ihr ›Balsam‹ auf die Wunden und Striemen. Dann band er ihr die Hände los, hüllte sie ein und legte sie in ein gutes Bett. Kaum war sie allein, so bediente sie sich ihrer Arme und ihrer Decken, um sich durchs Fenster zu retten. Der Richter von Arcueil riet ihr, Klage beim Generalprokurator und dem Polizeileutnant vorzubringen. Letzterer ließ Sade verhaften, der sich mit großer Frechheit seines Verbrechens als einer sehr edlen Handlung rühmte, da er dem Publikum die wunderbare Wirkung einer Salbe offenbart habe, die auf der Stelle alle Wunden heile. Es ist wahr, daß dies bei der Frau der Fall war. Sie hat von der weiteren Verfolgung des Attentäters Abstand genommen, wahrscheinlich nach Zahlung einer Geldsumme an sie. So wird er wohl nicht ins Gefängnis kommen.«

Diese Vermutung bestätigte sich. Nachdem der Marquis de Sade seinem Opfer ein Schmerzensgeld von 100 Louisd'or bezahlt hatte, wurde die Untersuchung gegen ihn, den anerkannten Günstling des Königs niedergeschlagen, und seine Schuld als gesühnt angesehen.

Ein anderes Mal ließ er einem Freudenmädchen die Adern öffnen und lechzte sich am Anblick der unaufhörlich Schreienden. Nur durch einen glücklichen Zufall wurde diese vor dem Verbluten gerettet. Auch hierbei kam er mit einer Geldbuße weg.

Es ist klar, daß gerade die Straflosigkeit seiner Delikte ihn zu immer neuen Ausschreitungen veranlaßte.

Bei einem Aufenthalt in Marseille rief er eine furchtbare Orgie hervor, indem er allen seinen Gästen Katharidenbonbons vorsetzte. Da nun die Kathariden zu den heftigsten Reizungen führen, so kam es sehr bald zu den schamlosesten Auftritten von Nymphomanie und Satyriasis. Die Anwesenden starben fast vor sinnlicher Glut und verfielen in förmliche Raserei. »Die Frauenzimmer«, erzählt der Bibliophil Jakob, »gaben sich vor den Augen aller Leute, die zusammengelaufen waren, der schändlichsten Unzucht hin. Zwei der Mädchen starben an den Folgen der Verletzungen, welche die Bedauernswerten sich in dem schrecklichen Handgemenge zugezogen hatten.«

Der Marquis wurde für diese Tat vom Parlament in Aix wegen Giftmord und Sodomie in contumaciam zum Tode verurteilt. Der Marquis flüchtete nach Italien, wo er sich wiederum gemeinsam mit einer Maitresse den größten Ausschweifungen hingab.

Was er im einzelnen in seiner jahrelangen Abwesenheit getrieben hat, wissen wir nicht. Doch sprechen seine Werke dafür, daß er in geschlechtlicher Hinsicht unausgesetzt Erfahrungen gesammelt hat. Wo aber war dazu besser Gelegenheit, als in dem glühenden, wollustatmenden Klima Italiens?

Im Jahre 1777 kehrte er nach Frankreich zurück, wo er eingekerkert wurde. Es gelang indessen dem Einfluß seiner Familie, die Annullierung des gegen den Marquis erlassenen Todesurteils durchzusetzen. Das Urteil wurde aufgehoben und in eine Geldstrafe von 50 Franks (!!!) verwandelt. Die Gnade der Gerichte hatte damals keine Grenzen, wenn es sich um den Abkömmling eines alten Geschlechts handelte.

Kaum war er frei, so richtete er neues Unheil an. Es erfolgte ein noch größerer Skandal, »dessen Einzelheiten in vielfach abweichender Weise dargestellt werden. Wiederum soll es sich um schreckliche Folgen der Kantharidenvergiftung bei eingeladenen Ballgästen aus den Kreisen der vornehmen Welt — Herren und Damen — gehandelt haben. Der Marquis und seine Schwägerin* — die hier immer unverhüllter als das Original der Juliette hervortritt — sollen beim Ausbruch der sich entwickelnden Schreckensszenen, die mehreren Dirnen das Leben kostete, schleunigst das Weite gesucht haben. Nach einer von dem hervorragenden französischen Irrenarzt Brierre de Boismont (in der *Gazette mèdicale* 1849 Nr. 29) gegebenen Schilderung soll man ferner — es ist nicht klar, ob vor oder nach diesem verhängnisvollen Ballsouper — in einem Hause einer abgelegenen Straße von Paris eine tief ohnmächtige junge Frau angetroffen haben, der an verschiedenen Stellen des Körpers die Adern geöffnet und zahlreiche Einschnitte mit der Lanzette beigebracht waren und die, mit Mühe ins Leben zurückgerufen, den Marquis, der sie in sein Haus gelockt habe, nebst seinen Leuten als Urheber dieses Verbrechens anschuldigte. Auch hier hatten, wie es scheint, die auf seinen Befehl und vor seinen Augen vollzogenen Blutentziehungen dem Marquis als wollusterregenden Reiz, als vorbereitender Akt der eigentlichen geschlechtlichen Befriedigung — diesmal an dem Opfer selbst — dienen müssen.«**

Der Marquis wäre wohl auch jetzt mit einer Geldbuße davon gekommen, wenn noch sein Gönner Ludwig XV. Herrscher von Frankreich gewesen wäre. Dieser war aber schon einige Jahre vorher den Folgen seiner Ausschweifungen erlegen. Sein Sohn Ludwig XVI. aber haßte die Ausschweifungen auf das ärgste und gab ein geradezu

---

* Dies ist ein Irrtum. Die Schwägerin war vielmehr schon in Italien gestorben.
** Eulenburg: *Der Marquis de Sade*. Dresden 1901.

ideales Beispiel von Sittenreinheit. Dieser Herrscher, der für die Verbrechen seiner Vorfahren so furchtbar später büßen sollte, dachte nicht daran, bei einem solchen Wüstling wie der Marquis de Sade Gnade für Recht ergehen zu lassen. Er wollte der Unsittlichkeit in seinem Lande um jeden Preis ein Ende machen.

So fand denn der Marquis jetzt zum erstenmal unerbittliche Richter. Am 7. September 1778 wurde er auf seinem Schlosse La Coste entdeckt und nach Vincennes gebracht. Hier hielt man ihn 6 Jahre lang gefangen, dann kam er auf die Bastille, wo er erst in den Stürmen der Revolution am 29. März 1790 durch ein Dekret der konstituierenden Versammlung befreit wurde. Nach dreizehnjähriger Gefangenschaft schlug auch ihm die Stunde der Freiheit.

Man muß sich indessen seine Haft nicht allzu hart vorstellen. Wahrscheinlich genoß er sowohl in Vincennes wie in der Bastille alle nur denkbaren Annehmlichkeiten. Es war eine ritterliche Haft, in der er gehalten wurde. An Einkerkerung bei Wasser und Brot ist nicht zu denken. Von einer ausreichenden Sühne für seine Schuld kann man daher keinesfalls sprechen. Ein Bürgerlicher wäre für den 10. Teil dessen, was der Marquis begangen hat, unfehlbar hingerichtet worden.

Rührend ist die Anhänglichkeit seiner Frau in dieser ganzen Zeit. Die Marquise hatte doch wahrlich keine Ursache, einem solchen Manne freundlich gesinnt zu sein, sie aber bewährte sich als eine treue aufopferungsvolle Gattin und suchte all seinen Wünschen zu entsprechen. Als Dank dafür traktierte er sie bei ihren Besuchen mit Fußtritten, beschimpfte sie auf das roheste und schrieb ihr Briefe unflätigsten Inhalts. Er, der die Personifikation des brutalsten Egoismus darstellte, vermochte Edelmut und Herzensgüte nicht zu begreifen. Vielmehr schob er seinem Engel von Frau die gemeinsten Motive für ihre Handlungen unter, und witterte überall sexuelle Absichten.

Wenn aber die Haft, in welcher der Marquis de Sade gehalten wurde, auch an sich keineswegs hart war, so war sie doch für einen Menschen von dem Naturell dieses Mannes eine entsetzliche Pein. Er lechzte nach Freiheit, er hätte um jeden Preis das Gefängnis verlassen. So mußte er in der Blüte der Kraft dreizehn Jahre lang ausharren.

Welche Qualen mag dieser Mann, der von so ungeheurer Sinnlichkeit war, dadurch ausgehalten haben, daß er durch einen so langen Zeitraum keusch leben mußte! Es ist fast ein Wunder, daß er nicht geisteskrank wurde. Indem sich aber die physische Möglichkeit zu geschlechtlichen Handlungen verlor, gab er sich im Geiste um so größeren Orgien hin. Er dachte ununterbrochen über sexuelle Dinge nach, er malte sich die verführerischsten Szenen, die entsetzlichsten Akte aus, er schwelgte in den verruchtesten Phantasiebildern. Um sich nun diesen »geistigen Genuß« möglichst intensiv zu verschaffen, um der entsetzlichen Öde des Gefängnislebens zu entfliehen, verfiel er auf den Gedanken, seine Phantasiegestalten niederzuschreiben, aus seinen Träumen und Illusionen Bücher zusammenzusetzen.

Hierzu war er in hohem Grade befähigt. Seine Vorfahren hatten sich bereits verschiedentlich, wie wir sahen, literarisch betätigt, er selber hatte eine auserlesene Bildung empfangen. Auch deutet Verschiedenes darauf hin, daß der Marquis bereits in jungen Jahren ein Buch verfaßt hat.

So entstanden dann in den langen Jahren seiner Gefangenschaft seine Hauptwerke, deren Inhalt uns im folgenden Teil beschäftigen wird. Nur das sei schon hier hervorgehoben, daß der Marquis de Sade keineswegs, wie Hans Rau dies in seiner *Grausamkeit mit besonderer Bezugnahme auf sexuelle Faktoren*, Berlin 1903, betont, »im Grunde ein langweiliger unbeholfener Skribent« gewesen ist. Wenn auch nicht geleugnet werden kann, daß sich in der großen Anzahl von Büchern, die der Marquis geschrieben hat, manche Widersprüche finden, daß die Kombination seine Erzählungen hier und da große Unvollkommenheiten aufweist, so muß doch auch hervorgehoben werden, daß der Marquis eine ungeheure Gestaltungskraft besaß, daß seine Schilderungen an Lebhaftigkeit und Frische nicht übertroffen werden können und daß er wie wenige ein Meister der Rede ist. Mit glühendem Pathos verteidigt er die widersinnigsten Gedanken, er rückt dieselben in völlig neue Beleuchtung, er entwickelt philosophische Betrachtungen von hoher Originalität. Wer die Werke dieses Mannes auch nur teilweise gelesen hat, wird mir bestätigen, daß dieselben trotz mancher Mängel vom rein künstlerischen Gesichtspunkt keineswegs gering einzuschätzen sind. Nur dadurch erklärt sich auch der ungeheure Erfolg dieser Werke. Bloße Obscönitäten würden längst für immer vergessen worden sein. Derartige Machwerke hat es zu allen Zeiten gegeben und nicht zum wenigsten im 18. Jahrhundert. Der Marquis de Sade muß aber in jedem Fall unendlich höher bewertet werden. Man kann es nur bedauern, daß diese Fülle von Geist und Genie auf so unwürdige Gegenstände verwandt worden ist.

Man kann es verstehen, daß der Marquis ein begeisterter Anhänger der Revolution wurde. Hatte sie ihm doch das höchste Gut welches der Mensch sein Eigen nennen kann, die Freiheit zurückgegeben. Aber als ein anderer verließ er das Gefängnis. Als ein 37jähriger Wüstling hatte er der Welt Valet sagen müsen, als ein fünfzigjähriger Philosoph kehrte er zurück. Die Jahre brachten es schon mit sich, daß das Feuer der Sinnlichkeit nicht mehr jene Glut zeitigte wie ehedem. Dazu kamen seine wissenschaftlichen Arbeiten, die zwar alle mehr oder minder zum Geschlechtsleben in Beziehungen standen, aber doch unstreitig das Produkt langen, ernsten Nachdenkens waren. Nichts ist aber mehr geeignet, die geschlechtliche Reizbarkeit herabzusetzen als intensive geistige Tätigkeit.

So kommt es denn in Zukunft nicht mehr zu jenen Orgien früherer Tage. Der Marquis begnügte sich damit, die Scheidung von seiner Frau zu betreiben, und sich eine Maitresse zu halten. Aber bald kamen trübe Zeiten für ihn. Er verlor durch die Revolution alle seine Güter und kam in die ärgste Notlage. Dr. Dühren berichtet von einem Brief, den der Marquis um jene Zeit an den Repräsentanten *Rabant Saint-Etienne* richtete. In demselben bittet der Marquis um eine Stelle als Bibliothekar oder als Museumskonservator, da er vollständig mittellos geworden sei, nachdem sein litterarischer Besitz bei dem Sturm auf die Bastille verloren gegangen, und seine Güter durch die Briganten von Marseille konfisziert worden seien.

Seine freie Zeit war der gewohnten Beschäftigung gewidmet. Er schrieb ununterbrochen, die Produktionslust hatte bei ihm das Höhestadium erreicht. So entstanden in rascher Folge Gedichte und Komödien. Letztere verkaufte er für wenige Louisd'or an die Theater und spielte wohl auch in seinen eigenen Stücken mit. Daneben arbeitete er ununterbrochen an seinem großen Hauptwerk *Juliette*, welches er im Geheimen drucken ließ.

Ein Jahr nach seiner Freilassung erschien dieser Roman, zwei Jahre später folgte *Aline et Valcour*, 1795 erschien die *Philosophie dans le Boudoir* und endlich 1797 die erweiterte Ausgabe der *Justine* betitelt, *la Nouvelle Justine ou les Malheurs de la vertu, suivi de l' Histoire de Juliette sa soeur ou les Prospérités du vice*.

Wohl fehlt es nicht an pikanten Anekdoten über das Treiben des Marquis in jener Zeit. Dieselben scheinen aber erfunden zu sein. Ein mittelloser Schriftsteller, der er damals war, konnte unmöglich die Ausschweifungen und Orgien in Szene setzen, die von ihm berichtet werden. Daß er in sittlicher Hinsicht nicht einwandfrei lebte, ist erwiesen, daß er aber irgend welche übertriebenen Ausschreitungen auch damals noch begangen habe, muß ins Reich der Fabel verwiesen werden.

Seine geistige Tätigkeit war nicht gering. Er arbeitete unermüdlich.

Auch an den politischen Ereignissen nahm er lebhaften Anteil. Trotzdem er durch die Revolution seine Habe verloren hatte, erkannte er deren Berechtigung doch durchaus an und verschmähte es nicht, mit den Pikenmännern Freundschaft zu schließen. Es war dies nicht bloß ein Akt der Klugheit, sondern der inneren Überzeugung. Er hatte die Revolution kommen sehen, wie seine noch in der Bastille verfaßten Schriften zeigen, und begrüßte sie lebhaft.

Aufopfernd und selbstlos hat er einige Zeit hindurch die Stellung eines Sekretärs der *Sektion des Piques* ausgefüllt und insbesondere die gemeinnützigen Anstalten, die Krankenhäuser und Spitäler gewissenhaft beaufsichtigt.

Er war begeisterter Freund des blutigen Marat. Offenbar haben zwei ganz verschiedene Momente diese Begeisterung für die Revolution bei ihm gezeitigt. Er erwärmte sich zunächst rein verstandesmäßig für die Befreiung von Jahrhunderte alten Sklavenbanden, dann aber war es sicherlich auch sein Grausamkeitstrieb, seine Blutgier, die in den Schreckensszenen jener Tage ihre höchste Befriedigung fand.

Die Mitglieder der Sektion hatten aber im Grunde gegen ihren adligen Sekretär eine heftige Abneigung. Es wird erzählt, daß er verachtet und gehaßt worden sei. Man suchte nach einem Grunde, auch ihn auf das Schaffott zu bringen, und dieser Grund fand sich, als er im Jahre 1793 seine Schwiegereltern vor dem Schaffott bewahrte. Als ein Feind der Revolution, als ein »Gemäßigter« mußte er — diesmal unschuldig — wiederum ins Gefängnis gehen. Wäre nicht zu seinem Glück der Sturz Robbespierres erfolgt, so würde er wahrscheinlich auch auf die Guillotine gebracht worden sein. So aber erhielt er im Oktober 1794 nach neunmonatlicher Haft seine Freiheit wieder.

Er lebte nunmehr ganz seiner schriftstellerischen Tätigkeit und hatte nicht unbeträchtliche Einnahmen, da seine Werke reißenden Absatz fanden. Er ließ sogar den fünf Mitgliedern des Direktoriums je ein Exemplar seines Hauptwerkes, welches auf Velinpapier gedruckt war, überreichen.

Aber er sollte sich seiner Freiheit nicht lange erfreuen. Als er es wagte, in einem seiner Romane die Persönlichkeit des ersten Konsuls unter einer durchsichtigen Maske an einer Orgie teilnehmen zu lassen, machte dieser kurzen Prozeß mit dem gefährlichen Literaten und ließ ihn verhaften. In wie weit der Marquis de Sade berechtigt war, Napoleon an derartigen Aussschweifungen teilnehmen zu lassen, entzieht sich unserer Kenntnis. Immerhin ist es nicht ausgeschlossen, daß die Schilderung des Marquis der Wahrheit entsprach. Denn Napoleon I. war alles weniger als ein Tugendbold und Taine berichtet uns bezeichnende Anekdoten von seiner ungeheuren Sinnlichkeit.

Wenn aber Sade die Wahrheit schilderte, so war er damit natürlich doppelt gefährlich für den großen Korsen, der damals im Begriff stand, die Höhe seines Ruhmes und seiner Macht zu erklimmen. Rücksichten kannte Napoleon nicht und gegen Skribenten ist er immerdar mit äußerster Härte aufgetreten. Diese Brut hätte er, der Mann der Tat, am liebsten vom Erdboden vertilgt. Dies mußte der Marquis erfahren.

Wenn einige Schriftsteller moralische Erwägungen bei Napoleon I. annehmen, als er den Marquis verhaften ließ, so ist dies eine völlige Verkennung der Persönlichkeit des französischen Cäsars. Ob Sade sittliche oder unsittliche Bücher verfaßt hatte, war diesem Manne vollständig gleichgiltig. Auch muß immer von neuem hervorgehoben werden, daß die Literatur jener Tage von Obscönitäten wimmelte, so daß die Werke Sades keineswegs derartig von der zeitgenössischen Literatur abstachen. Auch ist Napoleon ein *Lex Heinze* niemals gewesen;

an eine Sittlichkeitsrazzia hat er nicht gedacht. Er gönnte dem Volke jede erdenkliche Freiheit, sofern sie nicht seine Person antastete. Die Schriftsteller konnten schreiben, was sie wollten, nur das politische Gebiet war ihnen verschlossen. Es ist dies eine Erscheinung, die sich in allen absolutistischen Staaten wiederfindet. So ist es bekannt, daß die Theaterstücke, die im Anfang des vorigen Jahrhunderts in Österreich aufgeführt wurden, von Unflätigkeiten wimmelten. Das geschlechtliche Moment wurde unverhohlen in den gemeinsten Formen auf die Bühne gebracht. Überall dort, wo die Freiheit der Überzeugung abgeschnitten ist, stürzen sich die Schriftsteller auf das sexuelle Gebiet. Und je mehr die Machthaber jede andere Freiheit beschneiden, um so größere Nachsicht üben sie in dieser Hinsicht. Sie wollen das Volk gerne in Wollust und Sinnlichkeit verstrickt sehen, auf daß es unfähig wird, sich gegen den Despotismus aufzulehnen.

So handelte auch Napoleon! Ihm wäre der Marquis de Sade als obscöner Schriftsteller durchaus recht gewesen, und es wäre ihm niemals eingefallen diesen Mann um einer »Unsittlichkeit« willen hinter Schloß und Riegel zu bringen. Lediglich die Kühnheit des Marquis, ein Pamphlet gegen den ersten Konsul zu richten, beraubte ihn von neuem der Freiheit. Als Grund für diese Maßregel führte man allerdings die Gemeingefährlichkeit seiner Schriften an. Napoleon ließ auch in der Tat die ganze Auflage der *Justine* konfiszieren. Aber das alles war eben nur ein Vorwand, um den Marquis dauernd in Gewahrsam bringen zu können. Da man ihn aber doch nicht ewig ohne richterliches Urteil im Gefängnis halten konnte und da es klar war, daß bei einer Gerichtsverhandlung die Strafen, wie ein Bericht des Polizeipräfekten an den Polizeiminister naiver Weise erklärt, »ungenügend und keineswegs den Delikten angemessen sein würden«, so griff man zu einem Mittel, das auch heute noch angewandt zu werden pflegt, man erklärte den Marquis für irrsinnig und begrub ihn hinter den Mauern der Irrenanstalt von Charenton. Hier scheint derselbe ein sehr vergnügtes Dasein geführt zu haben. Augenzeugen schildern ihn als einen kräftigen, die Gebrechen des Alters nicht kennenden Greis »mit schönem weißen Haar, von würdevollem Aussehen, liebenswürdigem und überaus höflichem Benehmen, der dabei aber auf jede Anrede mit sanftester Stimme schmutzige Worte hervorsprudelte und bei seinen Spaziergängen im Hofe obszöne Figuren in den Sand zeichnete.«*

Es gelang dem Marquis, das besondere Wohlwollen des Direktors der Irrenanstalt zu gewinnen, so daß dieser ihm alle Freiheiten gestattete. Theatervorstellungen, Bälle und Konzerte wurden von dem Marquis arrangiert, er verfaßte Theaterstücke, schrieb Romane und verbrachte so seine Tage auf die angenehmste Weise. Einer der Ärzte des Irrenhauses, Royer-Collard wollte schließlich dieses Betragen nicht länger dulden und richtete an den Polizeiminister von Paris ein Schreiben, welches in der Übersetzung von Dühren wie folgt lautet:

Paris, den 2. August 1808.
Der Chefarzt des Hospizes zu Charenton an Seine Exzellenz den Senator und Polizeiminister.
Gnädiger Herr!
Ich habe die Ehre, an die Autorität Eurer Exzellenz zu appellieren, in einer Angelegenheit, die ebenso meine amtliche Tätigkeit angeht wie die gute Ordnung in dem Hause, dessen ärztlicher Dienst mir anvertraut ist.

In Charenton befindet sich ein Mann, den seine kühne Immortalität unglücklicherweise zu berühmt gemacht hat, und dessen Anwesenheit die schwersten Unzuträglichkeiten nach sich zieht. Ich spreche von dem Autor des schändlichen Romans *Justine*. **Dieser Mann ist nicht geisteskrank. Sein einziges Delirium ist das des Lasters, und dieses kann nicht in einer**

---
* Eulenburg: *Der Marquis de Sade*. Dresden 1901.

Irrenanstalt beseitigt werden. Er muß der strengsten Isolierung unterworfen werden, um andere vor seinen Ausbrüchen zu schützen, und um ihn selbst von allen Gegenständen zu trennen, die seine häßliche Leidenschaft nähren könnten. Nun erfüllt das Haus Charenton keine dieser Bedingungen. Herr de Sade genießt hier eine zu große Freiheit. Er kann mit einer großen Zahl von Kranken und Rekonvaleszenten beiderlei Geschlechts verkehren, sie bei sich empfangen oder sie in ihren Zimmern besuchen. Er hat die Erlaubnis, im Park spazieren zu gehen und trifft dort ebenfalls solche Kranke. Er predigt einigen seine schreckliche Lehre und leiht ihnen Bücher. Endlich geht das Gerücht im Hause, daß er mit einer Frau zusammen lebt, die als seine Tochter gilt.

Das ist noch nicht alles. Man ist so unvorsichtig gewesen, in der Anstalt ein Theater einzurichten, um die Irren Komödie spielen zu lassen und hat nicht die unheilvolle Wirkung einer solchen tumultuösen Veranstaltung auf die Phantasie bedacht. **Herr de Sade ist der Direktor dieses Theaters. Er giebt die Stücke an, verteilt die Rollen und leitet die Wiederholungen. Er unterrichtet die Schauspieler und Schauspielerinnen in der Deklamation und bildet sie in der großen Bühnenkunst aus. Am Tage der öffentlichen Vorstellungen verfügt er stets über eine gewisse Zahl von Eintrittsbillets und macht inmitten seiner Gehilfen die Honneurs im Saale.**

Zugleich ist er der Gelegenheitsdichter. Beim Feste des Direktors zum Beispiel, verfaßt er entweder ein allegorisches Stück zu dessen Ehren oder wenigstens einige Couplets zu seinem Lobe.

Ich brauche Eurer Exzellenz das Skandalöse eines derartigen Vorkommnisses nicht näher zu begründen, sowie die Gefahren aller Art, welche sich daraus ergeben.

Wenn die Öffentlichkeit diese Dinge erführe, welche Ansichten würde man über eine Anstalt bekommen, in welcher so seltsame Mißbräuche geduldet werden. Wie verträgt sich eine sittliche Behandlung der Geisteskranken mit demselben? Werden die Kranken, welche täglich mit diesem schrecklichen Manne in Berührung kommen, nicht unaufhörlich durch dessen Verderbtheit infiziert und genügt die bloße Idee seiner Gegenwart in diesem Hause nicht um die Phantasie selbst derjenigen aufzuregen, die ihn nicht sehen?

Ich hoffe, daß Eure Exzellenz diese Gründe gewichtig genug finden wird, um einen anderen Internierungsort als Charenton für Herrn de Sade anzuordnen. Ein Verbot, daß er nicht mehr mit den Irren verkehren soll, würde nichts fruchten und nur vorübergehend Besserung herbeiführen. Ich verlange nicht, daß man ihn nach Bicêtre zurückschicke, wo er früher war, aber ich kann nicht umhin, Eurer Exzellenz vorzustellen, daß eine »*maison de sante*« oder ein festes Schloß für ihn besser passen würde als eine Anstalt, in der zahlreiche Kranke behandelt werden und wo eine beständige Überwachung und die hingebendste moralische Aufsicht nötig ist.

Royer-Collard, D.M.

Der Irrenarzt hatte mit dieser Eingabe keinen Erfolg. Man konnte seine Angabe, daß der Marquis nicht geistesgestört sei, nach dem, was geschehen war, nur ignorieren. Er mußte auch fernerhin als verrückt gelten, da sonst der an ihm verübte Justizmord ans Tageslicht gekommen wäre. Der Marquis seinerseits fühlte sich in dem Irrenhause trotz aller Freiheiten keineswegs glücklich. Er richtete in dem gleichen Jahre, in welchem der Irrenarzt an den Polizeiminister schrieb, ein dringendes Bittgesuch an den Kaiser Napoleon, ihm die Freiheit zurückzugeben. Er wäre 70 Jahre alt, fast blind, von der Gicht geplagt und sehr krank.

Der Kaiser entsprach dieser Bitte nicht, und so blieb

denn der Marquis bis zu seinem Tode in Charenton. Derselbe erfolgte am 2. Dezember des Jahres 1814 an einem Lungenleiden.

Nach seinem Tode fand sich das folgende Testament, welches sich durch seine Klarheit auszeichnet. Es lautet nach der Übersetzung von Dr. Dühren:

»Ich verbiete, daß mein Körper unter irgend einem Vorwande geöffnet werde, ich verlange aufs dringendste, daß er 48 Stunden in dem Zimmer, in dem ich sterben werde, liegen bleibe, in einem Holzsarge, der erst nach Ablauf dieser Zeit zugemacht werden soll. Dann soll ein Bote zu dem Holzhändler Lenormand in Versailles, Boulevard de l'Egalitē Nr. 101 geschickt werden, damit er selbst mit einem Wagen komme und meine Leiche unter seiner Begleitung auf diesem Wagen in das Gehölz auf meinem Landgut Malmaison, Gemeinde Maucé nahe bei Epernon gebracht werde, wo sie ohne Zeremonie in dem ersten Gebüsche bestattet werden soll, das sich rechts in dem Gehölze findet, wenn man durch die große Allee von der Seite des alten Schlosses hineintritt. Die Grube soll durch den Pächter von Malmaison unter der Aufsicht des Herrn Lenormand geschaufelt werden, der nicht vor vollendeter Bestattung fortgehen soll. Bei dieser Zeremonie können diejenigen meiner Verwandten oder Freunde zugegen sein, die mir dieses letzte Zeichen ihrer Liebe geben wollen. Das Terrain soll bepflanzt werden, damit die Spuren meines Grabes von der Oberfläche verschwinden, **wie ich hoffe, daß mein Andenken in der Erinnerung der Menschen ausgelöscht werden wird.**

Geschrieben zu Charenton-Saint-Maurice, im Zustande der Vernunft und Gesundheit am 30. Januar 1806.

D. A. F. Sade.

Die letzte Hoffnung, die der Marquis in diesem Aktenstück ausspricht, ist nicht in Erfüllung gegangen. Vielmehr hat das Interesse für ihn in den Zeiten fortgesetzt zugenommen, so daß er für Jahrhunderte als Repräsentant einer gewissen geschlechtlichen Entartung gelten wird.

Die Werke des Marquis de Sade.

Der französische Romanschriftsteller Jules Janin* hat im Jahre 1835 in der *Revue de Paris* einen Aufsatz über den Marquis de Sade veröffentlicht, in welchem er folgendes Urteil über die Werke dieses Mannes fällt.

»Soll ich Ihnen die Bücher de Sades analysieren? Blutige Leichname, den Armen ihrer Mütter entrissene Kinder, junge Frauen, die man zum Schluß einer Orgie erwürgt; Pokale angefüllt mit Blut und Wein, unerhörte Folterungen. Man heizt Siedekessel, richtet Folterbänke her, man zieht Menschen bei lebendigem Leibe die Haut ab; man schreit, man flucht, man beißt sich untereinander, man reißt einander das Herz aus dem Leibe, und das ohne Aufhören, zehn Bände hindurch und auf jeder Seite, in jeder Zeile immer und immer wieder!

O! welche unermüdliche Verruchtheit! In seinem ersten Buche zeigt er uns ein unglückliches, aufs äußerste getriebenes Mädchen, verloren, verdorben, mit Schlägen überhäuft; von Ungeheuern in Menschengestalt von einem unterirdischen Gewölbe ins andere, von einem Kirchhofe zum anderen geschleppt, zerschlagen, auf den Tod abgehetzt, geschändet, zerschmettert ... und nachdem der Verfasser alle Verbrechen erschöpft hat, wenn es keine Blutschande, keine Ungeheuerlichkeit weiter zu

---

* Wieder zugänglich: Jules Janin: Der Marquis von Sade und andere Anschuldigungen. München: belleville 1986.

begehen giebt, wenn er ermattet und röchelnd auf die Leichname niedersinkt, die er erdolcht und geschändet hat, wenn keine Kirche mehr vorhanden, die er nicht entweiht, kein Kind, das er nicht seiner Wut geopfert, kein moralischer Gedanke, den er nicht mit dem Kote seiner unflätigen Ideen und Worte besudelt hätte, dann hält dieser Mensch endlich ein, betrachtet sich und lächelt selbstgefällig. Kaum aber hat er diesen Roman beendet, als er sich sagt, daß er eigentlich weit hinter dem zurückgeblieben ist, was er hätte leisten können. Er setzt sich hin und schreibt *Juliette*.«

Diese Charakteristik der Werke de Sades führt uns bereits in die Inhaltsangabe seines ersten und größten Buches ein. Dasselbe umfaßt zehn Bände und es ist keine Kleinigkeit, die Übersicht der darin vorkommenden Personen zu gewinnen. Schon das Lesen dieser Bücher erfordert einen gewissen Grad von Aufmerksamkeit. Eine wie ungeheure geistige Leistung stellt aber das Abfassen eines zehnbändigen Romanes dar. Diese eine Tatsache wirft alle Behauptungen von der »Geisteskrankheit« des Marquis de Sade über den Haufen. Wer derartige geistige Leistungen zu vollführen imstande ist, ist nicht geisteskrank, und wir können uns Eulenburg nur anschließen, wenn er ausführt:

»Unwillkürlich imponierend wirkt trotzdem schon der bloße Umfang des Werkes und das Maß der damit geleisteten geistigen und der rein mechanischen Arbeit. Der bizarre Entwurf dieser ungeheuerlichen, langgedehnten, vielgliedrigen Komposition und seine bis ins einzelne gehende Ausgestaltung mit all ihren fast unentwirrbaren Fäden, mit der Unzahl der nach einander auftretenden Personen, mit der sehr raffiniert durchgeführten allmählichen Steigerung und mit der fast nie — nur ganz vereinzelt[*] versagender Treue der Erinnerung und Rückbe-

---

[*] »Einmal, im vierten Bande der Justine, lebte eine Person wieder auf, die kurz zuvor bei einer Orgie ums Leben gebracht war.«

ziehung: das alles setzt doch eine wenigstens in den Jahren der Abfassung ganz ungemeine Arbeitskraft und ausdauernde Arbeitsleistung voraus, die mindestens die herkömmliche Meinung einem chronischen Geisteskranken, vielleicht einem kongenial Schwachsinnigen nicht ohne weiteres zuzugestehen geneigt sein dürfte.«

Das erste Werk des Marquis *Justine* schildert, wie sein Untertitel besagt, *les malheurs de la vertu*, die Leiden der Tugend. Der Marquis will in diesem Buche den Nachweis führen, daß die Tugend auf dieser Erde immer und überall mißachtet und geschädigt werden wird, daß sie niemals auf Anerkennung oder gar Belohnung zu rechnen habe. Dies zeigt er in vier Bänden, in denen wir die tugendhafte Justine in ihren Lebensschicksalen begleiten.

Es geht ihr sehr traurig. Wohin sie auch kommt, wird sie betrogen und verfolgt. Ein Schicksalsschlag folgt dem andern, ihre besten Freunde entpuppen sich als Schurken, jeder sucht sie zu ruinieren. All ihre guten Handlungen gereichen ihr zum Verderben, bis sie schließlich unschuldig als Brandstifterin zum Tode verurteilt wird. Es gelingt ihr aber, aus dem Gefängnis zu flüchten. Sie kommt nun auf das Schloß ihrer Schwester Juliette, die herrlich und in Freuden lebt. Hier schildert sie auf das eingehendste all ihr Mißgeschick und gelangt zu folgendem Resumee:

»In meiner Jugend wollte mich ein Hexenmeister dahin bringen, etwas zu stehlen; ich gehorchte nicht, da tat er es. Ich gerate in eine Verbrechergesellschaft und entkomme diesen Schurken zusammen mit einem Herrn, der mir sein Leben verdankt. Als Dank mißbraucht er mich in der schändlichsten Weise. Darauf gelange ich zu einem Wüstling, der mich von seinen Hunden zerfleischen läßt, da ich mich weigere, seine eigene Mutter durch Gift ums Leben zu bringen. Alsdann falle ich einem Chirurgen in die Hände, der sich durch Blutschande und Mordlust ausgezeichnet hat. Ich will ihn vor einem schrecklichen Verbrechen bewahren. Als Lohn brandmarkt mich der Henker als Verbrecherin! Der wahre Schuldige verübt ungestraft nach wie vor seine Verbrechen, aber ich muß betteln gehn. Darauf gehe ich zur Beichte und zum Abendmahl, um andächtig zu Gott zu beten, der mir zwar nur Böses gegeben hat, und siehe da, ich werde an der heiligen Stätte auf das furchtbarste betrogen. Das Ungeheuer aber, welches sich so freventlich an mir vergangen hat, gelangt zu den höchsten Ehrenstellen in seinem Orden, ich aber gerate in die tiefste Not. Ich schütze eine Frau vor der Bruatlität ihres Gatten; dafür will mich dieser töten, indem er mir tropfenweise Blut abzapft. Ich helfe einem Armen in seiner Not, er bestiehlt mich. Ich nehme mich eines Ohnmächtigen an, er macht mich zu seiner Sklavin. Ich muß ihm dienen, muß seine Lüste erdulden. Er wird vom Glück begünstigt, während ich kaum dem Schaffot entgehe. Eine verdorbene Frau will auch mich zu Verbrechen anstiften, ich aber bleibe standhaft und verliere all meine Habe. Endlich zeigt sich mir eine Hoffnung. Ein gutherziger Mann will mich als Gattin heimführen, er stirbt in meinen Armen vor der Trauung. Bei einem Brande begebe ich mich in Lebensgefahr, um ein Kind zu retten, dafür verklagt mich die Mutter des Kindes und denunziert mich als Brandstifterin. Schließlich falle ich in die Hände meiner größten Feindin, die mich zu einem Wüterich bringt, dessen Leidenschaft es ist, Leute zu köpfen. Ich bitte einen Herrn um Schutz, der mir sein Leben und sein Geld verdankt, er lockt mich in sein Haus, nimmt die schrecklichsten Sachen an mir vor und führt mich zu einem ungerechten Richter. Beide versündigen sich an mir. Ich ward zum Tode verdammt, während ihnen das Glück lächelt.«

So monoton diese höchst fragmentarische Zusammenfassung des Inhalts sich ausnimmt, so fesselnd ist die detaillierte Schilderung der einzelnen Begebenheiten. Dieselben sind nicht verstandesmäßig ausgeklügelt und aneinandergereiht, sondern die großartigste Phantasie, die man sich nur denken konnte, malt die einzelnen Szenen mit größter Leidenschaftlichkeit aus. Wir glauben tatsächlich den einzelnen blutigen und ausschweifenden Szenen des Romanes als Augenzeugen beizuwohnen.

Der Roman gewährt uns auch einen tiefen Einblick in die Weltauffassung seines Autors. Er ist davon überzeugt, daß die Menschen in ihrer Gesamtheit schlecht und ausschweifend sind, daß sie einen raubtierähnlichen Charakter besitzen und nur den einen Wunsch hegen, ihren Mitmenschen schlechtes zuzufügen. Er glaubt an kein Ideal. Es fällt ihm nicht ein, den Charakter der Justine in strahlender Herrlichkeit zu schildern, vielmehr fällt für ihn der Begriff der Tugend mit dem der Dummheit zusammen. Er will nicht etwa in der Justine zeigen, wie ein Mensch trotz der härtesten Schicksalsschläge sich vom Pfade des Bösen fernhalten kann, vielmehr ist Justine für ihn lediglich ein Beweis dafür, wie dumme Menschen es mitunter giebt. Er erblickt in ihrer Tugend lediglich ein Zeichen der äußersten Beschränktheit.

Der ganze Roman drängte auf eine Fortsetzung hin, die wohl auch von Anfang an vorgesehen war. Als Gegenstück der *Justine* folgte die *Juliette, ou les prospérités du vice*. Der Zusammenhang zwischen beiden Werken ist leicht hergestellt. Nachdem Justine geendet hat, beginnt Juliette ihrerseits ihre Erlebnisse vorzutragen, die im Grunde auf genau den gleichen Ton gestimmt sind, daß Justine die furchtbarsten Verbrechen passiv erduldet, während Juliette sie aktiv begeht. Der Marquis de Sade vollführt hier eine Leistung, die noch großartiger als Dantes Inferno ist. Auf ein Verbrechen türmt er ein noch größeres, er ermüdet niemals, er wird nie trocken oder ergeht sich in Wiederholungen. Immer neue, durchaus originelle Formen des Lasters sinnt er aus und man staunt vor dieser unerschöpflichen Einbildungskraft. Die einzelnen Akte werden so plastisch vorgeführt, daß selbst das Ungeheuerlichste glaublich erscheint. Hat man die 10 Bände hintereinander durchgelesen, so sieht man nur noch Verbrechen und Verbrecher vor sich, die ganze moralische Weltanschauung, die uns von Kindheit an gepredigt worden ist, versinkt über dieser Lektüre — glücklicherweise nur auf Minuten — vor uns. Wir werden in eine ganz neue Welt, in ein Märchenreich eingeführt, in welchem alles so in Einklang steht, daß jeder Widerspruch unmöglich ist. Wer nicht durchaus sittlich gefestigt ist, wird von dem Meer der Unmoralität, welches dieses Werk enthält, einfach verschlungen. Nie wieder hat ein Mensch großartiger, überzeugender, begeisternder das Verbrechen gepredigt, und in diesem Sinne bezeichnet Eulenburg mit Recht den Marquis de Sade als eine direkt aus dem Urquell des Bösen schöpfende antimoralische Kraft.

Wir können hier nicht im einzelnen die Erlebnisse Juliettes verfolgen und verweisen alle Interessenten auf die ausführlichen Analysen dieses und der übrigen Werke des Marquis, die Dr. Dühren in seinem mehrfach zitierten Werk: *Der Marquis de Sade und seine Zeit* (Berlin 1901 bei H. Barsdorf) giebt. Nur einige Züge wollen wir herausgreifen.

Juliette ist von Jugend auf im Laster und zum Laster erzogen worden. Man hat ihr die Unmoralität in allen Tonarten gepredigt, man hat sie praktisch und theoretisch in derselben unterwiesen. Mit 14 Jahren unterweist sie Delbene in folgender Weise:

»Also sei so oft als möglich lasterhaft! Dann wird das Laster allmählich zu einem wollüstigen Reiz, den man nicht mehr entbehren kann. Das Laster muß eine Tugend werden. Und die Tugend ein Laster! Dann wird sich ein neues Weltall vor Deinen Blicken auftun und wollüstiges Feuer wird Deine Nerven durchglühen: Jeden Tag entwirfst Du neue ruchlose Pläne und siehst in allen Wesen die Opfer Deiner perversen Gelüste. So gelangst Du auf einem mit Blumen bekränzten Wege zu den letzten Exzessen der Unnatur. Nie darfst Du auf diesem Wege Halt machen, zögern und zurückweichen, weil Dir sonst der höchste Genuß für immer verloren geht. Vor allem nimm Dich vor der Religion in Acht, deren gefährliche Einflüsterungen Dich vom guten Wege abhalten, die der Hydra gleicht, deren Köpfe wiederwachsen, so oft man sie abschlägt.«

Juliette ist eine gelehrige Schülerin, sie nimmt diese Lehren auf und befolgt sie gewissenhaft. Nachdem sie bereits im Kloster erfolgreich diese Anschauungen betätigt hat, kommt sie zu einer Kupplerin. Bei derselben lernt sei einen verheirateten Herrn kennen, mit dem sie die größten Schandtaten verübt. Dieser Herr namens Noirceuil ist ein Freund des allmächtigen Ministers Saint-Fond mit dem er sie bekannt macht. Der Minister gehört zu den größten Roués* seiner Zeit. Er ist ganz begeistert von der Lasterhaftigkeit Juliettes, so daß er ihr eine große Summe schenkt. Sie nimmt an den Gelagen des Ministers teil, auf denen die schauerlichsten Verbrechen vorkommen. So wird bei einer Orgie die Frau des Noirceuil auf teuflische Weise gemartert, während ihr Gatte seelenvergnügt den Todeskrämpfen der Unglücklichen zusieht. Bei den Soupers werden gewöhnlich drei Mädchen umgebracht. Bei einem Diner werden kleine Mädchen verbrannt, andere an einem Bratspieß geröstet. So geht es fort. Die Verbrechen und Brutalitäten werden durch immer neue überboten. Juliette lernt die gesamten feineren Kreise von Paris kennen und wohnt überall den unmenschlichsten Grausamkeiten bei. Was ihr an der Vollendung noch fehlt, eignet sie sich hier an. Insbesondere zeigt sich Lady Clairwill als eine vortreffliche Lehrerin. Von dieser wird sie in die »Gesellschaft der Freunde des Verbrechens« eingeführt, welcher sein eigenes Klublokal hat. In diesem giebt es vier Säle für »Masturbation, Flagellation, Folter und Hinrichtungen!«

---

* Das Wort Roué (Geräderter) ist in jener Zeit von dem Herzog von Orléans, Regenten von Frankreich, erfunden worden. Er belegte mit demselben bezeichnenderweise die Teilnehmer an seinen Orgien. Näheres siehe: Dr. A. Sper: *Gekrönte Verbrecher*.

So vergehen zwei Jahre. Es giebt kein Verbrechen, keine Form des Mordes, keinen verbrecherischen Akt, den Juliette in dieser Zeit nicht vollzieht. Da erfährt sie von Saint-Fond, daß er mit dem Plane umgehe, ganz Frankreich zu entvölkern. Sie zittert über dieses Projekt und muß vor dem über ihre Tugend ergrimmten Minister flüchten. Sie nimmt sich hoch und heilig vor, nie wieder auf dem schändlichen Altar der Tugend zu opfern.

In Angers eröffnet sie ein — Bordell. Hier lernt sie einen Grafen kennen, der sie heiratet und zur Sittlichkeit erziehen will. Sie hört auch geduldig die Tiraden ihres Gatten, entschädigt sich aber im Geheimen durch allerlei sexuelle Amüsements. Schließlich vergiftet sie ihren Mann und geht nach Italien, nach der Heimat des Nero und Messalinas.

Sie lernt Falschspielen, hat unzählige Verhältnisse mit Grafen, Herzögen, Marquis usw. und reist von einer Stadt zur andern. Überall giebt sie sich den unsäglichsten Bacchanalien hin, überall feiert sie rauschende Feste des Lasters. Selbst zur Menschenfresserin wird sie, was ihr vorzüglich bekommt. Sie lernt alle Fürsten Italiens sowie den heiligen Vater in Rom kennen. Jeder hat eine andere Art der sexuellen Liebhaberei. Es giebt keinen, der nicht lasterhaft und verbrecherisch wäre.

In Neapel besucht sie das »Theater der Grausamkeiten«, welches Hinrichtungen aller Art vorführt. Durch Feuer, Peitschen, Strick, Rad, Pfählung, Enthauptung, Zerstückelung werden die Menschen getötet. Man hat nur nötig auf den betreffenden Knopf zu drücken, um die eine oder andre Form der Hinrichtung vorgeführt zu sehen. Bei einer Vorstellung werden auf diese Weise 1176 Personen[*] getötet.

Schließlich nach unzähligen Abenteuern, nach der Begegnung mit den entartetsten Menschen, von denen jeder eine andere Eigentümlichkeit hat, kehrt Juliette wieder

---

[*] Der Marquis de Sade übertreibt immer in ungeheuerlichster Weise.

nach Paris zurück. Sie findet Noirceuil wieder vor, der inzwischen Saint-Fond auch umgebracht hat, und schwelgt nun mit diesem in wahrhaft grandiosen Ausschweifungen.

So weit erzählt Juliette ihre Abenteuer. Sie schließt analog der Erzählung ebenfalls mit einem Resumee ihrer Taten, welches in der Übersetzung Dr. Dührens lautet:

»Das ist die glückliche Lage, in der Ihr mich jetzt seht, meine Freunde! Ich gestehe, ich liebe das Verbrechen leidenschaftlich. Dieses allein reizt meine Sinne, und ich werde seine Grundsätze bis zum letzten Tage meines Lebens verkünden. Frei von jeder religiösen Furcht, erhaben über die Gesetze durch meine Verschwiegenheit und meine Reichtümer, möchte ich die göttliche oder menschliche Gewalt kennen lernen, die mir meine Wünsche verbieten könnte. Die Vergangenheit ermutigt mich; die Gegenwart elektrisiert mich; ich fürchte wenig die Zukunft und hoffe, daß der Rest meines Lebens die Ausschweifungen meiner Jugend bei weitem noch übertreffen wird. Die Natur hat die Menschen dazu geschaffen, damit sie sich über alles auf der Erde amüsieren. Das ist ihr höchstes Gesetz und wird immer dasjenige meines Herzens sein. Um so schlimmer für die Opfer, die es geben muß. Alles würde im Universum zu Grunde gehen ohne die erhabenen Gesetze des Gleichgewichtes. Nur durch Freveltaten erhält sich die Natur und erobert die ihr von der Tugend entrissenen Rechte wieder. Wir gehorchen ihr also, indem wir uns dem Bösen überliefern. Ein Widerstand wäre das einzige Verbrechen, das sie niemals verzeihen darf. O, meine Freunde, überzeugen wir uns von diesen Grundsätzen, aus deren Verwirklichung alle Quellen des menschlichen Glückes entspringen.«

Justine bleibt trotz alledem unbegreiflicher Weise bei der Tugend. Juliette ist über eine so grenzenlose Verbohrtheit empört, sie weigert sich, eine solche »Prüde« als Schwester anzuerkennen und beschließt mit Noirceuil ihren Tod. Da gerade ein heftiges Gewitter ausbricht, wird Justine auf die Straße geworfen und auf der Stelle zur Strafe für ihre unverbesserliche Tugendhaftigkeit unter dem Jubel der zuschauenden Gesellschaft von einem Blitz erschlagen.

Diese kurze Inhaltsangabe kann nicht entfernt eine Vorstellung von der bunten Fülle der Szenen geben, die der Roman vor uns aufrollt.

Weit unbedeutender als dieses Werk ist *Aline et Valcour ou le roman philosophique.* Immerhin ist auch dieser Roman des Marquis de Sade würdig. Der Cynismus des Buches dürfte kaum noch zu übertreffen sein. Der Held des Romans empfindet nur dann geschlechtliche Lust, wenn seine Partnerin Qualen erduldet. Er spricht von der Nervenerschütterung, welche der Schmerz erzeugt, und durch die er zur rasenden Wollust wird.

Die *Philosophie dans le Boudoir* hat einen pädagogischen Charakter. Sade, der schon in den genannten Werken immer wieder hervorhebt, daß man bereits die Jugend zur Unsittlichkeit verführen müsse, zeigt hier auf das eingehendste, wie ein junges tugendhaftes Mädchen binnen vierundzwanzig Stunden in eine Messaline verwandelt werden kann. Erst muß sie theoretische Vorlesungen über die geschlechtlichen Zustände und Angelegenheiten mitanhören, dann folgt die praktische Unterweisung und schließlich der detaillierte Unterricht in allen Künsten der Unzucht. Dieser Unterricht wird mit solchem Erfolg erteilt, daß das junge Mädchen schließlich auch jauchzend zusieht, wie ihre eigene Mutter den schrecklichsten Martern unterworfen und am Ende syphilitisch infiziert wird.

Die Vorrede dieses Buches wendet sich pathetisch an alle Wüstlinge und ermahnt diese, die ganze Bahn zu durchlaufen, welche von der Wollust mit Blumen bestreut sich den Blicken zeigt. Nur dann erfülle der Mensch seinen Lebenszweck, wenn er seinem Genusse alles opfere.

Neben diesen größeren Arbeiten hat der Marquis noch

einige Bände Novellen, betitelt »die Verbrechen der Liebe«, sowie jenes Pamphlet gegen den ersten Konsul im Druck erscheinen lassen, welches seine Verhaftung, wie wir sahen, herbeiführte.

Trotz dieser Inhaltsangaben dürfte der Leser kaum eine Vorstellung von der Eigenart der Werke des Marquis erhalten haben. Diese Eigenart kann nicht beschrieben werden, sie ist so originell, so einzig dastehend, daß alle Worte der Sprache nicht ausreichen, sie zu schildern. Man muß ihn selbst lesen! Leider verbieten uns die herrschenden Anschauungen, einige Stellen dieser Werke hier wiederzugeben. Wir würden Gefahr laufen, der Konfiskation zu verfallen.

Obwohl die Werke des Marquis de Sade sehr bald verboten wurden, fanden sie in ganz Europa die größte Verbreitung. Überall veranstaltete man Nachdrucke. »Für die Roués der gesamten gebildeten Welt waren diese Werke geradezu ein Heiligtum, ihre entartete Phantasie sog daraus immer neue Nahrung. Seine Schilderungen waren Honigworte für Leute, die nichts höheres kannten als Sinnlichkeit, für junge Wüstlinge und alte Gecken, die mit ihrer moralischen und physischen Kraft abgewirtschaftet hatten, und dem Restchen Leben durch diese Reizmittel aufhelfen wollten.«[*]

---

[*] Hans Rau: *Die Grausamkeit mit besonderer Bezugnahme auf sexuelle Faktoren.* Mit zahlreichen Illustrationen. Berlin 1903 H. Barsdorf.

Der Sadismus.

Das Charakteristische der Werke des Marquis de Sade ist keineswegs die entsetzliche Unmoral, die ungeheure Ausartung des Geschlechtstriebs. Beides findet sich in den pikanten Romanen jener Zeit — wenn auch nicht in gleichem Grade — häufig an. Diderot hat ähnliche Werke verfaßt und Mirabeau, der große Redner der Revolution, schrieb im Gefängnis ebenfalls Bücher, welche höchst wollüstig sind.

Der Marquis de Sade ist aber nicht nur im höchsten Grade sinnlich, sondern bei ihm finden wir vor allem eine Vereinigung von Wollust und Grausamkeit, welche in gleich starkem Grade wohl nicht wieder angetroffen wird.

Das Leben dieses Mannes — so wenig wir über einzelne Perioden unterrichtet sind — führt uns bereits eine ganze Reihe grausamer Handlungen vor, deren er sich in geschlechtlicher Erregung zu schulden kommen ließ. Lediglich dieser Grausamkeitsmonomanie verdankte er seine Einsperrung. Denn keinem wäre es eingefallen, im achtzehnten Jahrhundert einem französischen Edelmann aus seinen Liebschaften auch nur einen Vorwurf zu machen. Das gehörte zum guten Ton. Dabei fand niemand etwas. Der Marquis aber konnte sich mit der »gewöhnlichen« Liebe nicht begnügen, er wollte Blut um sich fließen, er wollte Menschen sich in Schmerzen winden sehen.

Diese Eigenart des geschlechtlichen Empfindens hat er nun auch in seinen Romanen dargestellt. Die Helden seiner Werke versuchen, ihren Mitmenschen auf alle erdenkliche Art moralische oder physische Qualen zu bereiten. Darin finden sie das höchste Glück.

Zahllos sind die Akte der Grausamkeit, welche der Marquis de Sade in seinen Büchern beschreibt. Dieselben variieren, wie Marciat hervorhebt »zwischen den Bißwunden in Zunge oder Brustwarzen und dem Morde;

dazwischen stehen Flagellation bis aufs Blut, Stiche, Verwundungen, Strangulation, Aderlässe, Hundebisse, Zerfleischungen des Körpers mit den Fingernägeln, Kreuzigung und vieles andere.«

Deshalb ist es durchaus berechtigt, wenn man die Verbindung von aktiver Grausamkeit und Gewalttätigkeit mit Wollust nach dem Marquis de Sade als Sadismus bezeichnet hat.

Sadismus ist also, wie Krafft-Ebing sich ausdrückt, jede sinnliche Erregung, verbunden mit dem Wunsche, Gewalt anzuwenden oder Schmerz zu verursachen. An anderer Stelle definiert er den Sadismus als den Impuls, zu gewalttätiger grausamer Behandlung des anderen Geschlechts und das Auftreten von Lustgefühlen beim Gedanken an solche Handlungen.

Dr. Moll nennt den Sadismus einen Zustand, in welchem der sexuelle Trieb in der Neigung besteht, die geliebte Person zu mißhandeln, zu schlagen und zu demütigen.

Die umfangreichste Definition des Sadismus giebt Dr. Dühren:

»Eine — entweder absichtlich herbeigeführte oder zufällig gegebene Verknüpfung von sexueller Erregung und sexuellem Genuß mit wirklichem — oder nur symbolischen (ideellen, vorgestellten) furchtbaren, ganz unerhörten Begebenheiten, mit schrecklichen Taten, die Leben, Gesundheit oder Eigentum anderer bedrohen, leblose Gegenstände vernichten, zerstören etc; dabei kann die Person, deren Wünsche hierdurch erzeugt und erhöht werden, entweder selbst diese Handlungen begehen oder durch andere begehen lassen, oder sie kann auch nur Zuschauer sein, ja schließlich auch — absichtlich oder unabsichtlich — der Gegenstand, gegen den diese Angriffe sich richten.«

Es ist eins der schwierigsten Probleme, diese Vereinigung von Wollust und Grausamkeit zu erklären. Daß ein Zusammenhang besteht, kann nicht zweifelhaft sein.

Wir brauchen nur das Buch: *Die Grausamkeit mit besonderer Bezugnahme auf sexuelle Faktoren* von Hans Rau, Berlin 1903, zu durchblättern, um die Verbindung der Grausamkeiten mit dem Geschlechtsleben auf das deutlichste zu erkennen.

Die Tatsache steht also fest, über ihre Erklärung aber liegen die verschiedensten Anschauungen vor.

Beginnen wir mit dem englischen Gelehrten Dr. Havelock Ellis. Derselbe untersucht in seinem Werke: *Das Geschlechtsgefühl. Eine biologische Studie,* Würzburg 1903, die Verbindung von Erotik und Schmerz auf das eingehendste. Er sucht diesen Zusammenhang in der Vorgeschichte der Menschheit, indem er die wesentlichen Erscheinungen in dem Liebesleben der Tiere, die sicherlich einmal in grauer Vorzeit auch im Liebesleben des Menschen vorhanden gewesen sein dürften, einer Betrachtung unterzieht. Ellis sagt:

»Das Liebeswerben ist ein Spiel, ein Scherzen, und selbst die Kämpfe, die dabei stattfinden, sind zum großen Teil Scheinkämpfe; aber was dahinter liegt ist furchtbar ernst, und was eben noch ein Spiel war, kann im nächsten Augenblick auf Leben und Tod gehen. Zu diesem Werben scheint ein Scheinkampf zwischen Männchen um den Besitz des Weibchens zu gehören, der dann in einen richtigen Kampf ausarten kann. Das Weibchen muß von dem Männchen eingeholt werden und daraus entsteht leicht eine regelrechte Verfolgung, so daß Colin Scott ganz recht hat, wenn er bemerkt, das Liebeswerben ist als eine verfeinerte, leichtere Form des Kampfes aufzufassen. Oft nimmt das Liebesspiel, besonders bei den Säugetieren einen gewaltsameren Charakter an, und sobald das der Fall ist, kommen wir an die Grenze des Schmerzes. Diese in der Tierwelt unvermeidliche und innige Beziehung zwischen Kampf und Jagdimpulsen und dem Liebeswerben genügt allein schon, um den nahen Zusammenhang zwischen Schmerz und Liebe zu zeigen.«

Schließlich gelangt Ellis auf Grund seiner Untersuchungen zu dem Resultat, daß es sich bei dem Sadismus fast nie um Impulse wirklicher echter Grausamkeit handeln kann.

»Was erstrebt und gesucht wird, ist nicht Grausamkeit, sondern die Wonne des Versinkens in den großen Ozean der Erregung, der unter der bunten Welt unseres täglichen Lebens verborgen liegt, und Schmerz — ein Schmerz, der so weit als möglich aller Elemente der Grausamkeit beraubt ist, obschon manchmal durch sehr feine, durchsichtige Kunstgriffe — ist nur der Kanal, durch den man diesen weiten Ozean erreicht.

Wenn wir nun unsere Untersuchung noch über den bisher erreichten Punkt hinausführen, und uns fragen, warum dieser emotionelle Rausch so unwiderstehlich faszinierend wirkt, so finden wir eine abschließende Antwort in der Erklärung Nietzsches — der auf diese Art von Intoxikation sowohl im Leben als in der Kunst großes Gewicht legt, — daß dieser Rausch uns ein Bewußtsein unserer Energie, und zugleich eine Befriedigung unseres Bedürfnisses nach Macht gewährt.«

Dieses Resultat, welches mehr einer philosophischen als einer physiologischen Untersuchung entsprungen zu sein scheint, befriedigt wenig.

Krafft-Ebing äußert sich über den vorliegenden Gegenstand in seiner *Psychopathia sexualis*, 12. Auflage, Stuttgart, 1903, wie folgt:

»Beim Versuch einer Erklärung der Verbindung von Wollust und Grausamkeit muß man auf die *quasi* noch physiologischen Fälle zurückgehen, in denen, im Momente der höchsten Wollust, ein sehr erregbares, aber sonst normales Individuum Akte wie Beißen und Kratzen begeht, die sonst vom Zorne eingegeben werden. Erinnert muß ferner daran werden, daß die Liebe und der Zorn nicht nur die beiden stärksten Affekte, sondern auch die beiden allein möglichen Formen des rüstigen (Phenischen) Affektes sind. Beide suchen ihren Gegenstand auf, wollen sich seiner bemächtigen und entladen sich naturgemäß in einer körperlichen Einwirkung auf denselben; beide versetzen die psychomotorische Sphäre in die heftigste Erregung und gelangen mittelst dieser Erregung zu ihrer normalen Äußerung.

Von diesem Standpunkte aus wird es begreiflich, daß die Wollust zu Handlungen treibt, die sonst dem Zorn adäquat sind.* Sie ist wie dieser ein Exaltationszustand, eine mächtige Erregung der gesamten psychomotorischen Sphäre. Daraus entsteht ein Drang gegen das Objekt, welches den Reiz hervorruft, auf alle mögliche Weise und in der intensivsten Art zu reagieren. So wie die maniakalische Exaltation leicht in furibunde Zerstörungssucht übergeht, so erzeugt die Exaltation des geschlechtlichen Affekts manchmal einen Drang, die allgemeine Erregung in sinnlosen und scheinbar feindseligen Akten zu entladen. Diese stellen sich gewissermaßen als psychische Mitbewegungen dar; es handelt sich aber nicht etwa um eine bloße und unbewußte Erregung der Muskelinnervation (was als blindes Umsichschlagen nebenbei auch vorkommt), sondern um eine wahre Hyperbulie, um den Willen, auf das Individuum, von dem der Reiz ausgeht, eine möglichst starke Wirkung auszuüben. Das stärkste Mittel dazu ist aber die Zufügung von Schmerz.

Von solchen Fällen der Schmerzzufügung im höchsten Affekte der Wollust ausgehend, gelangt man zu Fällen, in denen es zur ernstlichen Mißhandlung zur Verwundung und selbst zur Tötung des Opfers kommt.** In diesen Fällen ist der Trieb zur Grausamkeit, der den wollüstigen Akt begleiten kann, in einem psychopathischen

---

* »Schulz berichtet in der *Wiener med. Wochenschrift*, 1869, Nr. 49, einen merkwürdigen Fall von einem 28jährigen Mann, der seine Frau nur dann lieben konnte, wenn er sich vorher künstlich in die Stimmung des Zornes versetzte.«

** »Über analoge Vorkommnisse bei brünstigen Tieren« siehe Lombroso: Der Verbrecher, übers. v. Fränkel, S. 18.

Individuum ins Maßlose gewachsen während andererseits wegen Defektuosität der moralischen Gefühle alle normalen Hemmungen entfallen oder sich zu schwach erweisen.

Derartige monströse — sadistische Handlungen haben aber beim Manne, bei welchem sie weit häufiger vorkommen als beim Weibe, noch eine zweite starke Wurzel in physiologischen Verhältnissen.

Im Verkehr der Geschlechter kommt dem Manne die aktive, selbst aggressive Rolle zu, während das Weib passiv, defensiv sich verhält.* Für den Mann gewährt es einen großen Reiz, das Weib sich zu erobern, es zu besiegen, und in der *Ars amandi* bildet die Züchtigkeit des in der Defensive bis zum Zeitpunkte der Hingebung verharrenden Weibes ein Moment von hoher psychologischer Bedeutung und Tragweite. Unter normalen Verhältnissen sieht sich also der Mann einem Widerstand gegenüber, welchen zu überwinden seine Aufgabe oft und zu dessen Überwindung ihm die Natur den aggressiven Charakter gegeben hat. Dieser aggressive Charakter kann aber unter pathologischen Bedingungen gleichfalls ins Maßlose wachsen und zu einem Drange werden, sich den Gegenstand seiner Begierden schrankenlos zu unterwerfen, bis zur Vernichtung, Tötung desselben.**

---

* »Auch bei den Tieren ist es regelmäßig das Männchen, welches das Weibchen mit Liebesanträgen verfolgt. Verstellte oder ängstliche Flucht des Weibchens ist nicht selten zu beobachten; dann kommt es zu einem ähnlichen Verhältnis wie zwischen Raubtier und Beutetier.«
** »Die Eroberung des Weibes findet heutzutage in der zivilen Form der Courmacherei, Verführung, List usw. statt. Aus der Kulturgeschichte und der Anthropologie wissen wir, daß es Zeiten gab und noch Völker giebt, in welchen die brutale Gewalt, der Raub, selbst die Wehrlosmachung des Weibes durch Keulenschläge die Liebeswerbung ersetzte. Es ist möglich, daß atavistische Rückschläge in derartige Neigungen zu Ausbrüchen des Sadismus beitragen.

In den *Jahrbüchern der Psychologie II*, S. 128 referiert Schäfer (Jena) über zwei Krankheitsberichte A. Payers. In dem ersten Falle wurden Zustände höchster sinnlicher Erregung durch den Anblick von Kampfszenen, selbst gemalten, ausgelöst; in dem anderen durch grausame

Treffen diese beiden konstituierenden Elemente — der abnorm gesteigerte Drang nach einer heftigen Reaktion gegen den Gegenstand des Reizes und das krankhaft gesteigerte Bedürfnis, sich das Weib zu unterwerfen, zusammen, so wird es zu den heftigsten Ausbrüchen des Sadismus kommen.

Sadismus ist also nichts anderes als eine pathologische Steigerung von — andeutungsweise auch unter normalen Umständen möglichen — Begleiterscheinungen der psychischen *Vita sexualis,* insbesondere der Männlichen, ins Maßlose und Monströse. Es ist aber selbstverständlich durchaus nicht notwendig und durchaus nicht die Regel, daß das sadistische Individuum sich dieser Elemente seines Triebes bewußt sei. Was es empfindet, ist in der Regel nur der Drang nach grausamen und gewalttätigen Handlungen am entgegengesetzten Geschlecht und die Betonung der Vorstellung solcher Akte mit aufregenden Empfindungen. Daraus ergiebt sich ein mächtiger Impuls, die vorgestellten Handlungen wirklich zu begehen. Insofern die eigentlichen Motive dieses Dranges dem Handelnden nicht bewußt werden, tragen die sadistischen Akte den Charakter impulsiver Handlungen.«

Obwohl sich im einzelnen auch gegen die geistreichen Darlegungen Krafft-Ebings gewisse Einwendungen machen lassen, so sind dieselben doch im ganzen zu unter-

---

Quälereien kleiner Tiere. Referent fügt hinzu: »Kampflust und Mordgier sind in dem ganzen Tierreiche so überwiegend, daß ein Attribut des männlichen Geschlechts, daß ein engster Zusammenhang dieser Seite männlicher Neigungen mit der rein sexuellen wohl außer Frage steht. Ich glaube übrigens auf Grund einwandfreier Beobachtungen konstatieren zu dürfen, daß auch bei psychisch und sexuell vollkommen gesunden männlichen Personen die ersten dunklen und unverstandenen Vorboten sexueller Regungen durch die Lektüre aufregender Jagd- und Kampfszenen ausgelöst werden können, resp. in unbewußtem Drange nach einer Art Befriedigung zu kriegerischen Knabenspielen (Ringkämpfen) Veranlassung geben, in dem ja auch der Fundamentaltrieb des Geschlechtslebens nach möglichst extensiver und intensiver Berührung des Partners mit dem mehr oder weniger deutlichen Hintergedanken der Überwältigung zum Ausdruck kommt.«

schreiben und als das beste zu bezeichnen, was über die Erklärung des Sadismus gesagt worden ist.

Der Sadismus kommt nun keineswegs selten vor, wie der Leser vielleicht geneigt ist, anzunehmen. Wir finden ihn in der Vergangenheit eben so wie in der Gegenwart und eine vollständige Geschichte des Sadismus würde unzählige Bände füllen.

Titelbild zu einem Buche von Marquis de Sade aus dem Jahre 1829
Die untere Zeichnung zeigt ihn in der Gefängniszelle beim Schreiben seiner Werke

Handschriftenprobe aus de Sades Originalmanuskript „Les 120 journées de Sodom", welches Iwan Bloch auffand und veröffentlichte

MARQUIS DE SADE

Sätze und Aphorismen

Die Romane des ›berüchtigten‹ Marquis de Sade — am bekanntesten sind zwei, die nach ihren Heldinnen Justine *und* Juliette *betitelt sind — zerfallen in zwei scharfgetrennte Hälften: in einen Wust von erotischen Szenen, die durch die wilde Grausamkeit und Zügellosigkeit der Phantasie und durch eine häufig blitzartig aufleuchtende souveräne Kenntnis menschlicher Begierden einer gewissen Größe nicht entbehren, die aber in ihrer monotonen Wiederholung unerquicklich wirken, — und in theoretische Erörterungen, die in ziemlich regelmäßigen Abständen in jene Szenen eingestreut sind. Diese philosophischen Exkurse enthalten aber, zum Erstaunen ihrer wenigen Leser, eine solche Fülle tiefer und heute noch überaus zeitgemäßer Bemerkungen, daß wir in ihnen den eigentlichen und wertvollen Marquis de Sade zu suchen haben. Die nachfolgende Auswahl einiger verblüffender Sätze aus den ersten Bänden der* Juliette *— das Brevier soll fortgesetzt werden — mag einem vorurteilslosen Leser die Überzeugung beibringen, daß der Marquis de Sade (1740—1814) nicht nur ein ›freier Geist‹ im Sinne Nietzsches war, sondern daß man ihn als solchen selbst mit Montaigne oder — um einen Zeitgenossen de Sades zu nennen — mit Chamfort ruhig vergleichen kann. Wenn er hinter den Genannten etwa an schriftstellerischer und persönlicher Eigenart zurückstehen sollte, so übertrifft er beide an Kühnheit und Konsequenz und vor allem durch die selbst dem Kurzsichtigsten deutliche Modernität seiner Ansichten.*

Karl Hauer.

Sätze I

Der Ruf ist ein wertloses Gut, — er entschädigt uns niemals für die Opfer, die wir ihm bringen.

⚜

Die Religion beansprucht Glauben für ihren Propheten und der Prophet für die Religion.

⚜

Damit ein Mann das egoistische Vergnügen, die Erstlinge ernten zu dürfen, genieße, sollen fünfhundert andere eine Einbuße erleiden? ... Je öfter eine Frau sich hingibt, desto liebenswerter ist sie. Je mehr sie liebt, desto mehr Leute macht sie glücklich und desto nötiger ist sie für das Glück der Allgemeinheit.

⚜

Die Natur gestattet die Fortpflanzung, aber man muß sich hüten, diese Erlaubnis für einen Befehl zu halten.

⚜

Die Kleidung einer Frau kann sie mehr in Verruf bringen als zwanzig Liebhaber.

⚜

Der Name ›Hure‹ möge euch nicht erschrecken; eine Hure ist ein liebenswürdiges Geschöpf, das seinen Ruf dem Glück anderer opfert und dadurch allein des höchsten Lobes wert ist.

⚜

Das Mitleid verweichlicht und entnervt unsere Seele und nimmt ihr den Mut, dessen sie später vielleicht zum Ertragen der eigenen Leiden bedarf.

⚜

Man sagt manchmal, daß der Jünger der Tugend in ihr selbst einen Genuß finde. Das mag sein, — aber es gibt keine Narretei, die nicht dasselbe bieten kann.

Eine Frau liebt einen Mann über alles — und trotzdem betrügt sie ihn mit einem andern. Denn einem Zweiten schenkt sie nicht ihr Herz, sondern ihren Körper.

Eine Frau kann ihren Geliebten oder Gatten vergöttern — und sich doch auf den ersten Blick in den jungen Mann verlieben, der ihr den Hof macht. Sie kann sich ihm hingeben, ohne ihre Gefühle gegen den ersten zu ändern.

Es gibt nichts Komischeres, als diesen Haufen von Gesetzen, die der Mensch täglich schafft, um sich glücklich zu machen, während im Gegenteil jedes dieser Gesetze ihm einen Teil seines Glückes stiehlt.

Das sogenannte Band der Brüderlichkeit kann nur von den Schwächeren ausgedacht worden sein, denn es ist natürlich, daß die Stärkeren es nicht benötigen. Und es ähnelt verdammt der Anrede des Lammes an den Wolf: ›Du darfst mich nicht fressen, denn ich habe vier Füße wie du.‹

Die Welt ist voll von Frauen, die ihre Pflichten gegenüber ihren Gatten erfüllt zu haben glauben, wenn sie ihre Ehre wahren; mit ihrer höchst mittelmäßigen Tugend geben sie aber ihr säuerliches Wesen mit in Kauf, ihre Frömmelei, namentlich aber ihre ablehnende Haltung gegenüber jedem Vergnügen, das von dem Erlaubten abweicht. Beständig auf ihrer Tugend herumreitend, bilden Frauen solcher Art sich ein, man könne ihnen nicht genug Ehre erweisen, und daß sie sich nach alledem die übertriebenste blöde Ziererei mit Fug erlauben dürfen: wer wollte da nicht eine noch so liederliche Frau vorziehen!

Von allen Banden werde ich stets zu dem Eigennutz das größte Vertrauen hegen.

Nächst der unverzeihlichen Narretei, in eine Frau verliebt zu sein, ist zweifellos die größte die, auf sie eifersüchtig zu sein.

Möglicherweise könnten wir die Natur durch unser Mitleid beleidigen, indem wir ihre Absichten kreuzen.

Man wird vertraut mit dem, den man täglich sieht. Tiberius auf Capri flößte den Römern mehr Respekt ein als Titus im Zentrum von Rom, da er die Armen tröstete.

Es kommt nicht auf den Gegenstand des Kultus an, — es genügt, daß es Priester gibt.

❧

Das tiefste Glück des Menschen liegt in seiner Einbildungskraft.

❧

Wenn der Mensch einige Vorteile vor den Tieren hat, — wie viele haben nicht diese vor ihm!

❧

Wer seinen Leidenschaften etwas versagen wollte, möge daran denken, daß er nur ihretwegen erschaffen ist, daß alle Wirkungen dieser Leidenschaften, welcher Art sie auch sein mögen, Mittel sind, die Zwecke der Natur zu fördern, der wir beständig dienen, ohne es zu ahnen und ohne daß wir uns dagegen wehren könnten.

⚜

Nur der Minderwertige wird das lächerliche System der Gleichheit predigen. Er kann sich nicht zum Höheren emporschwingen, deshalb will er ihn zu sich herunterziehen.

⚜

Das oberste Gesetz für jede Frau sei, sich niemals anders als für Geld oder aus souveräner Begierde hinzugeben. Da sie gar oft gezwungen sein könnte, für die Männer Opfer zu bringen, die ihr gefallen, so muß sie trachten, sich einen Fond dafür zu schaffen, indem sie Diejenigen Opfer bringen läßt, mit denen sie sich abgibt, ohne daß sie ihr gefallen.

⚜

Eine Frau soll nie einen eigenen Charakter haben wollen. Sie soll sich vielmehr geschickt dem Charakter jener Leute anbequemen, an denen sie das meiste Interesse hat.

⚜

Es gibt nichts Grausameres als die Frau, — selbst die nicht ausgenommen, die uns heiß liebt. Denn wenn wir uns ihrer erfreuen, will sie uns unterjochen; lassen wir uns nicht unterjochen, so rächt sie sich und sucht uns zu schaden. So kommt es, daß von allen menschlichen Leidenschaften die Liebe die gefährlichste ist.

⚜

Mit der Liebe ist es wie mit der Idolatrie, beide beruhen auf einer Illusion. In der Liebe wollen wir von einer Seele Besitz ergreifen, während es uns in Wahrheit zu einem Körper hinzieht. In der Idolatrie verehren wir eine Idee und wollen ihr einen Körper verleihen.

Sätze II

Wenn man das, was der Gesellschaft nützlich ist, Tugend nennt, so könnte man ja denselben Namen auch dem geben, was in den Interessen des Einzelnen liegt, — woraus allerdings folgen würde, daß die Tugend des Einzelnen häufig das Gegenteil der gesellschaftlichen Tugend wäre.

Alle unsere Handlungen sind weder gut noch böse, und wenn sie der Mensch so bezeichnet, so geschieht es nur im Hinblick auf die Gesetze oder die herrschende Gewalt. Aber in Beziehung auf die Natur sind alle unsere Handlungen untereinander vollkommen gleich ... Es gibt in Wahrheit kein ›Verbrechen‹.

Die Natur erneuert sich durch die Zerstörung, sie besteht fort durch das ›Verbrechen‹ und lebt, mit einem Wort, durch den Tod — und eine durchaus tugendhafte Welt könnte keinen Augenblick bestehen. Das ist das tiefbegründete Gleichgewicht, das den Lauf der Welt beherrscht ... Nur durch das ›Böse‹ gelangt die Natur dazu, Gutes zu tun.

Ein ›Verbrechen‹ ist in Wirklichkeit ein natürliches Ereignis, dessen unfreiwilliges Werkzeug der Mensch ist, und dessen Spielball er wider Willen sein muß, wenn ihn seine Organisation dazu zwingt.

✥

Es ist unrichtig, zu sagen, daß es eine uneigennützige Tugend gibt, die darin bestehe, Gutes zu tun ohne Ursache; diese Tugend ist ein Hirngespinst. Es ist vielmehr sicher, daß der Mensch nur wegen seines Vorteils oder in Hinsicht auf eine etwaige Dankbarkeit die Tugend ausübt. Der Lasterhafte arbeitet in derselben Absicht, aber mit mehr Offenheit — und man muß ihn deswegen auch höher schätzen.

⚜

›Aus welchen Gründen haßt ihr den Despotismus?‹ — ›Aus Neid und verletztem Stolz, beherrscht zu werden, und aus dem Wunsch, selbst zu beherrschen.‹

⚜

Was in Paris ein Laster ist, kann in Peking eine Tugend sein, und was in Isphahan gerecht ist, kann in Kopenhagen höchst ungerecht sein.

⚜

Der Mensch möchte ewig leben: der Wunsch wird zur Hoffnung, die Hoffnung zur Überzeugung, die Überzeugung zum Dogma ...

⚜

Die Gegenstände haben nur den Wert, den ihnen unsere Einbildung verleiht ... Nun hast du wohl schon Spiegel gesehen, die die Gegenstände vergrößern oder verschönern oder verzerren. Jeder dieser Spiegel gibt ein anderes Bild, und wenn der Spiegel fühlen könnte, so würde jeder dieser Spiegel für ein und denselben Menschen, der sich darin abspiegelt, eine verschiedene Empfindung haben. Der Spiegel, der ihn verschönert sieht, würde ihn lieben, der Spiegel, der ihn verzerrt sieht, würde ihn hassen, der Spiegel, der ihn vergrößert sieht, würde ihn für groß halten ...

⚜

Die Hoffnung auf das Jenseits oder die Furcht vor demselben: Als Teilchen des Unendlichen kehren wir bei unserem Tode auf einen Augenblick in den Schoß der Natur zurück, um ihm in anderer Form wieder zu entsteigen. Dies geschieht aber ohne Bezug auf Tugend oder begangene Verbrechen, weil nichts imstande ist, die Natur zu beleidigen und weil alle Menschen auf Erden so gehandelt haben, wie diese gemeinsame Mutter es wollte.

⚜

Das Laster macht nicht glücklich, — wenn man auf die Tugend eingeschworen ist.

⚜

Ich weiß nicht, ob die sogenannten eingebildeten Genüsse nicht tausendmal mehr wert sind als die, welche die Wirklichkeit uns gibt.

⚜

Die Begierde erstickt in sich selbst, wenn sie, kaum entstanden, schon befriedigt wird. Der Widerstand ist die Seele der Wollust.

⚜

Es ist etwas anderes zu lieben, als zu genießen; es ist nicht nur notwendig, zu lieben, um zu genießen, es genügt vielmehr, zu genießen, um zu wissen, daß man nicht liebe.

⚜

Ist es nicht ein Wahnsinn, daß der Mann seine Ehre und seine Ruhe auf die Aufführung seiner Frau aufbaut?

⚜

Man muß sich wohl hüten, zu glauben, daß das Heiraten ein Mädchen glücklich macht. Wenn sie einmal an den Altar Hymens gefesselt ist, hat sie neben vielen Unannehmlichkeiten bloß eine sehr kleine Menge von Vergnügen zu erwarten, während sie, wenn sie sich dem freien Leben hingibt, sich immer vor den Gewalttätigkeiten ihres Liebhabers schützen oder sich durch die große Zahl trösten kann.

⚜

Das Zartgefühl ist der Schatten, die Wollust der Körper und die Grausamkeit der Geist der Liebe.

❧

Die Menschen werden nie verstehen, daß auch der bizarrste Geschmack ein Geschenk der Natur ist, und immer glauben, daß man ihn strafen dürfe. Und doch können weder Gesetz noch eigener Wille unsern Geschmack ändern.

In Kleinigkeiten wundern wir uns nicht über die Geschmacksunterschiede, sobald es sich aber um die Wollust handelt, geht der Lärm los.

❧

Wenn die Anatomie genügend vorgeschritten wäre, würde sie uns die ›Absonderlichkeiten‹ genau so als im Zusammenhang mit der natürlichen Veranlagung erklären wie das, was als ›natürlich‹ gilt. Wo ist aber eure Weisheit, ihr Gesetzgeber und Pedanten, wenn erwiesen ist, daß diese oder jene natürliche Veränderung im Blutkreislauf oder im Nervensystem aus einem Menschen das macht, was ihr mit schrecklichen Strafen verfolgt?

Marquis de Sade, 1740—1814

MARQUIS DE SADE

Franzosen, noch eine Anstrengung ...

(Auszug aus: *Die Philosophie im Boudoir*)

6. Szene

(Spielt am folgenden Nachmittage.)

MADAME DE SAINT-ANGE, EUGÉNIE (in ihren Negligés), DOLMANCE, der CHEVALIER (in Salonkostümen) desgleichen AUGUSTIN (als Groom oder bedienender Garçon).

MADAME: Setzen wir uns und plaudern wir zunächst ein bisschen, meine Lieben. Eugénie, unsere kleine Freundin, ist augenblicklich doch noch *zu sehr* abgespannt und einstweilen für unsere weiteren *praktischen* Demonstrationen und Unterweisungen nicht zu gebrauchen. Beschäftigen wir uns daher lieber ein bisschen wieder mit der Theorie, aber ohne jeglichen weitschweifigeren, bandwurmartigen philosophischen Abhandlungen, die unsere Schülerin abschrecken können, mein lieber Dolmancé.

EUGENIE: Ja, ja, Professorchen, setzen Sie bitte meine theoretischen Instruktionen und Unterweisungen weiter fort, ... ich habe heute nämlich einen ganz enormen *physischen* und *moralischen* Katzenjammer zugleich. Sagen Sie mir daher bitte etwas, das mich wegen unserer gestrigen Exstase in der höheren sexuellen oder fleischlichen Liebespraxis ein wenig trösten könnte, zerstreuen Sie meine Gewissensbisse und ermutigen Sie mich im allgemeinen und besonderen ein wenig. Gelt?

DOLMANCÉ: Gern, sehr gern, mein kleiner Liebling. Über welches speziellere Thema wollen wir uns denn heute unterhalten oder vielmehr soll ich Sie belehren? ...

EUGÉNIE: Ich möchte gern wissen, ob die sogenannten »*guten Sitten*«, wie man sie im Speziellen so nennt, für die *Gesellschaft* in einem geordneten republikanischen Staatswesen — wie zur Zeit dem unsrigen — unbedingt notwendig sind und in einem solchen notwendigerweise ausgeübt werden *sollen* und *müssen* oder nicht, resp. von welchem Einfluss dieselben auf den Charakter, sowie auf die Geschicke der Nationen im allgemeinen sind? ...

DOLMANCÉ: Ah! Sehr gut! ... Dies Thema haben Sie ja ganz ausgezeichnet formuliert, Sie kleine, charmante, bezaubernde Philosophin, Sie, *meine* würdige Schülerin! Da trifft sich das ja aber auch übrigens ... zufällig ... *ganz famos* für uns, ... ich habe nämlich gerade heute vormittag in einer Verlagsbuchhandlung im Palais d'Égalité eine soeben frisch aus der Presse gekommene Broschüre gesehen und gleich mitgenommen, die ihrem Titel nach ungefähr Ihren Fragen entsprechen bezw. dieselben erschöpfend beantworten dürfte. — Hier ist sie.

MADAME: Lassen Sie mal sehen. (Sie liest den Titel.) »*Franzosen, machet ja doch noch eine letzte Anstrengung wahrhaft gute, ehrliche, echte und rechte ›Republikaner‹ zu werden!*« — Ah, sonderbarer, vielversprechender Titel, Chevalier, mein Brüderlein. Du besitzest ja ein besonders schönes klangvolles Organ und Talent zum Vorlesen. Lies uns doch mal, bitte, ein bisschen aus dieser Broschüre vor, ja?

CHEVALIER: Gewiss, recht gern! ... Wenn ich mich nicht täusche wird ihr Inhalt gerade den Fragen und Wünschen meines süssen Bräutchens vollkommen entsprechen.

EUGÉNIE: Ich glaube es auch.

CHEVALIER: Wohlan denn, ich beginne, meine Herrschaften. (Er setzt sich während der Verlesung der kleinen Broschüre dicht neben Eugénie derart auf das Kanapee, dass sie dem Riesen ihres Brautigams die Freiheit geben und mit demselben ein bisschen herumspielen, fingerln und ihn quirlen oder wichsen kann, während er unter ihrem Gazenegligé ganz sachte und behutsam, um ihrem am gestrigen Abend bezw. zum Schlusse des Abends schwer malträtierten Exjungfervötzlein *nicht wehe* zu tun, das Gleiche an ihrem winzigen Engelskitzler tut. Madame vergnügt sich inzwischen in *gleicher Weise* mit Bubi bezw. lässt sich im weiteren Verlaufe der Vorlesung ihres Bruders mehrere Male von Augustin vögeln, während Dolmancé sich hierdurch nicht ablenken lässt, sondern ganz Ohr und andächtig hiermit *seinen eigenen* gedruckten, eben aus der Presse gekommenen »Geistesprodukten« lauscht.) Also, ... den Titel kennt Ihr doch bereits, er lautet: »Franzosen, machet ja doch noch eine letzte Anstrengung, wahrhaft gute, ehrliche, echte und rechte ›Republikaner‹ zu werden!«

(Die Marquis de Sadé'sche *Philosophie im Boudoir* ist im Jahre 1795 erschienen, also nach dem Sturze des Königstums und nach Beendigung der französischen Revolution bezw. nach Proklamierung der ersten Republik in Frankreich. — Dies zur Aufklärung bezw. zum besseren Verständnis des Inhaltes der Broschüre. — Anmerkung des Übersetzers.) —

Erstes Kapitel.

Die »Religion« in der Republik.

Ich beabsichtige dem werten Leser mit meiner heutigen Flugschrift zwar keine neuen, immerhin jedoch an sich grosse und ganz besondere Ideen zu unterbreiten, die er durchaus beherzigen oder über die er doch wenigstens nachdenken sollte. Wenn sie ihm auch nicht *alle* gefallen sollten, so werden sie doch beitragen, ihm, der bisher in dem tiefsten Dunkel seiner törichten Vorurteile blind herumgetappt hat, ein wenig Licht und Aufklärung zu bringen und ihn zum modernen Liberalismus bezw. zum wahren Fortschritt anzuregen und zu erziehen, und damit wäre ja auch mein Zweck und meine Absicht, die ich verfolge, erfüllt. — Mit grossem Bedauern muss ich leider wahrnehmen und konstatieren, wie langsam nur wir in unserem Staatswesen, der Republik, uns den *modernen* Begriffen über »Religion«, sowie die *modernen* Sittenbegriffe im allgemeinen anzupassen vermögen und dabei zu keinem Ziele und Resultate gelangen können! ... Mitbürger, kann man denn die Religion und die sogenannten »guten Sitten« durch Verordnungen und Gesetze schaffen? ... Was uns fehlt, das ist ein Religionskultus, ich meine ein Kult wie er eines freien *Republikaners würdig ist*, ein Kult den uns die Natur selber diktiert und inspiriert. In der *Natur* allein ist *alle* Religion und alle Moral fundiert; der freie und freisinnige Mann eines freien Staates, der sich von jeglichen albernen und veralteten Vorurteilen freimacht, wird und muss dies wohl begreifen.

Franzosen, Landsleute, Mitbürger! Wenn Ihr euch fernerhin unter das Joch, Tyrannei und den Despotismus der Priester und Pfaffen beugen wollt, dann seid Ihr garnicht würdig, freie Bürger eines freien und sozialen Staates zu sein, sondern müsset euch eben weiter — euer ganzes Leben lang von dem Pfaffendespotismus knechten, verdummen und vertieren lassen. — Also fort mit ihnen aus unserem heutigen, freien, bürgerlichen Staate, damit wir unseren Kindern und Kindeskindern wenigstens späterhin einmal einen *reinen* Tisch in unseren Häusern hinterlassen und sie aus diesem gefährlichen Chaos, wie er heute besteht, erretten und freimachen!

Zweites Kapitel.

Die sogenannten Sittengesetze in der freien sozialen Republik.

Ebensowenig passen die heutigen Sittengesetze für ein freies oder freisinniges, soziales Staatswesen. — Franzosen! Ihr seid doch viel zu aufgeklärt und zu vernünftig alsdass Ihr glauben könntet, dass unsere heutige Sittengesetzgebung, wie überhaupt unser ganzer derzeitiger Gesetzeskodex, der uns von den drakonischen Gesetzgebern aufoktroyiert bezw. aufgezwungen worden ist, eines modernen Staates und einer freien, liberalen, demokratischen Nation wie der unsrigen überhaupt würdig ist oder sein kann. — Mitbürger, es gibt — völlige Gewissensfreiheit vorausgesetzt — in einem freien, sozialen, demokratischen Staate nur noch *sehr wenige* oder *gar keine* Delikte gegen die sogenannten guten Sitten, oder gar sogenannte verbrecherische Handlungen, wie sie eben bei dem despotischen Regimente eines geknechteten, unfreien Staates üblich sind. Um diese meine Behauptungen besser zu rechtfertigen und zu begründen, Mitbürger, wollen wir uns nun mal die verschiedenen Handlungen der Menschen, die man gewöhnlich als verbrecherische oder als Delikte gegen die guten Sitten bezeichnet, vom Gesichtspunkte des *freien* Republikaners ein wenig näher betrachten. — Man hat doch zu allen Zeiten die sogenannten irdischen Pflichten der Menschen hienieden auf Erden — denn nach dem Tode gibt es doch für uns keine mehr — unter folgende drei Kardinalbegriffe subsummiert:

1. *Die imaginären Pflichten gegen Gott*, einem höheren oder höchsten Wesen, gleichviel ob es der Gott der Christen, oder Juden, oder Mohammedaner.

2. *Die Pflichten gegenüber unseren Mitbrüdern oder Mitmenschen;*

3. *Die Pflichten, die wir gegen uns selbst* zu erfüllen haben.

Den *ersten* Punkt haben wir ja bereits im vorigen Kapitel zur Genüge und erschöpfend diskutiert und aufgeklärt.

Was den zweiten Punkt: unsere *Pflichten* gegenüber *unseren Mitmenschen* betrifft, so ist derselbe allerdings der ausgedehnteste und umfassendste von allen dreien. — Die von lauter Sophismen und Sophistereien strotzende Moral schreibt uns vor: »Liebe deinen Nächsten wie dich selbst!« ... Schön gesagt das! Wie kann ich aber z. B. Jemanden lieben, der mich durch seine hässliche, lästige, scheussliche Visage, durch sein ganzes Extérieur oder vielleicht auch nur durch seine hässlichen, schauderhaften Charaktereigenschaften geradezu anekelt! Gewiss, die sogenannte Humanität, die Brüderlichkeit bezw. die sogenannte Nächstenliebe, oder Wohltätigkeit, oder wie diese Tugenden sonst noch heissen mögen, sind ja ganz schöne, nette Dinge für den, an dem sie ausgeübt werden. Der seinen Nächsten liebende humane Wohltäter erntet ja doch aber nicht nur meistenteils, sondern *stets* den barsten, schnödesten Undank, wenn nicht obendrein noch Spott und Hohn, sowie in *allen* Fällen hierdurch den grössten Schaden an seinen *eigenen* materiellen Gütern und seinen »*idealen*« guten, tugendhaften Charaktereigenschaften. (?! — Anm. d. Übers.) Es kann also ebensowenig *allgemeine* Gesetze oder Vorschriften für das Wohltun oder die Nächstenliebe geben, wie man einem Oberfeldherrn im Kriege oder Frieden für *alle* seine Soldaten, gleichviel ob sie lang und gross oder klein, oder korpulent, oder hager und schmächtig sind, Uniformen von dem *gleichen* Masse oder der gleichen Grösse vorschreiben wollte. Ebenso verschieden wie die Menschen, — unsere Nächsten — in ihrem Extérieur, sind eben auch ihre Charaktereigenschaften; allgemeine Gesetze und Vorschriften für die Nächstenliebe sind mithin ebenso unzulässig und unsinnig, insbesondere in einem freien, sozialen Staate, wie unmöglich! Ebenso ist aber auch Gefängnis-, Zuchthaus- und Galeeren- oder gar die

Todesstrafe — worauf wir später noch eingehender zurückkommen werden — für gewisse Kategorien von Vergehen oder Verbrechen einer Republik oder eines freien, liberalen sozial-demokratischen Staatswesens *unwürdig*.

Die Delikte also, deren wir uns unseren Mitmenschen gegenüber schuldig machen können, lassen sich etwa in folgende vier Hauptpunkte zusammenfassen: Die geflissentliche rohe Beleidigung oder die *Verleumdung* unserer Nächsten, der *Diebstahl* oder der Raub an seinem Hab und Gut, die imaginären Vergehen oder Verbrechen gegen die sogenannte Sittlichkeit oder die *Immoralität und Unkeuschheit* und endlich das Attentat gegen das Leben unserer Nächsten, oder der Totschlag bezw. der »*Mord*«.

Sind denn nun alle diese Handlungen, die in einem monarchischen Staate als Haupt- oder Kriminalvergehen oder Verbrechen gelten, in einer Republik oder einem freien sozialen Staatswesen als ebenso schwere, schlimme, gefährliche, ruchlose oder verbrecherische anzusehen und aufzufassen? ... Betrachten wir sie doch mal etwas näher unter der Lupe der Philosophie bezw. unter dem Flambeau oder der leuchtenden Fackel der naturphilosophischen Analyse. Ich bemerke vorweg, dass ich, der Autor dieser kleinen Broschüre, durchaus kein geborener oder enragierter Verbrecher, oder perverser, oder pervers veranlagter, oder für dergleichen Verbrechen sonstwie inklinierender Mensch bin, sondern lediglich meine Ideen entwickele und vertrete, wie sie ein jeder vernünftige Mensch, der, wenn auch nicht naturphilosophisch vorgebildet und geschult, doch ein wenig im Vollbesitze seiner Verstandeskräfte ist, kapieren und begreifen wird und muss.

Ich gestehe ganz freimütig und offen, was den ersten Punkt, die *Verleumdung*, betrifft, nie im Leben daran gedacht zu haben, die gegenseitigen geflissentlichen Beleidigungen oder Verleumdungen der Menschen untereinander für ein *Übel* anzusehen, und zwar schon für den monarchischen Staatsbürger nicht, geschweige denn für den Republikaner. Denn in einer sozialen Republik sind doch die Menschen untereinander viel liierter, intimer und werden doch auch ihr *eigenes* Interesse, sowie das ihrer Mitbrüder viel besser schätzen und wahrnehmen, als unter dem Drucke drakonischer monarchischer Gesetze. Ich meine, es werden in unserem freien Staate überhaupt garnicht soviel Beleidigungs- und Verleumdungsprozesse vorkommen und unmöglich sein, da wir jetzt doch eo ipso viel ruhiger, friedlicher, humaner, kameradschaftlicher und brüderlicher miteinander leben und auch fernerhin miteinander leben werden. Trifft aber mal eine Verleumdung einen schlechten Menschen, der sie wirklich verdient, nun dann ist ihm damit doch nur sein *Recht* geschehen; es liegt nicht viel daran, ob man über ihn etwas mehr oder weniger Schlimmes sagt! Trifft sie aber einen wahrhaft tugendhaften und ehrsamen Menschen unverdientermassen, nun dann sollte sich dieser doch weiters nichts daraus machen oder es sich so sehr zu Herzen nehmen. Im Gefühle seiner Unschuld und seiner Ehrsamkeit wird er schliesslich doch derjenige sein, der über seinen Verleumder triumphiert. Die Saat und das Gift der Verleumdung oder des Verleumders wird auf ihn, den Letzteren, zurückfallen, der Unschuldige dabei umso makelloser erscheinen und umso brillanter dabei abschneiden. Ja, die Verleumdung dient sogar als ein läuterndes und rechtfertigendes Mittel, denn durch sie wird die Tugend ja doch erst ins wahre, rechte Licht gesetzt. Dem unschuldig Verleumdeten muss daran gelegen sein, die Verleumdung zu widerlegen und seine tugendhaften Handlungen werden alsdann weltbekannt.(?!) Ein Verleumder ist also keineswegs gefährlich im sozialen Leben, denn er dient doch lediglich als Mittel, um sowohl die Laster der schlechten Menschen, wie die Tugenden der guten vor das wahre Licht zu fördern; er darf somit in einer freien Republik auch *keineswegs* bestraft werden. — Wenn mir aber z. B. jemand sagt oder vorschwindelt, in Hannover, wohin ich eine Reise beabsichtige, herrsche augenblicklich die Influenza oder die Cholera, oder meinetwegen gar die Pest und mich von der Reise hierdurch zurückhält, so hat er, wenn es wirklich wahr wäre, mir doch damit einen guten Dienst geleistet, wenn es aber erlogen ist, doch nur einen faulen Witz gemacht. Ich kann ihn deswegen doch nicht wegen Injurien oder Beleidigung, oder gar Verleumdung belangen, oder verklagen und bestrafen lassen. (?! Allerdings nicht! — Anm. d. Übers.)

Prüfen wir nunmehr den zweiten Punkt oder Gegenstand unserer Betrachtungen über die Delikte gegenüber unseren Mitmenschen, den *Diebstahl*. — Wenn wir die Weltgeschichte durchblättern oder ein wenig durchstudieren, so finden wir, dass der Diebstahl in früheren Zeiten allgemein *erlaubt* gewesen ist, insbesondere im alten Griechenland, in Athen und Sparta. Andere Völker haben ihn als kriegerische Tugenden betrachtet, gepriesen und verherrlicht und es ist doch auch ganz zweifellos, dass der Diebstahl viel persönlichen Mut, Stärke, Unerschrockenheit, Geschicklichkeit usw., also insbesondere für seine soziale Republik sehr notwendige Tugenden erheischt. Es hat sogar Völker gegeben, bei denen der Bestohlene bestraft wurde, weil er sein Eigentum nicht gut oder besser verwahrt hatte. Es ist daher ungerecht, das Eigentum und den Besitz durch Gesetze zu sanktionieren bezw. zu heiligen, da doch hierdurch erst recht allen Verbrechern die Lust zum Stehlen inspiriert wird, und sie auch sicher dazu gelangen werden, die verschlossenen Türen zu öffnen, hinter denen der Besitzende sein Eigentum zu sichern verleitet wird. Wozu denn aber all dieses? Da doch der Diebstahl lediglich für den Dieb — der vielleicht unverdientermassen nichts oder wenig besitzt — den Endzweck hat, sich etwas von dem unverdienten Überflusse und Reichtum seiner Mitmenschen anzueignen, so ist doch im sozialen Staate, dessen Hauptprinzipien die völlige Gleichheit und Einigkeit und Glückseligkeit aller Menschen sind oder sein sollten, die eigenmächtige Aneignung einigen Gutes oder Geldes von einem im Überflusse schwelgenden Nachbar und Mitmenschen keineswegs als ein Verbrechen zu bezeichnen oder als solches zu bestrafen. Will der Reiche sein Geld und sein Hab und Gut im sozialen Staate nicht mit seinem armen Genossen, Mitbruder und Mitbürger freiwillig teilen, so muss er sich eben auch gefallen lassen, dass man es ihm unfreiwillig oder wider seinen Willen fortnimmt. Nur auf diese Weise kann die vollkommene Gleichheit, Einigkeit und Brüderlichkeit in einem modernen, freien und sozialen Musterstaate (?! sozialdemokratischen nach heutigem Muster. — Anmerkung des Übersetzers) gewährleistet und erzielt werden.

Die *Natur* selbst sanktioniert aber auch den Diebstahl, denn seine erste Bedingung ist doch die Stärke und die Macht, und die Macht geht doch allemal vor Recht. Der Mächtige, Stärkere bestiehlt eben einfach ganz naturgemäss den *Schwächeren*, dagegen lässt sich doch nun mal nichts machen. Die Gesetze gegen den Diebstahl sind daher vollkommen eitles, vergebliches Mach- und Menschenwerk. Man stiehlt ja doch im *monarchischen* Staate auch ganz juridiquement oder rechtlich; die Justiz stiehlt, indem sie sich ihre Rechtsprechung bezahlen lässt, die sie eigentlich unentgeltlich ausüben sollte. Der Priester stiehlt, indem er sich für seine Vermittlung zwischen Gott und Menschen bei Taufen, Trauungen, Begräbnissen etc. bezahlen lässt. Die Regierungen stehlen durch die Auferlegung drückender Steuerlasten. Der Kaufman stiehlt, indem er seine Waren weit über ihren Wert verkauft. Nun, warum soll daher der *professionelle* Dieb denn nicht auch ... ein bisschen ... stehlen? (?! Nun, warum denn also nicht? — Anm. d. Übers.) —

3. Auch die *sogenannten* »Sittlichkeitsverbrechen« müssen in einem freien sozialen, republikanischen Staate als ganz indifferente oder gleichgültige oder harmlose betrachtet und bezeichnet werden, da doch einem solchen Staatswesen nichts daran gelegen sein kann, ob seine

Bürger sittlich oder sittsam, oder sittenstreng und keusch nach den albernen und absurden Begriffen der strengen Moralisten, Sittenprediger oder Sittenrichter hierüber, seien oder nicht. Analysieren wir ein wenig näher diese sogenannten Sittlichkeitsvergehen und -Verbrechen, insbesondere die »*Unkeuschheit*«, die »*Prostitution*«, den »*Ehebruch*«, die »*Blutschande*«, die »*Notzucht*« und last not least: die »*Sodomie*«.

Was zunächst die Unkeuschheit oder die Immoralität oder den Mangel an Schamhaftigkeit betrifft, so ist die letztere, ich meine die Schamhaftigkeit, lediglich ein Produkt der höheren Zivilisation, vor allem jedoch der Koketterie der Frauen. Diese haben die ihre körperlichen Reize verhüllende Kleidung weniger wegen der Ungunst und der Unbilden der Witterungseinflüsse, als zu dem Zwecke erfunden, ihre etwaigen mangelhaften oder *fehlerhaften* körperlichen Reize durch ein raffiniertes Kleiderarrangement und Bekleidungssystem zu verbergen und auszugleichen. Ursprünglich gingen ja die Menschen wie unsere Stammeltern Adam und Eva und wie die Tiere nackt einher und sehr viele Völker, insbesondere in den südlichen Klimaten, gehen noch heute völlig nackt, ohne sich dabei im mindesten irgend eines Gefühls von Schamhaftigkeit bewusst zu sein oder deshalb auch nur im allermindesten unkeusch oder unsittlich zu sein. Im Gegenteil entsittlicht die Kleidung durch Erregung geschlechtlicher Begierden, nämlich Reize zu sehen, die durch sie versteckt werden und von denen man jedenfalls weniger oder überhaupt keine Notiz nehmen würde, wenn sie, wie bei den Tieren völlig unbedeckt wären, oder speziell nur zur Zeit einer beabsichtigten intimeren geschlechtlichen Kopulation.

Wozu nützt aber auch eine prüde Moralität, Sittenstrenge oder Keuschheit für junge Mädchen und junge Frauen, die von der Allmutter Natur doch lediglich und allein zur *Liebe* und zum *Lieben* geschaffen sind? Ist ein weibliches Wesen darum besser oder schlechter, keuscher oder unkeuscher, wenn es als sogenannte Prostituierte einen gewissen Körperteil zwischen ihren Schenkeln mehr oder weniger *offen* hat und *offen* zur Schau stellt? Ist denn Liebe ein Verbrechen und darf man denn nicht ... zärtlich sein? Die guten Sitten müssen doch immerhin das individuelle Vergnügen und Glück gewährleisten und verbürgen, sonst sind sie wertlos. Man darf also doch nicht ein Mädchen zwingen, ihre Jungfernschaft zu bewahren, wenn es sie partout glücklich macht oder reizt dieselbe zu verlieren. Je mehr ein junges Mädchen sich der geschlechtlichen Liebe und Wollust hingibt, umso liebenswürdiger und *liebenswerter* ist es, denn umso mehr Männer macht es doch glücklich. Daher höre man endlich und endgiltig auf, ein entjungfertes junges Mädchen zu missachten. — Lykurg und Solon veranlassten die jungen Mädchen, sich im Theater und bei den öffentlichen Spielen und Schauspielen, sowie bei ihren öffentlichen, jugendlichen Sportexerzitien *gleich den Jünglingen* bei den ihrigen *völlig nackt* zu zeigen und zu repräsentieren und wahrlich nicht zum Schaden für die letzteren, die bei der Auswahl ihrer Bräute und künftigen Gattinnen nicht gewissermassen »die Katze im Sacke« zu kaufen brauchten. Die alten Römer ahmten dieses Beispiel bei den Gladiatorenkämpfen und bei ihren Festlichkeiten zu Ehren ihrer Götter und Göttinnen nach, insbesondere bei den Festspielen ihrer Floralien und Lupercalien zu Ehren der Flora oder Frühlingsgöttin und der Venus, bei denen die jungen Mädchen öffentlich Evaskostüme — ohne Feigenblätter — tragen mussten. Und finden wir nicht auch heute überall als das »Non plus ultra« aller Amusements der Haute volée oder der Jeunesse dorée die sogenannten halbnackten und nackten Bälle im Schwunge, die sogenannten Canon's und Chahut's in mehr-weniger *paradiesischen* Kostümen, wenn sie auch nicht mehr ganz so öffentlich wie in früheren Zeiten stattfinden oder arrangiert werden. (Heute in Frankreich allerdings doch mitunter. — Anm. d. Übers.)

Die *Prostitution* ist nichts als die natürliche *Wirkung* oder Folge der strengen Sittlichkeitsgesetze. Sie wird vielfach deshalb, wenn schon mit Unrecht, als eine Schande betrachtet, weil die Prostituierten für die Genüsse, die sie den Männern offerieren, die sie aber gleichzeitig auch selber empfinden, Geschenke annehmen. Dann wäre ja aber auch die Ehe eine Prostituion, sie wird ja meistens auch erkauft, und zwar wird hier umgekehrt der Mann für dieselbe bezahlt, damit er seine Ehegattin zu unterhalten und seine Kinder zu ernähren imstande ist. Ebenso aber, wie wir *allen* Männern das Recht zur Liebe und zum Liebesgenusse einräumen, müssen wir dieses Recht durchaus auch *allen* Frauen geben und nicht nur einigen Wenigen, da ohnehin im Naturzustande der Menschheit *alle* Frauen *allen* Männern gehörten und umgekehrt, ebenso wie dies doch im Tierreiche der Fall ist. Ausserdem ist doch das Weib ganz ebenso wie der Mann oder meist noch weit mehr von Mütterchen Natur mit einer ganz aussergewöhnlichen »Liebesleidenschaft« und hochgradigem instinktivem Triebe zum *Liebesgenusse* geschaffen und geboren. — Man errichte ihnen — den Frauen und Mädchen — dem schönen Geschlechte — daher in unserem freien sozialen Staate würdige *Paläste,* in denen sie sich ungestört und ungeniert prostituieren können soviel sie mögen, in denen jeder freie Mann und Bürger *freien* (?!) Zutritt haben, in denen jede Art der Galanterie und Libertinage selbst der perversten Geschmackskapricen geduldet und gestattet und sanktioniert sein soll, und in denen ebenso der Sodomie wie der Tribadie offen gehuldigt werden darf. Die Frauen und jungen Mädchen sollen aber auch ausserhalb dieser allgemeinen Versammlungsorte, in ihren eigenen Wohnungen, niemanden refusieren oder ablehnen, der um ihre Gunst und Liebe wirbt, sie sollen niemals einen Mann dem anderen vorziehen. Wenn sie ihn auch nicht lieben, so sollen sie doch wenigstens seine Begierden nach ihren Reizen gern befriedigen und damit nicht geizen, das heisst mit einem Worte, sie sollen sich jedermann gegenüber gern und in gleicher Weise prostituieren! ... (?! Also wahre sozialdemokratische »*freie*« Liebe. — Anm. d. Übers.)

Die Folgen einer solchen allgemeinen »*Freiheit in der Liebe*«, *nämlich Kinder ohne legitime Väter, sind doch einer sozialen Republik nicht nachteilig, in der alle Menschen eine gemeinschaftliche* Mutter und einen *gemeinschaftlichen* Vater haben, nämlich ihr *Vaterland*. Der Coïtus aber oder die intimste geschlechtliche Vereinigung der beiden Geschlechter ist ein ebenso notwendiges Naturbedürfnis wie das Essen und Trinken. Die sogenannte Keuschheit oder Abstinenz ist von jeher nur eine konventionelle Modesache gewesen, deren erster Ursprung selber nur ein »Raffinement de libertinage« gewesen ist. Jetzt ist die Keuschheit nur eine Scheintugend der Heuchler und Scheinheiligen, oder falls sie wirklich reell ist, eine Idioten- oder Tollhäuslertugend, denn die geschlechtliche Abstinenz oder Enthaltsamkeit schädigt geradezu die Gesundheit durch die schrecklichsten Nachwehen und Folgen, da sie gewisse Körpersekrete — die sogenannten Liebessäfte — zurückhält und hierdurch den Organismus selbst nicht nur benachteiligen, sondern sogar allmählich zerstören kann. (?! Anm. d. Übers.) Daher ist der gegenseitige »*gemeinschaftliche*« Besitz der Männer und Frauen oder die »freie Liebe«, oder die Polyandrie und die Polygamie das einzige wahrhafte Naturgesetz, wie bei den Tieren. Die *freie* und *schrankenlose* Vereinigung und die beliebige Copulation der beiden Geschlechter entspricht allein der natürlichen, und die Ehe oder die sogenannte Monogamie den *unnatürlichen* Verhältnissen.

Die Freiheit des Genusses in der Liebe muss den Mädchen aber auch bereits von ihrem frühesten oder zartesten Alter an gestattet werden, oder doch wenigstens sobald sich der *Geschlechtstrieb* zu regen beginnt; sie verletzen die Naturgesetze, wenn sie ihrem sich regenden Geschlechtstrieb Widerstand entgegensetzen. Die Babylonierinnen brachten bereits in ihrem siebenten Lebensjahre ihre *Erstlinge* in den Tempeln der Venus zum Opfer dar und alle Südländerinnen tun es heute fast im selben Alter. Gerade durch die frühzeitigen Liebesgenüsse und durch die frühzeitigen Äusserungen ihrer Lascivität und Geilheit werden die körperlichen Reize der jungen Mädchen ganz ungemein erhöht und verschönert. Man vergleiche zum Beispiel zwei Mädchen gleichen jugendlichen Alters und von ungefähr gleicher körperlicher Schönheit miteinander, von denen die eine absolut keusch ist und keusch lebt und die andere sich der Prostitution ergibt, und man wird sofort den Unterschied zwischen beiden wahrnehmen, der stets zugunsten der letzteren ausfällt; das kleine Huren- oder Gassenmädel wird stets frischer, pikanter, verlockender, charmanter und süsser aussehen als das andere züchtige und keusche, und in *allen* Stücken Vorrang und Bevorzugung vor der anderen geniessen. (?!) Wer wüsste es ferner nicht, um wieviel mehr noch eine eventuelle Schwangerschaftsperiode ein solches blutjunges Mädel zu verschönern und es körperlich zu idealisieren vermag? — Also, Vertreterinnen des schöneren, charmanteren Geschlechts! Auch Ihr solltet und *sollet* frei sein in unserem freien, sozialen, republikanischen Staatswesen, und geradeso wie die Männer ungestört und nach Belieben alle Freuden und Genüsse der Liebe und der fleischlichen Wollust kosten dürfen. Fürchtet keine törichten, absurden Vorwürfe und Tadel deswegen. Die *alten pedantischen* Vorurteile sind in unserem *modernen* staatlichen Gemeinwesen völlig ausgelöscht und zunichte gemacht. Man wird euch daher nicht mehr nutz- und zwecklos vor Scham erröten sehen, wenn man jetzt von euch eine kleine *Gunst* oder Liebesbezeugung erflehen wird, und mit Myrten und Rosen bekränzt werdet ihr als die angebeteten, süssen Huld- und *Liebesgöttinnen* der früheren klassischen griechisch-römischen Zeitepoche ... in unserem modernen *heutigen* Zeitalter wieder auferstehen.

Wenn wir nunmehr den »Ehebruch« näher analysieren, so haben wir hierfür hier nicht mehr viel hinzuzusetzen. Was die Ehe selbst betrifft, so handelt es sich nicht um die Frage, ob der Ehebruch in den Augen des Volkes das ihn lediglich duldet oder desjenigen, das ihn keineswegs duldet oder desjenigen, das ihn verbietet und bestraft, ein Verbrechen ist, sondern ob die gesamte Menschheit und die Natur durch das Delikt des Ehebruchs beleidigt und verletzt werden. Der Ehebruch ist *kein* Delikt, kein Laster oder Verbrechen, sondern eine grosse Tugend, insofern er uns doch von Mutter Natur geradezu inspiriert und diktiert wird. Gibt es doch nichts Unnatürlicheres oder Naturwidrigeres als die Langweiligkeit und Stätigkeit oder Ewigkeit des sogenannten ehelichen Bundes, des drückendsten und lästigsten Bundes oder Bandes, das es auf Erden geben kann. Man unterscheidet doch in der Liebe zweierlei Arten: Die moralische oder pflichtgemässe, und die physische oder natürliche. Ebenso wie der Mann seine Maitresse liebt, kann eine Frau doch auch moralisch ihren Gatten anbeten und physisch nebenbei *zeitweise* ein bisschen den Hausfreund oder sonst jemand der ihr gefällt und ihr Plaisir und die Cour macht, *lieben*. Überdies hat geradeso wie der Mann seine Maitressen, jede Frau von Temperament stets mehrere Liebhaber unbedingt nötig. Und da auch die Ehe ein ganz konkreter subjektiver Begriff ist, so kann der Ehebruch und alle anderen sonstigen Seitensprünge seiner lieben Gemahlin die Ehre des Gatten doch in keiner Weise tangieren, wie es ja ebenso auch umgekehrt hinsichtlich des Ehebruchs des Mannes seiner Gattin gegenüber der Fall ist.

In der alten Republik der Griechen war der Ehebruch nicht nur geduldet, sondern auch gestattet und ganz gang und gäbe, wie er übrigens ... heute ja auch bei *uns* ist. Bei den Tartaren wurden die verheirateten Frauen um so mehr geehrt, je mehr sie sich im Ehebruche prostituierten. Sie trugen sogar am Halse sichtbare Abzeichen ihrer

»Venuspriesterinnen-Würde«, an denen man sie sofort erkennen konnte, und man achtete und schätzte und poussierte gerade die so dekorierten Ehefrauen am allermeisten. In gewissen Teilen des sibierischen Russlands sowie der nördlichen Distrikte unserer Hemisphäre liefern und bieten heute noch die Männer ihre eigenen Frauen und Töchter lediglich aus Gastfreundschaft den durchreisenden Gästen und Freunden zugleich mit der Ruhestätte für die Nacht zur gefälligen, freundlichen Benutzung an und preisen dabei zugleich deren diverse, körperliche Reize, wie sie sonst nur ihre schönen Pferde und Wagen zur gefälligen Benützung oder zum Kaufe anzupreisen pflegen. — Nun, und was soll ich Euch erst betreffs des Ehebruchs in unserem heutigen Zeitalter, und zwar speziell bei uns, die wir doch tonangebend darin sind, eventuell noch lang und breit von den liebenswürdigen Schwerenötern, den heiligen Priestern und Pfaffen erzählen, die ganz allein schon dafür Sorge tragen, dass der Ehebruch bei uns, wie in allen anderen katholischen Ländern, in denen die Pfaffen zum Cölibat oder zur Ehelosigkeit und Enthaltsamkeit gezwungen werden — ich sage *sorgen*, dass der Ehebruch nimmer auf den Aussterbeetat gelangt. Ihr wisst ja alles das genau so wie ich selbst.

Auch der »Incest« oder die sogenannte »Blutschande« ist kein Verbrechen. Sie stärkt bezw. erhöht lediglich die Freiheit der Individuen, die sich nicht genieren, ihre Familienbande dadurch noch fester zu verknüpfen, sie schärft und steigert an sich nur die verwandtschaftliche Liebe, die »elterliche« und »geschwisterliche« Liebe und steigert und erhöht dadurch direkt oder indirekt zugleich auch die allgemeine Liebe zum Vaterlande. Denn da alle Bürger mehr oder minder verwandt oder verschwägert werden, so werden sie auch mehr uneigennütziges Interesse und mehr Liebe für ihr gemeinschaftliches und gemeinsames Vaterland haben. Die Ur-Institutionen der Menschen waren sogar der Blutschande günstig, sie schrieben sie sogar vor, denn man findet sie überall bei dem Abschluss der Gesellschafts-Verträge der Völker.

Und diese Sitte musste heute unbedingt in einem freien, sozialen Staate (?! sozialdemokratischen? — Anmerkung des Übersetzers) zum »Gesetze« erhoben werden, da doch hier bei uns die Fraternité oder die Brüderlichkeit als Basis unseres Staatswesens gilt und gelten soll. Wie konnten doch die Gesetzgeber so einfältig und so borniert sein, gerade denen, die von Natur durch ihre Blutsverwandtschaft oder ihre Blutbande am meisten prädestiniert und dazu berufen sind, einander am *meisten* zu lieben, dies nicht zu gestatten?

Bei den Negerracen prostituierten sich die Frauen ganz allgemein mit ihren Söhnen, wie die Väter mit ihren Töchtern, und die Geschwister gleichfalls untereinander. Wenn der Vater stirbt, so muss dort kodexmässig der älteste Sohn seine verwitwete Mutter heiraten. In Südamerika coïtieren die Männer und Väter ganz allgemein mit ihren Schwestern und Töchtern, sie leben in Polygamie und heiraten einfach mit den Müttern zugleich deren erwachsene oder kaum flügge gewordenen Töchter. Die allermerkwürdigsten und vertracktesten Verwandtschaftsgrade entwickeln sich freilich allmählich daraus. Nun, bei den polygamen Ehen oder der Weibergemeinschaft oder der Vielweiberei ist die Blutschande selbstverständlich doch niemals ausgeschlossen.

Die »Notzucht« ist ebenfalls kein Sittlichkeitsdelikt oder -vergehen, geschweige denn als ein Verbrechen zu bezeichnen, und zwar noch weniger als der Diebstahl. — Denn dieser raubt das Eigentum eines Mitmenschen, während jene — die Notzucht — das Eigentum der Mitschwester nicht raubt, sondern doch nur ... ein bisschen verschlechtert. (?!) Im Übrigen begeht der Notzüchtende doch lediglich eine Handlung oder Operation, die früher oder später vermittels der kirchlichen und standesamtlichen Sanktion hierfür doch von einem anderen Mitbruder ausgeübt worden wäre.

Aber die »Sodomie«, dies vermeintliche Verbrechen, welches Pech und Schwefel, Feuer und Flamme auf die Städte Sodom und Gomorrha, die sich ihr ergaben, brachte, ist doch eine ganz ungeheuerliche sittliche Verirrung sondergleichen bezw. ein Staats- und Sittlichkeitsverbrechen par excellence zugleich, das mit den allerhärtesten Bestrafungen belegt werden müsste und sollte?! — Nun ... sie bestrafen zu wollen, wäre geradezu eine Barbarei, ein Wahnsinn, weil doch jede Geschmackskaprice, ja selbst die grösste Geschmacksverirrung und Abnormität in der sexuellen Liebessphäre *niemals* ein Verbrechen sein kann, zumal dieselbe doch lediglich geradeso wie jeder andere *normale* Geschmack oder jede andere normale Geschmacksrichtung den Menschen, oder vielmehr den Männern von der allweisen Mutter Natur, die doch wohl weiss, was sie tut, diktiert und eingegeben wird.

Verfasser vorliegender kleinen Broschüre hat euch, meine lieben Mitbürger, ja bereits in seinen früheren diesbezüglichen kleinen schriftlichen Essays und Abhandlungen über diesen Gegenstand *hinlänglich* und soweit aufgeklärt, dass ihm hier in der Tat nicht mehr viel *neues* darüber zu sagen, sowie hierüber zu räsonnieren und zu philosophieren übrig bleibt. Wen geht das etwas an, wenn ich meine eigenen Liebessäfte, also doch mein uneingeschränktes höchsteigenes Eigentum in einem *anderen* Orte verliere oder an einer anderen Stelle vergeude als es *andere* Männer tun; ... ist der eine Ort im Grunde genommen doch ebenso rein oder so schmutzig wie der *andere.* Wenn man auf die eine Art ebenso wie auf die *andere* sich Genuss verschaffen kann, warum soll man sich ihn deshalb versagen? ... Nun ja, warum? ... Zumal doch die Mutter Natur selbst uns die Kaprice nach diesen Genüssen inspiriert und uns hierdurch einen nur noch bei weitem *grösseren Genuss* zuteil werden lässt.

Hätten die weisen Gesetzgeber des alten Griechenlands die Sodomie in ihrer Republik sanktioniert, wenn sie dieselbe als Verbrechen angesehen hätten? Im Gegenteil, sie hielten sie geradezu notwendig für ein kriegerisches Volk. Plutarch berichtet uns mit glühendem Enthusiasmus von den Kriegerbataillonen der »Liebenden und Geliebten«, d. h. der aktiven und passiven Sodomiten; sie ganz allein verteidigten längere Zeit hindurch ihr Vaterland, denn die Sodomie cementiert oder kittet geradezu brüderliche Bande unter den Kriegern. — In Amerika prostituierten sich bei seiner Entdeckung durch Columbus die passiven Sodomiten sogar durch Anlegung weiblicher Tracht und Kleidung und Putzes. — In allen Sérails oder Harems der Mohamedaner aller Zonen und Länder findet Ihr noch heute allgemein neben der Vielweiberei die Sodomie oder die Knabenliebe in hohen und allerhöchsten Ehren gehalten, ja geradezu vergöttert, wie solches ja auch bei den alten Griechen und Römern der Fall gewesen ist und wie es von einem Martial, Catull, Tibull, Horaz und Virgil in ihren unsterblichen Werken genugsam zum Ausdrucke gebracht worden ist. — Da die Warme-Bruder-Liebe, gleichwie die Tribadie oder die Lesbische oder Warme-Schwestern-Liebe der Frauen und Mädchen untereinander, auch heute noch auf dem ganzen Weltenrunde *verbreitet* ist und auch sein wird, solange die Welt und die Menschen auf und in ihr existieren werden, so kann sie doch auch nimmermehr — zumal in einem freien und sozialen Staate nicht — oder entschieden noch weniger als die »*eigentliche*« Sodomie oder widernatürliche Unzucht mit Tieren oder mit leblosen Wesen, wie Leichen oder Statuen etc. etc., als sogenanntes Sittlichkeitsvergehen oder gar als Verbrechen angesehen oder — (wie in Deutschland. — Anmerkung d. Übers.) — bestraft werden! —

4. Es erübrigt uns nunmehr endlich die letzte Kategorie der sogenannten oder angeblichen Verbrechen gegen unsere Nächsten oder Mitmenschen, den »*Mord*« ein wenig näher zu analysieren, und zwar muss man hierbei fragen, ob der Mord:

1. In Bezug auf die Naturgesetze,
2. In Bezug auf die politischen Gesetze zu verwerfen ist,
3. Ob er überhaupt der menschlichen Gesellschaft schädlich ist,
4. Wie der Mord unter einem republikanischen Regime oder in einem *sozialen* Staate analysiert werden muss und
5. Ob der Mord *wieder* durch einen Mord *vergolten oder gerächt* werden soll.

1. Vom Standpunkte der Natur aus betrachtet ist der Mord kein Verbrechen, denn zwischen den Menschen und den Tieren und den Pflanzen existiert in der Natur, die sie alle *gleicherweise* geschaffen, kein Unterschied. (?!) Denn auch der Mensch wird geboren oder entsteht, wächst, vermehrt sich oder pflanzt sich fort geradeso wie das Tier oder die Pflanze, und stirbt dann ab gerade wie das Tier oder die Pflanze und wird dann geradeso wie diese nach einiger Zeit zu Staub und Asche, und zwar zufolge seiner den Tieren und Pflanzen vollkommen ähnlichen oder gleichen gesamten organischen Beschaffenheit und seiner elementaren körperlichen Bestandteile. Es wäre also vom Standpunkte der Natur aus ein ebenso grosses Verbrechen ein Tier zu töten, und nur unser eigener Grössenwahn und unser ungerechtfertigter Dünkel haben einen *Unterschied* hierin erfunden und konstruiert. *Von welchem Werte* kann denn aber überhaupt ein Geschöpf, und zwar ebenso das Tier wie der Mensch sein, welches zu *schaffen* die Natur ebensowenig Mühe kostet, als es zu *zerstören?* Sind doch die schaffenden und erzeugenden Stoffe und Elemente, aus denen die Mutter Natur die *Menschen,* gleich wie die Tiere und Pflanzen bildet gerade diejenigen oder vielmehr *genau dieselben,* die nach dem Tode bezw. der Zerstörung und Auflösung derselben oder anderer gleicher Organismen, resultieren. — Die Vernichtung *aller* lebenden Wesen, gleichviel auf *welche Art und Weise* sie geschieht, ist aber ein fundamen-

tales Naturgesetz und sie ist demnach doch lediglich und nichts weiter als eine Variation oder Veränderung der Formen, der kaum merkliche Übergang vom Leben zum Tode und umgekehrt, also der einen Existenz oder des einen Zustandes in den anderen, die sogenannte Metempsychose des grossen Philosophen Pythagoras (?! Anm. d. Übers.) — Das Töten oder der Mord kann mithin *niemals* ein Verbrechen sein, da doch eine Veränderung der Form, die durch den Tod hervorgerufen wird, *keine* Vernichtung ist, sondern im Gegenteil ein Wiederaufleben in einer anderen Form und Existenz. Sobald ein Tier zu leben aufhört, *bilden* sich aus oder auf seinem Kadaver doch sofort *kleinere* Tiere. (?! Zu Sades Zeit glaubte man, wenn schon nicht mehr an die Seelenwanderung, so allerdings noch an die sogenannte Generatio aequivoca oder Ur- oder Selbsterzeugung und Selbstbildung der Kadaver- oder Aasschmarotzer, wie der niederen Mikroorganismen des Tierreichs überhaupt, die erst durch die Cellulartheorie Virchows umgestossen worden sind. — Anm. d. Übers.) — Es ist mit einem Worte gesagt daher durchaus vernunftgemäss, zu behaupten, dass wir der Natur durch den Mord und durch unser Morden geradezu die grössten Dienste leisten oder den ihr grössten Gefallen erweisen, da doch hierdurch unsere Beihilfe für ihre ständigen Bemühungen zu fortwährenden Veränderungen der organischen Form und Materie nur ihre Zwecke fördert! (?!) Übrigens sind die Triebe zum Töten oder zum Morden lediglich Naturtriebe, geradeso wie es bei den *Raubtieren* der Fall ist.

Die grossen Mordtaten oder die Massenmorde in den Kriegen sind doch auch als nichts anderes aufzufassen, als wie *sonst* die Massenvernichtung der Menschen durch die *Natur*, und zwar eventuell durch Natur- oder Elementarereignisse wie die Pest oder die Seuchenkrankheiten überhaupt, die Hungersnot, Schiffbrüche, Feuersbrünste, Explosionen, vulkanische Eruptionen oder Erdbeben usw. Die *Natur* selbst mordet also täglich mit der grössten Nonchalance oder Gemütsruhe und Gleichgültigkeit tausende von Wesen, die sie geschaffen hat und der Mensch, das höchstbegabte Wesen in der Natur, sollte sich nicht einmal ein »*ganz kleines Mördchen*« leisten, *ein einzelnes* Individuum auf die Seite bringen dürfen, das ihm im Wege steht? Nun, die Natur hat uns Menschen doch den Hass und die Rache in unsere Herzen und Seelen oder Sinne gepflanzt und somit schliesslich auch die Massenmorde, die Kriege, die soviel Unheil und Blutvergiessen und Grausamkeiten verursachen. Und diese *Kriegsmordtaten,* die ein einziger Souverän mitunter ohne jeden Grund, aus purer Laune oder Wahnwitz heraufbeschwören kann, sie sind doch heute in der Welt ganz allgemein *sanktioniert* und werden doch nicht als ... *Verbrechen* angesehen, sondern im Gegenteil als etwas sehr Würdiges, sehr Großes und Erhabenes. (?! Sade wirft hiermit viel Unwahres, Unmögliches und Wahres zugleich in einen und denselben Topf. — Anm. d. Übersetzers.) — Mithin kann also der Einzelmord ebensowenig wie der Kriegs- oder Massenmord ein Verbrechen gegen die Natur sein. Quod erat demonstrandum! —

2. Der *Mord* ist sogar als ein sehr grosser Faktor *in der Politik* anzusehen. Durch seine Kriege alias Massenmorde ist doch Rom seinerzeit die Beherrscherin des ganzen, damals bekannten Weltkreises geworden. — Durch den Mord oder diverse Mordtaten bezw. durch die Blutströme der Revolution und des Bürgerkrieges ist auch Frankreich, unser geliebtes Vaterland, jetzt endlich frei, ein freier Staat geworden. Was ist mithin der Bürgerkrieg wie jeder andere Krieg anderes als eine Kunst und Wissenschaft des Vernichtens und Zerstörens und Mordens? — Sonderbar, ... höchst sonderbar! Die Menschen lehren die Wissenschaft und die Kunst des Kriegführens alias der fürchterlichsten Massenmorde in den sogenannten Kriegsakademien öffentlich, sie belohnen diejenigen, die ihre eingebildeten Gegner oder Feinde töten oder hinmorden trotz des Gebotes: Du sollst nicht töten, sondern

deinen Nächsten lieben wie dich selbst; und gleichzeitig verdammen sie ein kleines, winziges Einzelmördchen als das allerschrecklichste Verbrechen. Wo bleibt da die Moral, die Logik, der gesunde Menschenverstand? — (?! Anmerkung des Übersetzers.) —

3. In *sozialer* Hinsicht ist der Mord ebenfalls kein Verbrechen. Was liegt denn der menschlichen Gesellschaft an dem Verluste eines Einzelindividuums, eines einzelnen ihrer Mitglieder? Der *Tod eines* Menschen kann doch keinerlei schädlichen oder schädigenden Einfluss auf die *ganze* soziale Volksmasse haben. Denn wenn dieser getötete Mensch im Leben sogar eine Berühmtheit und eine ganz hervorragende Leuchte gewesen sein mag, so ist doch jeder Mensch im Leben ersetzlich und der Berühmte wird vielleicht durch eine noch grössere Berühmtheit in ihrem Fache und ihren Leistungen wieder ersetzt. — Die Welt oder Mutter Natur würde es aber nicht genieren oder dérangieren, wenn ganz plötzlich selbst die Hälfte oder drei Viertel der gesamten Menschheit mit einem Male getötet oder hingemordet würde. In dem Zustande der Übriggebliebenen würde sich hierdurch ebenfalls nichts weiter ändern, und das Weltall oder Mütterchen Natur selbst in Persona würde deshalb noch lange nicht aus ihren Fugen und Gelenken und zugrunde gehen, oder sich im allermindesten verändern, selbst wenn einmal die gesamte Menschheit auf Erden ausstürbe, sie würde nach wie vor weiterbestehen und aus unseren zerstörten organischen Atomen und Elementen möglicherweise viel bessere Menschen als wir es sind, kreiren.

4. Wenn wir nun zu der Frage kommen, wie *der Mord* in der menschlichen Gesellschaft unter einem *freien*, republikanischen und zugleich kriegerischen Staatswesen, wie dem unsrigen, aufzufassen ist, so müssen wir vor allem daran festhalten, daß eine große Nation, die das Joch der monarchischen Regierung und Tyrannei abgeworfen hat, um einen sozialen Staat zu konstruieren und aufzubauen, sich nur durch Morde alias Verbrechen weiterbe-

haupten kann. Denn wir befinden uns doch bereits einmal inmitten des Verbrechens und wollten wir jetzt sogleich vom Verbrechen zur Tugend hinübersegeln und umschwenken, d. h. wieder zahm werden und duckmäuserisch unter das alte abgeschüttelte Joch kriechen, nun so würde unser baldigster Ruin und Zusammenbruch das sichere Resultat sein. Alle intellektuellen grossen Ideen müssen in einem *freien* Staate lediglich den Spuren der *Natur* folgen, die sie auf den richtigen Weg weist, und so gaben und geben sich auch heute noch tatsächlich gerade die freiesten und unabhängigsten Völker dem Morde bezw. dem sogenannten oder vermeintlichen Verbrechen des Mordens am allermeisten hin. Hierfür lassen sich unzählige Beispiele aus der Geschichte aller Völker und Zeiten extrahieren. — In Sparta ging man auf die Sklavenjagd genau wie bei uns auf die der Hühner und Lapins. Man entledigte sich der damaligen im Kriege gefangenen Feinde, der sogenannten Heloten oder Sklaven ganz einfach durch Erschiessen, um sie nicht zu Hause erst noch lange füttern zu müssen. In Italien ist doch *heute noch* der Geheimbund der sogenannten »Maffia« sanktioniert und erlaubt, der ganz ungeniert die Blutrache auf seine Fahne geschrieben hat und höchstselbst Richter und Henker zugleich in einer Person spielt und darstellt. Viele wilde Völker töten heute noch ihre Familienangehörigen wenn sie alt und gebrechlich sind, geradeso wie es instinktiv die Tiere tun. Sie töten ebenso ihre neugeborenen Kinder, wenn sie ihnen nicht schön genug oder gar missgestaltet oder nicht kräftig genug erscheinen, wie es auch die alten Griechen mit ihren männlichen Neugeborenen taten, wenn diese ihnen nicht wohlgestaltet oder kräftig genug dünkten, um späterhin als kraftvolle Jünglinge und Männer die Republik, ihr Vaterland, schützen und verteidigen zu können. Bei den alten Germanen hatte nicht nur der Häuptling, sondern jeder Familienvater das unbeschränkte Recht über Leben und Tod eines jeden Mitgliedes der ganzen Familie, vielfach sogar hinsichtlich der entfernstesten Verwandten. — In China findet man noch heute in den frühesten Tagesstunden eine Unmasse von Neugeborenen und Säuglingen, lebend oder tot von ihren zärtlichen Eltern ausgesetzt auf den Strassen liegen, die öffentlichen Totengräber schaufeln sie ganz einfach — noch lebend oder tot auf einen grossen Düngerkarren und werfen sie dann mit gleichzeitig aufgelesenen Hunden, Katzen und anderen noch netteren Chosen aus dem Unrat und Kot der als dreckig notorischen und berühmten chinesischen Strassen und Gassen in die erste beste Kompostgrube, damit sie doch wenigstens noch zu etwas gut seien und eventuell späterhin den Körnerfrüchten auf den Feldern zu besserem Wachstum verhelfen können. Mitunter entledigen oder befreien schon die Hebammen die Mütter von den lästigen Kleinen dadurch, dass sie sie einfach in einer Bütte siedenden Wassers ertränken und alsdann sans gêne hinterm Hause in den Kanal werfen. Der berühmte Reisende und Schriftsteller Duhalde gibt die Anzahl der auf diese Weise täglich ausgesetzten, getöteten und hingemordeten Kinder auf mehr als 30 000 an. — Ist es nicht weise und *vernunftgemäß*, der stets wachsenden Zahl oder der Überproduktion der Menschen bezw. der Übervölkerung in einem Staate auf diese Weise Dämme entgegenzusetzen, und zwar umso mehr noch in einem freien und sozialen republikanischen Staatswesen? Denn im monarchischen Staate muss die Bevölkerung geradezu *gesteigert* werden, schon weil die Herren Herrscher sich nur durch die grössere Zahl der Einwohner resp. durch deren somit grössere Steuerbeiträge selber *bereichern* können. (?!) Die Revolutionen in den Monarchien sind aber schliesslich nichts anderes, als die Wirkung dieser Übervölkerungen, wie ihre Motive, die Beseitigung der Urheber, der Monarchen selber, sind.

5. *Der Mord* soll und darf in einem freien Staate nicht durch einen *anderen Mord gerächt* werden. Keinesfalls! — »Ich begnadige dich«, sagte Ludwig XV. zu seinem

Günstling Charolais, der einen Menschen lediglich zu seinem Vergnügen getötet hatte, »doch begnadige ich auch denjenigen, der dich töten wird!« Die ganze Basis, der ganze Schwerpunkt des Gesetzeskodex liegt in diesen zwar erhabenen und pathetischen, jedoch ungerechten, die Natur beleidigenden Worten. Ist denn der Mord ein Verbrechen oder ist er es nicht? — Wie ich nunmehr sattsam bewiesen zu haben glaube, ist er kein Verbrechen. Nun, und wenn der Mord kein Verbrechen ist, so kann man ihn doch auch unmöglich bestrafen oder »rächen« wollen. Wenn er aber *wirklich* ein Verbrechen ist, durch welche stupiden oder barbarischen Gründe will man ihn dann durch ein *ähnliches* oder vielmehr durch *dasselbe* Verbrechen strafen und rächen?

Es erübrigt uns zum Schlusse unserer heutigen kleinen Abhandlung noch über »die Pflichten des Menschen gegen sich selbst« zu sprechen. Das einzige Delikt oder Verbrechen, das der Mensch in dieser Beziehung begehen kann, dürfte der Mord an seiner höchsteigenen Person selbst, oder der *Selbstmord* sein. Ich will und mag mich nicht erst lange über den Wahnwitz der Gesetzgeber amüsieren oder aufregen, die den Selbstmord als Verbrechen stempeln und den Selbstmord, oder vielmehr den *Versuch* hierzu sogar bestrafen wollen, als wenn derjenige sich nicht schon genug selber damit bestraft, der sich selbst mordet. Fast überall im Altertum wie im Mittelalter war der Selbstmord vom Staate und vor der Religion (?!) nicht nur geduldet, sondern sogar autorisiert. Man tötete sich vielfach öffentlich *vor allem Volk,* — wie heute noch in Japan durch das »Harakiri« oder Bauchaufschlitzen — und gab diesem hiermit das erhabenste und erhebenste Schauspiel zur gefälligen Nacheiferung und Nachahmung. Die unsterblichen Heldentaten der Römer in ihren Kriegen waren doch auch nichts anderes als Selbstmorde und es geschieht doch auch noch heute bezw. in unseren heutigen Kriegen, dass sich Feldherren, Offiziere und Soldaten geradezu den feindlichen Geschossen exponieren oder ihnen direkt entgegenrennen, wie es sonst in anderen Fällen nur wirkliche Selbstmörder tun würden. Sie sterben dann lediglich einen »*selbstmörderischen*« Heldentod.

Nun, Franzosen, Mitbürger! Lasset auch uns einen derartigen Selbstmord nicht scheuen, wenn unsere Republik, unser heutiger freier Staat, den wir nur durch das Blut unserer Mitbrüder teuer erkauft haben, dereinst in Gefahr kommen sollte wieder von neuem einem tyrannischen Despoten in die Hände zu fallen. — Damit dies aber nicht geschehe, lasset uns alle einig, einmütig sein, lasst uns die Freiheit, Gleichheit und Brüderlichkeit nicht nur auf unsere Fahnen schreiben und dieselben hochhalten, sondern diese Tugenden in unserem sozialen Miteinanderleben und Vorwärtsstreben auch wirklich bestätigen. Machen wir unser Vaterland und dadurch uns selbst durch gute, weise und vernünftige Gesetze, durch Einigkeit und Eintracht und strenges Meiden jeglichen Brüderzwistes zu dem berühmtesten, von allen anderen Völkern beneidetsten auf der ganzen Welt. Mögen sich dann die anderen Nationen an unserer »grande nation« ein Muster und Exempel nehmen und ebenso frei und einträchtig und glücklich sein wie wir, die wir ihnen durch unser mustergiltiges, nationales, eines freien und sozialen Staatswesens *würdiges* Verhalten die Bahnen hierfür vorschreiben.

Ende

EUGENIE (sich von ihrem sie immer noch masturbierenden Bräutigam, dem Chevalier losmachend und auf Dolmancé zueilend): Wundervoll, ganz entzückend, ... liebstes Professorchen! Welche »Begeisterung«, besonders zum Schlusse des Ganzen. Ich gratuliere Ihnen! Wer hätte das gedacht, dass Sie ein so berühmter grosser Schriftsteller, Literat und »Held der Feder« in dem Herrn seien? Mein aufrichtigstes Kompliment für Ihre schriftstellerischen Lorbeeren, die Sie sich doch zweifelsohne und wohlverdientermassen hiermit erwerben werden. Nur eines gruselt mich offengestanden ein bisschen, nämlich, was Sie da alles schönes von dem erlaubten Morde und dem »*Morden* überhaupt« schreiben!

MADAME: Komm her an meine Brust, mein lieber Professor Dolmancé, du mein getreuer Glaubens-, Seelens- und Gesinnungsgenosse. Hast du mir doch speziell alles dieses wie aus der Seele geschrieben!... (Sie umarmt und küsst ihn leidenschaftlich.)

CHEVALIER: Auf einige oder speziell auf einen ganz besonders krassen Widerspruch möchte ich dich doch mal aufmerksam machen, alter Freund. Du schwätzest da so viel von Liberté oder Freiheit, und insbesondere von Gleichheit, Brüderlichkeit u.s.w. Du sagst, der Begüterte, der Reiche solle seine Güter mit seinem armen Mitbruder teilen, da es sonst kein Verbrechen wäre, ihm sein Hab und Gut gewaltsam fortzunehmen bezw. es ihm ganz einfach zu stehlen. Wie würde es aber dir gefallen, wenn man deinen wohlgefüllten Geldschrank plötzlich über Nacht gewaltsam entleeren würde, sodass du selber arm wie eine Kirchenmaus würdest, ja womöglich ein Bettler und auf die Wohltätigkeit Anderer, deiner sogenannten Mitbrüder angewiesen? Wäre es in diesem Falle nicht richtiger, dass das einmal, gleichviel ob auf redliche Art und Weise oder sonstwie erworbene Eigentum auch fernerhin von den Gesetzen geschützt bliebe, und dass statt dessen, wie bisher lediglich die barmherzige Nächstenliebe, und die »Wohltätigkeit« gegenüber der unverschuldeten oder verschämten Armut, gegenüber Krüppeln, Siechen oder Kranken, die nicht arbeiten können, Platz greift und ihr *freiester* Spielraum gelassen würde?

DOLMANCÉ: Ach was, papperlapapp! Lassen Sie sich doch

nicht immer nur von der Stimme Ihres Herzens und Ihrer Moral beeinflussen und betören, und glauben Sie doch nicht immer — ebenso auch du, mein lieber Chevalier — an die sogenannte aufrichtige, barmherzige Nächstenliebe und dergleichen ähnlichen Rummel u.s.w.

CHEVALIER: Na, ich wünschte dich nur mal einige Zeit lang in derselben Lage wie tausende und abertausende unserer Arbeiter, die tatsächlich von ihrer Hände Arbeit oder von der Hand in den Mund leben. Wie würde dir ein solches Leben gefallen, der du gewöhnt bist, deinen vom Rausche der Vergnügungen aller Art ermüdeten Körper allnächtlich auf luxuriösem, weichem Pfuhle zu betten, wenn du nun mit einemmale mit einem einfachen Strohlager oder einem Bündel Stroh in der Herberge oder gar in einem Stalle oder Scheune oder auch auf dem nackten, kalten Erdboden bei der Mutter Grün vorlieb nehmen müsstest? Statt deiner bisherigen leckeren und opulenten, lukullischen Mahlzeiten müsstest du dich dann mit einem Stückchen trockenen, harten Brotes begnügen, mitunter sogar an deinen eigenen Hungerpfoten saugen. Wie würde dir nun dies alles gefallen und behagen? Wie würdest du Barbar in dieser, deiner bejammernswerten Lage, falls du nicht zu einem professionellen Diebe, Räuber und Verbrecher herabsinken willst, einen uneigennützigen Wohltäter segnen, der seine Nächstenliebe und Fraternité im wahrsten Sinne des Wortes durch seine Wohltätigkeit an dir betätigt, und dir die Mühseligkeiten und die schwere Bürde deines Lebens, an der du so schwer zu tragen hast, ein bisschen erleichtert. Gelt, habe ich recht oder nicht? Eugénie und du, liebe Schwester, Gebet Ihr mir doch wenigstens recht. Lasset und verwerfet meinetwegen allen Glauben an ein höheres Wesen, aber verwerfet nicht auch zugleich jegliche edlen und humanen Regungen Eures Herzens Euren Mitmenschen und Nächsten gegenüber. Ich bin ja zwar noch jung und dabei Atheïst, Roué, und zwar sogar ein grosser Wüstling in dem Herrn, und zu allen Raffinements und Schandtaten in punkto amoris, wie z. B. auch zum Incest oder zur Blutschande mit der eigenen Schwester capabel, ich mache mir, wie gesagt, keinerlei Gewissensbisse daraus, gleichwohl habe ich mir jedoch bis jetzt mein Herz und meine Herzensregungen gegenüber der Not und dem Elende meiner Mitmenschen stets lauter und rein erhalten und bewahrt.

DOLMANCÉ: Ja ja, mein Junge. Eben weil du noch jung, und zwar noch gar zu jung bist, kennst du die Welt nicht oder noch nicht genügend, es fehlt dir eben an Erfahrungen und an Weltkenntnis. Du kennst noch nicht die Perfidie, die Hinterlist und Falschheit, die Heuchelei und den Undank in der Welt, und wenn du älter sein wirst, wirst du es sein, der mir rechtgeben wird und dir dabei auch weiter keinerlei Gewissensbisse machen, mein lieber Junge.

CHEVALIER: Gewissensbisse und Reue entspringen doch lediglich aus unserem »Herzen«. Alle deine Sophismen oder Sophistereien können doch nichts daran ändern oder dies einfach wegleugnen wollen.

DOLMANCÉ: Aus unserem Herzen? ... Was sind denn die sogenannten Herzensregungen? Was ist denn überhaupt das Herz? Es ist doch anatomisch lediglich eine Muskel, wie jede andere auch, die lediglich und allein die Blutzirkulation reguliert, sonst weiter nichts tut und kann. Es gibt doch also gar keine anderen Herzensregungen oder Bewegungen als die, welche diese Zentralblutpumpstation naturgemäss zu leisten hat, nämlich das Blut im Körper von den Arterien in die Venen und umgekehrt wieder zurückzupumpen. Gerade ebenso wie die Lungen das Geschäft des Atmens besorgen oder regulieren, und wie ein jedes andere menschliche oder tierische Eingeweide seine ganz besonderen Funktionen von Mutter Natur vorgeschrieben erhalten hat. Was faselst du also fortwährend von deinem sogenannten Herzen? Höre doch nun endlich mal mit all diesem ungereimten Blödsinn auf. Der Ochse hat doch auch ein Herz, und zwar ein noch viel grösseres als der Mensch und kennt trotzdem keinerlei derartige Regungen oder Gefühlsduseleien. —— (?!!!) —

MADAME: Ja ja, geliebtes Brüderlein, Freund Dolmancé hat recht. Ich gebe ihm für meine Person vollkommen und in allen Stücken recht, er spricht mir aus der Seele. Höre also nun schon mal lieber mit deinen sentimentalen, sogenannten Gefühlsduseleien auf. Vögle uns statt dessen doch lieber ein bisschen. Wir sind doch heute hier nicht zusammengekommen, um lediglich Trübsal zu blasen und uns dem allgemeinen Weltschmerze zu ergeben, sondern um zu *vögeln!* Ausserdem störst du doch geradezu unsere beabsichtigte weitere Instruktion und Ausbildung unserer kleinen Schülerin Eugénie, dieser süssen, reizenden Mademoiselle, deines Bräutchens. Oder glaubst du, dich gerade mit diesen deinen Perorationen bei deinem Bräutchen ganz besonders einzuschmeicheln und ihr damit besonders imponieren zu wollen?

EUGÉNIE: Ja ja, mein lieber Chevalier. Ich muss Ihrer Schwester in allen Stücken recht geben. Und Sie, Dolmancé, Professorchen, Sie triumphieren mal wiederum in meinen Augen vollkommen über dem Chevalier. *Seine* Lehren können mir in der Tat nicht allzusehr imponieren, wogegen mich die Ihren verführen, blenden! Ah, Sie glauben mir doch, Chevalier, ... Schwärmen Sie lieber ein bisschen von Ihren Passionen und Heldentaten in der Liebe, als von Ihren tugendhaften Herzenskaprizen, wenn Sie eine junge Dame verführen oder ihr besonders imponieren wollen. Übrigens, geliebte Freunde, Euere weiteren Unterweisungen und Instruktionen oder meine weitere Ausbildung durch Euch kann und wird er nicht *stören*, und zwar einfach deshalb nicht, weil dieselbe beendet ist. Ja ja, Euer Werk ist beendigt. Eure Lehren und Eure Prinzipien sind mir bereits derart in Fleisch und Blut übergegangen, dass es kein Zurück mehr für mich gibt, oder dass die Sophismen deines Brüderleins noch irgend einen Eindruck auf mich machen oder gar Eure Prinzipien und Doktrinen zu zerstören vermöchten.

DOLMANCÉ: Komm her, meine reizende, kleine Schülerin. Lass dich hierfür ein bisschen küssen und lieb haben. (Er küsst sie feurig auf ihr Rosenmündchen, dann auf ihren Hintern, den er von ihrem Gazeröckchen entblösste, bis sie sich nach einer Weile von ihm freimacht.)

MADAME: Und von mir gleichfalls, kleiner, geliebter, süsser Engel. (Sie umarmt, küsst und schnäbelt sie auf's allerzärtlichste und versucht sie alsdann, sich niederbückend, zu minettieren, was Eugénie jedoch refusiert.)

CHEVALIER (seinerseits nunmehr Eugénie in seine Arme nehmend und sie zärtlich küssend und liebkosend): Nun, ich erkläre mich Euch allen gegenüber feierlichst für geschlagen, für besiegt. Ich werde also meine Moral und meine tugendhaften Herzenskapricen für mich allein behalten, gelt Schwesterlein, ... gelt, mein süsses Engelsbräutchen, geliebter, holder Schatz?

MADAME: Ja ja, mein lieber Bruder, so ist's recht von dir, so gefällst du mir wieder ein bisschen besser. Vögle uns also lieber gleich ein bisschen und behalte deine solennen Moralpredigten für dich oder für andere Kreise als die unsrigen. Wir dispensieren dich ganz feierlichst davon.

EUGÉNIE (da der Chevalier bereits Miene und Anstalten macht, der Aufforderung seiner Schwester zunächst an ihr, seinem Bräutchen, nachzukommen): Halt, halt! ... Nein, nein, mein lieber Chevalier ... heute gibt's ... das nicht ... bei ... mir und auch wohl nicht in acht Tagen oder Wochen. (Sie hebt ihr Gazeröckchen von vorne hoch und spreizt ein wenig ihre vollen, üppigen, lediglich mit hohen schwarzen Seidenstrümpfen bekleideten, fein gedrechselten Beine) Seht da!... Ihr habt mir gestern ja das arme,... kleine... Ding... *da unten*... vollständig kaput... zuschanden... *entzwei*... gerissen. Also, ansehen ja,... aber *anrühren*... mit deinem... Riesen... *nicht*,... wenn ich bitten darf, oder doch höchstens mit dem *Finger*,... oder mit der *Zunge*, und zwar nur allein... *da*... *oberhalb*... an meinem kleinen Ki..., also *nicht*, keineswegs... mit irgendeinem anderen Instrument,... Ihr versteht mich doch, meine Herren!... Vor allen Dingen hätte ich jedoch noch zu meiner Instruktion eine kleine, wichtige Frage an Sie, Herr Professor, zu richten. Lasse mich also noch ein Weilchen in Ruhe, mein lieber Chevalier,... oder *bleibe* meinetwegen auch zu meinen Füssen hier vor dem Kanapee... *lecke*... *und lutsche*... inzwischen *weiter* an meinem... an deinem... bräutlichen Juwel... wie du ihn nennst... meinen kleinen... enragierten, immer so aufgeregten, so leicht zu Tränen gerührten,... Ki...! Ah!... Ah!... Wie süss du das doch... immer wieder... zu... machen... verstehst... mit deiner weichen... zärtlichen Zungenspitze. Ah!... Ah!... Ich *spritze*... schon... wieder!... — Also... sagen Sie mal Professorchen, — nun,... bleib nur... meinetwegen... *weiter*... zwischen meinen Beinen sitzen, mein lieber Chevalier, wenn dir's gar so ausnehmend da *gefällt*, — ich habe doch gestern abend bei unseren diversen Tableaux-vivants oder Liebeshändeln, insbesondere bei den Ensemblegruppen, in denen Sie selber sodomitisch tätig waren, namentlich wenn es galt, die Rute oder Peitsche oder den Ochsenziemer zu schwingen und meinen armen, nun wie nannten Sie ihn doch schon, meinen Hinteren?... Ach ja,... meinen Engelskallipygen, zu zerbläuen, zu schinden und zu zerfleischen, aber auch dann, wenn Sie es bei dem noch kallipygeren meiner Freundin, Madames, ... taten, bei Ihnen eine Art von Feuer oder von Grausamkeit, ich möchte fast sagen von Rohheit wahrgenommen, dass Sie meiner Meinung nach fähig gewesen wären, uns wirklich dabei oder dadurch zu morden und totzuschlagen. Ist diese Grausamkeit bei der Flagellation faktisch ein wesentliches, wichtiges und notwendiges *Requisit* des Genusses; erhöht sie denn nach Ihrer Meinung wirklich die *geschlechtliche Wollust* bei dem Flagellanten *so sehr*, ... oder ist dies lediglich eine *Ihnen* eigene sonstige und weitere Geschmackskaprice oder Geschmacksverirrung? ... Halten Sie den Gegenstand oder vielmehr die Person, die Ihnen zur Befriedigung dieser Ihrer geschlechtlichen Gelüste und Launen dient, für ganz gefühllos, für garnichts, ... ich meine für ein ganz unempfindliches oder lebloses Wesen, mit dem Sie eben machen können, was Ihnen beliebt?

DOLMANCÉ: Allerdings! Sie haben recht! ... Dafür halte ich sie allerdings, diese Person, die ich meinen Gelüsten dienbar mache oder die sich mir freiwillig hingibt. Das habe ich Ihnen doch gestern bereits mehrfach expliziert, meine kleine, reizende, jedoch leider etwas unaufmerksame Schülerin! ... Sie haben gestern abend bei Ihrer Zerstreuung und bei Ihrem Kokettieren mit den beiden anwesenden männlichen Riesen oder riesigen Mannes-Insignien, die Ihre Gedanken abgelenkt haben, nur nicht genau aufgepasst, was ich Ihnen dociert habe! ... Mag diese Person meinen eigenen Genuss teilen oder nicht, mag sie dabei selber Befriedigung oder Gleichgiltigkeit, oder Apathie, oder gar Schmerzen, Martern, Qualen und Torturen empfinden und furchtbar *leiden*, das ist *mir* absolut »Wurscht« oder gleichgiltig! ...

EUGÉNIE: Nun, das letztere ist Ihnen doch wohl noch ein bisschen lieber?

DOLMANCÉ: Ich leugne es keineswegs! Es ist mir ungleich lieber ... süsser! ... Martern und Schmerzen meines

Opfers sind lediglich geeignet, mein Vergnügen, meinen Hochgenuss und meine geschlechtliche Wollust noch mehr anzustacheln, zu erhöhen, zu potenzieren; ich habe Ihnen die Motive und Gründe hierfür ja gestern bereits unter dem Kapitel über die *Grausamkeit* in der Liebe des Näheren und Weitläufigeren auseinandergesetzt und detailliert! — Werfen Sie nur mal in Gedanken mit mir einen Blick in die mohammedanischen, selbst in die christlichen (?!) Serails oder Harems in Europa, Asien und der übrigen Welt und Sie werden finden, dass die Herren Sultane und Paschas oder wie sie sonst heissen mögen, diese grossmächtigen und vielvermögenden Herren — *vermögend* im Doppelsinne des Wortes — wenn Ihnen Ihr Szepter, ich meine den sie zwischen den Beinen haben, steht, nur kommandieren oder den Handschuh hinwerfen und sklavischen Gehorsam für alle ihre Gelüste, selbst die perversesten Geschmackskapricen heischen und sich den Teufel darum scheren, ob ihr Opfer dabei Lust und Genuss oder Schmerzen und Qualen empfindet. Sind sie befriedigt oder das Opferlamm kaputtgemartert, so entfernt es sich oder wird ganz einfach ... fortgeschafft und »vivat sequens«, um eventuell einem neuen, anderen Platz zu machen! — Selbst wenn die Herren Potentaten oder Haremchefs nur einfach vögeln und sonst weiter *nichts* tun, würden sie es als höchst respektwidrig finden, wenn es ihren Favoritinnen einfallen würde, *auch* Genuss hierbei zu empfinden oder gar den Genuss ihres Herrn und Gebieters zu teilen, sie würden sogar dafür bestraft werden, eventuell mit Ruten oder Peitschen zu Tode geprügelt werden. (?! Anm. d. Übers.)
Der berühmte König oder Schah Achim von Persien liess einem jeden weiblichen Wesen, das sich erdreistete, in seiner Gegenwart beim Vögeln oder bei der bekannten Krise, dem sogenanten »Fertigwerden« einen Liebesseufzer laut werden zu lassen, das Engelsköpf-

chen abschlagen oder machte es höchstselbst mit seinem krummen Persersäbel um ihr Köpfchen kürzer. Dieser Autokrat, Selbstherrscher und tyrannische Despot hatte eine eigene weibliche Amazonen-Leibgarde. Auf einen einzigen Wink von ihm mussten deren Mitglieder seinen Befehlen und Gelüsten den striktesten Gehorsam leisten, andernfalls ereilte sie sofort der allergrausamste Tod, oder die schrecklichsten Strafen. Martern und Greuel in dieser Beziehung ereigneten sich alltäglich entweder von seiner eigenen Hand oder unter seinen höchsteigenen königlichen Augen zu seiner Augenweide durch seine Henkersknechte.
Ja, ja, meine liebe Eugénie, derartige Prinzipien sind tatsächlich in der *Natur* begründet, dass diejenigen weiblichen Personen, die unseren Sinnengelüsten und unserer Wollust fröhnen, dabei nicht an sich selbst oder ihren eigenen Genuss denken dürfen, sondern lediglich an den unsrigen, ich meine den ihrer Herren und Gebieter. Geniessen sie — die weiblichen Wesen — selbst dabei, so beeinträchtigen sie unseren Genuss. Es scheint, als ob wir weniger Vergnügen und Hochgenuss dabei empfänden, wenn wir ihn erst mit einer anderen Person *teilen*, diesen Genuss somit für uns selbst ein wenig reduzieren und verkleinern müssen. Es gibt keinen Mann, der, wenn ihm sein Leibes- oder Liebesszepter *aufrecht und steif* steht, nicht der ganz allein in der Welt »*genussfähige*« unumschränkte Autokrat und ein Despot sein möchte! — (?! Anm. d. Übers.) Es ist eine absolut falsche Behauptung, dass der Mann nur dann Vergnügen, Genuss und Wollust empfinde, wenn er sie zugleich der anderen Person, die sich ihm hierfür hingibt, einflösst. Das müsste ihm seine natürliche, angeborene, tyrannische Eigenliebe schon nicht gestatten. (?!) Ausnahmen hiervon bestätigen nur die Regeln ... Ich meine damit nicht dich, mein lieber Chevalier, noch dein Bräutchen Eugénie. Unter Brautleuten ist so manches *Mode* und zu konsta-

tieren, was *gegen* diese meine Argumente sprechen könnte. So bin ich denn auch fest überzeugt davon, dass du, lieber Chevalier, dein Bräutchen augenblicklich nicht nur lediglich zu deinem, sondern gleichzeitig auch *zu ihrem* Vergnügen minettierst.

Ich will jedoch nicht von meinem Thema abschweifen und möchte nunmehr folgendes erwähnen: Der Coïtus oder der Akt des Vögelns ist ja doch im allgemeinen beim Menschen wie bei den Tieren mehr oder weniger in *gleicher* Weise ein Akt der Gewalttätigkeit! Das Weib oder das Femininum oder Weibchen gibt sich ihm, dem Manne, gleich wie es bei den Tieren der Fall ist, doch niemals (?!) oder nur in seltenen Fällen stets *freiwillig* hin, ich meine, es offeriert und gibt ihm doch nicht allemal sogleich seine Votze oder sein Vötzchen zur gefälligen, freundlichen Benutzung her, — ich spreche, wie Sie merken, nur vom *allgemeinen* Standpunkte und nicht von dem speziellen meinigen, dem Votzen verachtenden sodomitischen Standpunkte, — also muss der Mann, wie das männliche Tier, ohnehin stets mehr oder weniger Gewalt und Roheit bei dem Akte anwenden. Und das ist auch gut so und von der Mutter Natur wohlweislich arrangiert und eingerichtet. Vergleichen Sie doch mal die Menschen und die Tiere in ihrer ungebundenen *Freiheit* und in der Gefangenschaft oder Sklaverei, sowie ihre *Nachkommenschaft* und Sie werden den ganz gewaltigen, enormen Unterschied zwischend diesen beiden Faktoren der *freien* und *gezwungenen* Begattung der elterlichen Paare leicht wahrnehmen und erkennen.

Auch die schwächere und zartere Körperkonstitution des weiblichen Geschlechts bedingt es, dass es sich dem stärkeren, männlichen unterordne. Er soll dein Herr sein! Er soll sie, wenn schon im häuslichen Miteinanderleben nicht knechten dürfen, so doch sich *gänzlich* untertan und gefügig machen, sowie insbesondere zu jeglicher, perversester Geschmackskaprice

in der geschlechtlichen Sphäre *zwingen* dürfen, nötigenfalls unter Anwendung der rohesten Grausamkeit und Gewalttat. Es soll aber auch seine ganz besonderen und speziellen grausamen Gelüste, von denen ich Sie, liebe Eugénie, ja schon gestern ausführlicher unterhalten habe, an ihr befriedigen dürfen, und zwar zu jeder Zeit und wann und wo und wie oder in welcher Weise es ihm beliebt! ...
Ich weiss wohl, das es gar viele Männer, sogenannte Pantoffelhelden und Duckmäuser, gibt, die sich von ihren Amazonen oder Walküren oder Xantippen unterjochen lassen und »sklavisch-unterwürfig« zu den Füssen ihrer tyrannischen Dulcineen hingeschmiegt, — ich spreche jetzt nicht von dir, Chevalier, mein Junge ... du brauchst dich also keineswegs von deiner reizenden und delikaten Beschäftigung mit deinem Bräutchen abzuwenden und mich fragend anzugukken, — ich sage, diesen Tyranninen die wonnigsten und wollüstigsten Genüsse verschaffen, um sich danach oder zum Danke hierfür mit Fusstritten oder mit Peitschenhieben von ihnen regalieren zu lassen; aber von diesen Schwachköpfen, Mannweibern oder männlichen Zwittergeschöpfen mag ich hier nicht weiter sprechen. Was scheren und kümmern uns diese übrigens? Mögen sie im Pfuhle ihrer Niedrigkeit und Sklaverei verbleiben und weitervegetieren bis an ihr selig Ende.
Doch, wir werden die verkehrte Welt nun mal nicht mehr ändern, sondern müssen sie halt so nehmen wie sie einmal ist. Und deshalb lasset uns, meine Lieben, jetzt nicht mehr weiter darüber philosophieren oder uns gar darüber aufregen, sondern geniessen wir lieber das, was uns einem jeden die Gegenwart gerne bietet, ... nicht wahr, Madame? Sie geben mir vollkommen recht? Sie denken doch geradeso wie ich! Sie selber sind doch keine Xantippe oder Amazone oder Walküre noch eine sonstige Spielverderberin in punkto amoris, sondern eine Liebesgöttin, und zwar eine kal-

lipyge Venus und zugleich meine mir durchaus gesinnungs- und seelenverwandte Genossin und Mitschwester, und Sie reizende Eugénie, kleiner Süssing, besitzen die allerbesten Chancen und Anlagen, Ihrer Freundin dereinst vollkommen gleich zu werden. Und da sich, wie das Sprichwort sagt, die Wölfe wie die allergrausamsten Raubtiere *untereinander* nicht zerfleischen oder töten, so werden auch wir, meine liebe Eugénie, in unserer Kompagnie, in unserem grausamsten Liebesfuror oder bei unseren *gegenseitigen* »Flagellationsproben« dies nicht tun; befürchten Sie daher nichts derartiges in unserem eigenen Freundeskreise. Lasset uns also daher jetzt lieber gleich mal wieder ein bisschen von der Theorie zur Praxis übergehen, meine Lieben; bin ich speziell doch heute der Enthaltsamste von euch allen gewesen. Komm her Bubi und wichse nicht immerfort deinen Riesen bei dem aufregenden Anblicke unseres verliebten, onanierenden und minettierenden Brautpärchens. Hierher Bubi, meine angebetete, göttliche Augustine, mein Bräutchen! Dein prächtiger Götterkallipyger échauffiert mich alten Sodomiter bereits wieder den ganzen heutigen Nachmittag ganz ausserordentlich und unsagbar. Lass mich dieses Meisterwerk der Natur nach allen Regeln der sodomitischen Kunst und Wissenschaft ein wenig karessieren, hofieren, fêtieren oder sokratisieren und sodomisieren etc. etc. Ich konstatiere im Übrigen, dass die Temperatur heute noch schwüler, noch heisser ist als gestern. Also herunter mit unseren Kleidern, meine Herren, bitte? Stolzieren wir statt dessen lieber in unserem gestrigen paradiesischen Kostüme einher, und ohne jegliche Badehose oder Feigenblatt. Vor unseren Damen brauchen wir uns doch nicht zu genieren. Seht, ich mache selber bereits den Anfang! ... Fix Bubi, ... und du gleichfalls, lieber Chevalier, ... ich habe wieder eine *neue* Idee, ein ganz *neues* »Tableau« in petto. Die Damen befinden sich ja ohnehin bereits, wie gestern,

in ihren Gaze-Morgenröckchen, deren sie sich leicht
entledigen können. Erschrecken Sie nicht, Eugénie,
meine liebe, kleine, reizende Schülerin! Da ich, Ihr
Lehrmeister und Professor in der Kunst zu lieben mich
ja vorhin selber durch höchsteigenen Augenschein von
der Verwüstung Ihres kleinen, zarten Engelsvötzchens, — da es bereits entjungfert, kann ich's nicht
mehr als »Vötzlein« bezeichnen — ich sage, da ich
mich von Ihres Engelsvötzchens Verwüstung durch die
gestrigen schweren Attentate der beiden männlichen
Riesenszepter selber überzeugt habe, so soll dasselbe
heute noch nach Möglichkeit geschont werden und lediglich Ihrem unverletzten oder weniger geschädigten
hinteren Pförtlein ein wenig die »Cour« gemacht werden dürfen. Sie geben mir, wie ich sehe, ja ebenfalls
darin recht, Sie auch, Madame, nicht wahr? Also
bleibt's dabei!... (Die Herren und Damen haben sich
inzwischen nackt ausgezogen.) So!... Nun komme
mal her, Bubi, süsse, göttliche, kallipyge oder schönarschige Augustine in Evas oder vielmehr in Adams Gestalt, damit ich dich nach langer Zeit wieder ein bisschen vögle oder vielmehr sodomisiere! So, ... bleibe
aufrecht stehen und bücke dich nur ganz wenig nach
vorne dabei, denn unser gnädiges Fräulein, das deinem gestrigen, schlimmen, *normalen* Attentäter garnicht mehr zu zürnen scheint, da sie ihn schon wiederum *ganz verliebt* und verzückt anstaunt, wird ihm zum
Danke für seine zum Schlusse unserer gestrigen Sitzung bewiesenen Heldentaten ein bisschen mit ihrer
Zunge fêtieren oder »ablutschen«! Gelt, Eugénie, mein
Süssing, Sie tun es doch ganz gerne auch mit Ihrem
Engelsrosenmündchen, da Sie ihn ja schon mit Ihren
Blicken oder vielmehr mit Ihren Engelsäuglein verzehren, ja fast verschlingen!... Der Chevalier, Ihr Bräutigam, wird zugleich seine Bräutigamsrechte, d. h. sein
Bräutchen hierbei gleichzeitig in ihren Engelskallipygen bezw. in ihr allerheiligstes hinteres Engelslöch'l

vögeln und sich jedenfalls dabei nicht in der richtigen Türe irren, da er doch auf das kleine, für ihn süssere, aber leider noch *wunde* Vötz'l seines Bräutchens gebührend Rücksicht nehmen muss. Und Sie, allergnädigste Madame, Sie geruhen auf meine Bitte wohl allergnädigst auf den Schultern oder dem Stiernacken Bubis als reitende Amazone derart Platz zu nehmen, dass ich mich zugleich an Ihrem noch Kallipygeren als alle anderen, oder vielmehr dem allerkallipygsten von uns allen insgesamt, ergötzen und ihm ein bisschen mit meiner Zunge die Cour schneiden, alias ihn ein wenig »berosenblättern« kann. Ich werde dabei gleichzeitig versuchen, Ihren Monsieur Kitzler mit meinen darin geübten und gewandten Fingergriffen abzutrillern oder vielmehr zu Tränen zu rühren, während Sie in Ihrer Positur zugleich mit diesem schönbebänderten und beschleiften Rutenbündelchen den Hintern Ihres geliebten Brüderleins zu noch grösserer Liebesrage in dem allerheiligsten hintern Engelslöch'l seines Bräutchens enthusiasmieren mögen. (Das Tableau-vivant vollzieht sich sogleich ganz exakt nach dem bezügl. Vorschlage Dolmancés.) Ja, ja, ... das klappt ja prächtig, wundervoll, meine Lieben! Da ist und macht es in der Tat Vergnügen, auch als Oberbefehlshaber oder Imprésario meiner Tableaux-vivants zu kommandieren, wenn sie so exakt und prompt und wundervoll exekutiert werden! ... Wollen Sie mich Ihren Prachtriesen, ich meine Ihren unvergleichlichen, süssen Götterkallipygen, jetzt nicht ein ganz klein wenig nur mit dieser langen, feinen Nadel, die ich gerade bei der Hand habe, blutig stechen oder vielmehr »*Farbe bekennen*« und ihn nachher eventuell ein bisschen von mir blutig *beissen* lassen, während ich Bubi bezw. meine kleine Augustine vögele, reizende Freundin, allergnädigste Madame? ... Sie *ahnen* ja nicht, wie Sie meine Wollust und meine Seligkeit dadurch steigern und erhöhen würden!

MADAME: (lachend und scherzend): Soviel es Sie gelüstet, machen Sie nur immerzu! Mein Kallipyger kennt alle Arten von Galanterien und Karessen, auch die allerperversesten und grausamsten, mein lieber Freund, Sie ausserordentlicher oder ordentlicher Professor der »Grausamkeit«. Aber nehmen Sie sich auch zugleich vor meiner Revanche in acht. Ich bin zufälligerweise von dem heutigen Diner und Dessert hierzu aufgelegt und ganz besonders disponiert. Ich schwöre Ihnen, bei dem kleinsten Stich oder Biss ein Ihnen oder Ihrer Nase nicht angenehmes, kleines oder grösseres sogenanntes Fürzchen mit meiner hinteren Fagott-Trompete in ihren Mund hineinzublasen.

DOLMANCÉ (entzückt): Ah, verdammt! Welch süsse Drohung, meine liebste, reizendste Freundin. Sie machen mich ja geradezu zu dem »Glückseligsten« aller Sterblichen. (Er sticht und küsst ihr zugleich den vollen, prächtigen Riesenhintern und empfängt zur Revanche hierfür einen donnergrollenähnlichen Furz in den Mund, den er gierig einzuatmen oder vielmehr gleichsam herunterzuschlucken bemüht ist, was sich noch zu diversen Malen in immer neuer, verbesserter und reichlich vermehrter Auflage wiederholt.) Ah! Himmelkreuzbombenschockdonnerwetter etc. etc. noch einmal verdammt, ... ist dass deliciös, und immer deliciöser ... und immer deliciöserer! Ah, ... ist das göttlich, Madame, mein süsser Engel. Reserviere mir bitte ja noch einige deiner duftigen und duftenden, süss heransäusselnden bezw. heranrauschenden Engelsharmonien für meine sogleich eintretende Krise in Augustins oder vielmehr meiner Augustine Götterarsche, und halte dich gleichzeitig versichert, dass ich dich zum Danke und zur Revanche dafür meinerseits nicht mit meiner grausamem Nadel und meinen noch grausameren Zähnen und an und in deinem Riesenkallipygen verschonen werde. (Er sticht und beisst sie weiter blutig und erhält seinen Dank dafür prompt weiter, bis er in Augustins Hintern déchargiert und zugleich vor seliger Wonnewollust und geilem Entzücken fast ohnmächtig zur Erde zusammenknickt. Nachdem auch die anderen Partner oder Akteure des Tableaus fertig geworden, löst sich dieses nunmehr auf.)

EUGÉNIE (sich der von Augustin in ihrem Munde und von dem Chevalier in ihrem Hintern empfangenen Giessbäche und Ströme von Liebessäften zu entledigen bemüht): Sieh da, Professorchen, sehen Sie mal, gestrenger Herr Oberlehrer und Lehrmeister, wie Ihre Herren Schüler mich zugerichtet haben. Habe ich doch meinen Mund und meinen Hintern ganz voll von zwei Sorten von Liebesträneen, ich meine, Liebeslikören und welche noblen »Marken« obendrein. Ich kann mich ja garnicht retten und reinigen von all dem glibbrigen Zeug da. Puh! Uah! Oah!

DOLMANCÉ (in lebhaftester Extase): Komm her, schnell Eugénie, süsser Engel, Engelssüssing! Lass mich, bitte, doch ganz fix den Likör deines Bräutigams aus deinem Engelskallipygen mit meinem Munde herausschlürfen, nachdem du dein süsses Engelsmünchen von dem Likör meines Bräutchens Augustin inzwischen leider bereits gesäubert und ausgespült hast.

EUGÉNIE (ihm ihren Hintern zu diesem Zwecke zur Disposition stellend): Ah, welche Extravaganz!

DOLMANCÉ: Ah! Nichts Süsseres, Duftigeres, Feineres und Leckeres als der Liebeslikör, der aus einen sodomisierten Götter- oder Göttinnenarsche, geschweige aus einem süssen Engelsarsche wieder zum Vorschein kommt. Was ist der Nectar und Ambrosia der Götter im Olymp dagegen gewesen? (Er saugt ihn auf und schluckt ihn mit gierigen, durstigen Zügen hinunter, hierbei allerdings zugleich Eugéniens schwarzes, kleines, mysteriöses Engelslöch'l mitfêtierend und beleckt sich selbst alsdann seine Mundwinkel mit der Zunge.) Ah! Sehen Sie, wie prächtig das gemundet und geschmeckt hat? ... (Indem er sich nunmehr an Bubi's

Hintern und dessen Löch'l zu schaffen macht, um sich
allem Anscheine nach an seinem höchsteigenen, da-
hinein verspritzten Liebeslikör einen kleinen Rausch
anzutrinken (?!) und dabei zugleich noch etwas anderes, für seine perversen Gourmandsgelüste noch Deli-
kateres, gewahr zu werden scheint)
Gestatten Sie gütigst, meine Damen, aeeh, ... dass ich
mich ein Weilchen mit Bubi, meinem Sodomiterbräut-
chen zusammen entferne ... aeeh, ... das heisst, mich
mit ihm in das Toilettezimmer begebe, aeeh!

MADAME: Nanu? Können Sie denn das, was Sie mit ihm
vorhaben, ich *ahne* es wohl, — ah, Dolmancé! Meines
Gatten würdiger Freund du, — nicht auch hier besorgen?

DOLMANCÉ: Nein nein, meine Liebe. Ich für meine Person, ich würde mich ja nicht genieren, allein Augustin,
mein Bräutchen tut's nicht anders, er geniert sich gar
zu sehr, wie er mir soeben zugeflüstert hat, besonders
vor Mademoiselle Eugénie.

EUGÉNIE (harmlos und naiv): Nanu, was wollen denn die
beiden eigentlich miteinander machen? Sag mir's
doch, geliebte Freundin. Lasse sie bitte doch nicht allein hinausgehen. Was haben sie sich denn jetzt noch
vor uns zu genieren?

DOLMANCÉ: Sie wollen es also durchaus wissen, kleine
Schelmin? Erraten Sie's denn nicht?

EUGÉNIE: Nein, ... keineswegs, in der Tat.

DOLMANCÉ (im Begriff den noch immer zögernden und
sich sträubenden Augustin ins Nachbarkabinett hin-
einzuziehen): Nun, dann lassen Sie's sich von Madame oder Ihrem Herrn Bräutigam, dem Chevalier sagen. Adieu, auf einige Augenblicke.

CHEVALIER (Eugénie zuflüsternd): Es handelt sich doch lediglich darum, dass Augustin, wie mein Schwager es
mit Ihrer Freundin, meiner Schwester, stets zu tun beliebt — oder vielmehr es sich von ihr machen lässt,
ihm ein bisschen ... nun wie soll ich mich ausdrük-

ken, ... sein grosses, hinteres, »natürliches Leibesbedürfnis oder G'schäft« *in den Mund* ... »hineinmacht«.

MADAME: Sage doch offen und frei: »Ihm in den Mund scheisst«. Ich habe dir diese Geschmackskaprice meines Mannes, des Vicomte de St. Ange, doch gestern mitgeteilt, Eugénie, kleiner unschuldiger Engel du.

DOMANCÉ (noch im Türrahmen und Bubi nunmehr gewaltsam mit sich fortziehend): Nun wissen Sie es also, kleiner Süssing, gelt? ... Komm Bubi, fix! ... Es scheint inzwischen bei dir damit ja auch bereits die höchste Zeit und Eile zu haben.

EUGÉNIE (naiv): Ach lassen Sie mich doch bitte ein bisschen dabei sein, Professorchen, ich will Sie gern auch dabei zugleich ein bisschen abwi..., wenn es Ihnen recht ist, während Bubi Sie ... Ihnen ...

DOLMANCE': Nein, nein, mein süsser Engel. Das ist eine Affäre, die wir Sodomiten unter uns Männern am besten allein abmachen. Auch das andere, das gegenseitige Abwichsen, werden wir in unserer Position des Soixante-neuf uns schon selber besorgen. Sie würden uns, mein Süssing, mit Verlaub, also nur stören und genieren. Also nochmals, adieu auf einige Augenblicke, meine Lieben. (Er zieht nunmehr Augustin mit sich ins benachbarte Toilettezimmer.)

DER MENSCH IST BÖSE

Lehren und Sprüche des Marquis de Sade

IN EINER AUSWAHL VON ERNST ULITZSCH

Alfred Richard Meyer-Verlag Berlin-Wilmersdorf

D.A.F.M.D.S.

Donatien Alphonse François Marquis de Sade ist der Bluthusten der europäischen Kultur. Als die Körper der Rokoko-Aristokraten immer muskelschwächer, die Moschusparfüms immer stärker wurden und es kaum einem möglich war, ohne Kantharidenbonbons in erotischen Krampf zu verfallen, stieß er mit kraftvollem Arm die Fenster schlecht gelüfteter Salons ein. Die Schuld lag gewiß nicht bei D.A.F., wenn nun, statt ersehnter Morgenluft, der Gestank des Schlachthauses einströmte, und jauchfahle Fratzen der frische Duft warmen Blutes zum Erbrechen reizte. Er hatte die Witterung der Persönlichkeit. In seinen Ohren hämmerte der Takt des Fallbeiles, ehe es errichtet ward; und während süßlicher Puder ein perverses Greisenleben hervorzauberte, sah er bereits am politischen Himmel den blutigen Andromedanebel. Er sah rot.

Aber er sah auch, ganz phrasenfrei, die ungeheure Tragik des Lebens darin, daß der Mensch einsam ist. Und folgerichtig versuchte er dieses Gefühl des Alleinseins bis in die dünne Höhenluft des individualistischen Anarchismus zu steigern, in der die Vereinigung in der Geschlechtlichkeit vor sich gehen kann. Er spielt, vor Proudhon und Stirner, mit dem Gedanken der »Gesellschaft« und haßt den Staat, der den menschlichen Willen kettet. Es ist wahr, er liebte die Nacht und das Verborgene, aber er erkannte auch hier die letzten Wünsche der menschlichen Seele, die sich zutiefst immer gern dem Grauen ergibt. Und dann das andere: Cerebrales schätzte er nicht.

Er war der Prolet, dessen derbe Fäuste auf den Tisch dröhnten, der den rasierten Schädeln die Perücken abriß und mit nackten Schenkeln zum Lever erschien. Aber die Lenden spreizten sich sehnig und schrieen von unmenschlichen Gelüsten. Ja, er predigte das Böse, und glaubte nicht den schmalzigen Stimmen, die auch damals schon röchelten, daß der Mensch gut sei. Und doch klingt aus dem furchtbaren Hohn die tiefe Trauer herauf: Warum ist das alles so?!

»Und ist das Böse nicht gut, und das Gute nicht bös?« schrieb Goethe, nach dem »Werther«, der La Roche.

Der Marquis de Sade versuchte es in einer Reihe dickleibiger Kolportageromane zu beweisen. Er schleifte die Menschheit zu Tode, aber er rettete seine Theorie.

Er ist der Abdecker der Literatur.

Ernst Ulitzsch.

Die Natur, die uns einsam gebar, befiehlt uns in keiner Weise unsere Nebenmenschen zu schonen. Wenn wir es doch tun, geschieht es aus Klugheit oder, richtiger gesagt, aus Egoismus. Wir fügen den anderen nichts zu, weil wir nicht wollen, daß uns etwas zu nahe rücke. Aber wer stark genug ist, eine Vergeltung nicht befürchten zu müssen, wird ruhig Böses tun, weil es keine heftigere Leidenschaft im Menschen gibt, als die, auszubeuten, zu unterjochen und zu vernichten.

Zweifellos kann es vorkommen, daß wir bei unseren Vergnügungen das Glück anderer zerstören — werden wir aber deshalb weniger freudig empfinden? Nur wenn wir uns herablassen, die Klagen der anderen anzuhören, wird ein Schatten über unseren Genuß fallen, aber sowie uns die Klagen bewegen, hat die Vernunft unseren Körper verlassen und ist in den des Leidenden geschlüpft. Sowie uns die Klagen rühren, sind wir zu unseren eigenen Feinden geworden. Wenn wir die anderen derart stören, daß sie nicht mehr zu klagen vermögen, oder wenn sie es aus Furcht nicht wagen, bleibt uns der Gedanke fern, unsere Lust zu beeinträchtigen.

Wäre es wohl vernünftig, daß uns die Natur Leidenschaften und Begierden gäbe und nicht gleichzeitig Gelegenheiten schüfe, wo wir sie in die Tat umsetzen könnten! Die Natur will nicht, daß man eine Anlage, die sie uns eingeimpft hat, unterdrücke — und den lächerlichen Vorwand, daß wir widernatürlich handeln, wenn wir leidenschaftlich sind, überlasse man den Dummköpfen.

❧

In Kleinigkeiten wundern wir uns nicht über Geschmacksunterschiede, aber sobald es sich um die Wollust handelt, geht der Lärm los. Gerade diejenigen Frauen, welche infolge ihres geringen Wertes ängstlich darüber wachen, daß man ihnen nichts wegnehme, ereifern sich am meisten, wenn man auch noch so wenig an der von ihnen geforderten Verehrung abweicht. Und warum sollte der Mann gerade in der Zeugungstätigkeit, in der Sinnenlust weniger Geschmacksschwankungen unterworfen sein, als in den anderen Vergnügungen? Kann er dafür, daß ihn das anwidert, was anderen gefällt, und er das aufsucht, was andere abscheulich finden? — Wenn die Medizin genügend vorgeschritten wäre, würde sie uns die Absonderlichkeiten der Liebe genau so im Zusammenhang mit der natürlichen Veranlagung erklären, wie das den anderen »natürlich Erscheinende«. Wo ist also eure Weisheit, wo sind eure Gesetze, Strafen, euer Paradies, eure Hölle, euer Gott — ihr Gesetzgeber, Pedanten, Henkersknechte, Mörder, Menschenzüchter, wenn erwiesen ist, daß diese oder jene natürliche Veränderung im Blutkreislauf oder im Nervensystem aus einem Menschen das macht, was man mit schrecklichen und unsinnigen Strafen verfolgt!

❧

Einstmals mußte man seine Leidenschaften mit dem Tode büßen, heutzutage begnügt man sich, uns dafür vorübergehend zu bestrafen. Sobald der Mensch aber einmal auf einer höheren philosophischen Stufe stehen wird, werden selbst die Einschränkungen aufgehoben werden. Man wird erkennen, daß wir nicht Herr unserer Neigungen sind und dafür ebensowenig zu büßen haben, als wenn uns die Natur schief oder verkrüppelt entstehen ließ.

Auch die heftigsten Gewissensbisse können uns nach der Tat nicht mehr helfen. Sie können das geschehene Übel nicht mehr verringern — und da die Gewissensbisse stets erst nach der Tat auftreten, so taugen sie daher nichts. Nachdem wir eine Handlung ausgeführt haben, treten notwendigerweise zwei Dinge ein. Entweder sie wird bestraft oder sie wird es nicht. Wenn das zweite eintritt, sind Gewissensbisse ein beklagenswerter Unsinn. Denn wozu eine Tat bereuen, die uns Vergnügen bereitet und keinerlei ärgerliche Folgen gebracht hat. Wenn die Handlung nach der Entdeckung bestraft wird, so kann man bei genauer Prüfung erkennen, daß unsere Reue nicht über den dem Nächsten zugefügten Schmerz eintritt, sondern daß wir auf unsere eigene Ungeschicklichkeit wütend sind; daß wir uns erbosen, nicht schlauer gehandelt zu haben und diese Gefühle hinter einem anderen verbergen, von dem wir uns einreden, daß es Reue sei. Zürnen wir nicht beinahe dem Opfer nach der Schlachtung, daß es uns ärgerte und wir es vernichten mußten?

Das Verbrechen ist ein Begriff, der dem ruhigen Bürger Schauer einflößt. Aber es gibt eigentlich keine Handlung, die nicht schon an irgend einem Orte zu irgend einer Zeit als Verbrechen gestempelt wurde, während man sie anderweitig hochschätzte. Kann aber eine so verworrene Bezeichnung, die geographischen, historischen und sozialen Schwankungen unterliegt, von uns anerkannt werden? Was sollte wohl aus der Erfüllung unserer Wünsche werden, wenn sie alle von so unbestimmbaren Maßstäben abhingen!

Man ahnt nicht, wie die Wollust und alles, was man unternimmt, durch die Gewißheit vergrößert werden, wenn man sich sagen kann: Hier bin ich allein, ich bin am Ende der Welt, allen Augen verborgen — kein Geschöpf kann mir zu nahe treten. Dann gibt es weder Hindernisse noch Zügel mehr. Die Begierden erheben sich mit einem Ungestüm, das keine Grenzen mehr kennt, und die alles begünstigende Straflosigkeit erhöht in angenehmer Weise unseren Rausch. Es gibt dann keinen Gott und kein Gewissen mehr!

Was ist das Ziel des Mannes bei seiner Lust? Doch gewiß nur, seinen Nerven jene Erregung zu geben, die die letzte Krise so heiß als möglich gestalten. Ist es daher nicht lächerlicher, zu behaupten, sie müsse, um voll genossen zu werden, auch der Empfindung der Frau nahekommen? Es bedarf keines Beweises, daß uns die Frau ebensoviel nimmt, als sie gibt. Werden wir nicht ein höheres Vergnügen darin finden, die Frau zu zwingen, nur unserer Lust zu dienen, ohne Rücksicht auf ihre Freuden zu nehmen?

❦

Ist es nicht lächerlich, wenn man von uns fordert, die anderen Menschen ebenso zu lieben als uns selbst! Was geht mich denn das Schicksal meines Nächsten an, wenn ich nur vergnügt bin. Habe ich mit den anderen Wesen eigentlich mehr gemeinsam als die äußere Form? Und dieses Spiel des Zufalls soll für meine Beschlüsse bindend sein? Ich soll weinen, weil irgend wer zu meiner Seite flennt, soll mich um einen Klumpen zappelnden Fleisch, das irgendwelche Töne heult, in meiner Ruhe, in meiner Lust stören lassen, soll mich meines Vermögens, meines Glückes berauben, nur um die Geräusche jenes Wesens zu ersticken. Ist es da nicht besser, wenn ich das Wesen wie eine zerbrochene Uhr zerschlage? Wie töricht müßte ich sein, wenn ich anders handelte.

Niemals habe ich begriffen, wie man die Toten und ihren letzten Willen achten kann. Dies hängt wahrscheinlich mit der lächerlichen Idee von der Unsterblichkeit der Seele zusammen. Wer, wie ich, davon überzeugt ist, daß wir nur ein erbärmliches Staubkörnchen sind, wird der entkörperten Materie nie irgendwelche Bedeutung beilegen. Aber unser Stolz kann sich mit dem Gedanken, nach dem Tode in ein Nichts zu zerfließen, nicht befreunden. Darum denkt man an ein Leben nach dem Tode, fabelt von Seelen, von Geistern, fürchtet sie und befolgt ihren letzten Willen. Sobald wir aber überzeugt sind, daß wir nach dem Tode nur einen Haufen Dreck darstellen, werden wir auch den Leichen keine Grabmäler, keine Lobreden mehr weihen, sondern sie so schnell als möglich verscharren oder verbrennen.

Die Heuchelei ist in der Welt notwendig, und man hält selten denjenigen für verbrecherisch, der allem gegenüber Gleichgültigkeit zeigt. Nicht jeder ist so unglücklich und so ungeschickt wie Tartuffe; übrigens darf man auch die Heuchelei nicht so weit treiben, die Tugend anbeten zu wollen; man muß sich nur darauf beschränken, dem Verbrechen gegenüber gleichgültig zu sein. An zu viel Tugend glaubt die Welt heute nicht mehr und wittert Ausschweifungen, wenn wir die Keuschen spielen. Nein, man gebe sich harmlos, wie sich die Dummköpfe geben, die es wirklich sind.

Die Zerstörung, das oberste aller Gesetze, weil nichts ohne sie geschaffen werden kann, gefällt der Natur weit mehr als die Fortpflanzung, die von einer griechischen Philosophenschule mit Recht das Ergebnis von Morden genannt wird.

⚜

Es gibt keine andere Hölle für den Menschen, als die Dummheit und Bosheit von seinesgleichen.

⚜

Die Hartherzigkeit der Reichen berechtigt die Armen zu ihrer Schlechtigkeit. Ihre Schatzkammern mögen sich öffnen, die Menschlichkeit soll in ihre Herzen einziehen, und wir werden nur für die Tugend leben. Die Natur hat uns alle gleich geschaffen. Wenn sich das Schicksal mit seiner ungerechten Härte darin gefällt, dieses Grundgesetz umzustoßen, so ist es unsere Sache, seine Launen zu korrigieren. Ich höre ihnen gern zu, den reichen Leuten, den Beamten, Militaristen und Priestern, wenn sie der Welt die Tugend predigen. Man kann leicht keine Lust zum Diebstahl haben, wenn man dreimal soviel besitzt, als man zum Leben braucht, leicht keine Lust zum Morde empfinden, wenn einem alles mühelos in den Schoß fällt. Wenn uns die Natur in eine Lage versetzt, in der die Missetat zur Notwendigkeit wird, und sie uns gleichzeitig die Möglichkeit schenkt, schlecht zu handeln, so dient das Böse ihren Gesetzen sicher ebenso wie das Gute. Der Zustand, für den sie uns schuf, war der der Gleichheit; und wer diesen Zustand zerstört, ist ebenso schuldig als ein anderer, der ihn wiederherzustellen trachtet.

⚜

Der Mensch besaß im Urzustande nur eine Eigenschaft, die ihn von seinen Gefährten unterschied: die Kraft. Sie allein führte die Ungleichheit herbei, die die Welt verpestet; denn so entstand der erste Diebstahl, der von der

Natur gestattet und begünstigt wurde. Aber der Schwächere rächte sich durch die List, daß also der Betrug zur Schwester des Diebstahls und gleicherweise zur Tochter der Natur wurde. Dieses falsche Abmaß der Kräfte hat man später mit heuchlerischen Gesetzen besiegelt. Aber in demselben Grade sind List und Bosheit gewachsen, denn nur sie allein können den Übermut der Starken dämpfen.

Eine Hure ist ein liebenswertes Geschöpf, das seinen Ruf dem Glücke anderer opfert und das allein dadurch schon des höchsten Lobes wert ist. Die Hure ist ein Lieblingskind der Natur, aber ein keusches kaltherziges Mädchen ihr Auswurf. Die Hure verdient den Altar, die Vestalin den Scheiterhaufen.

Eine Frau ist erst dann glücklich, wenn sie ihren guten Ruf verloren hat; dann ist sie keiner Gefahr mehr ausgesetzt.

Nicht der Fehltritt stürzt eine Frau ins Verderben, sondern der Skandal; und zehn Millionen unbekannte Verfehlungen sind weniger gefährlich als ein leichtes Versehen, von dem jedermann erfährt.

Eine Frau sollte sich lieber mit einem gekauften Kerl als mit einem Geliebten einlassen. Der erste wird in der Regel verschwiegen sein, während der zweite sich rühmen und ihren Ruf aufs Spiel setzen kann. Ein Kutscher, ein Kammerdiener, ein Packträger — da merkt man nichts. Fällt die Frau aber einem Mann der Gesellschaft anheim, so ist sie verloren.

Schließlich kann es einem Manne ganz gleichgültig sein, wieviel Liebhaber seine Frau hat, er wird beim tausendsten nicht mehr entehrt als beim ersten. Es scheint im Gegenteil, als ob der Fehltritt durch häufige Wiederholung verringert würde — denn einer verwischt das Gedenken an den anderen.

Alle sentimentalen Liebhaber sind Trottel; sie entschädigen die Frau mit schönen Worten.

Eine Frau sollte niemals das Leben ihres Mannes leichtsinnig aufs Spiel setzen, denn sie hat alle Ursache, die Lebenstage ihres Gatten nicht zu verkürzen. Eine Frau braucht lange Zeit, um ihren Mann kennen zu lernen; wenn sie sich aber schon einmal dieser Mühe unterzogen hat, wozu soll sie es ein zweites Mal tun? Sie würde in keinem Fall etwas dabei gewinnen, denn sie sucht ja in ihrem Gatten keinen Geliebten, sie will durch ihn in ihrer Bequemlichkeit unterstützt werden, und das erreicht sie durch Gewöhnung besser als durch ewigen Wechsel.

Eine Frau nimmt unerhört rasch die Grundsätze des Mannes an, der sie besessen hat.

Wie kann ein Mädchen so einfältig sein und glauben, daß ihre Tugend von der mehr oder minder großen Weite eines ihrer Körperteile abhängt. Die Keuschheit, die man uns von Kindheit an als Tugend betrachten lehrte, beleidigt sichtbar die Natur und die menschliche Gesellschaft.

♣

Man muß sich wohl hüten, zu glauben, die Heirat vermehre das Glück eines Mädchens. Wer einmal am Altar

Hymens gefesselt wurde, hat neben vielen Unannehmlichkeiten sehr wenig Vergnügungen zu erwarten. Eine Frau aber, die sich der freien Liebe hingibt, kann sich leicht vor den Gewalttätigkeiten ihres Liebhabers schützen oder die Schläge des Schicksals in den Armen zahlreicher Liebhaber vergessen.

Wir empfinden nichts, was nicht der Natur zur Erreichung ihrer Ziele dient. Benötigt sie neue Wesen, so flößt sie uns Liebe ein. Wird ihr die Zerstörung notwendig, so pflanzt sie in unsere Herzen Rachedurst, Geiz, Wollust und Ehrgeiz. Aber sie arbeitet immer nur für sich selbst, und wir sind nur die schwachen Werkzeuge ihrer Launen.

Die Natur gestattet die Fortpflanzung, aber man muß sich hüten, ihre Erlaubnis für einen Befehl zu halten.

Hat die Natur nicht in uns allen den Drang gelegt, reich zu werden? Wenn man das bejaht, so muß man auch jedes Mittel, das zur Erreichung dieses Zieles führt, als rechtmäßig anerkennen.

Der Mann, welcher eine Frau ganz genießen will, darf nie ihr Herz zu gewinnen suchen, denn auf diesem Wege wird er ihr Sklave und sehr unglücklich. Eine Frau ist nur dann köstlich, wenn sie den Mann von ganzem Herzen haßt — und derjenige, welcher alle Freuden der Wollust genießen will, darf nicht versäumen, sich der Frau möglichst verhaßt zu machen.

Das Laster mache nicht glücklich, sagen die Dummköpfe. Sicherlich nicht, wenn man auf die Tugend eingeschworen ist. Aber man ergebe sich einmal nur dem Bösen, dann wird man die Tugend sehr schnell vergessen und die tiefere Lust des Bösen empfinden.

So lange man die Diebe bestraft, werden sie morden, um nicht entdeckt zu werden.

Die Grausamkeit ist eine menschliche Tugend, an der die Zivilisation noch nichts zu verderben vermochte.

Das erste Mal, da man sich allein befindet, nachdem man recht lange zu zweit war, scheint es einem, als ob dem Dasein etwas fehle. Die Toren halten das für die Wirkung der Liebe; sie täuschen sich. Der Schmerz, den das Gefühl der Leere in uns wachruft, ist nur die Wirkung der Gewohnheit, ist das Unbehagen, sich neuen Verhältnissen anpassen zu müssen. Aber bald verschwindet jede Empfindung daran, daß wir uns eines Tages erschreckt fragen: was fesselte mich eigentlich die ganze Zeit an jenen Gegenstand.

Die Humanität besteht nicht darin, anderen zu helfen, sondern sich, soweit es geht, auf Kosten anderer zu ergötzen. Man verwechsle daher niemals Humanität mit Zivilisation. Die eine ist aber so wenig als die andere ein Gesetz der Natur, das man ohne Vorurteil ausüben konnte, sondern Menschenwerk — und daher ein Gemisch von Leidenschaften und Interessen. Die Natur gibt uns nur das Einfache, das ihr Gefällige ein. Immer wenn wir ihr folgen und ein Hindernis, etwas Kompliziertes finden, ist es Menschenwerk.

Gibt es eigentlich etwas Frecheres, als daß sich die Menschen den Tieren gegenüber die Vorherrschaft in der Welt anmaßen? Wenn man sie fragt, worauf diese Überhebung begründet sei, antwortete sie einfältig »Auf unsere Seele«. Bittet man sie aber um eine Erklärung, was sie unter diesem Worte verstehen, so hört man sie stammeln und sich in Widersprüche verwickeln, wobei sie aber stets versichern, daß diese Seele unsterblich sei. Wir lachen über die Einfalt primitiver Völker, bei denen es Sitte ist, den Toten Lebensmittel ins Grab zu legen. Was ist aber abgeschmackter: Der Glaube, daß die Seele nach dem Tode essen werde, oder die Überzeugung, daß sie alsdann glücklich oder unglücklich, in der Sprache der Welt: im Himmel oder in der Hölle sein werde?

Es gibt kein Verbrechen gegen die Natur. Die Menschen glauben daran, denn sie haben alles dazu stempeln müssen, was sie irgendwie störte. Deshalb kann ein Mensch einem anderen Unrecht tun, niemals aber der Natur.

Man schätzt heutigentags nur das, was etwas einbringt oder was ergötzt. Welchen Nutzen oder welchen Genuß können wir aber aus der Tugend einer Frau ziehen? Ihre Verliebtheit gefällt und erfreut uns, aber ihre Keuschheit ist uns nur langweilig.

Die von der Revolution aufgestellte »Gleichheit« ist nichts als die Rache des Schwachen an dem Starken. Aber dieser Umschwung hat doch etwas Gutes, denn dabei kommt schließlich jeder einmal an die Reihe. Zuletzt ändert sich der Zustand ja doch wieder, denn nichts steht in der Natur fest.

Morden heißt, die Formen der Natur variieren.

⚜

Der Wille der Natur ist erfüllt, sobald eine Frau schwanger ist; was kümmert es sie aber ob die Frucht reif oder noch grün gepflückt wird.

⚜

Die Scham ist nur ein Wahngebilde, nur ein Ergebnis der Sitten und Erziehung; sie ist das, was man Angewöhnung nennt.

⚜

Vernunft und Wahnsinn, Tugend und Laster sind Produkte der Außenwelt und ihrer Eindrücke auf den Organismus.

⚜

Die Philosophie dient nicht dazu, die Schwachen zu trösten; sie hat nur den Zweck, dem Geiste Gerechtigkeit widerfahren zu lassen und jedem Vorurteil ein Ende zu bereiten.

⚜

Was hat Zärtlichkeit mit der Liebe zu tun? Vergrößert sie unsere Empfindungen? Im Gegenteil, sie dämpft das Vergnügen, indem sie dem Manne körperliche Schranken zugunsten der Moral setzt.

Die Menschen waren ursprünglich neidisch, grausam und despotisch, jeder wollte alles für sich haben und nichts abtreten. So stritten sie sich ununterbrochen um ihr Recht. Da kam der Gesetzgeber und sagte: »Höret auf, euch zu zerfleischen. Wenn ihr jeder dem anderen einen Teil abgebt, wird Friede herrschen.« Ich will nichts gegen den Vorschlag an sich sagen. Aber es gibt zweierlei Menschenklassen, die immer gegen seine Ausführung sein werden. Das sind die Starken, die es nicht nötig haben, etwas abzugeben, um glücklich zu sein — und die Schwachen, die viel mehr abtreten müssen, als sie wieder erhalten werden. Die Gesellschaft besteht nur aus starken und schwachen Wesen — weshalb sich der einstige Kriegszustand als der vorteilhaftere erweisen muß, da er jedem freie Ausübung seiner Kräfte und seiner Tätigkeit läßt. Das wahrhaft kluge Wesen lehnt sich gegen den Vertrag auf und verletzt ihn, so oft es kann, denn es erreicht dadurch ebenso viele Vorteile, wie es als unterwürfiges Wesen Nachteile hätte. Denn sowie ein Mensch einen Vertrag erfüllt, ist er der Schwächere, sowie er ihn bricht — der Stärkere. Wenn die Gesetze ihn wieder in die Klasse der Schwachen zurückstoßen wollen, ist das Schlimmste, was ihm bei einer Auflehnung zustoßen kann, der Tod. Aber der ist unendlich weniger zu beklagen, als ein Dasein in Elend und Unglück. Immer der Starke sein — das ist das ganze Geheimnis des Lebens.

⚜

Ausklang

Marquis de Sade

Zwei kleine Geschichten

1.

Ganz Frankreich weiß, daß der Fürst von Baufremont denselben Geschmack hat wie ein sehr bekannter Erzbischof-Kardinal. Man hatte ihm zur Frau ein sehr junges, unerfahrenes Mädchen gegeben, das, wie es der Brauch, von der Mutter erst kurz vor der Hochzeit unterrichtet wurde. »Ohne weitere Erklärung«, sagte die Mama, »hindert mich die Schicklichkeit, auf gewisse Details einzugehen. Ich habe Dir, meine Tochter, nur das eine zu sagen: geh nicht auf die ersten Vorschläge ein, welche Dir Dein Gatte machen wird und sag ihm entschlossen: nein, mein Lieber, das macht man nicht bei einer anständigen Frau, — überall anders, wo es Ihnen gefällt, aber da bestimmt nicht.«

Das junge Paar begibt sich also nach der Hochzeit zu Bett. Und aus Scham oder aus Anstand, was beides man von ihm nie erwarten konnte, wollte der fürstliche Graf die Sache dort besorgen, wenigstens beim erstenmal, wo sie Brauch und Regel ist. Aber die junge Gattin erinnerte sich, wohlerzogen wie sie war, der dringenden Mahnung ihrer Mutter. »Wofür halten Sie mich, mein Herr? Glauben Sie von mir, daß ich zu solcher Art meine Einwilligung gebe? Überall anders, wo es Ihnen gefällt, aber da bestimmt nicht!« — »Aber mein Kind ...« — »Sie mögen reden was Sie wollen, mein Herr, Sie werden mich nie nachgiebig machen, nie!« — »Dann bleibt nichts anderes übrig, meine Liebe, als Ihnen nachzugeben«, sagte der Gatte und begab sich an den von ihm so sehr geliebten hinteren Altar, um das Opfer darzubringen.

2.

Der Abbé du Parquet hatte einen Grafen von Nerceuil zu erziehen, einen sehr hübschen Jungen von fünfzehn Jahren. Der Schüler hatte große Schwierigkeiten, die Dreieinigkeit zu begreifen, — »ich kann«, sagte er, »mir nicht einmal von der Zweieinigkeit eine Vorstellung machen, lieber Abbé!«

Dem Lehrer lag viel daran, seinem Schüler eine sehr gute Bildung zu geben, und so verfiel er auf ein gefälliges Mittel, die Schwierigkeiten zu beseitigen, die dem Jungen der Begriff der Konsubstanzialität bereitete. Er ließ ein junges Mädchen von dreizehn bis vierzehn Jahren kommen und gab der Kleinen allen nötigen Unterricht. Darauf vereinigte er sie mit dem jungen Grafen. »Begreifst Du nun das Geheimnis der Konsubstanzialität, mein Junge, verstehst Du jetzt ohne Schwierigkeiten, daß zwei Personen eine bilden können?« — Und der entzückte Energumene rief: »Ich begreife es jetzt mit einer überraschenden Leichtigkeit und verstehe auch, daß, wie man sagt, dieses Geheimnis die größte Freude der himmlischen Personen ist.«

Einige Tage darauf eröffnete der Schüler seinem Lehrer, ihm eine weitere Lektion, der ersten ähnlich, zu geben, denn einige Details dieses Mysteriums seien ihm unklar geworden. Der gefällige Abbé, den dieser Unterricht nicht weniger amüsierte als den Schüler, ließ das junge Mädchen kommen und die zweite Unterrichtsstunde begann. Als nun der Lehrer den sehr reizenden auf- und abhüpfenden Popo seines jungen Schülers sah, konnte er sich nicht enthalten, an den Unterricht zu denken. »Das geht zu schnell«, sagte er zu dem Schüler und hielt ihn an der Hüfte fest, aber nur so lange, bis er sagen konnte: »Jetzt habe ich die zu rasche Bewegung ins Richtige gebracht«, — und seinem Schüler das tat, was dieser dem unter ihm liegenden Mädchen besorgte. »Au«, schrie der junge Graf, »was macht Ihr da? Ihr tut mir weh!« — »Neue Kenntnis zu erwerben, ist immer mit vorübergehenden Schmerzen verbunden«, sagte der gütige Lehrer, »ich bringe Dir, weils in Einem möglich, jetzt gleich den Begriff der Dreieinigkeit bei. Noch fünf, sechs solche Lektionen und Du kannst Dein Theologisches Doktorat machen.«

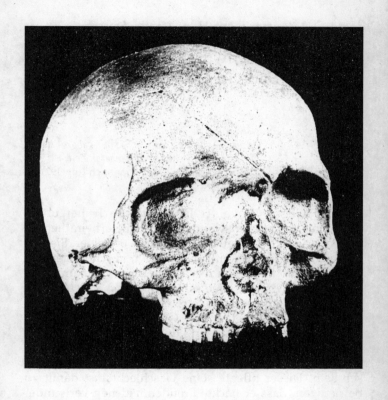

Der Schädel des Marquis de Sade
(Abguß)

Nachwort

MICHAEL FARIN/HANS-ULRICH SEIFERT

Das schwärzeste Herz –
Sade in Deutschland

> »*Marquis de Sade,
> dessen Lebensgeschichte Sie mir geborgt haben,
> ist der eigentliche Patron unserer Zeit.*«
> FRANZ KAFKA zu Gustav Janouch (um 1921)

Ein gewisser Gruyo, 41 Jahre alt, von früher unbescholtenem Lebenswandel und 3mal verheirathet gewesen, erwürgte im Lauf von 10 Jahren 6 Weiber. Sie waren fast sämmtlich öffentliche Dirnen und schon ziemlich alt. Nach dem Erwürgen riss er ihnen per vaginam Darm und Nieren heraus. Einige seiner Opfer schändete er vor dem Mord, andere (eingetretener Impotenz wegen) nicht. Er verfuhr bei seinen Greuelthaten mit solcher Vorsicht, dass er 10 Jahre lang unentdeckt blieb.

Ein ähnliches Ungeheuer muss der Marquis de Sade, von französischen Schriftstellern mehrfach citirt, gewesen sein. Dieser pflegte seine Geschlechtslust damit zu befriedigen, dass er nackte Freudenmädchen verwundete, um sodann mit höchster Wollust ihre Wunden zu verbinden. Er war so cynisch, dass er ernstlich seine grausame Lüsternheit idealisiren und sich zum Apostel einer darauf bezüglichen Lehre machen wollte!«[1]

Es war Richard Freiherr von Krafft-Ebing, der diese diffamierende Vermutung 1886 in der ersten Auflage seiner damals erst 110 Seiten umfassenden, klinisch-forensischen Studie *Psychopathia sexualis* äußerte. Selbstverständlich ist sie unzulässig, wie überhaupt jede Gleichsetzung von Leben und Werk, von Tun und Schreiben, aber typisch für eine Zeit, die nur, wenn überhaupt, über fehlerhafte Informationen zu Sade verfügte.

Zwar geisterte Sade bereits seit 1791 durch das deutschsprachige Schrifttum, doch immer als verabscheuungswürdiger Irrsinniger, der seinen »unnatürlichen Leidenschaften« freien Lauf ließ. Gerüchte, Anekdoten, wohl aber auch die langsam einsetzende Rezeption seines Romans *Justine ou les Malheurs de la vertu* boten für diese Einschätzung die Handhabe.

Im *Rheinischen Conversations-Lexikon* von 1830 etwa heißt es über die Romane *Justine* und *Juliette:* »Diese Werke sind unter allen verrufenen Romanen, womit der unglückliche, ausschweifende Leichtsinn der Franzosen ihre Literatur besudelt hat, die verworfensten. Der größte Bösewicht, das schwärzeste Herz, die ausschweifendste befleckteste Phantasie werden sie nicht ohne Schaudern lesen können: denn alles darin ist so ungeheuer und empörend, daß man ein moralisches Scheusal wie Sade sein muß, um Gefallen daran zu finden.«[2]

Die große Verbreitung dieses Buches ist daher bemerkenswert und die Aura des Bösen, die es umgab, erstaunlich. Bereits im Jahr der Erstausgabe, 1791, erscheint der erste Nachdruck, 1792 dann eine bearbeitete Fassung mit fünf Illustrationen bei dem auf Erotika spezialierten Verleger Cazin. Und 1794, wiederum in Paris, eine nochmals erweiterte Ausgabe mit der Ortsangabe ›Philadelphie‹. Letztere besorgte sich der Schweizer Aufklärer Johann Jakob Meister, um eine Besprechung für die handschriftlich an zahlreichen europäischen Fürstenhöfen verbreitete, französischsprachige *Literarische Korrespondenz* zu verfassen, die der ebenfalls aus Paris emigrierte Baron Melchior von Grimm herausgibt.

»Von allen schlechten Büchern«, schreibt Meister, »die ich zu meinem Unglück gelesen habe, ist dieses ohne jeden Zweifel das gefährlichste und das abscheulichste. Es ist dies in solchem Maße, daß der Wohlfahrtsausschuß der Französischen Republik sich gezwungen sah, seine Verbreitung zu unterbinden, obwohl sich darin keine einzige Zeile befindet, in der die neuen Prinzipien seiner Politik oder die Person der Diktatoren angegriffen werden. Es stimmt, daß man sich erst nach der dritten und vierten Auflage zu diesem Verbot entschlossen hat.«[3]

Schillers Jugendfreund Ludwig Ferdinand Huber, der das Buch 1796 in der Zeitschrift *Humaniora* bespricht, formuliert noch schärfer: »Der leidenschaftliche, dogmatische Atheismus und Antichristianismus, welcher das mehr oder weniger geheime Bundswort der encyklopädischen Sekte in Frankreich war, macht die Grundlage dieses Werkes; zugleich führt es mit satanischer Kühnheit die äußersten moralischen Konsequenzen jenes Systems zur Rechtfertigung aller Laster und Verbrechen aus, und schildert diese mit solchen Details, welche nicht der Unschuld allein, sondern selbst im alltäglichen Lauf gemeiner Verderbniß, so unmöglich als gräßlich scheinen müssen. Wir glauben, wir hoffen, daß schwerlich ein einziger deutscher Leser im Stande ist, sich einen deutlichen Begriff von den sogenannten grausamen Vergnügungen *(plaisirs cruels)* zu machen, deren tausendfache Veränderungen in diesem Buch beschrieben sind.«[4]

Die endgültige Fassung der *Justine* aber war noch gar nicht erschienen. Vierbändig und um neue Episoden erweitert, lag sie mit dem fingierten Druckort »London« erst 1797 vor. Sie dürfte textidentisch sein mit den ersten vier Bänden des im selben Jahr in Paris (vermutlich bei Bertrandet oder Didot) mit dem Impressum »en Hollande« gedruckten Monumentalwerks *La Nouvelle Justine ou les Malheurs de la vertu, suivi de l'Histoire de Juliette sa sœur ou les Prospérités du vice.*

Erstaunlicherweise scheinen die insgesamt zehn mit einhundert Stichen illustrierten[5] Bände dieses Werkes über mehrere Jahrzehnte keinen deutschen Leser gefunden zu haben, der sie für erwähnenswert hielt. Einzig über die *Justine* wird im Dezember 1797 in der in Hamburg gedruckten Emigrantenzeitschrift *Spectateur du Nord* ein achtseitiger Brief veröffentlicht.[6] Verfasser ist der aus Frankreich emigrierte Philosoph und Kulturhistoriker Charles de Villers. Er gibt vor, seine Abhandlung im Auftrag einer Dame zu schreiben, die sich vor der Lektüre eines »so abscheulichen Werkes« erst einmal über das, was sie erwartet, ins Bild setzen lassen will. Außerdem erzählt Villers, daß sich die Mitglieder des Wohlfahrtsausschusses an der *Justine* delektierten, um sich auf diese Weise zur Verhängung von Todesurteilen anzustacheln. Was sie aber nicht daran hinderte, den Verfasser des Romans zu verfolgen.

Die Geschichten der Gegenpartei sind nicht weniger aufschlußreich. So weiß ein Pariser Polizeispitzel zu berichten, daß sich »die schaudererregenden Schriften des Grafen von Sade in den Sofaecken aller Damen finden, die stets das Neueste vom Neuen lesen wollen. Diese schreckliche Verlotterung der Sitten macht nicht bei den Franzosen von Paris halt, sie verbreitet sich auch unter den Emigranten. Einer von ihnen, mit dem Titel eines Marquis [de Maisonfort] ausstaffiert, will Deutschland mit den monströsen Produkten des Grafen von Sade überschwemmen — er wird im Herzogtum von Braunschweig die teuflischen Werke *Justine* und *Juliette* in zehntausend Exemplaren drucken lassen und die abscheulichsten Gravüren, die man je zu veröffentlichen wagte, dazu tun.«[7]

Der Sade-Forscher Maurice Heine, der derlei Gerüchte von einer massenhaften Verbreitung der Schriften Sades in Deutschland in seinem posthum erschienenen *Le Marquis de Sade* (1950) tradiert, gibt Leipzig als Druckort dieser vermeintlich publizierten Bücher an. Mehr als eine Auswahl aus der Novellensammlung *Die Verbrechen der Liebe* (1803), im Verlag Wilhelm Rein in zwei Bänden erschienen, ist damals in Deutschland aber nicht gedruckt worden. Der ästhetische Kanon der Weimarer Klassik im

Bund mit der noch lange nach den Freiheitskriegen nachweisbaren Aversion gegen Frankreich und seine Revolution bildeten einen derart starken Wall, daß es in Deutschland nicht einmal zu einem Verbot seiner Werke kam. Und selbst in Wien, wo seinerzeit zahllose französische Bücher verboten wurden, finden sich nur *Aline et Valcour* und die *Crimes de l'amour* auf dem Index.

Auch die deutsche Romantik, die es — im Gegensatz zu der des Nachbarlandes — zu keiner »frenetischen Schule« brachte, verbot sich in ihrem neureligiösen Schmachten die Kenntnisnahme des durch einen aggressiven Atheismus gekennzeichneten Sadeschen Werkes. Es ist daher eine Ausnahme, wenn der Schweizer Historiker und Vielleser Johannes von Müller Ende 1800 die *Justine* liest und sogar den »Marquis de Sadè« als Verfasser zu nennen weiß. Ihm fällt dabei auf, daß Sade »nicht, wie vormals viele [andere Schriftsteller] durch schlüpfrige Gemählde nur reizen, sondern durch tiefsinnig scheinende philosophische Raisonnements zu zeigen such[t], daß alles erlaubt, gut, nützlich, ja nothwendig ist. Systematisirt wurde das Verbrechen nie so. Hierzu kommt bei Sadé die erschreckliche Mischung der Grausamkeit mit der schamlosesten Lust; und daß gar alles, alle Religion, alle Moral in allen Puncten durch diese Metaphysik angegriffen wird. So ein Buch ist mir in der ganzen Literatur nirgends vorgekommen.«[8]

Sades Werk bleibt also im Deutschland dieser Jahre so gut wie unbekannt. Nur bisweilen fällt sein Name, etwa in den *Französischen Miszellen*[9], einem in Tübingen bei Cotta erschienenen Periodikum, das von in Paris lebenden Deutschen redigiert wurde. Drei Jahre zuvor hatte der Weimarer Bibliotheksrat und Archäologe Karl August Böttiger zu berichten gewußt, daß »der Höllenroman *Justine*«[10] über die Verbindung von Wollust und Grausamkeit, die in der Französischen Revolution zum Ausbruch gekommen sei, beredtes Zeugnis ablege. Ob Böttiger allerdings Sades Roman wirklich gelesen hat, läßt sich nicht mit Sicherheit entscheiden. Gleiches gilt vom Autor der *Schwester Monika*[11] aus dem Jahr 1815, in der der »Dämon des Verderbens à la *Justine*«[12] kurz beschworen wird.

»Gott behüte uns, auf Schriften dieser Art, daß der bessere Deutsche sie lesen soll, aufmerksam zu machen«, heißt es 1829 in einem Kommentar zum Abdruck eines Auszuges aus der bereits erwähnten Besprechung der *Justine* von L. F. Huber.[13] Dem zum Trotz erscheint 1835 bei Leopold Michelsen in Leipzig *Der Marquis von Sade*, ein aus dem Französischen übersetzter Essay von Jules Janin, ein seltsam verschrobenes Buch, das vor der Lektüre Sades warnt, zugleich aber erstmals — wenn auch oft fehlerhafte — Informationen zu Leben und Werk bereitstellt.[14] Es bleibt folgenlos. Lediglich O.L.B. Wolffs *Allgemeine Geschichte des Romans* (1841), Julian Schmidts *Geschichte der französischen Literatur* (1858) und J.W. Appels *Ritter-, Räuber- und Schauerromantik* (1895) schenken Sade in kurzen Abschnitten Beachtung.

Selbst der anonyme Verfasser des 1874 wiederum in Leipzig bei Carl Minde erschienenen Buches *Justine und Juliette oder Die Gefahren der Tugend und Die Wonne des Lasters*, eine sogenannte »kritische Ausgabe nach dem Französischen des Marquis de Sâde«, distanziert sich: »Wieviele meiner Leser wird der Titel dieses Buches täuschen, da sie wahrscheinlich glauben werden, ich dächte daran, ihnen das infamste aller Werke, die jemals eine ausschweifende Phantasie geschaffen, wenn auch nicht Wort für Wort übersetzt, so doch entweder im Auszuge oder eine Ährenlese daraus zu bringen, was mir wahrhaftig nicht im Sinne liegt. Ich hielte mich für nicht viel besser, als den ursprünglichen Verfasser, wenn ich die Verruchtheiten, die in *Justine und Juliette* enthalten sind, weiter verbreiten und das Gemüth und die Seele meiner Leser damit vergiften wollte.«[15]

Der anonyme Autor, der wahrscheinlich auch den 1878 unter dem Titel *Die Schule der Wonne* erschienenen Kommentar zur *Philosophie im Boudoir* verfaßt hat, liefert denn auch nicht mehr als eine phantasievolle Umkreisung des Phänomens mit frei erfundenen Passagen. (Interessant ist immerhin, daß er bei einem Aufenthalt in Paris im Jahre 1842 mit den französischen Schriftstellern Dumas, Musset und George Sand über Sade gesprochen haben will, deren Werke nach heutiger Kenntnis deutliche Einflüsse aufweisen.)

1887 wird dieses belletristische Gebilde von dem Züricher Sozialmystiker Heinrich Wortmann unter dem Titel *Ludwig der XIV und der Hirschpark* in einem Berliner Verlag neu herausgegeben und dabei von ihm durch gezielte Kürzungen und Erweiterungen zu einer Werbeschrift für seine Seelentherapie umfunktioniert.

Gänzlich unbeeinflußt von diesen ersten Versuchen, das Sadesche Werk deutschen Lesern zu vermitteln, erscheint 1892 unter dem Titel *Geschichte der Juliette oder Die Wonnen des Lasters vom Marquis de Sade, eingeleitet durch eine Biographie des Verfassers und eine Inhaltsübersicht*, »Bucharest bei Cesareano & Co.«, erstmals eine Auswahl von Episoden in annehmbarer Übersetzung. Bald darauf, angeblich in »Chicago« und »Amsterdam« nachgedruckt, leitet sie die eigentliche Sade-Rezeption in Deutschland ein.

Hatte *Meyers Enzyklopädisches Lexikon* in seiner dritten Auflage von 1878 unter dem Stichwort »Sade« nur auf die deutsche Übersetzung der im doppelten Sinne phantastischen Sade-Biographie des französischen Literaturkritikers Jules Janin verwiesen, wächst das Interesse an Sades Werk und Person von nun an sprungartig. Zwei Faktoren bewirken diesen Umschwung:

Zum einen war aus der Erfahrungsseelenkunde des 18. Jahrhunderts eine anerkannte wissenschaftliche Disziplin, die Psychiatrie, geworden, und einer ihrer Vertreter, Richard Freiherr von Krafft-Ebing, hatte in seiner *Psychopathia sexualis* im Rückgriff auf Sades Namen den Begriff »Sadismus« geprägt. Zum anderen wurde in den zumeist rasch ins Deutsche übersetzten Texten des französischen *Fin de siècle* des öfteren auf Sade angespielt und damit die Neugierde auf diesen Autor geweckt.

Auch Max Simon Südfeld, der spätere Mitbegründer des Zionismus und unter dem Pseudonym Max Nordau schreibende Mediziner, trug dazu bei. In seinem Werk *Entartung* mißversteht er die neue Literatur als »Koth-Dichtung Zolas und seiner Lehrlinge«: »Priapus ist nun zum Sinnbild geworden. Das Laster sieht sich nach Verkörperungen in Sodom und Lesbos, in Ritter Blaubarts Schlosse und im Dienstbotenzimmer des ›göttlichen‹ Marquis de Sade um.«[16] Gerade sein Versuch aber, »den Nachweis zu führen, daß die ästhetischen Moderichtungen ein Ergebnis der Geisteskrankheit von Entarteten und Hysterikern sind«, ist für die damalige Sade-Rezeption charakteristisch.

Es verwundert daher nicht, daß die ersten wichtigen deutschsprachigen Arbeiten zu Sade von Ärzten verfaßt wurden, von dem Berliner Professor für Nervenheilkunde Albert Eulenburg und dem Berliner Hautarzt und Kulturhistoriker Iwan Bloch (Eugen Dühren). Ersterer hatte bereits 1895 in seinem Buch *Sexuale Neuropathie* formuliert, »daß man sich in der Literatur dieses Gegenstandes fortwährend auf de Sade und seine Werke bezieht, ohne die allergeringste wirkliche Kenntnis davon zu verraten.«[17] In seinem Aufsatz *Der Marquis de Sade* stellt er daher 1899 sachkundig einige Fakten zu Leben und Werk Sades zusammen. Den Schriftsteller Sade bewertet er als »mittelmäßigen Skribenten«, der »die äußersten Konsequenzen des theoretischen und natürlich auch des praktischen Materialismus auf seine Weise vollzogen habe.«[18]

Im selben Jahr beendet Iwan Bloch die Arbeit an seinem Buch *Der Marquis de Sade und seine Zeit*. Es erscheint im Jahre 1900 im Verlag H. Barsdorf in Berlin unter dem Pseudonym Eugen Dühren und ist die erste auf umfassendem Quellenstudium beruhende Untersuchung zu

Sade in deutscher Sprache, außerdem eine der frühesten historisch-kritischen Arbeiten zu Sade überhaupt. Für den Sade-Kenner Jean-Jacques Brochier hat Bloch »als einer der ersten die Bedeutung Sades und deren Begründung«[19] benannt. Das zweite Buch unter dem Titel *Neue Forschungen über den Marquis de Sade und seine Zeit* erscheint bereits vier Jahre später. Bloch präsentiert darin das von ihm wiederentdeckte Manuskript der *120 Tage von Sodom*. »Seine Schrift ist (...) das erste, zwar noch in bezug auf die Einteilung etwas primitive System einer Psychopathia sexualis, das aber bereits eine vollständige Sammlung der verschiedensten Fälle von sexuellen Anomalien darstellt, wie sie so erschöpfend selbst von dem fast genau 100 Jahre späteren v. Krafft-Ebing nicht zusammengestellt worden ist.«[20]

Blochs blumenreiche, selten aber tendenziöse Schilderung der französischen Sitten des 18. Jahrhunderts gab während des Ersten Weltkriegs im übrigen Anlaß zu mancherlei Polemik »zwischen den Schützengräben«. Michel Delon hat sie in einem wohldokumentierten Aufsatz analysiert.[21] So kann man etwa in dem Sitzungsbericht der Berliner Ärztlichen Gesellschaft für Sexualwissenschaft und Eugenik vom 22. Januar 1915 lesen: »Es ist gewiss kein Zufall, daß das Vorbild des ›Ritters Blaubart‹, der Marschall Gilles de Rais, und später der Marquis de Sade ... Franzosen waren.«[22] 1918 kontert ein französischer Autor mit der Broschüre *Wie der Doktor Boche* [d. i. Iwan Bloch] *die Franzosen im allgemeinen und die Pariser im besonderen des blutigen Sadismus bezichtigte, um im voraus die deutschen Infamien zu rechtfertigen.*[23] Noch 1921 erscheinen Schriften mit Titeln wie *Dem französischen Sadismus entronnen*[24] und *Marquis de Sade und sein Volk. Der historische Franzmann im Spiegel seiner Kultur und Grausamkeit*[25], die, ohne ein Wort zu Sade zu verlieren, nur ein Ziel haben: die Kriegshetze.

Der Autor Sade aber, ob als sittengeschichtliches Kuriosum oder als Objekt deutscher Neuropathologen, steht von nun an scheinbar im Blickpunkt des Interesses. *Justine oder Die Leiden der Tugend gefolgt von Juliette oder Die Wonnen des Lasters* findet als erste in der langen Reihe deutscher Ausgaben seiner Schriften einen Übersetzer, um genau zu sein, drei: 1904 René Leukh, 1905 Raoul Haller und 1906 Richard Fiedler alias Martin Isenbiel, dem in Berlin für die Indizierung unzüchtiger Schriften zuständigen Staatsanwalt. Mit kleinen Abweichungen handelt es sich jedoch um den gleichen Text. Bloch rühmt ihn als vollständige Übersetzung des französischen Originals. Das ist er leider nicht. Dennoch muß er, in seiner Qualität bis heute nicht übertroffen, als *das* Monument der deutschen Sade-Rezeption betrachtet werden. Alle seit 1920 publizierten, bis zur Unkenntlichkeit verstümmelten Ausgaben greifen auf diese Übersetzung zurück.

Nun geht es Schlag auf Schlag. 1907 erscheint die Übersetzung der *Philosophie im Boudoir,* und im Herbst 1908 schließt in Brüssel ein Karl von Haverland zeichnender Autor seine ein Jahr später im Jugendstilgewand gedruckte Übersetzung der *120 Tage von Sodom* ab. Einen tiefreichenden Einfluß auf das literarische Leben des Wilhelminischen Deutschland haben diese als Privatdrucke in kleinen Auflagen erscheinenden, oft nachgedruckten Bücher jedoch nicht. Zwar schwelgt man gerade hier zu Beginn des 20. Jahrhunderts mehr als anderswo im Erotischen und überbietet dabei sogar die Nachbarländer mit Neudrucken sogenannter pikanter Texte der Vergangenheit, besonders des Rokoko, berücksichtigt Sades Werk aber ebensowenig wie vorher. Selbst bei einem der wenigen Kritiker, die diesen Einbruch der vorrevolutionären französischen Literatur ins Literaturtreiben Deutschlands reflektieren, findet Sades Werk keine besondere Beachtung: Der österreichische Schriftsteller Franz Blei läßt sich in seinen Untersuchungen *Die galante Zeit und ihr Ende* und *Geist* und *Sitten des Rokoko* lediglich zu allgemeinen Urteilen über pornographische Literatur herab.[26]

Anders sein Landsmann Karl Hauer. Seine Sade-Beiträge in der *Fackel* veranlassen Karl Kraus, seiner Freundin Berthe Maria Denk die Lektüre der *Juliette* ans Herz zu legen. Daraus nämlich hatte Hauer eine Reihe von Aphorismen ausgewählt, überzeugt, »daß der Marquis de Sade nicht nur ein ›freier Geist‹ im Sinne Nietzsches war, sondern daß man ihn als solchen selbst mit Montaigne oder — um einen Zeitgenossen de Sades zu nennen — mit Chamfort ruhig vergleichen kann.«[27]

1920 erscheint in Berlin eine kleine Broschüre mit dem Titel *Der Mensch ist böse. Lehren und Sprüche des Marquis de Sade.* Der Herausgeber Ernst Ulitzsch, sporadischer Mitarbeiter der *Zeitschrift für Sexualwissenschaft*, sieht Sade zum einen »in der dünnen Höhenluft des individualistischen Anarchismus« agieren, »vor Proudhon und Stirner«, zum anderen erklärt er ihn zum Zeitzeugen mit Weitblick. »Donatien Alphonse François Marquis de Sade ist der Bluthusten der europäischen Kultur. Als die Körper der Rokoko-Aristokraten immer muskelschwächer, die Moschusparfüms immer stärker wurden und es kaum einem möglich war, ohne Kantharidenbonbons in erotischen Krampf zu verfallen, stieß er mit kraftvollem Arm die Fenster schlecht gelüfteter Salons ein. Die Schuld lag gewiß nicht bei D.A.F., wenn nun, statt ersehnter Morgenluft, der Gestank des Schlachthauses einströmte, und jauchfahle Fratzen der frische Duft warmen Blutes zum Erbrechen reizte. Er hatte die Witterung der Persönlichkeit. In seinen Ohren hämmerte der Takt des Fallbeiles, ehe es errichtet ward; und während süßlicher Puder ein perverses Greisenleben hervorzauberte, sah er bereits am politischen Himmel den blutigen Andromedanebel. Er sah rot.«[28]

Auch Otto Flake, der 1930 bei S. Fischer eine für die damalige Zeit erstaunlich freisinnige Sade-Studie publiziert, sieht in Sade den Seismographen einer gesellschaftlichen Umwälzung: »Ein Sadist ist überall möglich, Sade nur in Frankreich, in den Jahrzehnten vor der Revolution, ungeachtet des Einmaligen seines Charakters.

Fassen wir Zeitlage und Milieu als Umwelt zusammen, so können wir sagen: Der Reaktion eines Charakters entspricht eine historische Erscheinung.«[29] Doch Flake beschreibt ihn nicht nur als Zeitphänomen. Seine Einschätzung des Sadeschen Lebenswerks weist bereits Ansätze zu einer Ehrenrettung auf, die mit der geplanten dreibändigen Pléiade-Ausgabe in Frankreich sanktioniert werden wird. »Er war mehr als Pornograph, und er war nicht wahnsinnig. Er zählt zu den ganz großen Problematikern, die für die Erkenntnis der menschlichen Natur und der Fragestellungen des Geistes so viel aufschlußreicher als die Normalen sind. Hoffnungslos in die Sexualität verstrickt, gehört er doch zu den Aufarbeitern dieses ungeheuren Komplexes und in die Geschichte des Geistes.«[30]

Max Horkheimer und Theodor W. Adorno gehen noch weiter: »Sade hat den Staatssozialismus zu Ende gedacht, bei dessen ersten Schritten St. Just und Robespierre gescheitert sind. Wenn das Bürgertum sie, seine treuherzigsten Politiker, auf die Guillotine schickte, so hat es seinen offenherzigsten Schriftsteller in die Hölle der Bibliothèque Nationale verbannt. Denn die chronique scandaleuse Justines und Juliettes, die, wie am laufenden Band produziert, im Stil des achtzehnten Jahrhunderts die Kolportage des neunzehnten und die Massenliteratur des zwanzigsten vorgebildet hat, ist das homerische Epos, nachdem es die letzte mythologische Hülle noch abgeworfen hat: die Geschiche des Denkens als Organ der Herrschaft. Indem es nun im eigenen Spiegel vor sich selbst erschrickt, eröffnet es den Blick auf das, was über es hinaus liegt.«[31]

Indem Sade »das unlösliche Bündnis von Vernunft und Untat« offen denunzierte, indem er nicht wie die Apologeten des Bürgertums »die Konsequenzen der Aufklärung durch harmonistische Doktrinen abzubiegen« trachtete, sondern die »Unmöglichkeit, aus der Vernunft ein grundsätzliches Argument gegen den Mord vorzubringen, nicht vertuscht, sondern in alle Welt« schrie, hat Sade »die Utopie aus ihrer Hülle« befreit. Hier liegt sein Verdienst, denn, so widersinnig es klingen mag, er setzt Vertrauen in die Menschheit, in eine »Menschheit, die, selbst nicht mehr entstellt, der Entstellung nicht länger bedarf.«[32]

Die *Dialektik der Aufklärung* erschien 1947. Erst 1962 gibt Marion Luckow dann bei Merlin eine Werkauswahl heraus, zunächst in limitierter Auflage für Subskribenten. Heute, mittlerweile als Taschenbuch und als Nachdruck neu aufgelegt, bietet diese Ausgabe immer noch das Maximum an verfügbarer Information zu Sade in deutscher Übersetzung.

Alles, was danach erscheint — und es erscheint viel und immer mehr —, fällt auf fruchtbaren Boden. Die wichtigsten Bücher und Aufsätze zu Sade werden übersetzt, die Feuilletons rezensieren in erstaunlichem Ausmaß, deutsche Ausgaben seiner Werke werden innerhalb kurzer Zeit an diversen Orten publiziert, und Sade selbst wird durch das Theaterstück von Peter Weiss literarisches Tagesgespräch. Immer zahllosere Varianten interpretatorischen Geschicks türmen sich seither vor dem eigentlichen Text. Die nachfolgende Bibliographie gibt darüber eindrücklichen Aufschluß. Auch die Romanistik läßt sich endlich auf eine Auseinandersetzung mit Sade ein. Daß dies aber nicht einmal dazu führte, einen Verleger zu bewegen, den ganzen Sade vorzulegen, relativiert selbst ehrenwerte Bemühungen zu ruchloser Betriebsamkeit.

Eine der rühmlichen Ausnahmen ist die von Gerd Henniger besorgte, 1965 bei Desch erschienene Werkauswahl. »Sades Werk als Ganzes«, schreibt Henniger in seinem Nachwort, »ist ein Erlösungsroman, der auf Befreiung von Bösem durch das Böse abzielt; sein moralischer, ja therapeutischer Anspruch ist evident. Freilich hat Sade alles getan, um dieses Vorhaben zu diskreditieren, indem er seine endlosen Darstellungen des Bösen, des Lasters und des Verbrechens selbst dort mit einem Hinweis auf den schließlichen Triumph der Tugend zu entschuldigen suchte, wo es ihm offensichtlich um etwas völlig anderes ging. Erst das Doppelmonument der *Nouvelle Justine* und der *Juliette* läßt keinen Zweifel mehr über seine wahre Absicht aufkommen; die Ungeheuerlichkeit erreicht hier mythischen Rang, und das Böse schwört allem Sein Urfehde.«[33]

In Sades Konsequenz liegt seine Modernität. Er probt das Planspiel totaler Zerstörung. Die eherne Monotonie, die sein Werk beherrscht und die die Lektüre auf weite Strecken zur Strafe macht, hat Methode. Nichts, was nicht zum bloßen Phantom verkommen wäre.

Angesichts einer grenzenlosen, allerorten praktizierten Vernichtungsideologie ist sein Werk über die Maßen aktuell, in einem Sinn, den Horkheimer und Adorno bereits 1944 beschrieben. Daß er »es nicht seinen Gegnern überließ, die Aufklärung sich über sich selbst entsetzen zu lassen«[34], macht Sades Werk zu einem Hebel ihrer Rettung.

1 Richard von Krafft-Ebing: *Psychopathia sexualis*. Stuttgart 1886, S. 43—44
2 *Rheinisches Conversations-Lexikon*. Köln 1830, Bd. 10, S. 27
3 Michel Delon, Meister lecteur de Sade, in: *Du Baroque aux Lumèsres. Pages à la memoire de Jeanne Carriat*, Paris 1986, S. 180
4 *Humaniora* Bd. 1, [Leipzig] 1796, S. 73
5 Auf Rétifs Illustrator L. Binet tippt, ohne große Wahrscheinlichkeit, Lo Duca in seiner *Geschichte der Erotik*, Wiesbaden 1977, S. 259, auf C. Bornet Henry Cohen, *Guide de l'amateur de livres à vignettes ...*, 4. Auflage, Paris 1880, Sp. 446
6 Bd. 6 (1797), S. 407—414
7 *Historie de France depuis la fin du règne de Louis XIV jusqu' à l'année 1825 par l'abbé* [Guillaume Honoré Roques] *de Montgaillard*, 2. Auflage Paris 1827, Bd. 4, S. 440 f.
8 Brief vom 7. November 1800, in: Johannes von Müller, *Sämtliche Werke*, Bd. 6, Tübingen 1811, S. 415 f.
9 Bd. 18 (1806), S. 85
10 Karl August Böttiger, *Sabina, oder Morgenscenen im Putzzimmer einer reichen Römerin*, Leipzig 1803, S. 264

11 Von Gustav Gugitz (neuerdings gestützt durch den italienischen Literaturwissenschaftler Claudio Magris) E.T.A. Hoffmann zugeschrieben.
12 Zitiert nach: Jules Janin, *Der Marquis von Sade und andere Anschuldigungen*, München 1986, S. 61
13 Zitiert ebenda, S. 65
14 Ebenda
15 *Justine und Juliette oder Die Gefahren der Tugend und Die Wonne des Lasters*, Kritische Ausgabe nach dem Französischen des Marquis de Sâde, Leipzig, Carl Minde (1874), S. 3
16 2. Auflage, Berlin 1893, Bd. 1, S. 26
17 Albert Eulenburg, *Sexuelle Neuropathie*, 1895, S. 120
18 In: *Die Zukunft* 7 (1899), S. 497
19 *Le Marquis de Sade et la conquête de l'Unique*, Paris 1966, S. 240
20 Bloch, S. XII—XIII
21 »Candide et Justine dans les tranchées«, in: *Studies on Voltaire and the Eighteenth Century* 185, (1980), S. 103—118
22 *Zeitschrift für Sexualwissenschaft* Bd. 2, (1915—16), S. 437
23 Louis Morin, *Comment le docteur Boche pour justifier à l'avance les infamies allemandes accusait de sadisme sanglant les Francais en général et les Parisiens en particulier*, Paris 1918
24 Von Hermann Schmeck, Doersten i. W. 1921
25 Von Luka, Bremen 1921
26 Vgl. Franz Blei, *Schriften in Auswahl*, München 1960, S. 541. Siehe auch die in der Bibliographie aufgeführten Texte Bleis zu Sade aus den Jahren 1924 und 1927.
27 *Die Fackel*, Nr. 203 vom 12. Mai 1906
28 Zitiert nach: Jules Janin, *Der Marquis von Sade*, München 1986. S. 5
29 Otto Flake, *Marquis de Sade*, mit einem Anhang über Rétif de la Bretonne, Frankfurt 1981, S. 139
30 Ebenda, S. 132
31 Max Horkheimer-Theodor W. Adorno, *Dialektik der Aufklärung*, Frankfurt 1969, S. 106
32 Ebenda, S. 107
33 Gerd Henniger, »Nachwort«, in: Marquis de Sade, *Werke*, Basel 1965, S. 390—391
34 Horkheimer/Adorno, a.a.O., S. 106

Editionsnotiz

Work in progress — das vorliegende Buch setzt eine Reihe von Publikationen fort, die sich insbesondere dem Einfluß des Sadeschen Werkes auf die deutschsprachige Literatur und Geistesgeschichte widmen.

Otto Flakes Sade-Studie aus dem Jahr 1930 liegt im Fischer Taschenbuch vor, Band 2275, mit einem Nachwort und einem Pressespiegel. Das erste Buch über Sade, geschrieben von Jules Janin und 1835 auch in Deutschland erschienen, findet sich neben anderen wichtigen deutschen Texten zu Sade bis 1850 in dem Band Jules Janin: *Der Marquis von Sade und andere Anschuldigungen*, München, belleville, 1986. 1987 publizierte der Greno Verlag dann das Monument deutscher Sade-Rezeption, die *Justine/Juliette*-Übersetzung von Raoul Haller, entstanden um 1904, als weit über eintausend Seiten umfassenden Reprint. Seit der ersten Auflage in dieser Form nicht mehr zugänglich und über den Leihverkehr nicht beziehbar, bot diese Ausgabe die Möglichkeit, endlich einmal die Grundlage aller seither erschienenen, verstümmelten Fassungen im Original und ungekürzt zu lesen. Daß es sich hierbei nicht um eine vollständige Übersetzung des Sade-Romanes handelt, ist im Nachwort ausdrücklich angemerkt. Die irreführende Angabe ›Ungekürzte Ausgabe‹ auf dem Umschlag war eine Initiative des Verlages. Dennoch, bis zum damaligen Zeitpunkt und auch bis heute, handelt es sich bei dieser Ausgabe um die vollständigste und folgenreichste deutsche Übersetzung der letzten Fassung dieses Romans. Und bis der Matthes & Seitz Verlag in München seine auf zehn Bände projektierte, begrüßenswerte Neuübersetzung vorgelegt hat, wird sie es bleiben. Unter dem Titel *Die Wonne des Lasters, Seltene Sadiana*, erschien 1988 außerdem als Heyne Exquisit-Band 422 eine Anthologie rarer Texte zu Sade. Er enthält die von Sammlern äußerst begehrte ›kritische Ausgabe nach dem Französischen des Marquis de Sâde‹: *Justine und Juliette oder Die Gefahren der Tugend und Die Wonne des Lasters*, Leipzig um 1874, eine kaum bekannte Broschüre zum Thema Sadismus von Dr. Veriphantor aus dem Jahre 1903 und ein Dossier, das die wichtigsten Texte zu Sade bis 1899 vereint.

Der vorliegende Band enthält nun den ersten Versuch, Sades Roman *Juliette* in Deutschland zur Diskussion zu stellen. Die biographischen Informationen, die Inhaltsangabe der vorausgehenden *Justine* und passabel übersetzte Auszüge aus dem Roman selbst, publiziert um das Jahr 1892, sind ein bedeutsamer Fortschritt in der deutschen Sade-Rezeption. Auch diese Ausgabe ist unter Sammlern sehr begehrt und wird, wenn überhaupt angeboten, hoch gehandelt. Ebenfalls ein Rarum ist die von Ernst Ulitzsch 1920 im Alfred Richard Meyer Verlag herausgegebene Sammlung von Aphorismen, die auch diesem Buch den Titel gab. Die Texte von Karl Bleibtreu und Hans Rau werden erstmals wieder abgedruckt. Leider ließ sich der Rechtsnachfolger von ersterem nicht ermitteln. Der Verlag erklärt sich aber hiermit bereit, berechtigte Ansprüche entgelten zu wollen. Was die bibliographischen Angaben zu den Texten betrifft, lassen sie sich ohne Schwierigkeiten der umfassenden Bibliographie von Hans-Ulrich Seifert entnehmen. Bei dieser handelt es sich um eine Auflistung der wichtigsten deutschsprachigen Texte zu Sade, die, wie auch das Nachwort, bereits im obigen erwähnten Greno-Band veröffentlicht wurde, aber für diese Ausgabe um etwa ein Drittel der Angaben erweitert werden konnte. Weitere Hinweise sind willkommen.

Hinweis der Herausgeber: Orthographie und Zeichensetzung folgen den jeweiligen Originalen.

Quellennachweis

Karl Bleibtreu: *Der Marquis de Sade.* In: *Die Gegenwart.* Berlin 1907. Heft 72, S. 134—136 und Heft 73, S. 151—154.

Marquis de Sade: *Geschichte der Juliette oder Die Wonnen des Lasters.* Eingeleitet durch eine Biographie des Verfassers und eine Inhaltsübersicht. Bucarest 1892. (Hier nach der Ausgabe »Amsterdam. Gedruckt auf Kosten guter Freunde.«)

Dr. med. A. Sper (eigentlich Hans Rau): *Der Marquis de Sade und der Sadismus.* Berlin 1904.

Marquis de Sade: *Sätze und Aphorismen.* Herausgegeben und mit einem Text von Karl Hauer. In: *Die Fackel,* Nr. 203, S. 1—5 und Nr. 206, S. 1—4. Wien 1906.

Marquis de Sade: *Franzosen, noch eine Anstrengung . . .* Auszug aus: *Die Philosophie im Boudoir oder Spezielle Unterweisung in der Liebes-Philosophie und der höheren und raffinierten geschlechtlichen Wollust.* Aus dem Französischen von Dr. A. Schwarz. o. O. (um 1907).
Diese eigenwillige und amüsant-reizvolle Übersetzung aus dem Jahre 1907 lohnt den Vergleich mit einer neueren Übersetzung. Die Abweichungen und Auslassungen verraten ein Programm.

Der Mensch ist böse. Lehren und Sprüche des Marquis de Sade. Ausgewählt und mit einem Vorwort von Ernst Ulitzsch. Berlin/Wilmersdorf 1920.

Marquis de Sade: *Zwei kleine Geschichten.* In: *Anthologie der erotischen Literatur aller Zeiten und Völker.* Mit Einleitung von Dr. Franz Blei und Literaturnachweis von Dr. Paul Englisch. Band 1. Wien (um 1932; Privatdruck).
Der dort abgedruckte Literaturnachweis lautet wie folgt: »Marquis de Sade (1740—1814) war nicht nur starker Erotiker, sondern auch ein eminent philosophischer Kopf, mit dem sich die Forschung neuerdings zunehmend befaßt. Seine Hauptwerke sind: *Justine und Juliette, die Leiden der Tugend und die Wonnen des Lasters — Die 120 Tage von Sodom oder die Schule der Unzucht* und *Die Philosophie*

im Boudoir. Die deutschen Ausgaben sind verzeichnet bei Hayn-Gotendorf, *Bibliotheca Germanorum erotica* VI, 24 ff. und IX, 518 ff. Vgl. ferner: Englisch, *Geschichte der erotischen Literatur*, Stuttgart 1927, S. 473 ff.: Dühren, *Der Marquis de Sade und seine Zeit*. Berlin 1900 und *Neue Forschungen über den Marquis de Sade*. Berlin 1904. Vorliegendes Stück bringen die *Historiettes, contes et fabliaux du Marquis de Sade,* publiés pour la première fois par Maurice Heine. Paris 1926.«

Hans-Ulrich Seifert

Literatur von und über de Sade in deutscher Sprache 1791–1989

Die folgende Übersicht versteht sich als *Rezeptionsbibliographie*. Sie ist *chronologisch* geordnet, um einen Eindruck des wachsenden Interesses an Sades Werk zu vermitteln. Bis auf wenige Ausnahmen wurden alle Einträge durch »Autopsie«, d.h. anhand der dem Bearbeiter vorliegenden Texte erstellt, der hiermit Michael Farin, Bernd Viebach und den Zürcher Sade-Übersetzern Stefan Zweifel und Michael Pfister für ergänzende Hinweise dankt.

Letztere legen 1990 im Münchner Verlag Matthes & Seitz den ersten Band ihrer mit großer Sachkenntnis und sprachlichem Geschick gestalteten Neuübersetzung von Sades Hauptwerk *La Nouvelle Justine, suivie de l'Histoire de Juliette* vor. Im selben Jahr erscheint auch die Fragen der Sade-Rezeption gewidmete Dissertation von Bernd Viebach, der unter anderem auch die hier chronologisch aufgelisteten Materialien in einen gedanklichen Zusammenhang stellen wird. 1991 wird im Münchner C. H. Beck Verlag das Buch *Abgott Sade, Phantome eines Lebens* von Michael Farin erscheinen, zeitgleich mit dem bereits vom Bonner Bouvier Verlag angekündigten, von Michael Farin und mir herausgegebenen Materialienband zur Sade-Rezeption, einschließlich einer Vollständigkeit anstrebenden *Analytischen Bibliographie der Sade-Literatur*.

In Frankreich traten bereits vor dem auf verlegerische Aktivitäten magisch wirkenden 250. Geburtstag des Marquis mehrere Biographen aus dem Schatten Gilbert Lelys, dem besten Kenner der Vita des ruchlosen Philosophen und Schriftstellers: Jean-Jacques Pauvert, zugleich Verleger einer neuen Werkausgabe, zeichnet einen sehr lebendigen Sade in seiner Zeit und malt die historische Kulisse mit ebenso viel Liebe zum Detail aus wie die einzelnen Stationen des Lebens des Marquis. (Erscheint im Herbst 1991 im Paul List Verlag, München.) Alice M. Laborde beugt sich in Einzeluntersuchungen über verschiedene Lebensstationen und deutet mit philologischer Akribie die in zahlreichen Archiven verstreuten Dokumente neu. Der Schriftsteller und Gelehrte Raymond Jean entwirft zwar kein neues, aber ein fesselndes *Porträt von Sade* (erschienen im Schneekluth Verlag, München).

Die ungehobenen Schätze, die das Familienarchiv der de Sade in Conde-en-Brie enthält, verspricht ein Nachkomme des Schriftstellers, Thibault de Sade, assistiert von Maurice Lever, zu heben. Bisher unveröffentlichte Briefe, insbesondere aus der Revolutionszeit, wird der ausgezeichnete Sadekenner Jean-Louis Debauve demnächst publizieren. Und schließlich wird Michel Delon zusammen mit Jean Deprun — die beiden französischen Universitätsgelehrten dürfen als die derzeit besten Spezialisten auf diesem Gebiet bezeichnet werden — den ersten Band einer mit großem Interesse erwarteten Werkauswahl in der »Bibliothèque de la Pléiade« vorlegen. Auf Bibeldünndruckpapier und Tausenden von Seiten wird Sade, der sich zeit seines Lebens eine Existenz als *homme de lettres* erträumte, 250 Jahre nach seinem Tod zum Klassiker der Moderne.

Trier, im Januar 1990   HANS-ULRICH SEIFERT

Die Abkürzung OA bedeutet »Originalausgabe«.

Deutsche Übersetzungen fiktionaler Texte, in denen Sade erwähnt wird, von Souliés *Memoiren des Teufels* (1845) bis zum zeitgenössischen Kriminalroman von Paco Ignacio Taibo, blieben in dieser Zusammenstellung unberücksichtigt.

Nicht ermittelt werden konnten die bei Alfred ESTERMANN, *Die deutschen Literaturzeitschriften 1815—1850* Bd. 1, S. 158 und Bd. 4, S. 19 erwähnten Artikel zu Sade, die zwischen 1811 und 1820 in der *Zeitung für die elegante Welt* und zwischen 1825 und 1834 in den *Gemeinnützigen Blättern für das Königreich Hannover* erschienen sind, sowie eine bei → ERSCH erwähnte Notiz zur ersten *Justine* in der *Allgemeinen Literatur-Zeitung* (1791 [?]).

1791

»Le Comte d'Oxenstiern [!] ou les effets du libertinage« [Inhaltsangabe zu diesem, dem einzigen zu Lebzeiten gedruckten Theaterstück Sades nach einem Bericht im *Moniteur*], in: *Neue Bibliothek der schönen Wissenschaften* (Leipzig), Bd. 57 (1791), 2. Stück, S. 258—259.

1793

Louis-Guillaume PITRA, *Authentische Nachricht von den ersten Auftritten der französischen Staatsumwälzung von einem mitwirkenden Augenzeugen. Aus einer französischen Handschrift des Herrn Ludwig Wilhelm Pitra...* — Braunschweig, in der Schulbuchhandlung, 1793 (zu Sade S. 105).

Warnung vor dem Roman *Justine ou les malheurs de la vertu* [nach einem Artikel im *Journal général de France*], in: *Gothaische gelehrte Zeitungen. Ausländische Literatur,* 30. Stück vom 27. Juli 1793, S. 236.

1796

[Ludwig Ferdinand Huber], »Über ein merkwürdiges Buch« *[Justine, ou les malheurs de la vertu]*, in: [P. Usteri, L. F. Huber, Hg.), *Humaniora*, 1. Bd. [Leipzig] 1796, S. 71—85. (Wieder 1810, 1829, 1986).

1797

[Karl-August Böttiger], Besprechung von Rétif de la Bretonnes *Cœur humain dévoilé* mit beiläufiger Erwähnung der *Justine*, in: *Neuer Teutscher Merkur* 1 (1797), S. 264—267.

Louis-Sébastien Mercier, »Der Gleichheits-Pallast, vormals Palais Royal. Ein Capitel aus Merciers noch unvollendetem und ungedrucktem Werke ›Neues Gemälde von Paris‹«, in: *Die Geißel*. Herausgegeben von Freunden der Menschheit (d. i. Georg Friedrich Rebmann). Bd. 1 (1797), S. 7—37 (zu Sade: S. 25). Reprint: Nendeln: Kraus, 1972.

1798

Johann Wolfgang von Goethe entleiht vom 22. August bis zum 22. September 1798 Sades *Justine* aus der Weimarer Bibliothek. Siehe *Goethe als Benutzer der Weimarer Bibliothek. Ein Verzeichnis der von ihm entliehenen Werke*, bearbeitet von Elise von Keudell, hrsg. von Werner Deetjen. — Weimar 1931, S. 24 (Nr. 122).

Johann Samuel Ersch, *Das gelehrte Frankreich oder Lexicon der französischen Schriftsteller von 1771—1796*. — Hamburg, bey B. G. Hoffmann, Bd. 1—3, 1797—1798 (zu Sade: Bd. III, S. 221 f.). Reprint: Genf: Slatkine, 1971.

1800

[Johann Samuel Ersch], *Allgemeines Repertorium der Literatur*. — Weimar: Verlag des Landes-Industrie-Comptoirs, 1793—1807. Zu Sade: Bd. 2 (Berichtszeitraum 1791—1795), 1800, Abschnitt XIV. 3652.

Johann Georg Heinzmann, *Meine Frühstunden in Paris. Beobachtungen, Anmerkungen und Wünsche Frankreich und die Revolution betreffend*... — Basel: auf Kosten des Verfassers, 1800 (nennt Sade S. 190 fälschlich als Autor von d'Holbachs *Système de la nature*).

Johannes von Müller, Brief vom 7. November 1800 an seinen Bruder, in: *Johannes von Müller Sämtliche Werke*, 6. Teil, hg. von J. G. Müller, Tübingen: Cotta, 1811, S. 415—416.

1801

Anzeige der *Crimes de l'amour, nouvelles héroïques et tragiques,* par D.A.F. de Sade in einem »Verzeichnis der zu Wien im Monate Dezember 1800 mit höchster Genehmigung verbotenen Bücher«, in: *Intelligenzblatt der Allgemeinen Literatur-Zeitung* (Jena und Leipzig), Nr. 57 vom 25. März 1801, Sp. 460.

Kurze Notiz zu den *Crimes de l'amour* in: *Intelligenzblatt der Allgemeinen Literatur-Zeitung* (Jena und Leipzig), Nr. 107 vom 6. Juni 1801, Sp. 862.

1802

Johann Samuel ERSCH, *Das gelehrte Frankreich ...*, Nachtrag/ Supplément 1, Hamburg, bey B. G. Hoffmann, 1802, S. 412. Reprint: Genf: Slatkine, 1971.

1803

VERBRECHEN DER LIEBE. EINE REIHE HEROISCH-TRAGISCHER GEMÄLDE. AUS DEM ENGLISCHEN [!]. — 2 Bände mit einem Titelkupfer. Leipzig: Wilhelm Rein, 1803. 8°. (Deutsche Übersetzung von sechs der insgesamt elf im Jahre 1800 von Sade unter dem Titel *Les Crimes de l'amour* veröffentlichten Erzählungen).

Karl August BÖTTIGER, Anmerkung zu *Justine*, in: *Sabina, oder Morgenscenen im Putzzimmer einer reichen Römerin.* — Leipzig: Göschen, 1803, S. 263—264.

Ludwig Ferdinand HUBER, Rezension zu *Verbrechen der Liebe*, in: *Der Freimüthige*, hg. von A. v. Kotzebue, Nr. 36 vom 4. März 1803. (Wieder 1810, 1986)

1806

o. A., Kurze Erwähnung Sades, in: *Französische Miszellen*, Band 18, Tübingen: Cotta, 1806, S. 85.

Johann Samuel ERSCH, *Das gelehrte Frankreich...*, Nachtrag/ Supplément 2, Hamburg, bey B. G. Hoffmann, 1806, S. 465. Reprint: Genf: Slatkine, 1971.

1807

Friedrich BOUTERWEK, Kurze Erwähnung der »cynischen Justine«, in: *Geschichte der Poesie und Beredsamkeit*, Bd. 6, Götingen: Röwer, 1807, S. 406.

[Johann Samuel ERSCH], *Allgemeines Repertorium der Literatur.* — Weimar: Verlag des Landes-Industrie-Comptoirs, 1793—1807. Zu Sade: Bd. 2 (Berichtszeitraum 1796—1800), 1807, Abschnitt XIV. 1838.

Charles de VILLERS, *Brief an die Gräfinn F[anny] de B[eauharnais], enthaltend eine Nachricht von den Begebenheiten, die zu Lübeck ... vorgefallen sind. Aus dem Französischen übersetzt.* — Amsterdam: Kunst- und Industrie-Comptoir, 1807. S. 73 Vergleich der bei der Plünderung von Lübeck durch preußische und französische Truppen vorgefallenen Greuel mit Sades *Justine*. OA: Amsterdam 1807.

1808

[Alois Wilhelm SCHREIBER (?)], Anmerkung zu Sade, in: *Comoedia Divina.* — o. O., o. V., 1808, S. 44. (Wieder 1907, 1986)

1809

August Friedrich SCHWEIGGER, »Charenton«, in: *Über Kranken- und Armenanstalten zu Paris,* hg. von J. G. Langermann. — Bayreuth: Lübecks Erben, 1809, S. 8—27. Wiederabdruck in der Neuauflage von Sades Tagebuch aus Charenton, München 1990.

1810

Carl Maximilian ANDRÉE, Schilderung des Theaters im Irrenhaus zu Charenton, in: *Neuester Zustand der vorzüglichern Spitäler und Armenanstalten in einigen Hauptorten des In- und Auslandes,* Erster Theil, Leipzig: Johann Ambrosius Barth, 1810, S. 216—221. Silke 1990.

Ludwig Ferdinand HUBER, Wiederabdruck der Rezensionen aus den Jahren 1796 und 1803 sowie Wiedergabe eines Briefes Hubers an Usteri, in dem Sade erwähnt wird, in: *L. F. Huber's sämtliche Werke seit dem Jahre 1802.* Zweiter Teil. — Tübingen: Cotta, 1810, S. 28—31, S. 209 und S. 220—234. (Vgl. 1986)

Charles de VILLERS, »Von dem wesentlich verschiedenen Charakter der erotischen Poesie bey den Franzosen und Deutschen«, nach Herrn Karl v. Villers, von Herrn Dr. [Friedrich Georg] Zimmermann in Hamburg, in: *Vaterländisches Museum,* Bd. 1, 3. Heft, Hamburg, bey Friedrich Perthes, 1810, S. 299—343 (zu Sade: S. 328).

1815

[E. T. A. HOFFMANN (?)], Kurze Erwähnung der *Justine,* in: *Schwester Monika — erzählt und erfährt.* — Kos u. Loretto (Leipzig), 1815. (Wieder 1986; verschiedene Nachdrucke)

1823

Emmanuel Auguste Dieudonné Marius Joseph Marquis de LAS CASES, Kurze Erwähnung zu Napoleons Reaktion auf Sades Roman *La Nouvelle Justine,* in: *Denkwürdigkeiten von Sanct-Helena, oder*

Tagebuch, in welchem alles, was Napoleon in einem Zeitraum von 18 Monaten gesprochen und gethan hat, Tag für Tag aufgezeichnet ist, Bd. 7, Stuttgart und Tübingen: Cotta, 1823, S. 220 (Eintragung vom 17. November 1816). Etliche Neuauflagen. OA: Paris 1821.

1827

Artikel »Sade«, in: *Allgemeine deutsche Real-Encyclopädie für gebildete Stände (Conversations-Lexikon) in zwölf Bänden*. Siebente Originalauflage. Bd. 9, Leipzig: F. A. Brockhaus, 1827, S. 583.

1829

[Christian Jacob WAGENSEIL], »Von einem der allerabscheulichsten Bücher«, in: *Literarischer Almanach für 1829*, von Lic. Simon Ratzeberger dem Jüngsten, 3. Jg., Leipzig: Glück, (1829), S. 109—113 (Auszug aus Hubers Artikel aus dem Jahr 1796—1810). (Wieder 1986)

1830

Artikel »Sade«, in: *Rheinisches Conversations-Lexicon oder encyclopädisches Handwörterbuch für gebildete Stände*. Hrsg. von einer Gesellschaft rheinländischer Gelehrten. Bd. 10, Köln: Christian Wergen, 1830, S. 27. (Auch in einer Ausgabe »Cöln am Rhein, Druck und Verlag von Louis Bruere«, um 1833 nachweisbar; darin der Artikel »Sade«, S. 336 f.).

1831

Artikel »Sade«, in: *Allgemeine deutsche Real-Encyklopädie für die gebildeten Stände*. Neue, wörtlich nach dem zweiten durchgesehenen Abdruck der Leipziger siebenten Original-Ausgabe abgedruckte Auflage. Bd. 9, Reutlingen: Fleischhauer und Spohn, 1831, S. 583.

Charles NODIER, *Erinnerungen, Episoden und Charaktere aus der Zeit der Revolution und des Kaiserthums*. Aus dem Französischen übersetzt und mit Anmerkungen begleitet von Louis LAX. Bd. 1 und 2, Aachen und Leipzig: J. A. Mayer, 1831. Zu Sade: Bd. 2, S. 43—46 und 51 (über ein fiktives Treffen zwischen Nodier und Sade im Spätherbst 1803). OA: Paris 1831.

1833

[Hans von LABES, Graf von SCHLITZ], Anmerkung zu Sade, in: *Memoiren eines deutschen Staatsmannes aus den Jahren 1788—1816*. — Leipzig: Fleischer, 1833, S. 243—244. (Wieder 1898, 1986)

1834

Jules JANIN, »Der Marquis von Sade. Von Jules Janin (Aus der *Revue de Paris*)«, in: *Literarische Blätter der Börsen-Halle* (Hamburg),

Nr. 980—982, Dezember 1834, S. 793—797, 801—805 und 809—811 (übersetzt von [F.] N[iebour]). 1835 als Buch.

Giovanni Frusta (d. i. Karl August Fetzer), *Der Flagellantismus und die Jesuitenbeichte.* — Leipzig und Stuttgart 1834. Zu Sade in einer Anm. S. 127. (Verschiedene Neuauflagen und Nachdrucke, letztmals 1937 unter dem Titel *Das Geheimnis der Jesuiten*).

1835

Jules Janin, *Der Marquis von Sade*. — Leipzig: Michelsen, 1835 (OA: Paris 1834). — 98 S. (Wieder 1986).

1837

Artikel »Sade«, in: *Allgemeines deutsches Conversations-Lexicon für die gebildeten eines jeden Standes*, Bd. 9, Leipzig: Gebrüder Reichenbach, 1837, S. 204—205.

F. K., »Die Maskenbälle und der Karneval in Paris (Schluß)«, in: *Frankfurter Telegraph* Nr. 25, Februar 1837.

[La Mothe-Langon, Etienne-Léon de], *Denkwürdigkeiten aus dem Leben der Erzherzogin Marie Antoinette von Oestreich, Königin von Frankreich.* Bd. 1—4, Leipzig: Literarisches Museum, 1836—1837 (OA: Paris 1836). Zu Sade: Bd. 2, S. 159—160 (Anekdote nach Rétif de la Bretonne).

1838

Jean-Etienne-Dominique Esquirol, »Historische und statistische Abhandlung über Charenton«, in: *Die Geisteskrankheiten in Beziehung zur Medizin und Staatsarzneikunde,* Band 2, Berlin 1838, S. 252—257 (OA: Paris 1838).

1841

Oskar Ludwig Bernhardt Wolff, Zur *Justine*, in: *Allgemeine Geschichte des Romans von dessen Ursprung bis zur neuesten Zeit.* — Jena 1841, S. 333—336. (Wieder [nach der textlich identischen zweiten Auflage von 1851] 1986)

1847

Artikel »Sade«, in: *Allgemeine deutsche Real-Encyclopädie für die gebildeten Stände. Conversations-Lexikon.* Neunte Originalauflage. Bd. 12, Leipzig: F. A. Brockhaus, 1847, S. 461.

1848

Johann Georg Theodor Graesse, Beiläufige Bemerkungen zu Sade, in: *Geschichte der Poesie Europas und der bedeutendsten außereuropäischen Länder ...* — Dresden und Leipzig 1848, S. 296 und 299.

1851

Artikel »Sade«, in: *Das große Conversations-Lexicon für die gebildeten Stände*. Hrsg. ... von J. Meyer. 2. Abt., Bd. 6, Hildburghausen/Amsterdam/Paris und Philadelphia: Bibliographisches Institut, 1851, S. 992—993.

Artikel »Sade«, in: *Wigands Conversations-Lexikon. Für alle Stände. Von einer Gesellschaft deutscher Gelehrten bearbeitet*. Bd. 12, Leipzig: Verlag Otto Wigand, 1851, S. 245—246.

1854

Artikel »Sade«, in: *Allgemeine deutsche Real-Encyklopädie für die gebildeten Stände. Conversations-Lexikon*. Zehnte, verbesserte und vermehrte Auflage, Bd. 13, Leipzig: F. A. Brockhaus, 1854, S. 320 (der Passus der 9. Aufl. von 1847: »einer der verworfensten Wollüstlinge« ist hier ersetzt durch »französischer Romanschriftsteller«).

1857

Anzeige des Todes des fälschlicherweise als »Sohn des Verfassers der berüchtigten *Justine* und *Juliette*« bezeichneten Abgeordneten François Xavier Joseph David de Sade, in: *Unsere Zeit*. Jahrbuch zum Conversations-Lexikon, Bd. 1, Leipzig: F. A. Brockhaus, 1857, S. 607.

1858

Julian SCHMIDT, Über Sades Romane, in: *Geschichte der Französischen Literatur seit der Revolution 1789*, Bd. 1, Leipzig 1858, S. 26—27. Wieder in FARIN/SEIFERT (Hrsg.) 1988.

1859

Johann W. APPEL, Kurze Anmerkung zu Sade, in: *Die Ritter-, Räuber- und Schauerromantik. Zur Geschichte der deutschen Unterhaltungsliteratur.* — Leipzig 1859, S. 2 und 88. (Nachdruck Leipzig 1968).

1862

Artikel »Sade«, in: *Pierer's Universal-Lexikon der Vergangenheit und Gegenwart oder Neuestes encyclopädisches Wörterbuch der Wissenschaften, Künste und Gewerbe*. Vierte, umgearbeitete und stark vermehrte Auflage. Bd. 14, Altenburg: Verlagsbuchhandlung von H. A. Pierer, 1862, S. 743.

1864

Emil WELLER, *Die falschen und fingierten Druckorte. Repertorium der seit der Erfindung der Buchdruckerkunst unter falscher Firma erschiene-*

nen deutschen, lateinischen und französischen Schriften. Bd. 2, Leipzig 1864, S. 219, 223, 250, 257, 258, 261, 263. Reprint: Hildesheim: Olms, 1970.

1868

Eduard Maria Oettinger, Artikel »Sade«, in: *Moniteur des dates ...*, Bd. 5, Dresden: Selbstverlag, 1868, S. 4. Reprint Graz 1964.

1870

[Wilhelmine Schröder-Devrient (?)], *Memoiren einer Sängerin*, Teil 2. — Altona: Pia (1870) [Teil 1 war ebenda 1862 erschienen]. (Zahlreiche Neuauflagen, zuletzt als Heyne-Taschenbuch (Exquisit; 56) — siehe darin S. 132—136, 155—156 und 219 zu Sade). Auszüge in Farin/Seifert (Hrsg.) 1988.

1871

Julian Schmidt, Beiläufige Anmerkung zu Sade, in: *Bilder aus dem geistigen Leben unserer Zeit.* — Leipzig 1871, S. 220.

um 1874

[Daniel von Kaszonyi (?)], *Justine und Juliette oder Die Gefahren der Tugend und Die Wonne des Lasters. Kritische Ausgabe nach dem Französischen des Marquis de Sâde* [!]. — Leipzig: Carl Minde, o. J. — 155 S. (Keine kritische Ausgabe, wie der Titel verheißt, sondern eine Abhandlung zum Werk Sades, wie auch der vermutlich vom gleichen Verfasser stammende Titel aus dem Jahre 1878). Wieder in Farin/Seifert (Hrsg.) 1988.

1875

H. Nay [Pseudonym von Hugo Hayn], *Bibliotheca germanorum erotica. Verzeichniss der gesammten deutschen erotischen Literatur mit Einschluss der Übersetzungen.* — Leipzig: o. V., 1875. Verzeichnet S. 140 die o. a. deutsche Übersetzung der *Crimes de l'amour* aus dem Jahre 1802/03 (ohne Nennung des Autors). Zu Neuauflagen der Bibliographie siehe unter 1885, 1889 und 1914.

um 1878

[Daniel von Kaszonyi (?)], *Die Schule der Wonne. Aus dem Französischen des Werkes:* »*La Philosophie dans le boudoir*« *von Marquis de Sâde* [!], *Verfasser von Justine und Juliette.* — Leipzig: Carl Minde, o. J. — 127 S.

Artikel »Sade«, in: *Meyers Konversationslexikon*, 3. Auflage, Leipzig 1878, S. 1020. Wieder in Farin/Seifert (Hrsg.) 1988.

1882

Hippolyte Taine, *Die Entstehung des modernen Frankreich*. Autorisierte deutsche Bearbeitung von L[eopold] Katscher. Bd. 1—3, Leipzig: Verlag von Ambr. Abel, 1877—1885. Zu Sade Bd. 2 (2), 1882, S. XIX und 249 und Bd. 3, 1885, S. 296. (Verschiedene Neuauflagen, zuletzt 1936. Erschien parallel zur OA).

1885

Hugo Hayn, *Bibliotheca germanorum erotica. Verzeichniss der gesammten deutschen erotischen Literatur mit Einschluss der Übersetzungen, nebst Angabe der fremden Originale.* Zweite, sehr stark vermehrte Auflage. — Leipzig: Verlag von Albert Umflad, 1885 (¹1875). Zu Sade S. 267.

Oswald Zimmermann, *Die Wonne des Leids*. — 2. Aufl., Leipzig 1885, S. 107—114.

1886

Richard von Krafft-Ebing, *Psychopathia sexualis. Mit besonderer Berücksichtigung der conträren Sexualempfindung. Eine medicinisch-gerichtliche Studie*. — Stuttgart 1886. Zu Sade: S. 44. (Zahlreiche Neuauflagen) Wieder in Farin/Seifert (Hrsg.) 1988.

Benjamin Tarnowsky, *Die krankhaften Erscheinungen des Geschlechtssinnes*. — Berlin: Hirschwald, 1886. Zu Sade: S. 70—71.

1887/1888

Heinrich Wortmann (Pseudonym: Julius Heinrich Franke), *Ludwig der XIV. und der Hirschpark. Eine kritische Ausgabe des Werkes »Justine und Juliette«* ... — Berlin: Bartels (1887/1888). (Mit Kommentaren versehener Neuabdruck der unter 1874 rubrifizierten sogenannten »kritischen Ausgabe«)

1889

Hugo Hayn, *Bibliotheca erotica et curiosa Monacensis*, Berlin 1889, S. 65—66.

1891

GESCHICHTE DER JULIETTE ODER DIE WONNE DES LASTERS. Amsterdam 1891. 8° [nur bei Hayn/Gotendorf nachgewiesen; vordatierter Nachdruck der u. a. Ausg. von 1892?].

Karl Goldmann, »Masochismus und Sadismus in der modernen Literatur«, in: *Das Magazin für Literatur des Auslandes* 60 (1891), S. 758—760.

1892

GESCHICHTE DER JULIETTE ODER DIE WONNEN DES LASTERS, VON MARQUIS DE SADE. Eingeleitet durch eine Biographie des Verfassers und eine Inhaltsübersicht. — Bucarest: Cesareano & Co., 1892. — 152 S. (Neudrucke o. J. [1895?] unter der Rubrik »Amsterdam. Gedruckt auf Kosten guter Freunde« und »Chicago«). Französische OA (Biographie nach Alcide Bonneau [?]) Amsterdam 1892. Wieder im vorliegenden Band.

Max Nordau (Pseudonym von Max Simon Südfeld), Kurze Anmerkung zu Sade, in: *Entartung*, Bd. 1, Berlin 1892, S. 26.

1894

[Wladimir Russalkov (?)], *Grausamkeit und Verbrechen im sexuellen Leben. Historisch-psychologische Studien*, o. O. [Budapest/Graz: Minerva], o. J. [1894], S. 62—69. Wieder in Farin/Seifert (Hrsg.) 1988.

1895

Paul Jean François Nicolas Comte de Barras, *Memoiren*. Hg. von Georg Duruy. Stuttgart/Leipzig/Berlin: Deutsche Verlagsanstalt, 1895 (Zu Sade: Band 1, S. 47—48 und Band 3, S. 55 ff. und 172). (OA: Paris 1895)

Albert Eulenburg, *Sexuale Neuropathie, genitale Neurosen und Neuropsychosen der Männer und Frauen.* — Leipzig: F. C. W. Vogel, 1895. iv, 164 S. (zu Sade: S. 108—125).

1897

Rudolf Fürst, Kurze Anmerkung zu Sade, in: *Die Vorläufer der modernen Novelle im 18. Jahrhundert.* — Halle 1897, S. 13.

1898

[Hans von Labes, Graf von Schlitz], *Denkwürdigkeiten des Grafen Hans von Schlitz von den letzten Lebensjahren Josephs des II. bis zum Sturze Napoleons I.*, hg. von Albert Rolf. — Hamburg 1898, S. 124—125. (Verbesserte Ausg. der erstmals 1833 gedruckten Memoiren). (Vgl. 1986)

Otto von Leixner, *Geschichte der fremden Litteraturen*. Zweite, neugestaltete und vermehrte Auflage. Erster Teil, Leipzig 1898 (^{1}1881). Zu Sade: S. 356—357.

1899

Albert Eulenburg, »Der Marquis de Sade«, in: *Die Zukunft* 7 (1899), S. 497—515 (Nr. 26 vom 25. März 1899).

Peter Norrenberg, *Allgemeine Literaturgeschichte*. Zweite Auflage, neubearbeitet von Karl Macke. Bd. 3, Münster i. W. 1899 (¹1881/82). Zu Sade: S. 422.

Victorien Sardou, Kurze Erwähnung Sades in der Vorrede zu Franz Funck-Brentano, *Die Bastille in der Legende und nach historischen Documenten*, übersetzt von Oscar Marschall Bieberstein. — Breslau: S. Schottlaender, 1899, S. 35. Gleichzeitig in *Nord und Süd. Eine deutsche Monatsschrift* 88 (1899), S. 353—393 und 89 (1899/1900), S. 74—89 und 189—229 erschienen (zu Sade hier S. 355 und 368). OA: Paris 1898.

um 1900 (?)

Dr. med. Ritter, *Der Lustmord und ihm verwandte Erscheinungen perverser Geschlechtsempfindungen*. Eine populär-medicinische Studie. — o. O., o. J., 32 S. (zu Sade: S. 8). Wieder in Farin/Seifert (Hrsg.) 1988.

1900

Iwan Bloch (Pseudonym: Eugen Dühren), *Der Marquis de Sade und seine Zeit. Ein Beitrag zur Kultur- und Sittengeschichte des 18. Jahrhunderts.* — Berlin: H. Barsdorf Verlag, 1900. — 502 S. (Zahlreiche Neuauflagen, vermehrt und durchgesehen ab 3. Aufl. 1901; Nach- und Neudrucke 1959, 1970 und 1978).

o. A., Rezension zu Bloch (1900), in: *Deutsche Medizinische Presse* (1900), S. 73.

o. A., Rezension zu Bloch (1900), in: *Jahrbuch für sexuelle Zwischenstufen* Band 3 (1900), S. 332—341.

G. Aschaffenburg, Rezension zu Bloch (1900), in: *Zeitschrift für Sozialwissenschaft* (Berlin 1900), S. 394.

Iwan Bloch, Selbstanzeige zu »Der Marquis de Sade ...«, in: *Zeitschrift für Bücherfreunde* (Mai/Juni 1900), S. 121—124.

Iwan Bloch, Selbstanzeige, in: *Die Zukunft* Band 32 (1900), S. 310.

Dr. Castor, Rezension zu Bloch (1900), in: *Die Kritik des öffentlichen Lebens* Band 15 (Berlin 1900), S. 283.

T. Cohn, Rezension zu Bloch (1900), in: *Neurologisches Centralblatt* (Leipzig 1900), S. 235.

A. Cramer, Rezension zu Bloch (1900), in: *Monatsschrift für Psychiatrie und Neurologie* Band 8 (1900), S. 83.

Albert Eulenburg, Rezension zu Bloch (1900), in: *Deutsche Medizinische Wochenschrift* (1900), Lit. 1.

E. Gystrow, Rezension zu Bloch (1900), in: *Die Gesellschaft* Band 2 (Dresden 1900), S. 129.

Gerster, Rezension zu Bloch (1900), in: *Hygieia* 13. Jg. (Stuttgart 1900), S. 346.

Reinhold Günther, *Kulturgeschichte der Liebe. Ein Versuch.* — Berlin: Carl Duncker, 1899 (auf dem Umschlag: 1900). Beiläufige Erwähnung zu Sade in Anmerkungen, S. 56, 77, 189 und 221.

J[oseph] Haas, »Über die Justine und die Juliette des Marquis de Sade« in: *Zeitschrift für französische Sprache und Literatur* 22 (1900), S. 282—296.

Dr. J. Marcuse, Rezension zu Bloch (1900), in: *Die Umschau* 4. Jg. Frankfurt a. M. (1900), S. 403.

Pagel, Rezension zu Bloch (1900), in: *Berliner Klinische Wochenschrift* 2. Jg. (1900), S. 578—579.

Pelman, Rezension zu Bloch (1900), in: *Zeitschrift für Psychologie und Physiologie der Sinnesorgane* Band 24 (1900), S. 395.

J. Preuss, Rezension zu Bloch (1900), in: *Deutsche Medizinalzeitung* (1900), S. 127.

Schmidt, Rezension zu Bloch (1900), in: *Berliner Klinische Wochenschrift*, 2. Jg. (1900), S. 92.

Schmidt, Rezension zu Bloch (1900), in: *Psychiatrische Wochenschrift*, 2. Jg. (1900), S. 92.

1901

o. A., »Das Todesjahr des Marquis de Sade«, in: *Der Tag* (Berlin), Nr. 347 (1901), S. 12.

Albert Eulenburg, *Der Marquis de Sade. Vortrag.* — Dresden 1901. 29 S. Rezension vorstehender Schrift in: *Berliner Klinische Wochenschrift* vom 2. September 1901, S. 911.

A. Schultz, Kurze Notiz zu Sade, in: Gustav Gröber (Hg.), *Grundriß der romanischen Philologie* II. 3, Straßburg 1901, S. 527.

1902

Albert Eulenburg, »Leben und Werk des Marquis de Sade. Sein Charakter und Geisteszustand«, in: *Sadismus und Masochismus.* — Wiesbaden 1902. 82 S. (Grenzfragen des Nerven- und Seelenlebens; 19). Zu Sade: S. 29—44.

Emile Laurent, *Sexuelle Verwirrungen. Sadismus und Masochismus.* Deutsch von Dolorosa [d. i. Marie Eichhorn]. — Berlin: H. Barsdorf, 1902. 272 S. Bis 1912 zehn Auflagen. OA: Paris 1902.

Hans VAIHINGER, Kurze Erwähnung Sades als »Vorläufer« Nietzsches, in: *Nietzsche als Philosoph.* — Berlin 1902, S. 40 (in der 5. Aufl. der nur 108 S. umfassenden Schrift: S. 36).

1903

P. NÄCKE, Erwähnung Sades, in: »Forensisch-psychiatrisch-psychologische Randglossen zum Prozesse Dippold, insbesondere über Sadismus«, in: *Archiv für Kriminal-Anthropologie und Kriminalistik* 13 (1903), S. 354.

Hans RAU, *Die Grausamkeit mit besonderer Bezugnahme auf sexuelle Faktoren.* — Berlin: H. Barsdorf, 1903. — iv, 248 S., mit Abb.

A. VERIPHANTOR (Pseudonym), *Der Sadismus. Ein Beitrag zur Sittengeschichte unserer Zeit.* — Berlin 1903 (Zur Psychologie unserer Zeit; 4). 29 S. (Neuauflagen 1905 und 1907, wieder in FARIN/SEIFERT [Hrsg.] 1988).

1904

JUSTINE UND JULIETTE. Aus dem Französischen ins Deutsche übersetzt von René Leukh. 2 Bände. — Berlin: Verlag der Bibliophilen, 1904. 8°.

Iwan BLOCH (Pseudonym Eugen DÜHREN), *Neue Forschungen über den Marquis de Sade und seine Zeit. Mit besonderer Berücksichtigung der Sexualphilosophie de Sade's auf Grund des neuentdeckten Original-Manuskriptes seines Hauptwerkes »Die 120 Tage von Sodom«.* — Berlin: Max Harrwitz, 1904. — XXXII, 488 S. (Mehrere Neuauflagen, undatierter Raubdruck um 1970.)

o. A., Rezension zu Bloch (1904), in: *Jahrbuch für sexuelle Zwischenstufen* Band 7 (1904), S. 824—829.

G. ASCHAFFENBURG, Rezension zu Bloch (1904), in: *Monatsschrift für Kriminalpsychologie und Strafrechtsform,* 1. Jg. (1904/1905), S. 139.

Iwan BLOCH, Selbstanzeige, in: *Zeitschrift für Bücherfreunde,* 8. Jg. (1904/1905), S. 46—48.

Albert EULENBURG, Rezension zu Bloch (1904), in: *Deutsche Literaturzeitung,* Nr. 13 vom 2. April 1904, Sp. 816—818.

GRASSMANN, Rezension zu Bloch (1904), in: *Münchener Medizinische Wochenschrift,* Nr. 41 vom 11. Oktober 1904, S. 1839.

[F. S. KRAUSS?], Rezension zu Bloch (1904), in: *Anthropophyteia* 1 (1904), S. 520—522.

POSNER, Rezension zu Bloch (1904), in: *Berliner Klinische Wochenschrift* (1904), S. 764—765.

[Auf weitere Rezensionen zu Blochs zweitem Sade-Buch machte mich kurz vor Drucklegung vorliegender Bibliographie freundlicherweise Michael FARIN aufmerksam. Sie erschienen in: *Wiener klinische Wochenschrift* Nr. 9 (1904); *Monatsschrift für Harnkrankheiten* Nr. 1 (1904); *Ungarische medizinische Presse* Nr. 12 (1904); *Archiv für die gesamte Psychologie* vom 27. 4. 1904; *Deutsche Medizinal-Zeitung* Nr. 21 vom 14. 3. 1904; *Der Tag* vom 29. 9. 1904; *Kölnische Zeitung* vom 17. 5. 1904; *Die Umschau* vom 20. 5. 1905.]

Hans RAU (unter dem Pseudonym A. SPER), *Der Marquis de Sade und der Sadismus.* — Berlin [1904]. — 183 S. Wieder in diesem Band.

Hans RAU, *Sadismus und Erzieher. Der Fall Dippold. Ein Sittenbild aus dem 20. Jahrhundert.* — Berlin: H. Barsdorf, 1904. Zu Sade: S. 39—41.

Hans RAU, *Wollust und Schmerz. Eine psychologische Studie.* — Oranienburg: Orania-Verlag, 1904. — 26 S. (Bibliothek des Seelen- und Sexuallebens; 1. Serie, Heft 10).

1905

JUSTINE UND JULIETTE. DIE LEIDEN DER TUGEND UND DIE WONNEN DES LASTERS. Ins Deutsche übertragen von Raoul HALLER. 4 Bände (incl. Tafelband). 432, 407 und 270 S. O. O., o. J. (1905). 8°. Wieder 1987.

J[oseph] HAAS, Rezension zu Bloch (1904), in: *Zeitschrift für französische Sprache und Literatur* 28 (1905), S. 115—118.

[H. LAUFER], Rezension zu Bloch (1904), in: *Mitteilungen zur Geschichte der Medizin und der Naturwissenschaften* 4 (1905), S. 178—179.

Émile LAURENT, *Sexuelle Verirrungen: Sadismus und Masochismus.* Deutsch von Dolorosa. — Berlin: Hermann Barsdorf, 1905 (OA: Paris 1905).

F. C. MÜLLER, Rezension zu Hans RAU (1904), in: *Mitteilungen zur Geschichte der Medizin und der Naturwissenschaften* 4 (1905), S. 179.

1906

DIE GESCHICHTE DER JUSTINE ODER DIE NACHTEILE DER TUGEND. DIE GESCHICHTE DER JULIETTE ODER DIE VORTEILE DES LASTERS. Aus dem Französischen zum 1. Male ins Deutsche übertragen von Martin ISENBIEL [d. i. Richard FIEDLER]. 2 Bände, o. O. (Wien) 1906. 420 und 607 S. 8°. (Mehrere undatierte Nachdrucke, zuletzt um 1965).

Franz BLEI, »Über die Grausamkeit«, in: *Der Amethyst. Blätter für seltsame Literatur und Kunst,* Wien: Stern, 1906, S. 51—54. Reprint: Nendeln: Kraus o. J. (um 1970).

Karl HAUER, »Sätze von Marquis de Sade«, in: *Die Fackel* Nr. 203 v. 12. Mai 1906, S. 1—5 und Nr. 206 vom 5. Juli 1906, S. 1—4.

Karl HAUER, »Der Marquis de Sade und sein Roman ›Juliette‹«, in: *Die Fackel* Nr. 207 vom 23. Juli 1906, S. 14—21.

1907

DIE PHILOSOPHIE IM BOUDOIR ODER SPEZIELLE UNTERWEISUNG IN DER LIEBES-PHILOSOPHIE UND DER HÖHEREN UND RAFFINIRTEN GESCHLECHTLICHEN WOLLUST. Zum 1. Male ins Deutsche übertragen von Dr. A. Schwarz. 2 Teile o. O. (Budapest) 1907 (Curiosa der Weltliteratur; 4). 216 S. und 248 S. 8°. Wieder 1920 und 1922, Auszüge in diesem Band.

Comoedia Divina. Nachdruck der Ausgabe von 1808. Hg. von Franz Blei. — Leipzig: Zeitler, 1907 (Deutsche Literatur-Pasquille; 2).

Karl BLEIBTREU, »Der Marquis de Sade«, in: *Die Gegenwart* Nr. 35 vom 31. August 1907, S. 134—136 und Nr. 36 vom 7. September 1907, S. 151—154. Wieder im vorliegenden Band.

Iwan BLOCH, *Das Sexualleben unserer Zeit in seinen Beziehungen zur modernen Kultur.* — Berlin: Louis Marcus, 1907 (zu Sade: S. 102, 127, 196, 376, 521, 535, 536, 615, 616, 624, 689, 701, 708, 709, 797, 818). (Etliche Neuauflagen)

Karl KRAUS, Erwähnung Sades in Brief an Berthe Maria Denk, in: Nike WAGNER, *Geist und Geschlecht. Karl Kraus und die Erotik der Wiener Moderne.* — Frankfurt/M.: Suhrkamp, 1982, S. 141.

Regina von WLADICZEK, *Die Fieberschule der Amalgamisten. Dämonischer Roman aus der Gegenwart.* — O. O., in einer einmaligen Auflage von 400 in der Maschine numerierten Exemplaren als Manuskript gedruckt, Dezember 1907 (zu Sade: S. 115—117). Neuauflage unter dem Titel *Die hohe Schule der Liebe. Dämonischer Roman aus der Gegenwart.* — O. O., o. J. [Budapest, nach 1907 (?)]. Darin S. 96—98. Wieder in FARIN/SEIFERT (Hrsg.) 1988.

1908

DIE HUNDERTZWANZIG TAGE VON SODOM ODER DIE SCHULE DER AUSSCHWEIFUNG VOM MARQUIS DE SADE. Erste und vollständige Übertragung aus dem Französischen von Karl von Haverland. 2 Bände, Wien 1908 (Curiosa der Weltliteratur). (Wieder Leipzig 1909 (diese Ausgabe 1979 als Nachdruck) und verschiedentlich in zumeist undatierten Nach- und Neudrucken.)

o. A., *Die Wonnen der Grausamkeit.* Aus dem Englischen übertragen von Dr. E. Neumann. — O. O. [Pressburg: Hartleb], 1908. 345 S. (Curiosa der Weltliteratur; 5). Privatdruck in 500 Exemplaren. OA: Paris und London 1898.

Bernhard STERN, *Illustrierte Geschichte der erotischen Literatur aller Zeiten und Völker*, Bd. 1 (—2), Wien und Leipzig: Privatdruck des Verlages C. W. Stern, 1908 (zu Sade: Bd. 1, S. 26, 64 und 90, Bd. 2, S. 106).

1909

Fritz von HERZMANOVSKY-ORLANDO, Erwähnung Sades in einem Brief an seine spätere Frau im Jahre 1909, in: *Ausgewählter Briefwechsel*, hrsg. u. kommentiert von Max Reinisch. — Salzburg: Residenz-Verlag, 1989, S. 47 (Sämtliche Werke; 8).

1911

Albert EULENBURG, *Sadismus und Masochismus.* 2., umgearbeitete Auflage, Wiesbaden: Bergmann, 1911.

W[ilhelm] LANGENBRUCH, *Praktische Menschenkenntnis auf Grund der Handschrift. Eine leicht faßliche Einleitung, die Menschen aus ihrer Handschrift zu erkennen. Zugleich ein Autographen-Album bedeutender und interessanter Persönlichkeiten.* — Berlin: Kameradschaft G.m.b.H., 1911 (zu Sade: S. 207—208). 3. Aufl. ebenda 1929.

1912

Eduard ENGEL, *Geschichte der französischen Literatur von den Anfängen bis in die Gegenwart.* Achte Auflage, Leipzig 1912. Zu Sade: S. 430 und 434. (Erste Auflage unter dem Titel *Geschichte der Weltliteratur*, Bd. 1, Leipzig 1882).

Otto FLAKE, *Schritt für Schritt. Roman.* — Berlin: Paul Cassirer, 1912. — 457 S. (zu Sade: S. 319—320). Mehrere Neuauflagen.

Eduard FUCHS, Kurze Anmerkung zu Sade, in: *Geschichte der erotischen Kunst.* — München: Langen (1912), S. 241 und 331. Neuauflage 1922. Nachdruck Berlin: Guhl, 1977.

Otto RANK, Kurze Anmerkung zu Sade, in: *Das Inzest-Motiv in Dichtung und Sage. Grundzüge einer Psychologie des dichterischen Schaffens.* — Leipzig, Wien: Deuticke, 1912, S. 543.

1913

Carl Busse, *Geschichte der Weltliteratur*, Band 2, Bielefeld und Leipzig 1913. Zu Sade: S. 178.

Werner Sombart, *Luxus und Kapitalismus*. — München/Leipzig: Duncker & Humblot, 1913. VIII, 220 S. (Studien zur Entwicklungsgeschichte des modernen Kapitalismus; 1). Marginalie zu Sade S. 55. Zahlreiche Neuauflagen, zuletzt u. d. T. *Liebe, Luxus und Kapitalismus* 1983 in »Wagenbachs Taschenbücherei« (Bd. 103).

1914—1916

Iwan Bloch, »Zwei unveröffentlichte Originaldokumente über den Marquis de Sade«, in: *Zeitschrift für Sexualwissenschaft* 1 (1914/1915), S. 29—31.

Hugo Hayn und Alfred N. Gotendorf, »Marquis de Sade«, in: *Bibliotheca Germanorum Erotica & Curiosa*, Band VII, München: Müller, 1914, S. 24—34.

1915—1916

o. A., Beiläufige Erwähnung Sades in dem Sitzungsbericht der Berliner Ärztlichen Gesellschaft für Sexualwissenschaft und Eugenik vom 22. Januar 1915, in: *Zeitschrift für Sexualwissenschaft* 2 (1915/16), S. 437.

Hugo Ball, Tagebucheintragungen zu Sade vom 21. 6. 1915, 12. 11. 1915 und 22. 6. 1916, in: *Die Flucht aus der Zeit*. — München und Leipzig: Duncker & Humblot, 1927. Verschiedene Neuauflagen (1931 mit einem Vorwort von Hermann Hesse), zuletzt Luzern: Verlag Josef Stocker, 1946 (darin: S. 29 f., 65 und 97 f.). Zitat vom 22. 6. 1916 wieder in: Richard Huelsenbeck (Hrsg.), *Dada. Eine Dokumentation*. — Reinbek bei Hamburg: Rowohlt, 1964, S. 161—162.

Gustav Adolf Erich Bogeng, Kurze Anmerkung zu Sade, in: *Streifzüge eines Bücherfreundes*. — Weimar: Gesellschaft der Bibliophilen, 1915, Band 1, S. 162.

Hans Landsberg (Hrsg.), *Das galante Frankreich in Anekdoten*. Stuttgart: Lutz, o. J. (um 1915) (Anekdoten-Bibliothek; Bd. 11). Zu Sade beiläufig S. 72.

1918

o. A., »Aline et Valcour«, in: *Vierteljahrschrift für angewandte Bücherkunde* 1 (1918), S. 154—158.

1919

Hermann Broch, Kurze Erwähnung Sades, zitiert in Dirk O. Hoffmann, *Paul Leppin* ... — Bonn: Bouvier, 1982, S. 51 und S. 68.

1920

JUSTINE UND JULIETTE, DIE LEIDEN DER TUGEND UND DIE WONNEN DES LASTERS. Privatdruck [Wien: Suschitzki (?)] in vier Bänden. 12°. Einmalige Auflage von 480 Exemplaren. — 208, 204, 301 und 290 S. Nach Angabe des Vorworts im November 1920 gedruckt.

JUSTINE UND JULIETTE, DIE LEIDEN DER TUGEND UND DIE WONNEN DES LASTERS. Privatdruck in zwei Bänden. 8°. Mit 40 Illustrationen nach Kupfern der Originalausgabe. O. O. und o. V. — 196 und 178 S.

DER MENSCH IST BÖSE. LEHREN UND SPRÜCHE DES MARQUIS DE SADE. Ausgewählt und zusammengestellt von Ernst Ulitzsch. — Berlin/Wilmersdorf: A. R. Meyer, 1920. 15 S. Wieder in vorliegender Ausgabe.

DIE PHILOSOPHIE IM BOUDOIR ODER SPEZIAL-UNTERWEISUNGEN IN DER LIEBESPHILOSOPHIE. Deutsch von A. Schwarz. 2 Bände. Privatdruck o. J. [1920]. (^{1}1907).

1921

JULIETTE ET RAUNAI. Nach der als Privatdruck bei Gay et Doucé in Brüssel 1881 erschienenen französischen Ausgabe ins Deutsche übertragen von Curt MORECK [d. i. Konrad Haemmerling]. Einmalige Ausgabe in 500 Exemplaren. 1. Veröffentlichung des Bibliophilen-Klub Reichenhall, um 1921.

Franz KAFKA, Erinnerung an die Lektüre einer Darstellung zum Leben des Marquis de Sade im Gespräch mit Gustav Janouch (um 1921), in: Gustav JANOUCH, *Gespräche mit Kafka. Erinnerungen und Aufzeichnungen.* — Frankfurt am Main: S. Fischer Verlag, 1951, S. 78. Mehrere Neuauflagen.

LUKA, *Marquis de Sade und sein Volk. Der historische Franzmann im Spiegel seiner Kultur und seiner Grausamkeit. Unter Benützung amtlicher und historischer Quellen zusammengestellt und bearbeitet.* — Bremen: Friedrich & Co., 1921. 22 S. (Hetzschrift, die Sade lediglich im Titel führt).

Jakob Elias PORITZKY, »Der Marquis de Sade«, in: *Die Erotiker. Probleme und Portraits.* — München: Rösl & Cie., 1921, S. 263—297. Neuauflage ebenda 1923.

Bernhard STERN-SZANA, *Bibliotheca curiosa et erotica. Beschreibung meiner Sammlung von Seltenheiten und Privatdrucken erotischer und kurioser Bücher*. Privatdruck für Bernhard Stern-Szana und seine Freunde [Wien 1921]. Zu Sade: S. 153—155. Reprint Magstadt: Bissinger, 1967.

1922

JUSTINE UND JULIETTE. DIE LEIDEN DER TUGEND UND DIE WONNEN DES LASTERS. Privatdruck in 240 Exemplaren. — Winterthur 1922. 4 Bände. 12°. — 215, 224, 260 und 203 S., mit 71 Illustrationen nach der Originalausgabe.

DIE PHILOSOPHIE IM BOUDOIR ODER SPEZIELLE UNTERWEISUNG IN DER LIEBES-PHILOSOPHIE UND DER HÖHEREN RAFFINIRTEN GESCHLECHTLICHEN WOLLUST. — Anastatischer Nachdruck Berlin 1922 der erstmals 1907 in der Reihe »Curiosa der Weltliteratur« erschienenen Übersetzung.

Eduard FUCHS, *Geschichte der erotischen Kunst. Das individuelle Problem I.* — München: Langen, [1922]. Zu Sade: S. 51 und 430. (Nachdruck Berlin: Guhl, 1977)

KLABUND, Beiläufige Erwähnung Sades in: *Geschichte der Weltliteratur in einer Stunde.* — Leipzig: Dürr & Weber, 1922, S. 60 (Zellenbücherei; 52). Wieder aufgenommen in KLABUND, *Literaturgeschichte.* — Wien: Phaidon-Verlag, 1929, S. 146 (Neuauflage ebenda 1932).

[Horace de VIEL-CASTEL], Anekdote zu Dumas fils und Sade, in: *Der Karneval des zweiten Kaiserreichs.* Aus dem Französischen von Max Adler. — Dresden: Opal-Bücherei, [1922], S. 51—53 (OA: Paris 1883 bis 1884). (Wiedergegeben bei BAUER (1929).)

1923

JUSTINE UND JULIETTE. DIE LEIDEN DER TUGEND UND DIE WONNE DES LASTERS. Privatdruck in 500 Exemplaren, o. O., um 1923. 2 Bände. 16°. (Bibliotheca erotica; 1 und 2). — 196 und 178 S.

1924

Franz BLEI, »Der Marquis de Sade«, in: *Das Kuriositätenkabinett der Literatur.* — Hannover: Steegemann, 1924, S. 344—351.

Siegfried KRACAUER, Kurze Erwähnung Sades in: *Schriften,* hg. von Karsten WITTE, Bd. 2, Frankfurt/M.: Suhrkamp, 1979, S. 92.

1925

Alexander BESSMERTNY, »Der Marquis de Sade«, in: *Der Querschnitt* 5 (1925), S. 322—327.

Octave UZANNE (Hrsg.), *Die geheimnisvollen Sitten des galanten Jahrhunderts.* Aus dem Französischen mit einer Einleitung von

Waltram. — Dresden: Gerthau, o. J. [um 1925. Schilderung zur »Affäre Keller« nach dem *Espion anglois* von Pidansat de Mairobert, S. 113 f.] Neuaufl. 1982 als Heyne-Taschenbuch. OA: Paris 1883.

1926

Alexander Bessmertny, »Der Marquis und die Marquise de Sade (nach unbekannten Briefen)«, in: *Die Autographen-Rundschau* 7 (1926), S. 53—55.

Antonio Carlo [Pseudonym von Prof. Burkhard in Dresden, identisch mit Konrad Schaumburg], *Arme Dagmar. Sadistische Erzählung unter Benutzung einer Idee aus Sades unsterblicher Justine.* — Berlin 1926 (Schreibmaschinenmanuskript; 2 Bände zu 92 und 93 S.).

Max Sander, *Die illustrierten französischen Bücher des 18. Jahrhunderts.* — Stuttgart: Julius Hoffmann Verlag, 1926. Zu Sade: S. 266—267 (Nr. 1765—1772).

1927

Franz Blei, »Der göttliche Marquis«, in: *Berliner Tageblatt*, Nr. 553 vom 23. November 1927, S. 2—3.

Ehrhardt F. W. Eberhard, *Feminismus und Kulturuntergang. Die erotischen Grundlagen der Frauenemanzipation.* — Wien und Leipzig: Wilhelm Braunmüller, 1927. 2., umgearbeitete Auflage. Zu Sade en passant S. 388 im Kapitel »Sadismus und Emanzipation« (S. 387—478).

Paul Englisch, »Marquis de Sade«, in: *Geschichte der erotischen Literatur.* — Stuttgart: Püttmann, 1927, S. 473—479. Vgl. ebd. S. 293, 397, 416, 426, 432, 443, 455, 460, 482 f., 488, 492, 514, 530 und 538 zu Sade. (Neudruck Magstadt: Bissinger, 1966 und Wiesbaden: Fourier, 1977.)

Otto Goldmann, »Das Sexuallaster in seinen Abarten«, in: *Sittengeschichte des Lasters: Die Kulturepochen und ihre Leidenschaften.* — Wien/Leipzig: Verlag für Kulturforschung, 1927, S. 185—252 (Sittengeschichte der Kulturwelt und ihrer Entwicklung in Einzeldarstellungen, hrsg. von Leo Schidrowitz, Bd. 5). Zu Sade beiläufig S. 208 und S. 225.

Friedrich M. Kircheisen, *Die Bastille.* — Berlin: Der Bücherkreis G.m.b.H., 1927. 219 S., ill. (zu Sade: S. 121—124). Mehrere Neuauflagen.

Herbert Lewandowski, *Das Sexualproblem in der modernen Literatur und Kunst. Versuch einer Analyse und Psychopathologie des künstlerischen Schaffens und der Kulturentwicklung seit 1800.* — Dresden: Paul

Aretz Verlag, 1927. Zu Sade: S. 68, 90, 172 f., 176, 207, 248, 250 und 265.

Eduard Wechssler, Anmerkung zu Sade, in: *Esprit und Geist. Versuch einer Wesenskunde des Deutschen und des Franzosen.* — Bielefeld und Leipzig: Velhagen & Klasing, 1927, S. 49, 62 und 73.

1928

Otto Forst-Battaglia, Kurze Erwähnung Sades, in: *Französische Literatur der Gegenwart (1870—1924).* — 2. Auflage, Wiesbaden: Dioskuren Verlag, 1928, S. 196 (1. Auflage 1925).

Eduard Fuchs, *Geschichte der erotischen Kunst: Das individuelle Problem. Zweiter Teil.* — München: Langen, 1928 (zu Sade: S. 179 f. und 310). Reprint Berlin: Klaus Guhl, 1977.

Kurt Tucholsky, Kurze Erwähnung Sades, in: *Gesammelte Werke*, Band 6, Reinbek bei Hamburg: Rowohlt, 1975 (^{1}1960), S. 269.

1929

Artikel »Sade«, in: *Meyers Lexikon*, Bd. 10, Leipzig: Bibliographisches Institut, 1929, S. 817.

Max Bauer, »Der Fanatiker der Unzucht«, in: *Titanen der Erotik.* — Berlin/Zürich: Eigenbrödler-Verlag, 1929, S. 162—193.

Albert Drach, *Das Satansspiel vom Göttlichen Marquis.* — Berlin: Drei Masken Verlag, 1929. (Wieder in Drach, *Gesammelte Werke*, Bd. 2, München/Wien: Langen Müller, 1965, in geänderter Fassung.)

Sergeij M. Eisenstein, Erinnerung an Sadelektüre, in: *YO. Ich selbst. Memoiren.* Hg. von Naum Klejman und Walentina Korschunowa, Bd. 2, Berlin (DDR), 1984, S. 673—677.

Paul Englisch, »Sade«, in: *Bibliotheca Germanorum Erotica & Curiosa*, Ergänzungsband. — München: Müller, 1929, S. 518—520.

Hans Fürstenberg, *Das französische Buch im achtzehnten Jahrhundert und in der Empirezeit.* — Weimar: Gesellschaft der Bibliophilen, 1929 (zu Sade: S. 54 und Anhang I, 118).

Ernst Jünger, »Das abenteuerliche Herz« (1. Fassung 1929), in: *Sämtliche Werke*, Band 9. — Stuttgart: Klett-Cotta, 1979 (zu Sade: S. 159 f.).

1930

Walter Benjamin, Notiz zu Sade gelegentlich der Lektüre eines Werkes von E. Berl, in: *Gesammelte Schriften* Bd. IV. 1, hg. von Tillmann Rexroth. — Frankfurt/M.: Suhrkamp, 1972, S. 573—574 (Tagebucheintragung vom 18. Januar 1930).

Otto FLAKE, »Das Schicksal des Marquis de Sade«, in: *Königsberger Hartungsche Zeitung* vom 24. Juli 1930.

Otto FLAKE, »Ein elementares Jahrhundert« [= Kapitel 1 von *Marquis de Sade*], in: *Die Psychoanalytische Bewegung* 2 (1930), S. 361—365.

Otto FLAKE, *Marquis de Sade. Mit einem Anhang über Rétif de la Bretonne.* — Berlin: Fischer, 1930. — 273 S. (Wieder 1966, 1976, 1981)

Siegmund BING, »Der Marquis de Sade«, [Rezension zu Flake], in: *Frankfurter Zeitung* vom 26. Oktober 1930.

Ernst BLASS, »Marquis de Sade«, Rezension zu Flake, in: *Berliner Tageblatt* vom 20. Juli 1930, Nr. 286, 1. Beiblatt.

Franz BLEI, Rezension zu Flake, in: *Neue Revue* (Berlin: Juli-August 1930). S. 217—218.

Gustav GUGITZ, »Freiheit/Gleichheit/Brüderlichkeit«, in: *Sittengeschichte der Revolution,* hrsg. von Erich WULFFEN u. a. — Wien/Leipzig: Verlag für Kulturforschung, [1930], S. 55—122 (zu Sade insbes. S. 59—62, 71, 77 f., 90, 100, 103 f., 107 und 118 f.).

Gustav GUGITZ, »Sade«, in: *Bilder-Lexikon Literatur und Kunst,* Band 4, Hamburg: Verlag für Kulturforschung, 1930, S. 772—778. (Neuauflage ebenda 1961—1963)

Willy HAAS, »Der Marquis de Sade«, in: *Die literarische Welt,* Nr. 24 vom 13. Juni 1930, S. 7—8 und Nr. 25 vom 20. Juni 1930, S. 5—6.

Ernst HEILBORN, »Literaten-Bildchen« [Rezension zu Flake], in: *Die Literatur,* 32. Jg. (Stuttgart 1930), S. 619.

Jules MICHELET, Erwähnung und Porträt Sades in *Geschichte der französischen Revolution,* bearbeitet von F. M. Kircheisen nach der Übersetzung von R. Kühn. — Wien/Hamburg/Zürich: Gutenberg-Verlag Christensen & Co., 1929—1930 (hier Band 3, S. 5 und Bd. 10, letztes Kapitel). OA: Paris 1833—1867. Reprint Frankfurt am Main: Eichborn-Verlag, 1988.

Heinrich PETERS, »Zwei Lebensbeschreibungen. Marquis de Sade und Napoleon III.« [Rezension zu Flake], in: *Deutsche Tageszeitung,* Berlin, 9. Oktober 1930, Nr. 476, 1. Beiblatt.

PLACZEK, Rezension zu Flake, in: *Archiv für Frauenkunde,* Bd. 16 (Leipzig November 1930), Heft 3, S. 274—275.

Eva von RAPPARD, *Handschrift und Persönlichkeit. Ein Buch über Graphologie und Menschenkunde.* — Leipzig: Georg Dollheimer, 1930 (zu Sade: S. 288).

Alexander von Sacher-Masoch, »Marquis de Sade« [Rezension zu Flake], in: *Der Querschnitt*, 10. Jg. (Berlin August 1930), Heft 8, S. 567.

Ernst Schertel, »Der romantische Marquis«, in: *Der Flagellantismus als literarisches Motiv. Eine literaturgeschichtlich-psychologische Untersuchung*. Band 1, Leipzig: Parthenon Verlag, 1930, S. 22—53.

W. Schmits, Rezension zu Flake, in: *Kölnische Zeitung* vom 17. August 1930.

—ss—, »Marquis de Sade« [Rezension zu Flake], in: *Vossische Zeitung* (Berlin) vom 27. Juli 1930, Beilage, Literarische Umschau, Nr. 30.

Hermann Wendel, »Mißdeutung der Revolution. Zu einem Buch über den Marquis de Sade« [Rezension zu Flake], in: *Der Abend*, Spätausgabe des *Vorwärts* (Berlin) vom 25. September 1930, Beilage.

1931

Ch. Demmig, Rezension zu Flake, in: *Der Gral*, 25. Jg. (München August 1931), Heft 11, S. 1040.

Paul Englisch, Anmerkung zu Sade, in: *Sittengeschichte Europas*. — Berlin/Wien: Kiepenheuer/Phaidon, 1931, S. 299—300.

Paul Englisch, Anmerkung zu Sade und seinen Verlegern, in: *Irrgarten der Erotik. Eine Sittengeschichte über das gesamte Gebiet der Welt-Pornographie*. — Leipzig: Lykeion (1931), S. 6—13. (Nachdruck Magstadt 1965).

Alfred Kind, *Die Weiberherrschaft in der Geschichte der Menschheit*, Bd. 1 (—3), Wien/Leipzig: Verlag für Kulturforschung, 1930. Zu Sade: Bd. 1, S. 218 und 248.

Paul Kluckhohn, *Die Auffassung der Liebe in der Literatur des 18. Jahrhunderts und in der deutschen Romanitk*. — Halle: Niemeyer, 1931. Zu Sade: S. 42 und 417. Unveränderte Neuauflagen 1931 und 1966.

1932

ZWEI KLEINE GESCHICHTEN [*L'Epoux complaisant* und *L'Instituteur philosophe*, dt.]. Aus dem Französischen des Marquis de Sade. In: *Anthologie der erotischen Literatur aller Zeiten und Völker*. Mit Einleitung von Dr. Franz Blei und Literaturnachweis von Dr. Paul Englisch. — Wien: Anakreon-Verlag, o. J. (Privatdruck um 1932). Bd. 1, S. 202—204 und Anmerkung S. 359. Neudruck Frankfurt 1990.

Otto FLAKE, *Die französische Revolution 1789—1799*. — Leipzig: Hesse & Becker Verlag, 1932 (zu Sade: S. 58, 172 und 236). Mehrere Neuauflagen, zuletzt 1989 in der Manesse Bibliothek.

1934

Artikel »Sade«, in: *Beckmanns Welt-Lexikon A—Z*. — Wien: Otto Beckmann, 1934, Sp. 1706.

Erich FROMM, Besprechung von Geoffrey GORER, *The revolutionary Ideas of the Marquis de Sade* (London 1934), in: *Zeitschrift für Sozialforschung*, hrsg. von Max HORKHEIMER, 3 (1934), S. 426—427. Reprint München: Kösel, 1970 und dtv 1980.

Ernst JÜNGER, Beiläufige Erwähnung Sades in »Lob der Vokale«, in: *Blätter und Steine*. — Hamburg: Hanseatische Verlagsanstalt, 1934, S. 47—89. Wieder in *Geheimnisse der Sprache. Zwei Essays*, ebd. 1939 (zu Sade: S. 8). Mehrere Neuauflagen.

1935—1937

Klaus MANN wird in einem Brief von René CREVEL auf Sade aufmerksam gemacht (vgl. *Europe* 679/680, nov./déc. 1985, S. 78 [Hinweis von Michel Delon].

Stefan ZWEIG erwähnt Sade in einem Brief an Klaus Mann vom 6. Dezember 1937, in: Klaus MANN, *Briefe und Antworten 1922 bis 1949*, hrsg. von Martin GREGOR-DELLIN. — München: Ellermann, 1987, S. 327 (^{1}1975).

1938

Artikel »Sade«, in: *Dollheimers großes Buch des Wissens in zwei Bänden*. — Bd. 2, Leipzig: Verlag von Georg Dollheimer, 1938, S. 1296.

Theodor W. ADORNO, Brief an Walter Benjamin mit Erwähnung Sades, in: Walter BENJAMIN, *Briefe*, hg. von G. SCHOLEM und Th. W. ADORNO, Bd. II, Frankfurt/M.: Suhrkamp, 1966, S. 789.

Ernst JÜNGER, »Das abenteuerliche Herz« (2. Fassung 1938), in: *Sämtliche Werke*, Band 9. — Stuttgart: Klett-Cotta, 1979 (zu Sade: S. 225 f.).

G. G. RÖLL, »Friedrich Nietzsche im Schatten Frankreichs, in: *Bayreuther Blätter* 61/4 (1938), S. 184—192 (zu Sade: S. 186).

1939

Walter BENJAMIN, Brief an Max Horkheimer mit Erwähnung Sades, in: *Briefe*, hg. von G. SCHOLEM und Th. W. ADORNO, Bd. II, Frankfurt/M.: Suhrkamp, 1966, S. 840.

Max Horkheimer, »Die Juden in Europa«, in: *Zeitschrift für Sozialforschung* VIII (1/2), 1939, S. 115—137 (zu Sade S. 123 f.). (Nachdruck München: Kösel, 1970.)

1943

Ernst Jünger, Eintragung zu Sade in seinem »Pariser Tagebuch« am 9. März und am 18. September 1943, in: *Strahlungen*. — Tübingen: Heliopolis-Verlag, 1949, S. 279—280 und S. 415.

1944

Max Horkheimer und Theodor W. Adorno, *Dialektik der Aufklärung. Philosophische Fragmente* (nicht in den Buchhandel gelangte Vervielfältigung des Textes, der erstmals 1947 in Amsterdam im Querido Verlag erschien). Verschiedene Neuauflagen, Aufnahme in die Gesammelten Schriften beider Autoren.

1945

Ernst Jünger, Tagebucheintragung vom 20. April 1945, in: *Strahlungen III*, München: dtv, 1965, S. 128—129.

1946

George Grosz, Brief vom 3. Oktober 1946 an Hermann Borchardt mit Urteil zu Sade, in: *Briefe 1913—1959*, hg. von Herbert Knust. — Reinbek bei Hamburg: Rowohlt, 1979, S. 378.

1948

Artikel »Sade«, in: *Schweizer Lexikon*. Bd. 6, Zürich: Encyclios-Verlag AG, 1948, S. 752.

François Bondy, »Sade oder die Lasterschule«, in: *Weltwoche* (Zürich), 16. Jg., 1948, Nr. 770, S. 5.

André Gide, *Tagebuch 1939—1942*. Aus dem Französischen von Maria Schaefer-Rümelin. — München: Desch, 1948. Zu Sade: Eintragung vom 17. April 1941. (OA: Paris 1946)

Ernst Jünger, Tagebucheintragung vom 20. April 1948, in: *Strahlungen III*, München: dtv, 1965, S. 367.

Rudolf Rauscher (Pseudonym N. Corel), *Marquis de Sade. Lebensgeschichte eines Wüstlings*. — Wien: Verlag für universelle Wissensgebiete, 1948. — 20 S. (Wissen für alle; 12).

1949

Michael Babits, *Geschichte der europäischen Literatur*. Aus dem Ungarischen übertragen von E. Bitay-Radloff und H. G. Gerlich. —

Wien/Zürich: Europa Verlag, 1949. Zu Sade: S. 316—317. OA: Budapest 1948.

Aldous Huxley, *Ziele und Wege. Eine Untersuchung des Wesens der Ideale und der Mittel zu ihrer Verwirklichung.* Deutsch von Elisabeth Fischer. Berlin/Bielefeld: Cornelsen, 1949 (zu Sade: S. 262—264). OA: London 1939.

Günther Steffen, »War Sade ein ›Sadist‹?«, in: *Die Zeit*, 4. Jg. 1949, Nr. 29, S. 4.

Igor und Vera Strawinsky, Erinnerung an ein Gespräch über Sade mit dem Ehepaar Waugh am 4. Februar 1949, in: *Erinnerungen und Gespräche*, hg. von Robert Craft. — Frankfurt/M.: Fischer, 1972, S. 198 (OA: New York 1969).

1950

George Grosz, Brief vom 30. Juli 1950 an Hans Sahl mit Hinweis auf Sade, in: *Briefe 1913—1959,* hg. von Herbert Knust. — Reinbek bei Hamburg: Rowohlt, 1979, S. 447.

Ludwig Klügel, »Eine Lanze für den Marquis. Späte Revision eines Fehlurteils der Literaturgeschichte«, in: *Neue Zeitung* vom 29. März 1950.

1951

Theodor W. Adorno, Notiz zu Sade, in: *Minima Moralia. Reflexionen aus beschädigten Leben.* — Frankfurt/M.: Suhrkamp, 1951, S. 54 (geschrieben 1944).

Max Bense, Beiläufige Erwähnung Sades in: *Die Philosophie.* — Frankfurt am Main: Suhrkamp, 1951, S. 101 (Zwischen den beiden Kriegen; 1).

George Grosz, Brief an Herbert und Amrey Fiedler vom 14. Januar 1951 mit Anmerkung zu Sade, in: *Briefe 1913—1959,* hg. von Herbert Knust. — Reinbek bei Hamburg: Rowohlt, 1979, S. 450.

1952

Albert Camus, »Ein Literat. Über den Marquis de Sade«, in: *Merkur. Deutsche Zeitschrift für europäisches Denken,* 6. Jg. 1952, Nr. 5, S. 454—464. Wieder in verschiedenen deutschen Ausgaben von Camus' *L'Homme révolté* und in *Justine oder vom Missgeschick der Tugend.* — Frankfurt/M.: Ullstein, 1967.

Walter Mehring, *Die verlorene Bibliothek. Autobiographie einer Kultur.* — Hamburg: Rowohlt, 1952 (zu Sade: S. 52—55, 96, 127, 141, 186). (OA: New York 1951). Neuauflage Düsseldorf: Claassen, 1978.

Jean-Paul SARTRE, »Gleichgültigkeit, Begierde, Hass, Sadismus«, in: *Das Sein und das Nichts. Versuch einer phänomenologischen Ontologie.* Deutsch von Justus Streller. — Hamburg: Rowohlt, 1952, S. 285—332 (OA: Paris 1943).

1953

Hellmuth PETRICONI, »Laclos und Sade«, in: *Die verführte Unschuld. Bemerkungen über ein literarisches Thema.* — Hamburg: Cram, de Gruyter & Co., 1953, S. 72—99. (Wieder 1968).

1955

Walter BENJAMIN, Beiläufige Erwähnung Sades in seinem Essay »Charles Baudelaire«, in: *Schriften*, hrsg. von Th. W. Adorno und Gretel Adorno unter Mitwirkung von F. Podszus. — Frankfurt am Main: Suhrkamp, 1955. 1974 als Suhrkamp-Taschenbuch gesondert veröffentlicht (dort: S. 41).

Walter MEHRING, »Ein Nachfahr des Marquis de Sade« [Lautréamont], in: *Welt am Montag* vom 30. Januar 1955.

1956

Richard LEWINSOHN (Pseudonym MORUS), »Spanische Fliegen« und »Die Romane des Marquis de Sade«, in: *Eine Weltgeschichte der Sexualität.* — Hamburg: Rowohlt, 1956, S. 237—242.

1957

O. A., Kurze Notiz zum Prozeß gegen Pauvert, in: *Frankfurter Allgemeine Zeitung* vom 12. 1. 1957.

Wilhelm EMRICH, »Der Sadismus im ›Verschollenen‹ und im ›Prozeß‹ und die Verkehrung der sozialen Herrschaftsverhältnisse«, in: *Franz Kafka.* — Frankfurt am Main/Berlin: Athenäum-Verlag, 1957, S. 238—243. Mehrere Neuauflagen.

Edouard LÉVI, »Unglücksfälle der Tugend« [Rezension zu Gilbert Lely], in: *Der Mittag*, Nr. 231 vom 4. Oktober 1957.

Stephan LINHARDT, »Marquis de Sade vor dem Gericht — Bannstrahl für den ›Übermenschen‹«, in: *Interpress*, Nr. 6 vom 9. Januar 1957.

Frantz VOSSEN, »Marquis de Sade vor dem Staatsanwalt«, in: *Süddeutsche Zeitung* vom 12./13. Januar 1957.

1958

AUGUSTINE DE VILLEBLANCHE. Deutsch von Sigrid von MASSENBACH, in: *Alles oder nichts. Französische Liebesgeschichten.* — Heidelberg: Rothe, 1958. (Wieder 1963, 1964 und 1982)

o. A., »Marquis de Sade rehabilitiert« [zum Prozeß gegen Pauvert], in: *Der Mittag,* Nr. 62 vom 4. März 1958.

W. BABILAS, Besprechung des Prozeßberichtes *L'Affaire Sade* (Paris: Pauvert, 1957), in: *Archiv für das Studium der neueren Sprachen* 194 (1958), S. 356—357.

Jean-Paul SARTRE, Kurze Bemerkung zu Sade, in: *Was ist Literatur? Ein Essay.* Übersetzt von Hans Georg Brenner. — Hamburg: Rowohlt, 1958, S. 22 (OA: Paris 1950).

Philip THODY, »Der Marquis de Sade im Urteil der Literaturkritik und der Justiz«, in: *Der Monat,* 10. Jg. 1958, Heft 113, S. 26—32 (OA in *The Twentieth Century* 162 (1957), S. 41—52).

Wladimir WEIDLÉ, Marginalie zu Sade, in: *Die Sterblichkeit der Musen. Betrachtungen über Dichtung und Kunst in unserer Zeit.* — Stuttgart: Deutsche Verlagsanstalt, 1958, S. 340—341 (ins Deutsche übertragen von Karl August Horst in Zusammenarbeit mit dem Autor). OA: 1937 [?].

1959

Iwan BLOCH, *Der Marquis de Sade und seine Zeit.* — Frankfurt am Main: Lucina-Verlag, 1959. — 498 S. (^{1}1900).

H. D., »So war der Marquis de Sade. Die große Darstellung von Geoffrey Gorer erstmals ins Deutsche übersetzt«, in: *Neue Ruhr-Zeitung,* Nr. 283 vom 5. Dezember 1959.

Geoffrey GORER, *Marquis de Sade. Schicksal und Gedanke.* — Wiesbaden: Limes Verlag, 1959. — 300 S. Deutsch von Peter TOUSSEL. OA: London 1953.

Helmut HEISSENBÜTTEL, »Marquis de Sade, von dem man spricht« [Rezension zu Gorer], in: *Deutsche Zeitung,* Nr. 137 vom 12./13. September 1959.

Gustav René HOCKE, »Satanismus«, in: *Manierismus in der Literatur.* — Reinbek bei Hamburg: Rowohlt, 1959, S. 240—241.

Clara MENCK, »Der verrufene Marquis« [Rezension zu Gorer], in: *Frankfurter Allgemeine Zeitung,* Nr. 294 vom 19. Dezember 1959, S. D II.

Gerd SCHIFF, »Der Marquis de Sade — ein Exempel«, in: *Du,* 19. Jg., Februar 1959, S. 50—52.

K. L. TANK, »Berüchtigt und unbekannt« [Rezension zu Gorer], in: *Sonntagsblatt,* Nr. 46 vom 15. November 1959.

Werner WEBER, »Erbstücke«, in: *Zeit ohne Zeit. Aufsätze zur Literatur.* — Zürich: Manesse Verlag, 1959, S. 126—132.

1960

o. A., »Geoffrey Gorer, *Marquis de Sade*«, in: *Der Spiegel*, Nr. 10 vom 3. März 1960.

H. P. Crampe, Leserbrief zur nachstehend aufgeführten Rezension von Willy Haas, in: *Die Welt*, Nr. 203 vom 31. August 1960.

Otto Flake, *Es wird Abend. Eine Autobiographie*. — Gütersloh: Sigbert Mohn Verlag, 1960. Zu Sade: S. 143, 384, 387 f. und 393 (Paginierung nach der 1980 bei Fischer in Frankfurt erschienenen Taschenbuchausgabe).

Willy Haas, »Es ist gefährlich, Menschen zu lieben« [Rezension zu Gorer], in: *Die Welt*, Nr. 182 vom 6. August 1960.

Morvan Lebesque, *Albert Camus in Selbstzeugnissen und Bilddokumenten*. Aus dem Französischen übertragen von Guido G. Meister. — Reinbek bei Hamburg: Rowohlt, 1960. Zu Sade: S. 96 f. OA: Paris 1970.

Hans Leyser, »Sade oder der andere Florestan. Eine Skizze zur Tragikkomödie der Intelligenz«, in: *Antaios* 2 (1960/61), S. 515—526.

Gaëtan Picon, *Panorama der modernen Literatur Frankreichs*. — Gütersloh: Sigbert Mohn Verlag o. J. [1960]. Beiläufig zu Sade S. 42 und 118. OA: Paris 1960.

Marie Querelle, »Segen des Lasters. Anmerkungen zum Werk des Marquis de Sade«, in: *Konkret*, Nr. 16, August 1960.

1961

IM NAMEN DER REPUBLIK (*Français, encore un effort...*, deutsch). Aus dem Französischen übertragen von Joachim Klünner. Mit 6 Zeichnungen von André Masson. — Wiesbaden: Limes Verlag, 1961. — 64 S. (Neuausgabe 1984).

Jan Brusse, »Zu Besuch beim Marquis de Sade. Ein Englischlehrer erwarb das Schloß des berüchtigten Schriftstellers«, in: *Die Weltwoche*, Nr. 1432 vom 21. April 1961.

Helmut Domke, »Im Zwielicht« [Kurzes biographisches Aperçu zu Sade], in: (ders.), *Provence*. — München: Prestel-Verlag, 1961, S. 174—176. Mehrere Neuauflagen.

Willy Haas, »Die guten und die bösen Pfeile des Gottes Amor«, in: *Die Welt*, Nr. 291 vom 14. Dezember 1961.

Gilbert Lely, *Leben und Werk des Marquis de Sade*. Berechtigte [Teil-]Übersetzung aus dem Französischen. — Düsseldorf: Rauch, 1961. — 459 S. Mehrere Neuauflagen.

1962

AUSGEWÄHLTE WERKE. Band 1 und 2 (Band 3: 1965). Hg. von Marion Luckow. — Hamburg: Merlin Verlag. — 1319 und 1279 S. Auf 2000 Exemplare limitierte Ausgabe. Wieder als Taschenbuchausgabe 1972 und Nachdruck o. J. (1978 [?]), Frankfurt/M.: Zweitausendeins. Neu zur Subskription vorgesehen für 1991.

BRIEFE. — Ausgewählt und mit einem Vorwort hg. von Gilbert LELY. Aus dem Französischen übertragen von Hilda von BORN PILSACH. — Düsseldorf: Rauch, 1962. — 237 S. Wieder 1965 als Fischer Taschenbuch.

O. A., Rezension zu Lely, *Leben und Werk des Marquis de Sade*, in: *Die andere Zeitung*, Nr. 26 vom 28. Juni 1962.

—CK, Rezension zu Gorer (1959) und Lely, *Leben ...*, in: *Das Bücherblatt*, Nr. 8 vom 14. September 1962.

NG, »Historische Fleißarbeit« [Rezension zu Lely, *Leben ...*], in: *Telegraf*, Nr. 174 vom 29. Juli 1962.

Willy HAAS, »Nur für Staatsanwälte aufregend« [zu Rétif und Sade], in: *Die Welt*, Nr. 174 vom 28. Juli 1962.

Willy HAAS, »Dieses Ungeheuer namens de Sade« [Rezension zu *Werke*, Bd. 2], in: *Die Welt*, Nr. 274 vom 23. November 1962.

Reinhart HOFFMANN, »Sade war nicht nur Sadist« [Rezension zu *Briefe*], in: *Münchner Merkur* vom 29. Dezember 1962.

R. J. HUMM, »Der Marquis de Sade. Ein Blindgänger der großen Revolution«, in: *Die Weltwoche*, Nr. 1500 vom 10. August 1962.

Herbert LEWANDOWSKI, *Sittengeschichte der Pariserin*. — Stuttgart: Hans E. Günther Verlag, 1962. Zu Sade: S. 330, 343 und 344.

Ludwig MARCUSE, »Das verdorbenste Herz? Zu den Briefen des Marquis de Sade« [Rezension zu *Briefe* und Lelys *Leben und Werk des Marquis de Sade*], in: *Süddeutsche Zeitung* vom 24./25. November 1962.

Sigrid von MASSENBACH, »Die wahre Geschichte des Marquis de Sade«, in: *Literatur-Rundschau*, Nr. 29 vom 14./15. April 1962.

Hans REIMANN, Besprechung von *Briefe*, in: *Die 12. Literazzia*. — Heidenheim an der Brenz: Heidenheimer Verlagsanstalt, 1963, S. 72—73.

Julius [d. i. Giulio Cesare Andrea] EVOLA, »Der Marquis de Sade und der ›Weg der linken Hand‹«, in: *Metaphysik des Sexus*. — Stuttgart: Klett, 1962, S. 178—189 (OA: Rom 1958).

Marion Luckow, »Sade«, in: *Die Homosexualität in der literarischen Tradition. Studien zu Romanen von Jean Genet.* — Stuttgart: Enke, 1962, S. 6—11 (Beiträge zur Sexualforschung; 26).

Ludwig Marcuse, *Obszön. Geschichte einer Entrüstung.* — München: List-Verlag, 1962 (zu Sade S. 98, 171, 183).

Friedrich Sieburg, »Freiheit zum Bösen« [Rezension zu Lely, *Leben und Werk des Marquis de Sade*], in: *Frankfurter Allgemeine Zeitung* vom 17. März 1962. Wieder abgedruckt in Friedrich Sieburg, *Verloren ist kein Wort*, Stuttgart 1966, S. 315—318.

Rainer Zoll, Zu Dostojewski und Sade, in: *Der absurde Mord in der modernen deutschen und französischen Literatur.* Diss. phil. Johann-Wolfgang-Goethe-Universität Frankfurt/M. 1963, S. 28—42 und 199—211 [maschinenschriftl.].

1963

ALINE UND VALCOUR ODER DER PHILOSOPHISCHE ROMAN. Deutsch von Hannelore Wichmann. — Hamburg: Merlin Verlag, 1963. 1092 S. Wieder ebenda 1990.

DAS MISSGESCHICK DER TUGEND. Deutsch von Katarina Hock. — Hamburg: Merlin Verlag, 1963. 230 S. Wieder ebenda 1990.

ERZÄHLUNGEN UND SCHWÄNKE EINES PROVENZALISCHEN TROUBADOURS AUS DEM 18. JAHRHUNDERT. Deutsch von Gisela Ahrens, Katarina Hock und Manfred Unruh. — Hamburg: Merlin Verlag, 1963. 258 S. Wieder 1980 mit Illustrationen von Janosch und 1990.

AUGUSTINE DE VILLEBLANCHE. Deutsch von Sigrid von Massenbach, in: *Alles oder nichts. Französische Liebesgeschichten.* — München: dtv, 1963 ([1]1958), S. 83—95 und Nachwort S. 271.

VERBRECHEN DER LIEBE. VIER ERZÄHLUNGEN. Deutsch von Katarina Hock und Manfred Unruh. — Hamburg: Merlin Verlag, 1963. — 292 S. Wieder 1972 als Lizenzausgabe bei Bertelsmann und anderen Buchklubs; unveränderte Neuauflage 1983 und 1990.

Artikel »Sade«, in: *Moderne Enzyklopädie der Erotik ...*, hrsg. von [Joseph-Marie] Lo Duca, Bd. 2, München: Desch, 1963. OA: Paris 1962.

o. A., Notiz zum Erscheinen der *Ausgewählten Werke*, in: *Der Spiegel*, Nr. 3 vom 16. Januar 1963.

Theodor W. Adorno, »Sexualtabus und Recht heute«, in: *Sexualität und Verbrechen. Beiträge zur Strafrechtsreform.* Hrsg. von Fritz Bauer,

Hans Bürger-Prinz, Hans Giese und Herbert Jäger. — Frankfurt am Main: Fischer, 1963, S. 299—317 (zu Sade: S. 303).

Georges BATAILLE, *Der heilige Eros*. — Neuwied/Berlin: Luchterhand, 1963. — 368 S. (OA: Paris 1957). (1974 in überarbeiteter Übersetzung als Ullstein Taschenbuch).

Maurice BLANCHOT, *Sade*. — Berlin: Henssel, 1963. Aus dem Französischen von Johannes HÜBNER. — 67 S. (Das neue Lot; 10). (OA: Paris 1949). Wieder 1974 und 1986.

Herbert DIECKMANN, »Religiöse und metaphysische Elemente im Denken der Aufklärung«, in: *Wort und Tat. Festschrift für Fritz Schalk*. — Frankfurt/M.: Klostermann, 1963, S. 333—355 (zu Sade: S. 334).

Willy HAAS, »Verzweifelter Monolog« [Rezension zu *Briefe*], in: *Die Welt*, Nr. 70 vom 23. März 1963.

Gustav René HOCKE, Erwähnung Sades, in: *Das europäische Tagebuch*. Wiesbaden: Limes Verlag, 1963, S. 119 f.

Michel LEIRIS, *Mannesalter*. Aus dem Französischen übersetzt von Kurt Leonhard. — Neuwied/Berlin: Luchterhand, 1963 (zu Sade: S. 252). Wieder 1975 (Bibliothek Suhrkamp; 427). OA: Paris 1939.

Sigrid von MASSENBACH, »Ich gestehe, ich bin ein Wüstling« [Rezension zu *Briefe*], in: *Deutsche Zeitung*, Nr. 189 vom 17. August 1963.

Henry MILLER, *Die Kunst des Lesens*. — Reinbek bei Hamburg: Rowohlt, 1963. Zu Sade: S. 23. OA: New York 1952.

Mario PRAZ, *Liebe, Tod und Teufel. Die schwarze Romantik*. — München: Hanser, 1963. Wieder 1970 im Deutschen Taschenbuch-Verlag. OA: Milano 1930.

Hans PRESCHER, »Die schwarzen Schächte der Seele. Über die Schriften des Marquis de Sade«, in: *Deutsche Post*, 15. Jg. 1963, Nr. 14, S. 387.

Arthur Maria RABENALT, *Theatrum Sadicum. Der Marquis de Sade und das Theater*. Mit Illustrationen von Hein Heckroth. — Emsdetten-Westf.: Lechte, 1963. — 343 S.

Werner ROSS, »Die schwarze Romantik« (Rezension zu *Verbrechen der Liebe*, Merlin Verlag), in: *Die Zeit* vom 6. Dezember 1963.

Arno SCHMIDT, Vergleich der Schlösser Karl Mays mit denen de Sades, in: *Sitara und der Weg dorthin. Eine Studie über Wesen, Werk und Wirkung Karl May's*. — Karlsruhe: Stahlberg, 1963. Neuauflage u. a. Frankfurt am Main: Fischer, 1985: dort S. 91.

[Friedrich Sieburg], »Sadistisch«, in: *Frankfurter Allgemeine Zeitung*, Nr. 65 vom 23. April 1963, S. D II.

Adolf Stahr, »Berühmt und berüchtigt« [Rezension zu *Werke*, Bd. 2], in: *Tagesspiegel*, Nr. 5554 vom 15. Dezember 1963.

Charles Waldemar [Pseudonym], *Höllenfahrt des Marquis de Sade. Roman aus dem Leben eines Erotomanen*. Mit Zeichnungen von Albert Stuve. — Schmiden bei Stuttgart: Decker Nachf., 1963. — 214 S.

1964

JUSTINE. Aus dem Französischen von Christian Barth. — München: Kindler, 1964. — 258 S. [Übersetzung der *Infortunes de la vertu*].

DIE KASTANIENBLÜTE UND ANDERE ERZÄHLUNGEN. Aus dem Französischen von Christian Barth. — München: Kindler, 1964. — 140 S. Neuauflage 1967.

VERBRECHEN DER LIEBE. AUSGEWÄHLTE ERZÄHLUNGEN. Aus dem Französischen von Christian Barth. — München: Kindler, 1964. — 258 S. Neuauflage 1967.

UMSCHULUNG [d. i. *Augustine de Villeblanche* in der Übersetzung Sigrid von Massenbachs], in: *Tausend Jahre Liebe. Klassiker der erotischen Literatur*, gesammelt und hrsg. von Milo Dor und Reinhard Federmann. — Wien/Stuttgart/Basel: Hans Deutsch Verlag, 1964, S. 269—277.

Simone de Beauvoir, Soll man de Sade verbrennen?«, in: *Soll man de Sade verbrennen. 3 Essays zur Moral des Existenzialismus*. München: Szczesny, 1964, S. 7—84. (OA: Paris 1951). Wieder 1983 und 1988.

Hans Daiber, »Der tugendhafte Wüstling. Versuch, in Neuausgaben den wahren de Sade zu erkennen« [Sammelrezension], in: *Frankfurter Allgemeine Zeitung* vom 8. Dezember 1964 (Literaturblatt).

Hella Berger-Gündel, »Zwischen Laster, Lust und Laune. Marquis de Sade starb vor 150 Jahren«, in: *Spandauer Volksblatt*, 19. Jg., Nr. 5627, vom 2. Dezember 1964, S. 5.

HWB, »De Sade verbrennen?« [Rezension zu Simone de Beauvoir], in: *Spandauer Volksblatt*, 19. Jg., Nr. 5578 vom 4. Oktober 1964.

HWB, »Kein Ärger für den Staatsanwalt« [Rezension zur o. a. *Justine*-Ausgabe], in: *Spandauer Volksblatt*, 19. Jg., Nr. 5584 vom 11. Oktober 1964.

Martin ESSLIN, *Das Theater des Absurden*. Ins Deutsche
von Marianne Falk. — Frankfurt am Main: Athenäum-
1964. Zu Sade: S. 210 und 362. Erweiterte Ausg. 1967. Taschen
buchausg. 1971 (Rowohlts deutsche Enzyklopädie; 234). OA: Lon
don 1961.

Aaron Leslie FIEDLER, *Liebe, Sexualität und Tod. Amerika und die Frau*.
Aus dem Amerikanischen von Michael Stone und Walter Schüren-
berg. Mit Genehmigung des Autors gekürzte Ausgabe. — Frank-
furt/M., Berlin: Propyläen-Verlag 1964 (zu Sade: S. 16, 21, 31, 53,
64, 73, 106, 114, 116, 139, 259). 1987 als Ullstein-Taschenbuch. (OA:
New York 1960).

Norman GEAR, *Dämon Marquis de Sade. Eine Biographie*. Aus dem
Englischen von Eva Bornemann. Mit einem Vorwort von Ludwig
Marcuse. — München: List, 1964. — 232 S. (OA: London 1963).

W[illy] H[AAS] (?), »De Sade«, in: *Die Welt*, Nr. 281 vom 2. Dezember 1964.

Jürgen HABERMAS, »Ein Verdrängungsprozeß wird enthüllt«, in: *Die Zeit*, Nr. 42, 1964, S. 10. [Wiederabdruck in *Materialien zu Peter Weiss' Marat/Sade*. — Frankfurt/M.: Suhrkamp, 1967, S. 120—124 (zusammengestellt von Karlheinz Braun).]

Karl-Heinz KRAMBERG, »Die Peitsche der Vernunft« [Rezension zu Sade, *Ausgewählte Werke*, Band 1 und 2], in: *Süddeutsche Zeitung*, Nr. 52 vom 29. 2. und 1. 3. 1964.

Werner KRAUSS, »Zur französischen Romantheorie des 18. Jahrhunderts«, in: H. R. JAUSS (Hrsg.), *Nachahmung und Illusion. Kolloquium Gießen Juni 1963. Vorlagen und Verhandlungen*. — München: Eidos Verlag, 1964, S. 60—72 und 187—196. Wieder 1965 und 1968.

Walter LENNIG, »De Sade muß ein Monstrum bleiben. Zum 150. Todestag des Schriftsteller-Philosophen«, in: *Süddeutsche Zeitung* vom 2. Dezember 1964, S. 10.

Hans LEYSER, »Der Fürst der Massaker herrschte in einer Zelle. Vor 150 Jahren starb der Marquis de Sade«, in: *Frankfurter Allgemeine Zeitung* vom 28. November 1964.

Ludwig MARCUSE, Briefliche Empfehlung von *Aline et Valcour* an Erika Mann, in: *Briefe von und an Ludwig Marcuse*. Hg. und eingeleitet von H. von Hofe. — Zürich: Diogenes, 1975, S. 211.

Ludwig MARCUSE, »Freiheit die sie meinen. Madame Beauvoir ist nicht dafür, de Sade zu verbrennen«, in: *Die Zeit*, Nr. 53 vom 14. August 1964, S. 13.

Ludwig Marcuse, »Sade, ein Dilemma«, in: *Die Welt,* Nr. 201 vom 29. August 1964 [geringfügig gekürzter Abdruck von Marcuses Vorwort zu Gear, *Dämon Marquis de Sade*].

Ludwig Marcuse, »Aufklärungen von Luther bis Sade ... vor dem Hintergrund der Gegenwart« [Sammelrezension], in: *Die Zeit,* Nr. 38 vom 18. September 1964, S. V (Literaturbeilage).

Heinz Ohff, »Marquis de Sade oder Die Tugend als Mißgeschick« [Sammelrezension], in: *Der Tagesspiegel,* Nr. 5797 vom 4. Oktober 1964.

Jean Starobinski, *Die Erfindung der Freiheit. 1700—1789.* Aus dem Französischen von Hans Staub. — Genf: Editions d'Art Albert Skira, 1964. Zu Sade: S. 73—75 und S. 198. OA: Genf 1964. Neuauflage Frankfurt am Main: Fischer, 1988.

Peter Weiss, *Die Verfolgung und Ermordnung Jean Paul Marats dargestellt durch die Schauspielgruppe des Hospizes zu Charenton unter Anleitung des Herrn de Sade.* — Frankfurt/M.: Suhrkamp, 1964. Entstanden 1963, uraufgeführt 1964, revidierte Fassung 1965.

Gerhard Zacharias, *Satanskult und schwarze Messe. Ein Beitrag zur Phänomenologie der Religion.* — Wiesbaden: Limes-Verlag, 1964. Zu Sade: S. 126. 2. Aufl. 1970.

1965

BRIEFE. Ausgewählt und mit einem Vorwort hg. von Gilbert Lely. Aus dem Französischen von Hilda von Born-Pilsach. — Frankfurt/M., Hamburg: Fischer, 1965. — 152 S. (^{1}1962).

AUSGEWÄHLTE WERKE. Hg. von Marion Luckow. Band 3. — Hamburg: Merlin Verlag, 1965. — 1287 S. [Band 1 und 2: 1962]. Wieder 1972 und 1978 (?). Neu zur Subskription 1991.

AUSGEWÄHLTE WERKE. Übersetzt mit Dokumentation und Nachwort von Gerd Henniger. — [München]/Basel: Desch, 1965. — 402 S.

EUGÉNIE DE FRANVAL, in: *Der verliebte Teufel. Französische Meisternovellen aus dem 18. Jahrhundert.* Übersetzt von Manfred Unruh, Vorwort und Anmerkungen von Werner Krauss. — Karlsruhe: Amadis Verlag, 1965, S. 301—404.

DIE PHILOSOPHIE IM BOUDOIR ODER DIE LASTERHAFTEN LEHRMEISTER. DIALOGE ZUR ERZIEHUNG JUNGER DAMEN BESTIMMT. Deutsch von Rolf Busch. — Hamburg: Merlin Verlag, 1965. — 318 S. Neuauflagen 1972, 1980 und 1990.

o. A., Rezension zu Gear (1964), in: *Konkret,* Nr. 1, Januar 1965.

o. A., Rezension zu *Verbrechen der Liebe* und *Justine* (1964), in: *Konkret*, Nr. 2, Februar 1965.

B., Rezension zu *Justine* [1964], in: *Westfälische Allgemeine*, Nr. 19 vom 23. Januar 1965.

J. W., »Ein anderes Buch?« [Rezension], in: *Westfälische Rundschau*, Nr. 117 vom 20. Mai 1965.

E. H., »Von und über den Marquis de Sade. Der Roman *Justine* und eine Biographie«, in: *Die andere Zeitung*, Nr. 9 vom 4. März 1965.

Ernst BLOCH, Vorschlag der Herausgabe »politisch-philosophischer Schriften« Sades durch Peter Weiss oder Alfred Schmidt in der ›Sammlung Insel‹, in: *Briefe 1903—1975*. 2. Band. Hg. von Karola Bloch u. a. — Frankfurt/M.: Suhrkamp, 1985, S. 893.

Hans DAIBER, »Volksschriftsteller Marquis de Sade«, in: *Neues Forum*, 12. Jg. 1965, Heft 143, S. 520—522.

Hans DAIBER, »Der Freudseibeiuns als Volksschriftsteller«, in: *Radio Bremen, forum polemicum III* vom 29. Dezember 1965.

Heinz FRIEDRICH, Erwähnung Sades in seinen Marginalien zur Tagung der Gruppe 47 in Berlin, in: *Neue Zürcher Zeitung* vom 1. Dezember 1965. Wieder in H. F., *Aufräumarbeiten. Berichte, Kommentare, Reden, Gedichte und Glossen aus vierzig Jahren*. Hrsg. von Lutz-W. Wolf. — München; Deutscher Taschenbuch Verlag, 1987, S. 231. S. ebd. S. 281.

Hans GIESE, »Pornographie — Versuch der Differenzierung«, in: *Das obszöne Buch*. — Stuttgart: Enke, 1965, S. 13—30 (Beiträge zur Sexualforschung; 35).

Françoise GILOT und Carlton LAKE, *Leben mit Picasso*. — München: Kindler, 1965 (zu Sade: S. 22 und 231). (OA: New York 1965). 1967 als Fischer Taschenbuch.

Kindlers Literatur Lexikon. — Zürich 1965: Artikel zu Sade von Christian BARTH *(Crimes de l'amour, Les cent-vingt journées de Sodome)*, Ernst HERHAUS *(Aline et Valcour)* und Richard MELLEIN *(La Nouvelle Justine ou les Malheurs de la vertu* und *La Philosophie dans le boudoir)*. Melleins Artikel zur *Nouvelle Justine* wieder in Irene SCHWENDEMANN, Hg. *Hauptwerke der französischen Literatur in Einzeldarstellungen*, — München: Kindler, 1976.

Werner KRAUSS, »Zur Wortgeschichte von Persiflage«, in: *Perspektiven und Probleme. Zur französischen und deutschen Aufklärung ...* — Berlin/Neuwied: Luchterhand, 1965, S. 296—331.

Werner KRAUSS, Vorwort und Anmerkungen zu Sades *Eugénie de Franval*, in: *Der verliebte Teufel. Französische Meisternovellen aus dem 18. Jahrhundert.* — Karlsruhe: Amadis Verlag, 1965, S. VI-VII und 405—406. Wieder 1987 in Krauss' *Aufklärung II*.

Walter LENNIG, *Marquis de Sade in Selbstzeugnissen und Bilddokumenten.* — Reinbek bei Hamburg: Rowohlt, 1965. — 152 S. Das meistaufgelegte deutschsprachige Buch zu Sade. 1984 Neuauflage mit geringfügig erweiterter Bibliographie.

Joseph Marie [eigentlich Giuseppe Maria] Lo DUCA, *Die Geschichte der Erotik.* — München/Wien/Basel: Desch, 1965 (zu Sade: S. 268 bis 283). OA: Paris 1959. Neuauflage Wiesbaden: Fourier und Fertig, 1977.

Maurice NADEAU, *Geschichte des Surrealismus.* — Reinbek bei Hamburg: Rowohlt, 1965 (OA: Paris 1945). Zu Sade: S. 20, 41, 96, 100, 116, 143, 202.

Heinz OHFF, Rezension zu GEAR (1964), in: *Bücherkommentare,* 14. Jg., Nr. vom 14./15. März 1965, S. 14.

Christian ROT, »Kassiber vom Marquis de Sade« [Rezension zu *Briefe*], in: *express international,* 2. Jg., Nr. 23 vom 27. Juli 1965.

Kurt STENZEL, »Die Theorie des Divertissement als Maßstab für das Denken des Marquis de Sade«, in: *Pascals Theorie des Divertissement,* Diss. phil. München 1965, S. 141—165.

1966

DIE STATUTEN DER GESELLSCHAFT DER FREUNDE DES VERBRECHENS [Auszug aus der *Histoire de Juliette*], in: Gerd HENNIGER; Hrsg., *Brevier des schwarzen Humors.* — München: dtv, 1966, S. 42—50.

o. A., »Familie de Sade protestiert gegen ›Marat‹-Inszenierung«, in: *Die Welt,* Nr. 218 vom 19. September 1966 (siehe dazu auch *Der Spiegel,* Nr. 46 vom 7. November 1966).

Hans DAIBER, »Der Freudseibeiuns. Ausgewählte Werke des Marquis de Sade« [Rezension der Werkauswahl von G. Henniger], in: *Frankfurter Allgemeine Zeitung* vom 3. Februar 1966 (Büchertagebuch).

Otto FLAKE, Marquis de Sade. — München: dtv, 1966. — 159 S. (¹1930). [Kurzrezensionen zur Flake-Taschenbuchausgabe, zumeist ohne Verfasserangabe (vergleiche den Anhang zur Ausgabe der Flake-Studie bei Fischer (1981), S. 166—167): in: *Bergedorfer Zeitung* (Hamburg) vom 9. September 1966; in: *Rems-Zeitung* (Schwäbisch-

Gmünd) vom 13. September 1966; dass. in: *Schaffhauser Nachrichten* vom 19. September 1966; dass. in: *Winterthurer Stadtanzeiger* vom 16. Dezember 1966; dass. leicht verändert in: *Rehauer Tageblatt* vom 17. September 1966; in: *Singer Tageblatt* vom 15. September 1966; in: *Allgemeines Handelsblatt* (Amsterdam) vom 24. September 1966; in: *Deventer Dagblad* vom 27. September 1966; in: *Weidener Monatsspiegel* vom Oktober 1966; in: *Geislinger Zeitung* vom 7. Oktober 1966; in: *Freier Aargauer* (Aarau) vom 21. Oktober 1966; in: *Das Neue Buch*, Sachbuch-Sonderheft, 1966, S. 108; in: *Saarländisches Ärzteblatt* (Saarbrücken), 1966; in: *Die Welt der Literatur*, 3. Jg. (Hamburg) vom 24. November 1966, Nr. 24, S. 53; in: *Norddeutsche Rundschau* (Itzehoe) vom 30. November 1966; in: *De Standard* (Brüssel) vom 7. Januar 1967; in: *Wir vom Konsum* (Wien) im Februar 1967].

Victor KLEMPERER, *Geschichte der französischen Literatur im 18. Jahrhundert.* — Halle: Niemeyer, 1966 (zu Sade: Band 2, S. 414—416 und 441—442).

Denis de ROUGEMONT, »Don Juan und Sade«, in: *Die Liebe und das Abendland.* Übersetzt von Friedrich Scholz. — Köln/Berlin: Kiepenheuer & Witsch, 1966, S. 249—254 und 396. (OA: Paris 1939)

Günther STEFFEN, »Marquis de Sade. Die Natur dieses Tier«, Titelgeschichte in: *Der Spiegel*, Nr. 27 vom 27. Juni 1966, S. 80—95.

1967

JUSTINE ODER DAS UNGLÜCK DER TUGEND. Aus dem Französischen von Katarina Hock. Mit 6 Illustrationen von Arwed D. Gorella. — Hamburg: Merlin Verlag, 1967. — 450 S. Neuauflagen 1969, 1972, 1979, 1983, 1985 und 1990.

JUSTINE ODER VOM MISSGESCHICK DER TUGEND. Aus dem Französischen von Walter Fritzsche. Mit einem Essay von Albert Camus. — Frankfurt/M., Berlin: Ullstein, 1967. 185 S. Neuauflage dieser Übersetzung 1981.

DIE MARQUISE DE GANGE. Aus dem Französischen von Ludwig Mau und Ute Erb. — Hamburg: Merlin Verlag, 1967. — 271 S.

PHILOSOPHIE IM BOUDOIR. Aus dem Französischen von Barbara Ronge. — München: Willing, 1967. 210 S. (Edition Willing; 4). Neuauflage Wiesbaden: Fourier (1980 [?]).

EUGENIE, 15 JAHRE [Auszüge aus der *Philosophie dans le boudoir*]. — Soborg-Kobenhavn: Dehli Forlag, [1967]. — 98 S.

REDE ANLÄSSLICH DER FEIER DER ›SECTION DES PIQUES‹ ZUM GEDÄCHTNIS AN MARAT UND LE PELLETIER, GEHALTEN VON SADE …, in: *Materialien zu Peter Weiss' ›Marat/Sade‹*. Redaktion Günter Busch. — Frankfurt am Main: Suhrkamp, 1967, S. 14—15. Zahlreiche Neuauflagen.

Friedrich W. Doucet, *Sadismus und Masochismus*. — München: Lichtenberg, 1967. 207 S. (zu Sade: S. 21 und S. 42—45).

Hermann Glaser, »Der sadistische Staat«, in: *Eros in der Politik. Eine sozialpathologische Untersuchung*. — Köln: Verlag Wissenschaft und Politik, 1967, S. 114—149. 2. Auflage 1969.

Salcia Landmann, »Der Marquis de Sade« [Rezension zu Flake], in: *St. Galler Tagblatt* vom 5. Februar 1967.

Wilhelm Lange-Eichbaum und Wolfram Kurt, *Genie, Irrsinn und Ruhm*. 6., völlig umgearbeitete Auflage. — München/Basel: Reinhardt, 1967 (zu Sade: S. 513—516 und 704). (7. Aufl. 1987).

Curt Riess, »Der Quälgeist oder: Mein Herr Marquis, ein Mann wie Sie …«, in: *Erotica! Erotica! Das Buch der verbotenen Bücher*. — Hamburg: Hoffmann & Campe, 1967, S. 322—342. Mehrere Neuauflagen.

H. G. Sellenthin, »Der domestizierte Mensch in seiner Krise. Über de Sade und die Aktualisierung des Sadismus in unserer ›geordneten Welt‹«, in: *Concepte* 3 (1967), Heft 1, S. 10—18.

Walter Widmer, Kurze Notiz zu Sade in seiner Einleitung zu einer Neuauflage von Franz Bleis *Geist und Sitten des Rokoko*. — München: Kurt Desch, [1967 (?)], S. 6.

1968

KURZE SCHRIFTEN, BRIEFE UND DOKUMENTE. Aus der von Marion Luckow hg. 3bändigen Ausgabe [1963—1965] ausgewählt, zusammengestellt und mit einer Einführung versehen von Karl Heinz Kramberg. — Hamburg: Merlin Verlag, 1968. 664 S. Neuauflagen um 1980 und 1989.

Artikel »Sade«, in: *Meyers Großes Personenlexikon*. — Mannheim/Zürich: Bibliographisches Institut/Lexikonverlag, 1968, S. 1143 B.

o. A., Notiz zum Mailänder Gerichtsverfahren gegen den italienischen Verleger der *Infortunes de la vertu*, in: *Süddeutsche Zeitung*, Nr. 88/89 vom 11./12. April 1968.

Arno Baruzzi, »Sade«, in: *Aufklärung und Materialismus im Frankreich des 18. Jahrhunderts. La Mettrie, Helvétius, Diderot, Sade*. — München: List, 1968, S. 133—153.

Simone de Beauvoir, *Das andere Geschlecht. Sitte und Sexus der Frau.* — Reinbek bei Hamburg: Rowohlt, 1968. Zu Sade beiläufig S. 202 und 378. Zahlreiche Neuauflagen. OA: Paris 1949.

Ernest Bornemann, Artikel ›Sadismus‹ und ›Sadomasochismus‹, in: *Lexikon der Liebe und Sexualität,* Bd. 2. — München: List, 1968, S. 304—319.

André Breton, *Die Manifeste des Surrealismus.* Deutsch von Ruth Henry. — Reinbek bei Hamburg: Rowohlt, 1968. — 137 S. (OA: Paris 1924 ff.). Mehrere Neuauflagen.

Salvador Dali, Kurze Erwähnung Sades, in: *Dali sagt ... — Tagebuch eines Genies.* Deutsch von Rolf und Hedda Soellner. — München: Rogner & Bernhard, 1968, S. 19. (OA: Paris 1964).

Gilles Deleuze, »Sacher-Masoch und der Masochismus«, in: Leopold von Sacher-Masoch, *Venus im Pelz.* — Frankfurt/M.: Insel-Verlag, 1968 (OA: Paris 1967).

Guy Endore, *Satansmesse. Das lasterhafte Leben des Marquis de Sade. Eine biographische Analyse.* Aus dem Amerikanischen von Aenne von Aster. — München: Heyne, 1968. — 285 S. (OA: New York 1965).

Karl Epting, »Neo-Sadismus«, in: *Zeitwende. Die neue Furche,* 39. Jg. 1968, Heft 8, S. 542—547.

Arwed D. Gorella, *De Sade II* [Mappe mit 13 Radierungen]. — Hamburg: Merlin-Verlag, 1968. Auflage: 100 Exemplare.

Marianne Kesting, »Die Planung der irdischen Glückseligkeit. Marquis de Sade ein Vordenker des totalitären Staates« [Rezension zur Werkausgabe von K. H. Kramberg], in: *Die Zeit,* Nr. 49 vom 6. Dezember 1968, S. 30. (Wieder 1972)

Erich Köhler, Artikel »Aline und Valcour«, »Hundertzwanzig Tage von Sodom«, »Juliette«, »Justine« und »Philosophie im Boudoir«, in: Gero von Wilpert (Hrsg.), *Lexikon der Weltliteratur,* Band 2, Stuttgart: Kröner, 1968. Neuauflage 1980.

Werner Krauss, *Essays zur französischen Literatur.* — Berlin/Weimar: Aufbau Verlag, 1968 (zu Sade: S. 99, 100 und 183). [^{1}1964].

Herbert Maisch, *Inzest.* — Reinbek bei Hamburg: Rowohlt, 1968 (rororo sexologie). Zu Sade: S. 9, 11, 12.

H. S., Rezension zur Werkauswahl von K. H. Kramberg, in: *Frankfurter Allgemeine Zeitung* vom 17. September 1968 (Literaturblatt).

Susan Sontag, »Die pornographische Phantasie«, in: *Kunst und Antikunst. 24 literarische Analysen.* Deutsch von Mark W. Rien. —

Reinbek bei Hamburg: Rowohlt, 1968, S. 39—71. OA: 1967. Auch in *Akzente* 15 (1968), S. 77—95 und 169—190 abgedruckt.

Dieter Sturm/Klaus Völker (Hrsg.), *Von denen Vampiren oder Menschensaugern. Dichtungen und Dokumente.* — München: Hanser, 1968 (Bibliotheca Dracula). Zu Sade: S. 542 f. Verschiedene Neuauflagen.

Leo Trotzkij, *Literatur und Revolution*. Nach der russischen Erstausgabe von 1924 übersetzt von Eugen Schaefer und Hans von Riesen. — Berlin: Gerhardt Verlag, 1968. (Zu Sade: S. 264, 376, 403).

Roland Villeneuve, *Grausamkeit und Sexualität*. — Schmiden bei Stuttgart: Decker, 1968. Verschiedene Neuauflagen. OA: Paris 1968.

Wilfried Wiegand, »Eine Kathedrale des Lasters? Yukio Mishimas Drama ›Madame de Sade‹ in Hamburg«, in: *Frankfurter Allgemeine Zeitung*, Nr. 186 vom 14. August 1968.

1969

GESAMMELTE WERKE. Hg. von Jan-Pieter Hooft. — München: Heyne, 1969. 2 Bände, 255 und 253 S. (Exquisitbücher; 30, 1.2)

DIE HUNDERTZWANZIG TAGE VON SODOM ODER DIE SCHULE DER AUSSCHWEIFUNG. Photomechanischer Nachdruck der Ausgabe Leipzig 1909. — Hanau: Schustek, 1969. 2 Bände, 254 und 284 S.

SCHRIFTEN AUS DER REVOLUTIONSZEIT. 1788—1795. Hg. von Georg Rudolf Lind. — Frankfurt/M.: Insel-Verlag, 1969. 214 S. (sammlung insel; 48). Wieder 1989.

pt, »Justine« [zum gleichnamigen Film von Jesse Franco mit Klaus Kinski in der Rolle Sades], in: *Rheinische Post*, Nr. 218 vom 29. September 1969.

rx, »Sade Diktat. New Yorker Notiz zur Aufführung von Josef Bushs *De Sade Illustrated*«, in: *Die Welt*, Nr. 186 vom 13. August 1969.

Antonin Artaud, »Das Theater der Grausamkeit«, in: *Das Theater und sein Double.* — Frankfurt/M.: Fischer, 1969 (OA: Paris 1932). 1979 als Taschenbuch, 1980 in einer Textauswahl bei Matthes & Seitz.

Roland Barthes, »Der Baum des Verbrechens. Reflexionen über das Werk Sades«, in: *Die Neue Rundschau*, 80. Jg. 1969, Heft 1, S. 32—49 (OA: Paris 1968). Wieder in der im gleichen Jahr erschienenen deutschen *Tel Quel*-Ausgabe und 1974.

Elke Brandt, »Marquis de Sade — ein Märchenonkel?« Ein kontradiktorischer Essay-Band [Rezension zu *Tel Quel*], in: *Rheinischer Merkur* (Köln) vom 25. April 1969.

Klaus Dörner, *Bürger und Irre. Zur Sozialgeschichte und Wissenschaftssoziologie der Psychiatrie.* — Frankfurt/M.: EVA 1969 (zu Sade: S. 133, 156, 183).

Will und Ariel Durant, *Rousseau und die Revolution. Eine Kulturgeschichte Frankreichs, Deutschlands und Englands von 1756 bis 1789 und des übrigen Europa von 1715 bis 1789.* Deutsch von Leopold Voelkes. — Bern: Francke-Verlag, 1969 (Kulturgeschichte der Menschheit; 10). Zu Sade: S. 1044—1045. OA: New York 1967. Verschiedene Neuausgaben.

Otto Eckert, Artikel zum Werk Sades, in: *Der Romanführer*, Band 14. — Stuttgart: Hiersemann, 1969, S. 81—82. (Hg. von Johannes Beer)

Michel Foucault, *Wahnsinn und Gesellschaft. Eine Geschichte des Wahns im Zeitalter der Vernunft.* Aus dem Französischen von Ulrich Köppen. — Frankfurt/M.: Suhrkamp, 1969. (OA: Paris 1961). Zu Sade: S. 49 und 366—368.

Peter Gorsen, »Die Philosophie im Boudoir«, in: *Das Prinzip Obszön. Kunst, Pornographie und Gesellschaft.* — Reinbek bei Hamburg: Rowohlt, 1969, S. 7—15 (rororo sexologie).

H. Montgomery Hyde, *Geschichte der Pornographie. Eine wissenschaftliche Studie.* — Frankfurt/M./Berlin: Ullstein, 1969. Zu Sade: S. 171, 173 (OA: London 1964 [?]).

Marianne Kesting, »Der Sade-Effekt« [Rezension zur deutschen Ausgabe der *Tel Quel*-Nummer zu Sade], in: *Frankfurter Allgemeine Zeitung* vom 25. März 1969 (Literaturblatt). (Wieder 1972).

Heidrun Kimm, *Isabeau de Bavière, reine de France, 1370—1435. Beitrag zur Geschichte einer bayerischen Herzogstochter und des französischen Königshauses.* — München: Stadtarchiv, 1969 (Miscellanea Bavarica Monacensia; 13). Zu Sade: S. 1—2.

Eckart Klessmann, Marginalie zu Sade, in: *Die Welt der Romantik.* — München/Basel/Wien: Desch, 1969, S. 290 und 292.

Bernd Lutz, »Das Ärgernis Sade«, in: *Neues Forum*, 16. Jg. 1969, Nr. 182, S. 139—140.

Anaïs Nin, *Die Tagebücher.* Hrsg. von Gunther Stuhlmann. Aus dem Amerikanischen übersetzt von Herbert Zand. Band 2, Hamburg: Wegner 1969 (Eintragung zu Sade im März 1935 [Vergleich mit Henry Miller]).

Hermann Nitsch, *Orgien Mysterien Theater*. — Darmstadt: März-Verlag, 1969. Zu Sade: S. 36 ff. [Manifeste von 1962—1968].

Jost Nolte, »Ausgetriebene Lust. De Sades ›Philosophie im Boudoir‹« [über eine Inszenierung von Sades Roman auf der Bühne durch Christoph Röthel], in: *Die Welt* vom 11. August 1969, S. 17.

Hellmuth Petriconi, »Laclos und Sade« (¹1953), in: *Französische Literatur von Beaumarchais bis Camus. Interpretationen,* hg. von Dieter Steland. — Frankfurt/M.: Fischer, 1969, S. 34—52.

Marcelin Pleynet, »Sade muß erst noch gelesen werden«, in: *Neues Forum,* 16. Jg. 1969, Nr. 182, S. 134—139. Wieder 1981, in: *Lektüre zu de Sade.*

Joachim Redetzki, »Boudoir-Philosophie de Sades in Hamburg«, in: *Ruhr-Nachrichten,* Nr. 185 vom 13. August 1969.

Günther Schiwy, *Der französische Strukturalismus. Mode, Methode, Ideologie.* — Reinbek bei Hamburg: Rowohlt, 1969 (rde; 310/311). Zu Sade: S. 23 und 166—167.

Jürgen Schmidt, »Trieb macht frei. De Sade's ›Philosophie im Boudoir‹ in Hamburg uraufgeführt«, in: *Stuttgarter Zeitung,* Nr. 184 vom 13. August 1969.

Manfred Starke, »Marquis de Sade«, in: *Beiträge zur romanischen Philologie,* 8. Jg. 1969, Band 1, S. 108—114.

Das Denken von Sade. Hg. von TEL QUEL. Aufsätze von Pierre Klossowski, Roland Barthes, Philippe Sollers, Hubert Damisch und Michel Tort. Aus dem Französischen von Marion Luckow, Sigrid von Massenbach, Hans Naumann und Helmut Scheffel. — München: Hanser, 1969. — 143 S. (Reihe Hanser; 16). (OA: Paris 1967). Wieder 1988.

Kurt Wais, Artikel »Sade« in: *Kleines Literarisches Lexikon,* 4. Auflage, Bern/München: Francke, 1969, Band 1, S. 673 f. (Sammlung Dalp; 15).

Oswald Wiener, *Die Verbesserung von Mitteleuropa.* — Reinbek bei Hamburg: Rowohlt, 1969. Zu Sade: S. XXXIV, LIX und CCIII.

1970

DIE HUNDERTZWANZIG TAGE VON SODOM. — Berlin, o. V., 1970. — 2 Bände, 254 und 284 S. (Nachdruck der Ausgabe Leipzig 1909).

HUNDERTZWEI GRAVUREN ZU JUSTINE ODER DIE MISSGESCHICKE DER TUGEND UND JULIETTE ODER DAS WOHLER-

GEHEN DES LASTERS. Mit einem Vorwort von Hannes Jähn. — Köln/Berlin: Kiepenheuer & Witsch, 1970. — 12, 104 S. (Pocket; 16)

JUSTINE IM KLOSTER SAINTE-MARIE-DES BOIS [Textauszug], in: *Schwarze Messen. Dichtungen und Dokumente.* Hg. von Ulrich Dreikandt. — München: Hanser, 1970, S. 90—124 und Nachwort S. 302—303. (Bibliotheca Dracula). Neuauflage Herrsching: Pawlak, o. J. und Frankfurt/M.: Zweitausendeins, o. J.

o. A., Protest gegen Wiener de-Sade-Veröffentlichung, in: *Die Welt,* Nr. 259 vom 6. November 1970.

H. O., »Höllensturz der Phantasie« [zur *Justine*-Ausgabe des Merlin-Verlages], in: *Der Tagesspiegel,* Nr. 7451 vom 15. März 1970.

Iwan Bloch, *Der Marquis de Sade und seine Zeit. Ein Beitrag zur Kultur- und Sittengeschichte des 18. Jahrhunderts.* (Mit einer Einleitung von E. F. Ziehlke). — Hanau/Main: Schustek, 1970, X, 496 S. (^{1}1900)

Paul Frischauer, *Knaurs Sittengeschichte der Welt.* Band 3. — Zürich: Droemer, 1970. (Zu Sade: S. 84 f., 88, 89, 92, 95, 100, 117, 252)

Hellmuth Gollwitzer, »Briefe pro Sade«, in: *Neues Forum,* 17. Jg. 1970, Nr. 205—206, S. 1132—1136.

Sergius Golowin, »Marquis de Sade für das Volk. Über Pop-Satanismus«, in: *Zürcher Woche,* Sonntags-Journal Nr. 17 vom 25./26. April 1970.

Helmut Heissenbüttel, »Gespräch über bürgerliche Moral und verwandte Gegenstände«, in: *Projekt Nr. I. D'Alemberts Ende.* — Neuwied/Berlin: Luchterhand, 1970, S. 239—255 (zu Sade insbes. S. 241—242).

Klaus Heitmann, *Der Immoralismus-Prozeß gegen die französische Literatur im 19. Jahrhundert.* — Bad Homburg/Berlin/Zürich: Gehlen, 1970. Zu Sade: S. 30, 80, 130, 147, 234, 267, 280, 332, 335.

Gershon Legman, *Der unanständige Witz.* — Hamburg: Hoffmann & Campe, 1970, S. 24: Marginalie zu Sade. OA: London 1969.

Georg Lukacs, Beiläufige Erwähnung Sades in einem Interview, in: *Der Spiegel,* Nr. 17 vom 20. April 1970, S. 164.

Edgar Mertner und Herbert Mainusch, »Der Marquis de Sade und die ›Geschichte der O‹«, in: *Pornotopia. Das Obszöne und die Pornographie in der literarischen Landschaft.* — Frankfurt/M. und Bonn: Athenäum Verlag, 1970, S. 200—230.

Wolfgang Röhl, »Die Kinder des Marquis de Sade« [zu Bernd Middensee, *Gruppensex der Sadisten,* München: Lichtenberg, 1970] in:

Konkret, Nr. 19 vom 10. September 1970, S. 29—35 und Nr. 20 vom 24. September 1970, S. 35—39.

Michael SIEGERT, Kommentare zu Sade und dessen ›Philosophie im Schlafzimmer‹. Mit Texten von de Sade, in: *Neues Forum*, 17. Jg. 1970, Heft 200—201, S. 848—854 (»Turnvater Sade«); Heft 202, S. 903—910 (»Marquis de Sade und Adolf Hitler«); Heft 202—203, S. 964—970 (»Revolution, Atheismus, Pornographie«) und Heft 203. II, S. 1041—1046 (»Die Republik braucht Laster«). Wieder als Raubdruck Amsterdam 1971.

Jürgen von STACKELBERG, *Von Rabelais bis Voltaire. Zur Geschichte des französischen Romans.* — München: Beck, 1970. Zu Sade: S. 160 und 355.

Werner STEIN, *Kulturfahrplan. Die wichtigsten Daten der Kulturgeschichte von Anbeginn bis 1969.* Völlig neu durchgesehene und erweiterte Gesamtausgabe. — München/Berlin/Wien: F. A. Herbig, 1970 (¹1946), S. 868 (nennt *La Philosophie dans le boudoir* unter 1793 [!]).

Jos van USSEL, *Sexualunterdrückung. Geschichte der Sexualfeindschaft.* Aus dem Niederländischen übersetzt. — Reinbek bei Hamburg: Rowohlt, 1970 (rororo sexologie). Zu Sade: S. 165.

1971

André BRETON, *Anthologie des Schwarzen Humors.* — München: Rogner & Bernhard, 1971 (S. 45—69: Textauszüge in bereits veröffentlichten Übersetzungen und Einleitung Bretons). OA: 1939 (erweitert 1947 und 1966). Verschiedene Neuauflagen, zuletzt bei Zweitausendeins.

Hansferdinand DÖBLER, »Die Lust der Folger«, in: *Kultur- und Sittengeschichte der Welt. Eros, Sexus, Sitte.* — Gütersloh/Berlin/München/Wien: Bertelsmann, 1971, S. 244—250.

Michel FOUCAULT, *Die Ordnung der Dinge.* — Aus dem Französischen von Ulrich Köppen. — Frankfurt am Main: Suhrkamp, 1971. Zu Sade: S. 262—264. OA: Paris 1966.

Horst Albert GLASER, »Literarischer Anarchismus bei Sade und Burroughs«, in: *Literaturwissenschaft und Sozialwissenschaften*, Band 1. — Stuttgart: Metzler, 1971, S. 341—357. 2. Auflage 1972.

Karl S. GUTHKE, *Die Mythologie der entgötterten Welt. Ein literarisches Thema von der Aufklärung bis zur Gegenwart.* — Göttingen: Vandenhoeck & Ruprecht, 1971 (zu Sade: S. 44, 114—116, 147, 189, 193—194 und 196).

Philip P. Hallie, »De Sade und die Musik des Schmerzes«, in: *Grausamkeit. Der Peiniger und sein Opfer. Eine Analyse.* — Freiburg im Br./Olten: Walter, 1971, S. 47—81 (OA: Middletown, Connecticut 1969).

Wiltrud Kernstock, *Die Sexualanthropologie des Marquis de Sade, dargestellt in Antithese zu den Theorien Jean-Jacques Rousseaus.* Diss. med. München 1971. 156 S.

Wolf Lepenies, *Soziologische Anthropologie.* Erweiterte Ausgabe Frankfurt am Main/Berlin/Wien: Ullstein, 1977 (^{1}1971). Nennt in der Bibliographie S. 163 *Aline et Valcour* als »wichtige Veröffentlichung, die im Text nicht direkt verarbeitet worden« ist.

Michael Siegert, *Die Philosophie im Schlafzimmer.* — Amsterdam: Schwarze Front, 1971. 44 S. [Nachdruck der 1970 im *Neuen Forum* veröffentlichten Kommentare zu und Teilübersetzung von *La Philosophie dans le boudoir.* Mit sieben ganzseitigen, in der Vorlage nicht enthaltenen Illustrationen von Raymond Bertrand].

Michael Siegert, *De Sade und Wir. Zur sexualökonomischen Pathologie des Imperialismus.* — Frankfurt/M.: Makol Verlag, 1971. — 263 S.

1972

AUSGEWÄHLTE WERKE. Hg. von Marion Luckow. Für das Taschenbuch zusammengestellte Ausgabe. — 6 Bände. Lizenz des Merlin Verlages Hamburg. — Frankfurt/M.: Fischer, 1972 (Fischer-Taschenbücher; 1301—1306). (^{1}1962—1965).

ERNESTINE [Erzählung aus den *Crimes de l'amour*]. Deutsche, völlig neu bearbeitete Fassung von Hans Joachim Kruse, in: *Das rote Gasthaus. Französische Kriminalerzählungen.* Hrsg. von Herbert Greiner-Mai und Hans Joachim Kruse. — Berlin (DDR): Verlag Das Neue Berlin, 1972, S. 33—68. 4. Auflage 1987.

DER GREIS IN CHARENTON: LETZTE AUFZEICHNUNGEN UND KALKULATIONEN. Mit einem Vorwort von Georges Daumas und einem Anhang. Aus dem Französischen von Marion Lukkow. — München: Hanser, 1972. 152 S. (Reihe Hanser; 90) S. 1990.

DIE 120 TAGE VON SODOM. — Frankfurt/M.: Zero-Press, 1972 (?). — 485 S. [Neudruck der Übersetzung von Karl von Haverland aus dem Jahr 1908].

JUSTINE ODER DIE LEIDEN DER TUGEND. — München: Heyne, 1972. — 255 S. (Exquisit-Bücher; 55). Bis 1981 zwölf Auflagen.

PHILOSOPHIE IM BOUDOIR. Deutsch von Rolf und Hedda Soellner. Zeichnungen von Sibylle Ruppert. Einführung von Guillaume

Apollinaire, Nachwort von Jacques Lacan. — München: Rogner & Bernhard, 1972. — 362 S. Neuauflage Herrsching: Pawlak, 1980.

o. A., Rezension zu M. Siegert, *De Sade und Wir*, in: *Der Spiegel*, Nr. 10 vom 28. 2. 1972, S. 148—151.

o. A., »Hypolite de Colins: Die verliebten Irren von Charenton. Psychotherapie Anno 1812« [Auszug aus *Der Greis in Charenton*], in: *Die Welt* vom 6. Mai 1972.

H. V., Rezension zu *Ausgewählte Werke*, in: *Kölner Stadt-Anzeiger* vom 16. Dezember 1972.

Jacques DERRIDA, »Das Theater der Grausamkeit und die Geschlossenheit der Repräsentation« [zu Artaud und, beiläufig, zu Sade], in: *Die Schrift und die Differenz*. Aus dem Französischen von Rodolphe Gasche und Ulrich Köppen. — Frankfurt am Main: Suhrkamp, 1972, S. 351—380. OA: Paris 1967.

Peter GORSEN, *Sexualästhetik. Zur bürgerlichen Rezeption von Obszönität und Pornographie*. — Reinbek bei Hamburg: Rowohlt, 1972 (das neue buch; 7). Zu Sade: S. 28, 42, 98, 111, 135.

Franz KALTERBRÄU, »Das schreibende Ungeheuer, das geschriebene Ungeheure« [Rezension zu SIEGERT, *De Sade und wir*], in: *Frankfurter Rundschau*, Nr. 82 vom 8. April 1972, S. VIII.

Marianne KESTING, »Die Planung der irdischen Glückseligkeit. Marquis de Sade — ein Vordenker des totalitären Staates«, in: *Auf der Suche nach der Realität. Kritische Schriften zur modernen Literatur.* — München: Piper, 1972, S. 231—240 [Wiederabdruck der 1968 in der *Zeit* und 1969 in der *Frankfurter Allgemeinen Zeitung* erschienenen Artikel].

Karl Heinz KRAMBERG, »Die Zwangsjacke des Libertins. Letzte Aufzeichnungen de Sades in Charenton«, in: *Süddeutsche Zeitung* vom 16. Juni 1972.

Werner KRAUSS, *Literatur der französischen Aufklärung*. — Darmstadt: Wissenschaftliche Buchgesellschaft, 1972 (Erträge der Forschung; 9). Zu Sade: S. 78—79 und 87.

Hans Joachim KRUSE, Marginalien zu Sade im Nachwort der o. a. Anthologie *Das rote Gasthaus. Französische Kriminalerzählungen*. Hrsg. von Herbert Greiner-Mai und Hans Joachim Kruse. — Berlin (DDR): Verlag Das Neue Berlin, 1972, S. 429 und 432.

Jochen LEBEIL, »Die Nachkommen des Marquis de Sade wollen ihr Stammschloß Touristen zeigen«, in: *Die Welt* vom 7. März 1972.

Annemarie und Werner LEIBBRAND, »Die Antinatur«, in: *Formen des Eros. Kultur- und Geistesgeschichte der Liebe.* — Band 2. Freiburg/München: Alber, 1972, S. 400—417 (Orbis Academicus; 3.2).

Gérard MENDEL, »De Sade und der Sadismus«, in: *Die Revolte gegen den Vater. Eine Einführung in die Sozialpsychoanalyse.* — Frankfurt/M.: Fischer, 1972, S. 96—105 (OA: Paris 1968).

Sibylle PLOGSTEDT, »Der Tagtraum vom blutigen Ernst«, in: *Courage,* Nr. 10 (1982), S. 18—25.

Reiseführer für Literaturfreunde: Frankreich I. Bearbeitet von Karl Voss. — Frankfurt a. M./Berlin/Wien: Ullstein, 1972 (OA: Paris 1964). Zu Sade: S. 11, 24, 31, 32, 88, 133, 146, 389.

Ulrich SEELMANN-EGGEBERT, »Das Theater des Marquis de Sade«, in: *Neue Zürcher Zeitung,* Nr. 457 vom 1. Oktober 1972, S. 53.

Werner STRELETZ, »Sex und Grausamkeit in galanter Zeit. Zwei Intim-Feinde wiederentdeckt [*Justine* und *Antijustine*]«, in: *Westdeutsche Allgemeine Zeitung,* Nr. 256 vom 4. November 1972.

1973

AUSWAHL — DE SADE. — Stuttgart/Hamburg/München: Deutscher Bücherbund, u. a. [1973]. 607 S. (Lizenzausgabe; 1. Band. Band 2 ist 1976 erschienen).

JULIETTE ODER DIE VORTEILE DES LASTERS. — München: Heyne, 1973. 320 S. (Exquisit-Bucher; 74). Zahlreiche Neuauflagen.

Artikel »Sade«, in: *Brockhaus Enzyklopädie.* — Wiesbaden: Brockhaus, 1973. Bd. 16, S. 330B—331A.

Arno BARUZZI, »Die Apathie des Denkens (Sade)«, in: *Mensch und Maschine. Das Denken sub specie machinae.* — München: Fink, 1973, S. 117—173.

Peter BÜRGER, »Moral und Gesellschaft bei Diderot und Sade«, in: Gert MATTENKLOTT und Klaus SCHERPE, Hg., *Literatur der bürgerlichen Emanzipation im 18. Jahrhundert.* — Kronberg/Ts.: Scriptor, 1973, S. 77—105. (Wieder 1977)

Salvador DALI, Erwähnung Sades in seinem Roman *Verborgene Gesichter.* — Frankfurt/M.: Fischer, 1973, S. 10 (OA: London 1944).

Hans GRÖSSEL, Sammelrezension zu *Der Greis in Charenton. Ausgewählte Werke* und *Das Denken von Sade,* in: *Neue deutsche Hefte,* 20. Jg. 1973, Heft 2, S. 176—180.

Marianne KESTING, *Der Dichter und die Droge.* — Köln: Post, 1973. Unpaginiert. Zu Sade: Bl. 6—7.

[Karl Heinz KRAMBERG (?)], Artikel »Sade«, in: *Lexikon 2000*. — Stuttgart: Wissen Verlag, 1973, Bd. 10, S. 4203. (Neue Aufl. 1976 und unter dem Titel *Das neue Lexikon in Farbe* 1979 bei Intermedia Produktion Tübingen.)

Klaus PODAK, »Rufe nicht den Himmel an. Sades ›Philosophie im Boudoir‹ in neuer Übersetzung«, in: *Süddeutsche Zeitung* vom 18. August 1973.

Gert SCHIFF, *Johann Heinrich Füßli. 1741—1825. Text und Œuvre-Katalog*. — Zürich/München 1973. Zu Sade: S. 326 (fühlt sich durch Zeichnung Füßlis [Abb. 1221] an die Gestalt des Minski aus Sades *Juliette* erinnert.)

1974

DIE 120 TAGE VON SODOM; ORIGINALAUSGABE DER SCHULE DER AUSSCHWEIFUNGEN. — München: Heyne, 1974. — 284 S. (Exquisit-Bücher; 83). Neudruck der Übersetzung von Karl Haverland aus dem Jahre 1908. Bis 1981 12 Auflagen.

Ulrich ANACKER, »de Sade: Freiheit zum Verbrechen«, in: *Natur und Intersubjektivität. Elemente zu einer Theorie der Aufklärung*. — Frankfurt am Main: Suhrkamp, 1974, S. 62—74 [um eine Einleitung vermehrte Habilitationsschrift des Verfassers].

Roland BARTHES, *Die Lust am Text*. — Frankfurt am Main: Suhrkamp, 1974. Zu Sade insbes. S. 13, 23 f., 41, 46 und 85 f. OA: Paris 1973.

Roland BARTHES, *Sade, Fourier, Loyola*. Aus dem Französischen von Maren Sell und Jürgen Hoch. — Frankfurt/M.: Suhrkamp, 1974. — 213 S. Wieder 1986 als Suhrkamp-Taschenbuch (stw; 585). (OA: Paris 1971)

Simone de BEAUVOIR, Beiläufige Erwähnung Sades in *Alles in allem*. Deutsch von Eva Rechel-Mertens. — Reinbek bei Hamburg: Rowohlt, 1974, S. 129. OA: Paris 1972.

Maurice BLANCHOT, »Sade«, in: *Wollüstige Phantasie. Sexualästhetik der Literatur*. Hg. von Horst-Albert Glaser. — München: Hanser, 1974, S. 25—62 (Reihe Hanser; 147) (^{1}1963).

Peter BROCKMEIER, »Pornographie und Aufklärung«, in: *Mannheimer Berichte*, Nr. 9, November 1974, S. 257—263.

Karlheinz DESCHNER, Kurze Erwähnung Sades in: *Das Kreuz mit der Kirche. Eine Sexualgeschichte des Christentums*. — Düsseldorf/Wien: Econ-Verlag, 1974, S. 319. Wieder 1977 als Heyne Taschenbuch.

Albert Drach, *In Sachen de Sade. Nach dessen urschriftlichen Texten und denen seiner Kontaktpersonen.* — Düsseldorf: Claassen, 1974. — 354 S.

Winfried Engler, Artikel »Sade«, in: *Lexikon der französischen Literatur.* — Stuttgart: Kröner, 1974, S. 830. Neuauflage 1984 mit erweiterter Bibliographie (S. 854 f.).

Michel Foucault, *Von der Subversion des Wissens.* Hrsg. und aus dem Französischen von Walter Seittner. — München: Hanser, 1974. (Reihe Hanser; 150). Zu Sade: S. 24—25, 34, 41 und 63. OA: Paris 1963—1969 in verschiedenen Zeitschriften. Wieder 1987 als Fischer Taschenbuch Wissenschaft.

Michel Foucault, »Ein so grausames Wissen« [Zu Crébillon fils, Révéroni de Saint-Cyr und Sade], in: *Schriften zur Literatur.* Übersetzt von Karin Hofer und Anneliese Botond. — München: Nymphenburger Buchhandlung. 1974, S. 53—69 (Sammlung Dialog; 67). OA: Paris 1962. Wieder 1988 als Fischer Taschenbuch Wissenschaft.

Erich Fromm, »Der destruktive Charakter: Sadismus«, in: *Anatomie der menschlichen Destruktivität.* — Stuttgart: DVA, 1974, S. 254 bis 258. Wieder in Erich Fromm, *Gesamtausgabe,* Band 7, Stuttgart: DVA, 1981.

Rudolf Hartung, »Die Lust an der Form. Roland Barthes über de Sade, Fourier und Loyola«, in: *Frankfurter Allgemeine Zeitung* vom 14. September 1974.

Hermann Hofer, *Barbey d'Aurevilly, Romancier.* — Bern: Francke, 1974 (zu Sade: S. 26, 70, 132—133, 148, 156, 177—178, 234, 244, 318, 380, 386).

José Pierre, Artikel »Sade«, in: *DuMont's kleines Lexikon des Surrealismus.* — Köln: DuMont, 1974, S. 139 (OA: Paris 1973).

1975

GEDANKEN ZUM ROMAN [Auszüge], in: Frank-Rutger Hausmann, Elisabeth Gräfin Mandelsloh und Hans Straub, Hrsg., *Französische Poetiken,* Teil 1, Stuttgart: Reclam, 1975, S. 268—276 [nach der Luckowschen Werkausgabe, übersetzt von Jörg Joost].

Martin Roda Becher, Äußerung zu Sade, in: *Gegenwartsliteratur. Mittel und Bedingungen ihrer Produktion.* Hg. von Peter André Bloch. — Bern: Francke, 1975, S. 182.

Hans Daiber, Rezension von Albert Drach, *In Sachen de Sade,* in: *Die Zeit,* Nr. 31 (1975), S. 32.

Albert Drach, Äußerung zu Sade, in: *Gegenwartsliteratur. Mittel und Bedingungen ihrer Produktion*. Hg. von Peter André Bloch. — Bern: Francke, 1975, S. 311.

Horst Albert Glaser, »Sades 120 Tage Utopie«, in: *Literaturmagazin 3. Die Phantasie an die Macht. Literatur als Utopie*. Hg. von Nicolas Born. — Reinbek bei Hamburg: Rowohlt, 1975, S. 54—72. (das neue buch; 57)

Hans-Horst Henschen, Artikel »De Sade, Justine«, in: *Spektrum der Literatur*. Hg. von Bettina und Lars Clausen. — Gütersloh: Bertelsmann, 1975, S. 164—165.

Ludwig Knoll und Gerhard Jaeckel, *Lexikon der Erotik*. — Zürich: Schweizer Verlagshaus AG, 1975. Zu Sade: S. 61, 94, 145, 264, 308, 310. Aktualisierte Neuausgabe 1978 als Rowohlt Taschenbuch.

Jacques Lacan, »Kant mit Sade«, in: *Schriften II*. Hg. von Norbert Haas. — Olten/Freiburg im Br.: Walter, 1975, S. 133—165 (OA: Paris 1963). Auch 1972 als Vorwort einer Ausgabe der *Philosophie im Boudoir*.

Wolf-Dieter Lange (Hg.), *Französische Literaturkritik der Gegenwart in Einzeldarstellungen*. — Stuttgart: Kröner, 1975. Zu Sade: S. 6, 7, 17, 18, 20, 40, 62.

Reiseführer für Literaturfreunde: Paris. Bearbeitet von Karl Voss. — Frankfurt a. M./Berlin/Wien: Ullstein, 1975 (OA: Paris 1963). Zu Sade: S. 102, 221, 262, 379, 384.

Joachim Schondoff, »De Sade in Zitaten. Neue Züge im Bild des Literaten« [Rezension zu Albert Drach, *In Sachen de Sade*], in: *Rheinischer Merkur* vom 24. Januar 1975.

Ulrich Schulz-Buschhaus, »Triviale ›prospérités du crime‹«, in: *Formen und Ideologien des Kriminalromans*. — Frankfurt/M.: Athenaion, 1975, S. 78—86.

Johannes Thomas, Rezension zu Alice M. Laborde, *Sade romancier*, in: *Romanische Forschungen* 87 (1976), S. 167—169.

1976

AUSWAHL — DE SADE. — Stuttgart/Hamburg/München: Deutscher Bücherbund, etc. [1976]. 597 S. [Lizenzausgabe; 2. Band. Band 1 war 1973 erschienen]. Auch unter dem Titel *Verbrechen der Liebe* veröffentlicht.

Otto Flake, »Marquis de Sade«, in: *Werke Band 5: Freiheitsbaum und Guillotone*. — Frankfurt/M.: Fischer, 1976, S. 49—174. (^{1}1930).

Karin Kersten und Caroline Neubaur, »Grand-Guignol und de Sade«, in: *Grand Guignol. Das Vergnügen, tausend Tode zu sterben.* — Berlin: Wagenbach, 1976, S. 48—52 (Wagenbachs Taschenbücherei; 17).

Karl Korn, »Salo oder die 120 Tage von Sodom« [zu Sade und Pasolinis Film], in: *Frankfurter Allgemeine Zeitung* vom 6. Februar 1976.

Romain Leick, »Die Faszination des Marquis de Sade. Pasolini und sein Vorbild«, in: *Vorwärts* Nr. 8 vom 19. Februar 1976, S. 13.

Yukio Mishima, *Madame de Sade. Schauspiel.* Deutsch von Sachiko Yatsushiro. Frankfurt/M.: Suhrkamp, 1976. 220 S. (Bibliothek Suhrkamp; 488) (OA: Tokyo 1969).

Joachim Schondorff, Rezension von Albert Drach, *In Sachen de Sade,* in: *Literatur und Kritik* 11 (1976), S. 182—183.

Josemaria Taberner-Prat, *Über den »Marat/Sade« von Peter Weiss: Artistische Kreation und rezeptive Mißverständnisse.* — Stuttgart 1976. (Stuttgarter Arbeiten zur Germanistik; 8). — 418 S. (zu Sade insbes. S. 237—267). 1969—1972 auf Spanisch verfaßte Arbeit, die von der Frau des Autors ins Deutsche übertragen wurde.

Friedrich Weigend, »Und der Rauch ihrer Qual ... Das Höllenzeugnis des Marquis de Sade und der Film Pasolinis«, in: *Christ in der Gegenwart* 28 (1976), S. 83—84.

1977

PHILOSOPHIE IM BOUDOIR. — München: Heyne, 1977. — 219 S. (Exquisit-Bücher; 112).

Artikel »Sade«, in: *Meyers Enzyklopädisches Lexikon.* — Mannheim/Wien/Zürich: Bibliographisches Institut/Lexikon Verlag, 1977, Bd. 20, S. 554B—555A.

E. A., »Die Abschaffung der Sünde«, in: *Sexualmedizin,* 1977, Nr. 5, S. 425—428.

Jack Altman, »Unser Opa war kein Ferkel. Vom Unglück, den Namen de Sade zu tragen«, in: *Playboy* (deutsche Ausgabe) Mai 1977, S. 82—88.

Peter Bürger, »Moral und Gesellschaft bei Diderot und Sade«, in: *Aktualität und Geschichtlichkeit. Studien zum gesellschaftlichen Funktionswandel in der Literatur.* — Frankfurt/M.: Suhrkamp, 1977, S. 48 bis 79 (Edition Suhrkamp; 879). (¹1973).

Bernd Mattheus, *Jede wahre Sprache ist unverständlich. Über Antonin Artaud und andere Texte zur Sprache veränderten Bewußtseins.* —

München: Matthes & Seitz, 1977 (batterien; 2). Zu Sade beiläufig S. 151 und 163.

Charles MÉRÉ, *Der Marquis de Sade*. Aus dem Französischen von Karin Kersten. Als unverkäufliches Manuskript vervielfältigt. — Berlin: Playmarket-Theaterverlag Jacobs und Kersten, 1977. 67 S. (Grand Guignol; 2). (OA: Paris 1921)

Jean-Paul SARTRE, *Der Idiot der Familie. Gustave Flaubert 1821—1857*. Aus dem Französischen von Traugott König. Band 1—5, Reinbek bei Hamburg: Rowohlt, 1977—1980 (OA: Paris 1971—1972). Zu Sade in allen Bänden (vgl. Index im letzten Band!).

1978

AUSGEWÄHLTE WERKE. Herausgegeben von Marion Luckow. Band 1—3, Frankfurt/M.: Zweitausendeins, [1978]. Nachdruck der Ausgabe Hamburg 1962—65.

Cecile BEURDELEY, Hg., Auszüge aus den »120 Tage von Sodom«, in: *L'Amour bleu. Die homosexuelle Liebe in Kunst und Literatur des Abendlandes.* — Fribourg (Suisse): Office du Livre, 1978, S. 146 bis 147. (OA ebenda 1978).

Iwan BLOCH, *Der Marquis de Sade und seine Zeit*. — München: Heyne, 1978. — 496 S. (Exquisit-Bücher; 155). ([1]1900).

Karl Heinz BOHRER, »Das Interesse an de Sades System«, in: *Die Ästhetik des Schreckens. Die pessimistische Romantik in Ernst Jüngers Frühwerk*. — München: Hanser, 1978, S. 239—245. 1983 als Ullstein Taschenbuch.

Ernest BORNEMANN, Artikel »Sadismus« und »Sadomasochismus«, in: *Lexikon der Liebe. Materialien zur Sexualwissenschaft.* — Band 4. — Frankfurt/M./Bern/Wien: Ullstein, 1978, S. 1180—1234.

Guy DEBORD, »Geheul für Sade«, in: *Gegen den Film. Filmskripte.* — Hamburg: Edition Nautilus, 1978, S. 23—34. Aus dem Französischen übersetzt von Pierre Gallissaires und Hanna Mittelstädt [leicht gekürzt]. OA: Paris 1952.

Daniel FARSON, *Vampire und andere Monster*. Übersetzt von Bernd Rullkötter. — Frankfurt am Main/Berlin/Wien: Ullstein, 1978 (OA: London 1975). Zu Sade: S. 155—158.

Hubert FICHTE, Erwähnung Sades in den Anmerkungen seiner Bearbeitung von LOHENSTEINS *Agrippina-* — Köln: Kiepenheuer & Witsch, 1978, S. 139.

Karl R. H. FRICK, *Licht und Finsternis. Gnostisch-theosophische und freimaurerisch-okkulte Gesellschaften bis an die Wende zum 20. Jahrhun-*

dert. — Band 2.1 und 2.2, Graz: Akademische Druck- und Verlagsanstalt, 1973. Zu Sade: S. 237—238 und S. 543—544.

Erik GRAWERT-MAY, »Über das Liebe-Heucheln mit engen Pupillen«, in: *Konkursbuch. Zeitschrift für Vernunftkritik* 2 (1978), S. 205 bis 214 (beiläufig zu Sade und Bataille S. 213).

Hans-Jürgen HEINRICHS, »Perverse Welten ...«, in: *Die Zeit,* Nr. 35 vom 25. August 1978, S. 29—30.

Hans-Joachim LOPE, *Französische Literaturgeschichte.* — Heidelberg: Quelle & Meyer, 1978 (UTB; 767). Zu Sade: S. 102, 199, 200, 201, 213, 249, 261, 394. Zahlreiche Neuauflagen.

Leo POLLMANN, *Geschichte der französischen Literatur. Eine Bewußtseinsgeschichte.* Band 3: Zeitalter des Bürgertums (Von 1685—1879). — Wiesbaden: Athenaion, 1978. Zu Sade: S. 119, 121, 126, 436, 496.

George RUDÉ, *Europa im 18. Jahrhundert. Die Aristokratie und ihre Herausforderung durch das Bürgertum.* Aus dem Englischen von Wolfram Wagmutth. — München: Kindler Verlag, 1978 (Kindlers Kulturgeschichte des Abendlandes; 14). OA: London 1972. Zu Sade beiläufig S. 250 und 312.

Traudl SEIFERT und Ute SAMETSCHEK, *Die Kochkunst in zwei Jahrtausenden. Das große Buch der Kochbücher und Meisterköche. Mit Originalrezepten von der Antike bis 1900.* — München: Gräfe und Unzer, [1978]. Zu Sade beiläufig S. 142.

Ingeborg TETZLAFF, Hg., Briefe Sades und ein Auszug aus Jean CLEBERT, *Vivre en Provence* (Paris 1977) zu Sade, in: *Licht der Provence.* — Köln: Dumont, 1978, S. 122—123 und S. 181—186.

Donald THOMAS, *Marquis de Sade. Die große Biographie.* — München: Blanvalet, 1978. — 288 S. (OA: London 1976). Neuausgabe 1990.

Christiane ZEHL-ROMERO, *Simone de Beauvoir.* — Reinbek bei Hamburg: Rowohlt, 1978 (rororo monographien; 260). Zu Sade: S. 112 bis 113.

1979

GESAMMELTE WERKE. — Flensburg: Stephenson, 1979. — 532 S.
DIE HUNDERTZWANZIG TAGE VON SODOM ODER DIE SCHULE DER AUSSCHWEIFUNG. Erste und vollständige Übertragung aus dem Französischen von Karl Haverland [Nachdruck der Ausgabe Leipzig 1909]. Mit einem Nachwort von Marion Lukkow. — Dortmund: Harenberg, 1979. 568 S. (Die bibliophilen Taschenbücher; 76).

DIE SÜNDEN DER MARQUISE [*La Marquise de Gange*, dt.]. Aus dem Französischen von Marie Devaux. — München: Heyne, 1979. — 204 S. (Exquisit-Bücher; 192)

[Jean-Pierre Faye, Hg.], *Der eingekreiste Wahnsinn*. Aus dem Französischen von Elke Wehr. — Frankfurt/M.: Suhrkamp, 1979 (Edition Suhrkamp; 965). [Enthält deutsche Übersetzung eines in der OA Paris 1977 erstmals veröffentlichten Briefes de Sades].

Artikel »Sade«, in: Diether Krywalski (Hrsg.), *Knaurs Lexikon der Weltliteratur. Autoren — Werke — Sachbegriffe*. — München/Zürich: Droemer Knaur, 1979, S. 647—648. 3. überarbeitete Auflage 1986.

Horst-Günter Beiersdorff, *Das Angebot zur französischen Literatur in den Lehrveranstaltungen der bundesrepublikanischen Universitäten 1948—1973*. — Heidelberg: Carl Winter, 1979 (Studia Romanica; 36). Zu Sade: S. 68 f. und 205.

Gerd Bergfleth, »Sade war kein Sadist« [Rezension zu D. Thomas, *Marquis de Sade*], in: *Frankfurter Allgemeine Zeitung* vom 9. Oktober 1979.

Pascal Bruckner und Alain Finkielkraut, *Die neue Liebesunordnung*. Aus dem Französischen von Hainer Kober. — München: Hanser, 1979. Zu Sade: S. 78 f. und 281. 1981 als Moewig Taschenbuch (Playboy Erotik). OA: Paris 1977.

Hans Daiber, Rezension zu D. Thomas, *Marquis de Sade*, in: *Die Zeit*, Nr. 15 vom 6. April 1979.

Hans Dollinger, *Atlas zur Kulturgeschichte*. — München: Südwest Verlag, 1979 (Eintragung zu Sade S. 245 mit falscher Jahresangabe).

Margret Dünser, »Marquis de Sade — beneidet er seine Vorfahren um die Jahre der Lust?«, in: *Bildzeitung* vom 19. Dezember 1979, S. 13.

Margret Dünser, »Im schwarzen Zimmer des Marquis«, in: *Highlife*. — München: Kindler, 1979, S. 397—401. 1981 als Knaur Taschenbuch.

Klaus Engelhardt und Volker Roloff, *Daten der französischen Literatur*. — München: dtv, 1979 (zu Sade: Band 1, S. 255—258).

Marie-Françoise Hans und Gilles Lapouge (Hrsg.), *Die Frauen — Pornographie und Erotik: Interviews*. Aus dem Französischen von Monika López. — Neuwied: Luchterhand, 1979 (Sammlung Luchterhand; 365). Zu Sade: S. 196. OA: Paris 1978.

Luce IRIGARAY, »›Französinnen‹, keine Anstrengung mehr ...«. Aus dem Französischen von Hans-Joachim Metzger. In: *Das Geschlecht, das nicht eins ist*. — Berlin: Merve Verlag, 1979, S. 204—210. (Internationaler Merve Diskurs; 82). OA: Paris 1977.

Steven MARCUS, *Umkehrung der Moral. Sexualität und Pornographie im viktorianischen England*. Aus dem Amerikanischen übersetzt von Angela Praesent und Ann Anders. — Frankfurt am Main: Suhrkamp, 1979 (Edition Suhrkamp; 903). Zu Sade beiläufig S. 232. OA: New York 1974.

Martin SALLER, *Königin Isabeau. Die Wittelsbacherin auf dem Lilienthron. Biographie*. — München: Nymphenburger, 1979. Zu Sade: S. 6, 65, 105, 247 f., 273, 277 und 293.

Jacques SOLÉ, *Liebe in der westlichen Kultur*. — Frankfurt am Main/Berlin/Wien: Ullstein/Propyläen, 1979 (OA: Paris 1976). Zu Sade beiläufig S. 167, 255, 272, 284, 285 und 295.

Jürgen von STACKELBERG, »Vor der Lektüre Prügel«. Zu Donald Thomas *Marquis de Sade*, in: *Die Welt* vom 17. Februar 1979.

Reay TANNAHILL, *Fleisch und Blut. Eine Kulturgeschichte des Kannibalismus*. Aus dem Englischen übertragen von Helmut Willmann. — München: Wilhelm Goldmann Verlag, 1979. Zu Sade: S. 141 und 165 f. OA: London 1975.

Ulrike WEINHOLD, »Das Universum im Kopf: de Sade und der junge Hofmannsthal«, in: *Neophilologus* 63 (1979), S. 108—119.

Hans Dieter ZIMMERMANN, *Schema-Literatur*. — Stuttgart/Berlin: Kohlhammer, 1979 (Urban Taschenbuch; 299). Zu Sade: S. 90—95.

1980

DIE PHILOSOPHIE IM BOUDOIR. Vorwort von Guillaume Apollinaire und Jacques Lacan. 8 Abbildungen von Sibylle RUPPERT. Aus dem Französischen von Hedda und Rolf Soellner. — Herrsching: Pawlak, 1980. 362 S. (^{1}1972).

PHILOSOPHIE IM BOUDOIR. — Wiesbaden: Fourier, [1980 (?)]. — 210 S. Neuauflage der 1967 erschienenen Übersetzung von Barbara RONGE.

ERZÄHLUNGEN UND SCHWÄNKE EINES PROVENZALISCHEN TROUBADOURS AUS DEM 18. JAHRHUNDERT ODER DER FRANZÖSISCHE BOCCACCIO. Mit 7 Radierungen von JANOSCH. — Gifkendorf: Merlin Verlag, 1980. [Diese Übersetzung erstmals 1963]. Wieder 1990.

60 EROTISCHE ORIGINALSTICHE. — München: Heyne, 1980. Mit einem Vorwort von R[ichard] S[eaver]. 16 S., 60 Tafeln. (Exquisit Kunst; 207). (OA: New York 1969).

Mario R. DEDERICHS, Rezension zu *Erzählungen und Schwänke* (mit Janoschs Illustrationen), in: *Stern*, Heft 50 vom 4. Dezember 1980, S. 282—286.

E. W. ESCHMANN, »Der Marquis de Sade an seinen Zellengenossen« [Pastiche eines Briefes], in: *Erdachte Briefe*. — Düsseldorf: Econ, 1980, S. 56—58. Auch als Moewig-Taschenbuch.

Xavière GAUTHIER, *Surrealismus und Sexualität*. — *Inszenierung der Weiblichkeit*. — Berlin: Medusa Verlag, 1980. (OA: Paris 1971).

Erik GRAWERT-MAY, »Die Entstehung der freien Konkurrenz aus dem Geist des Sadismus«, in: *Freibeuter* 4 (1980), S. 54—73.

Erik GRAWERT-MAY, »Das Auge des Gesetzes. Smith mit Sade«, in: *Zur Entstehung von Polizei- und Liebeskunst. Versuch einer anderen Geschichte des Auges*. — Tübingen: Gehrke und Poertner, 1980, S. 85 bis 113.

Hans-Ulrich GUMBRECHT, »Skizze einer Literaturgeschichte der französischen Revolution«, in: *Neues Handbuch der Literaturwissenschaft*, Bd. 13, hg. von Jürgen von STACKELBERG u. a. — Wiesbaden: Athenaion, 1980, S. 318—323.

Eva-Maria KNAPP-TEPPERBERG, »Warum ist der Marquis de Sade kein ›feministischer‹ Autor?«, in: *Lendemains* 5 (1980), Heft 17—18, S. 125—137. (Wieder 1981)

George Duncan PAINTER, *Marcel Proust. Eine Biographie*. Bd. 1 und 2, aus dem Englischen von Christian Enzensberger und Ilse Wodtke. — Frankfurt am Main: Suhrkamp, 1980 (st 561). Zu Sade: Bd. 1, S. 181. OA: London 1959—1965.

Phantastik in Literatur und Kunst. Hrsg. von Christian W. THOMSEN und Jens Malte FISCHER. — Darmstadt: Wissenschaftliche Buchgesellschaft, 1980 (zu Sade in verschiedenen Beiträgen S. 42, 209, 217 und 370).

Arturo SCHWARZ, *Man Ray/Arturo Schwarz*. — München: Rogner & Bernhard, 1980. Aus dem Italienischen von Benjamin Schwarz (OA: Milano 1977). Vgl. die Rezension »Sadistische Phantasien« von Barbara Catoir in *Frankfurter Allgemeine Zeitung* vom 20. 9. 1980.

Barbara W. TUCHMAN, *Der ferne Spiegel. Das dramatische 14. Jahrhundert*. — Düsseldorf: Claassen, 1980. Zu Sade S. 466. OA: London 1979.

1981

JUSTINE ODER VOM MISSGESCHICK DER TUGEND. Aus dem Französischen von Walter Fritzsche. Mit einem Nachwort von Marion Luckow. — Frankfurt/M. und Berlin, 1981. — 189 S. (Die Frau in der Literatur). (^{1}1967)

EINE KRIEGSLIST DER LIEBE [*Augustine de Villeblanche*, dt.], aus dem Französischen von Eberhard Wesemann, in: *Französische Erzähler von Lesage bis Mirabeau*. — Leipzig: Dietrich'sche Verlagsbuchhandlung, 1981, S. 501—517 und Einleitung S. 47.

o. A., (dpa-Meldung), »Gefängnis für de Sades ›Boudoir‹« [über Sade Verbot in Griechenland], in: *Frankfurter Rundschau* vom 24. Februar 1981, S. 9.

Artikel »Roland Barthes«, »Bastille«, »Hans Bellmer«, »Maurice Blanchot«, »Sylvano Bussotti«, »Albert Drach«, »Erotische Literatur«, »Sadismus«, »Satanismus«, »Algernon Charles Swinburne« und »Peter Weiss« in der 1981 abgeschlossenen 9. Auflage von *Meyers Enzyklopädischem Lexikon* mit Erwähnung Sades.

Georges BATAILLE, *Die Tränen des Eros*. Aus dem Französischen von Gerd Bergfleth. — München: Matthes und Seitz, 1981 (Batterien; 15).

Peter BROCKMEIER, »Kritik der Vorurteile vom Standpunkt des Libertins: Zum Werk des Marquis de Sade«, in: Peter BROCKMEIER und H. H. WETZEL, Hg., *Französische Literatur in Einzeldarstellungen*, Band 1. — Stuttgart: Metzler, 1981, S. 371—376.

Guido CREPAX, *Justine, von Marquis de Sade*. Rotterdam: Edition Belrose, o. J. [1981 (?)]. Unpaginiert. Vorwort von Virginia Finzi Ghisi (zur italienischen OA Milano 1979) und Michael Kriegeskorte zur deutschen Ausgabe.

Bernhard DIECKMANN und François PESCATORE, Hg., *Lektüre zu de Sade*. — Basel: Stroemfeld, Frankfurt/M.: Roter Stern, 1981. — 260 S. [Anthologie neuerer französischer Arbeiten zu Sade, mit Texten von Chantal THOMAS, Philippe ROGER, Pierre KLOSSOWSKI, Philippe SOLLERS, Marcel HÉNAFF, Maurice BLANCHOT, Jean-Joseph GOUX, Marcelin PLEYNET, Jean Pierre FAYE, Alain ROBBE-GRILLET, Gilles DELEUZE, Marcel MOREAU].

Angela CARTER, *Sexualität ist Macht: Die Frau bei de Sade*. Aus dem Englischen von Liselotte Mietzner. — Reinbek bei Hamburg: Rowohlt 1981. — 200 S. (OA: New York 1978). 1983 als Rowohlt Taschenbuch.

Janine CHASSEGUET-SMIRGEL, »De Sade: Der Körper und der Mord an der Realität«, in: *Psyche. Zeitschrift für Psychoanalyse und ihre Anwendung* 3 (1981), S. 237—252 (OA: Lyon 1980).

Otto FLAKE, *Marquis de Sade. Mit einem Anhang über Rétif de la Bretonne*. Nachwort von Michael FARIN. — Frankfurt/M.: Fischer, 1981. — 167 S. (¹1930).

Susanna FORAL, »Debauche [!] outrée«, in: *Die Orgie. Vom Kult des Altertums zum Gruppensex der Gegenwart*. — München: Heyne, 1981, S. 207—235.

Michael FRANZ, »De Sade et cetera«, in: *Unter dem Pflaster liegt der Strand*, Heft 8 (1981), S. 121—137.

Horst Albert GLASER, »»Utopie und Gegen-Utopie. Zu Sades ›Aline et Valcour‹, in: *Poetica* 13 (1981), S. 67—81.

Georges-Arthur GOLDSCHMIDT, »Sade einmal anders«, in: *Merkur. Deutsche Zeitschrift für europäisches Denken* 35 (1981), S. 440—443.

Ute HARZ, Artikel »Sade«, in: *Lexikon fremdsprachiger Schriftsteller von den Anfängen bis zur Gegenwart*, hg. von G. Steiner, H. Greiner-Mai und W. Lehmann. — Leipzig: VEB Bibliographisches Institut, 1981, Bd. 3, S. 202—203.

Dieter JETTER, *Grundzüge der Geschichte des Irrenhauses*. — Darmstadt: Wissenschaftliche Buchgesellschaft, 1981 (Grundzüge; 43). Zu Sade S. 125.

Theodor KARPOWSKY, *Die Flucht der Dinge*. — Berlin: Edition Sirene, 1981. — 118 S.

Pierre KLOSSOWSKI, »Sade und Fourier«, in: Pierre KLOSSOWSKI und Pierre ZUCCA, *Lebendes Geld*. — Bremen: Impuls Verlag, 1981.

Eva-Maria KNAPP-TEPPERBERG, »Warum ist der Marquis de Sade kein ›feministischer‹ Autor?«, in: *Literatur und Unbewußtes*. — München: Fink, 1981, S. 63—75 (¹1980).

Panajotis KONDYLIS, »Die Konsequenten: La Mettrie und Sade«, in: *Die Aufklärung im Rahmen des neuzeitlichen Rationalismus*. — Stuttgart: Klett-Cotta, 1981, S. 503—518.

Otto LEIBL, »Zwiespältig wie die Aufklärung selbst« [Zu Angela Carters Sade-Buch], in: *Frankfurter Allgemeine Zeitung* vom 13. Oktober 1981, S. L 17.

Stanislaw LEM, »Sade und die Spieltheorie«, in: *Essays*. — Frankfurt/M.: Insel Verlag, 1981, S. 79—121. (Wieder 1986)

René MAGRITTE, Briefliche Erwähnung Sades aus dem Jahr 1946, in: *Sämtliche Schriften*. Hg. von André Blavier. Aus dem Französischen von Christiane Müller und Ralf Schiebler. — München: Hanser, 1981, S. 157 (OA: Paris 1979).

Alberto Manguel und Gianni Guadalupi, Artikel »Butua«, »Silling« und »Tamoe«, in: *Von Atlantis bis Utopia. Ein Führer zu den imaginären Schauplätzen der Weltliteratur*. Bearbeitete und erweiterte deutsche Ausgabe. — München: Christian Verlag, 1981. (1984 als Ullstein Taschenbuch)

Hans Mayer, »Sade und die Dialektik der Aufklärung«, in: *Versuche über die Oper*. — Frankfurt/M. Suhrkamp, 1981, S. 44—48 (Edition Suhrkamp; 1050).

Karl-Heinz Menzen, »In spielerischer Absicht: Die vergessenen Leidenschaften der anderen Natur — Frühe Erziehungsentwürfe«, in: *Konkursbuch. Zeitschrift für Vernunftkritik* 7 (1981), S. 153—171.

Hans Platschek, Rezension zu *Justine oder vom Mißgeschick der Tugend*, in: *Die Zeit*, Nr. 40 vom 25. September 1981, S. 59.

Benjamin Rosso, »De Sade — Wüstling, Dichter und Knastologe«, in: *Der schönste Zeitvertreib. Ein frech-frivoler Streifzug durch die Geschichte der Erotik*. — München/Zürich: Delphin-Verlag, 1981, S. 149—162.

Jean Starobinski, *1789. Die Embleme der Vernunft*. Aus dem Französischen von Gundula Göbel. Einleitung und hrsg. von Friedrich Kittler. — Paderborn: Schöningh, 1981. Zu Sade: S. 36, 44, 67 und 104. Neuausgabe München: Fink, 1988. OA: Paris 1973.

George Tabori, Beiläufige Erwähnung Sades in seiner Erzählung »Pfft oder Der letzte Tango am Telefon«, erstmals deutsch in *Die Zeit* vom 20. November 1981, S. 52.

Stefan Thiel, Artikel »Marquis de Sade« und »Sadismus«, in: *Wörterbuch der Erotik*. — Gütersloh: Bertelsmann o. J. (1981 [?]), S. 277 bis 279.

Edmund Wilson, *Briefe über Literatur und Politik 1912—1972*. Aus dem Amerikanischen von Hans H. Werner. Hrsg. von Elena Wilson. — München: Hanser, 1981 (Erwähnung Sades in Briefen an Thornton Wilder, Mario Praz und Vladimir Nabokov aus den Jahren 1940—1951). OA: New York 1977.

Michael Winter, »Utopie im Boudoir. Zur Dialektik der utopischen Vernunft«, in: *Merkur. Deutsche Zeitschrift für europäisches Denken* 35 (1981), S. 994—1004.

1982

DIE LEIDEN DER TUGEND. — Rastatt: Moewig, 1982. Vorwort: Franz Spelman. — 239 S. (Playboy Erotik; 6269).

DIE VORTEILE DES LASTERS. — Rastatt: Moewig, 1982, (Playboy Erotik; 6275). [Nur angekündigt?]

JUSTINE ODER DIE MISSGESCHICKE DER TUGEND. Mit einem Vorwort von Schmuel Bieringer. Hg. von Roland W. Pinson, bearbeitet und redigiert von Brigitte Vetter. — Stuttgart: Europäische Bildungsgemeinschaft und weitere Buch-Klubs, [1982]. — 351 S.

DIE TAGE VON SODOM. Mit einem Vorwort von Franz Spelman. — Rastatt: Moewig, 1982. — 206 S. (Playboy Erotik; 6279).

LA NOUVELLE JUSTINE. Vollständige Folge aller 101 Kupferstiche zu dem Werk des Marquis de Sade (1797). Nachwort von Guido Kohlbecher. — Dortmund: Harenberg, 1982. — 125 S. (Das bibliophile Taschenbuch; 340).

AUGUSTINE DE VILLEBLANCHE. Aus dem Französischen von Sigrid von Massenbach. In: Anne Schmucke und Gerda Lheureux, Hg., *Die schönsten Liebesgeschichten aus Frankreich*. — Zürich: Diogenes, 1982, S. 9—25 (¹1958).

Walter Kohut, WALTER KOHUT SPRICHT MARQUIS DE SADE: DIE HUNDERTZWANZIG TAGE VON SODOM, GESPRÄCH EINES STERBENDEN MIT EINEM PRIESTER. Schallplatte, 33 UpM, Stereo, 30 cm. — [Wien]: Preiser, [1982 (?)].

Artikel »Sade«, in: *Der Frankreich-Brockhaus. Frankreich von A—Z.* — Wiesbaden: F. A. Brockhaus, 1982, S. 271.

Bernhard Dieckmann, *Devianz und Literatur: ein Beitrag zur Theorie abweichenden Sexualverhaltens am Beispiel Sades und des Sadismus.* — Diss. phil., Freie Universität Berlin, 1982 (Berlin 1983). — 208 S.

Günther Hunold, *Marquis de Sade.* — Rastatt: Moewig, 1982. — 173 S. (Moewig Erotik; 4647).

Werner Frank, *Letzte Aufzeichnungen von der Ermordung der Phantasie.* Hörspiel. Ursendung (unter der Regie von Bernd Lau mit Wolfgang Kieling in der Rolle Sades) am 9. September 1982 im Hessischen Rundfunk (hr 2), 21 Uhr 30.

A. F., »Ehre gerettet, Schloß nicht«, in: *Die Welt* vom 3. Januar 1982.

Ingo Groth (Hrsg.), *Freiheit, Gleichheit, Brüderlichkeit. Bilder von der Französischen Revolution.* Mit Erläuterungen und einem Nachwort von Ingo Groth. — Dortmund: Harenberg, 1982. (Die bibliophilen Taschenbücher; 313). Zu Sade: S. 138.

Hermann Ley, *Geschichte der Aufklärung und des Atheismus.* — Band 1—4, Berlin (DDR): Deutscher Verlag der Wissenschaften, 1982 (—1984). Zu Sade: Bd. 4.1, S. 38, 39, 57 und 269; Bd. 4.2, S. 107, 108, 201, 290, 291, 306, 307, 344, 455.

Kurt Kloocke, »Nihilistische Tendenzen in der französischen Literatur des 18. Jahrhunderts bis zu Benjamin Constant. Beobachtungen zum Problem des Ennui«, in: *Deutsche Vierteljahresschrift für Literaturwissenschaft und Geistesgeschichte* 56 (1982), S. 576—600.

Pierre Klossowski und Pierre Zucca, *Lebendes Geld.* — Bremen: Impuls Verlag, 1982. Aus dem Französischen übersetzt von Gabriele Ricke und Ronald Vouillé. Unpaginiert. OA: Paris 1970.

Clara Malraux, *Das Geräusch meiner Schritte. Erinnerungen.* Aus dem Französischen von Annette Lallemand und Ruth Groh [Auswahl!]. — Bern/München: Scherz, 1982. Beiläufig zu Sade S. 133. 1984 als Taschenbuch. OA: Paris 1966—1979.

Walter Markov, *Revolution im Zeugenstand. Frankreich 1789—1799.* Bd. 1, Leipzig: Philipp Reclam jun., 1982. Zu Sade: S. 31, 181, 286, 344, 503, 512, 544. 2. Auflage 1986.

Sonja Mikich, »Telefonat mit de Sade«, in: *Emma.* Sonderband Sexualität, September 1982, S. 20—22. (Auch als Taschenbuch)

Bernd Nitzschke, »Fünf Thesen zur Verteidigung der Vernunft des De Sade«, in: *Konkursbuch* 9 (1982), S. 98—108.

Alfred Opitz, »Das gallische Pandämonium. Frankreich und die französische Literatur in der konterrevolutionären Presse des ausgehenden 18. Jahrhunderts«, in: Pierre Grappin, Hg., *L'Allemagne des Lumières.* — Paris: Didier, 1982, S. 379—410.

Eb. Stein, »Von de Sade lernen«, in: *Wanderbühne. Zeitschrift für Literatur und Politik,* Nr. 3, Frühjahr 1982, S. 7—11.

Harald Steinhagen, »Der junge Schiller zwischen Marquis de Sade und Kant. Aufklärung und Idealismus«, in: *Deutsche Vierteljahresschrift für Literaturwissenschaft und Geistesgeschichte* 56 (1982), S. 134—157.

Reay Tannahill, »Der göttliche Marquis«, in: *Kulturgeschichte der Erotik.* Übersetzt von Eveline Neugebauer. — Wien/Hamburg: Zsolnay Verlag, 1982, S. 351—354. 1983 als Ullstein Taschenbuch.

Michael Winter, »Don Quijote und Frankenstein. Utopie als Utopiekritik: Zur Genese der negativen Utopie«, in: Wilhelm Voss-

KAMP, Hg., *Utopieforschung. Interdisziplinäre Studien zur neuzeitlichen Utopie*, Band 3, Stuttgart: Metzler, 1982, S. 86—112 (zu Sade insbesondere S. 99—106).

1983

GESPRÄCHE IM BOUDOIR. Mit einem Vorwort von Franz SPELMAN. — Rastatt: Moewig, 1983. — 141 S. (Playboy Erotik; 6382).

DER HENKER UND SEIN OPFER. Texte der Unterdrückung. Herausgegeben und eingeleitet von Dieter HOFFMANN. Mit einem Nachwort von Frank BENSELER. — Darmstadt/Neuwied: Luchterhand, 1983. — 253 S. (Sammlung Luchterhand; 451).

ARS EROTICA. DIE EROTISCHE BUCHILLUSTRATION IM FRANKREICH DES 18. JAHRHUNDERTS. Hg. und mit bibliographischen Notizen versehen von Ludwig von BRUNN. Mit einer Einleitung von Golo JACOBSEN. Band 2, Dortmund: Harenberg, [1983], S. 209—263: Kupferstiche zur *Nouvelle Justine* [identisch mit den 1982 im Bibliophilen Taschenbuch reproduzierten Abbildungen] und S. 265—271: Kupferstiche zur *Philosophie dans le boudoir*.

Rudolf AUGSTEIN, »Moral, Moral, Moral« [Einleitende Sade-Sequenz], in: *Der Spiegel*, Nr. 37 vom 12. September 1983, S. 18.

Simone de BEAUVOIR, *Soll man de Sade verbrennen? 3 Essays zur Moral des Existenzialismus*. — Reinbek bei Hamburg: Rowohlt, 1983 (¹1964). Wieder 1988.

Michel BERETTI, »Heimliche Zusammenkunft der Herrn Kant und de Sade unter der Täfelung des Opferfoyers«, in: Programmheft zur Aufführung von Johann Christian Bachs *Amadis* in der Hamburger Oper. — Hamburg 1983.

Johanna BOREK, »Sade oder die imaginierte Sensation in Einzelhaft«, in: *Sensualismus und Sensation. Zum Verhältnis von Natur, Moral und Ästhetik in der Spätaufklärung und im Fin de Siècle*. — Wien/Köln/Graz: Böhlau, 1983, S. 95—109.

André BRETON, »Der Marquis de Sade ist zurückgekehrt« [Gedicht]. Deutsch von Wolfgang Schmidt, in: *Surrealismus Poesie*. — Berlin: Edition Sirene, 1983, S. 22—23.

Luis BUÑUEL, Über seine Sadelektüre und Sadereminiszensen in seinem filmischen Werk, in: *Mein letzter Seufzer. Erinnerungen*. Aus dem Französischen von Frieda Grafe und Enno Patalas. — Königstein/Ts.: Athenäum Verlag, 1983, S. 207—209. (OA: Paris 1981).

Hans-Jürgen LÜSEBRINK, »Die ›Histoire de la Marquise de Gange‹: von den *Causes célèbres* zur ›écriture sadienne‹«, in: *Kriminalität und*

Literatur im Frankreich des 18. Jahrhunderts. — München/Wien: Oldenbourg, 1983, S. 134—152 (Diss. phil. Bayreuth 1981).

Man Ray, Marginalien zu Sade, in: *Selbstporträt. Aus dem Amerikanischen von Reinhard Kaiser.* — München: Schirmer/Mosel, 1983, S. 254 und 324 (OA: 1963).

Sibylle Ruppert, *Bilder zu Sade und Lautréamont.* — Gehrke 1983. — 160 S., 120 Abbildungen.

Hans-Ulrich Seifert, *Sade. Leser und Autor. Quellenstudien, Kommentare und Interpretationen zu Romanen und Romantheorie von D. A. F. de Sade.* — Frankfurt/M. und Bern: Lang, 1983. — 457 S. (Studien und Dokumente zur Geschichte der Romanischen Literaturen; 11).

Philippe Setbon, *Klaus Kinski: seine Filme, sein Leben. Aus dem Französischen von Hartmut Zahn und Sylvia Madsack.* — München: Heyne, 1983 (Heyne Filmbibliothek; 53). Zu Sade S. 45—46. OA: Paris 1979.

Peter Sloterdijk, Beiläufige Nennung Sades in *Kritik der zynischen Vernunft.* Frankfurt a. M.: Suhrkamp, 1983 (edition suhrkamp N. F.; 99), Band 1, S. 75 und 295, und Band 2, S. 480.

Monika Treut, »Das grausame Subjekt. Über Marquis de Sade und die Intentionen seines philosophischen Diskurses«, in: *Das Subjekt des Diskurses.* — Berlin: Argument-Verlag, 1983, S. 122—132 (Argument Sonderband; 98).

Elmar Waibl, »Zur Kritik des Kontraktualismus in Marquis de Sades erotomanischem Anarchismus«, in: *Wiener Jahrbuch für Philosophie* 15 (1983), S. 241—257.

1984

BETRACHTUNGEN ÜBER DEN ROMAN (1801). Deutsch von Renate Petermann, in: Rolf Geissler, *Romantheorie in der Aufklärung.* — Berlin: Akademie-Verlag, 1984, S. 242—258.

FRANZOSEN, NOCH EINE ANSTRENGUNG, WENN IHR REPUBLIKANER SEIN WOLLT. Aus dem Französischen von Joachim Klünner. — Berlin: Edition Sirene, 1984. — 82 S. (Flugschrift; 2). (^{1}1961)

JUSTINE ODER DAS UNGLÜCK DER TUGEND [Textauszug], in: Wolfgang Tenzler; Hg., *Die Lust zu lieben. Erotische Dichtung und Prosa aus vier Jahrtausenden.* — Berlin (DDR): Verlag Neues Leben, 1984, S. 174—176 und Nachwort S. 420. 2. Auflage ebenda 1985.

o. A., Notiz zur Verfilmung von Sades Leben durch den französischen Regisseur Patrick Antoine, mit Isis Peyrade in der Rolle der »Laure de Lauris«, in: *Stern,* Nr. 15 vom 5. April 1984, S. 17.

Artikel »Obszön«, in: *Historisches Wörterbuch der Philosophie*, hrsg. von Joachim Ritter und Karlfried Gründer, Bd. 6, Basel/Stuttgart 1984, Sp. 1081—1089 (zu Sade insbes. Sp. 1085).

Roland BARTHES, *Fragmente einer Sprache der Liebe*. Aus dem Französischen von Hans-Horst Henschen. — Frankfurt am Main: Suhrkamp, 1984 (zu Sade S. 89, 183 und 210). 1988 als Suhrkamp Taschenbuch Nr. 1586. OA: Paris 1977.

Rita BISCHOF, *Souveränität und Subversion. Georges Batailles Theorie der Moderne.* Mit einem Vorwort von Elisabeth Lenk. — München: Matthes & Seitz, 1984. Zu Sade insbes. S. 165—171.

Hartmut BÖHME, »Beim Glockenschlag des Wahnsinns schlagen die Stunden der Venus — Marquis de Sade«, in: Thomas Ziehe und Eberhard Knödler-Bunte (Hrsg.), *Der sexuelle Körper. Ausgeträumt?* — Berlin: Ästhetik & Kommunikation, 1984, S. 183—198. Wieder 1988 unter neuem Titel.

Salvador DALI, Kurze Erwähnung Sades, in: *Das geheime Leben des Salvador Dali.* Übersetzt von Ralf Schiebler. — München: Schirmer/Mosel, 1984, S. 351, 393 und 418. (OA: New York 1942).

Michel FOUCAULT, »Sade, ein Sergeant des Sex« [Gespräch mit Gérard Dupont, erstmals in *Cinématographe* Nr. 16, Dez. 1975/Jan. 1976], in: *Von der Freundschaft als Lebensweise. Im Gespräch.* Übersetzt von Marianne Karbe und Walter Seitter. — Berlin: Merve Verlag, 1984, S. 61—69 (Internationaler Merve Diskurs; 121).

Rolf GEISSLER, *Romantheorie in der Aufklärung. Thesen und Texte zum Roman des 18. Jahrhunderts in Frankreich.* — Berlin: Akademie Verlag, 1984, S. 51—53 und 92 ff. (Literatur und Gesellschaft)

Dieter HOFFMANN, *Die Figur des Libertin. Überlegungen zu einer politischen Lektüre de Sades.* — Frankfurt/M.: Campus-Verlag, 1984. — 139 S. (Campus Forschung; 368). Zugleich Diss. phil. Marburg 1983.

Wolfgang KAEMPFER, »Das schöne Böse. Zum ästhetischen Verfahren Ernst Jüngers in den Schriften der dreissiger Jahre im Hinblick auf Nietzsche, Sade und Lautréamont«, in: *Recherches Germaniques* Nr. 14 (1984), S. 103—117.

Erich KÖHLER, »Die ›Idee des Bösen‹ im Romanwerk de Sades. Erläuterungen zu Moralphilosophie, Gottesidee, Naturbegriff und Lustprinzip« und »Staat und Gesellschaft in den Romanen de Sades«, in: *Vorlesungen zur Geschichte der französischen Literatur. Aufklärung II*, hg. von Dietmar Rieger. — Stuttgart: Kohlhammer, 1984, S. 61—72.

Walter LENNIG, *Marquis de Sade*. — Reinbek bei Hamburg: Rowohlt, 1984. (Rowohlts Monographien; 108). — 153 S. [Neuauflage mit geringfügig erweiterter Biographie der erstmals 1965 erschienenen Monographie].

Bernd MATTHEUS, *Georges Bataille. Eine Thanatographie*. Bd. 1, München: Matthes & Seitz, 1984. Zu Sade insbes. S. 68, 87, 154, 157, 158, 163—164, 174, 203, 206, 214 f., 295, 302, 338 f., 378 f., 394, 398, 418 f.

Udo SCHÖNING, *Literatur als Spiegel. Zur Geschichte eines kunsttheoretischen Topos in Frankreich von 1800 bis 1860*. — Heidelberg: Winter, 1984. Zu Sade: S. 30, 42 und 299.

Georg SEESSLEN, Artikel »Die 120 Tage von Sodom«, »Juliette«, »Justine«, »Die neue Justine«, »Die Philosophie im Boudoir«, in: *Lexikon der erotischen Literatur.* — München: Heyne, 1984. (Exquisit-Bücher; 333).

Monika TREUT, *Die grausame Frau. Zum Frauenbild bei de Sade und Sacher-Masoch.* — Basel: Stroemfeld, Frankfurt/M.: Roter Stern, 1984. — 252 S.

Boris VIAN, »Von der Nützlichkeit einer erotischen Literatur«. Aus dem Französischen von Wolfgang Sebastian Baur. In: *Der Kommissar und die grüne Pantherin. Gesammelte Schriften über Film, Jazz, Literatur, Science Fiction und Pataphysik*, Frankfurt am Main: Zweitausendeins, 1984, S. 245—281. OA: Paris 1980.

1985

o. A., Artikel über den Sade-Übersetzer Stefan Zweifel, in: *Züri-Tip* (Freitagsbeilage zum Zürcher *Tages-Anzeiger*) vom 23. November 1985, S. 11.

Karl Alfred BLÜHER, *Die französische Novelle*. — Tübingen: Francke, 1985 (utb-Taschenbuch; 49). Zu Sade: S. 109, 112, 128, 164, 166.

Jean-Pierre DUBOST, *Wiederholter Anlauf zu einer unabschließbaren Rede über das Verschwinden der Welt*. — Stuttgart: Edition Patricia Schwarz, 1985. — 90 S.

André GLUCKSMANN, Zum Erkenntnisprozeß bei Sade und Sacher-Masoch, in: *Die Macht der Dummheit.* — Stuttgart: Deutsche Verlagsanstalt, 1985, S. 243—248. 1988 als Ullstein-Taschenbuch. OA: Paris 1985.

Elmar HENNLEIN, »Der Marquis de Sade und die erotische Phantastik«, in: *Erotik in der phantastischen Literatur.* — Essen: Die Blaue Eule, 1985, S. 105—110.

Adolf Holl, Marginalien zu Sade, in: *Mitleid im Winter. Erfahrungen mit einem unbequemen Gefühl.* — Reinbek bei Hamburg: Rowohlt, 1985. (Vgl. Rezension in: *Süddeutsche Zeitung* vom 31. August 1985, S. 105 mit dem Titel »Marquis de Sade auf der Reservebank«)

Manfred Jurgensen, *Beschwörung und Erlösung. Zur literarischen Pornographie.* — Bern/Frankfurt am Main/New York: Peter Lang, 1985. Zu Sade insbesondere S. 61—125.

Walter Markov, *Die Napoleon-Zeit. Geschichte und Kultur des Grand Empire.* — Leipzig und zugleich Stuttgart: Kohlhammer, 1985. Zu Sade: S. 233 und 281.

François Peraldi, »Erste Bemerkung: De Sade in Wort und Tat«, in: Terence Sellers, *Der korrekte Sadismus. Das Tagebuch der Angel Stern.* Aus dem Amerikanischen. — Berlin: Ikoo Buchverlag, 1985, S. 177 bis 178. 4. Aufl. 1989.

Enzo Siciliano, *Pasolini. Leben und Werk.* — Frankfurt am Main: Fischer, 1985. Zu Sade: S. 492—494, 2. Aufl. 1988.

G. L. Simons, *Das illustrierte Buch der erotischen Weltrekorde.* — München: Heyne, 1985. — Zu Sade: S. 168—170. (OA: New York 1975).

Patrick Süskind, Kurze Erwähnung Sades, in: *Das Parfum.* — Zürich: Diogenes, 1985, S. 7.

Stefan J. Tschenett, *Das Denken de Sades: Progressismus oder Dekadenz? Reichweite einer philosophischen Reflexion.* — Diss. phil. Universität Innsbruck, 1985. 326 Bl. 4°.

Birgit Wagner, »›Schwarze‹ und ›weiße‹ Utopien und ein Garten des Marquis de Sade« [zu *Aline et Valcour*], in: *Gärten und Utopien. Natur- und Glücksvorstellungen in der französischen Spätaufklärung.* — Wien/Köln/Graz: Böhlau Nachf., 1985, S. 160—176 (Junge Wiener Romanistik; 7).

Hilde Zaloscer, Beiläufige Anmerkungen zu Sade, in: *Der Schrei. Signum einer Epoche. Das expressionistische Jahrhundert.* — Wien: Edition Brandstätter, 1985, S. 30 und 98.

Bernd Zirfas, *Das Wüten der Wünsche oder 30 Gedankenverstrahlungen für den Marquis de Sade.* — Gelsenkirchen: edition prima vista, 1985. — 39 S.

1986

DIE BEFREIUNG DER LUST, NATUR, GESELLSCHAFT UND SEXUALITÄT BEI DEM MARQUIS DE SADE (Anthologie von Sadetexten). Einleitung, Vorwort und Nachwort von Walter Neumann.

Illustrationen von Adrian Raasch und Rudolf Schwanke. Hg. von Walter NEUMANN. Übersetzt von Denise. — Hannover: Edition Nicole, 1986. — 132 S.

JUSTINE [Textauszug nach der Luckowschen Werkausgabe], in: Hermann KINDLER (Hrsg.), *Die klassische Sau. Das Handbuch der literarischen Hocherotik.* — Zürich: Haffmans Verlag, 1986, S. 207—208.

JUSTINE [Textauszug nach der Luckowschen Ausgabe aus dem Jahr 1981] und Wiedergabe eines Abschnitts aus Iwan Blochs *Der Marquis de Sade und seine Zeit,* in: Jürgen WERTHEIMER (Hrsg.), in: *Ästhetik der Gewalt. Ihre Darstellung in Literatur und Kunst.* — Frankfurt am Main: Athenäum-Verlag, 1986, S. 209—220.

Günther ALBUS, *Kulturgeschichtliche Tabellen zur deutschen Literatur.* Bd. 1, Berlin: Volk und Wissen, 1986. Zu Sade S. 401, 409, 411, 417 und 419.

Roland BARTHES, *Sade, Fourier, Loyola.* Aus dem Französischen von Maren Sell und Jürgen Hoch. — Frankfurt/M.: Suhrkamp, 1986 (stw; 585). — 213 S. (^{1}1974).

Maurice BLANCHOT, *Sade.* Aus dem Französischen von Johannes Hübner. 2. Aufl. 1986 (^{1}1963). Berlin: Henssel, 1986. 64 S. (Neue Lot; 10).

Jean-Pierre DUBOST, *Einführung in den letzten Text. Zwei Vorträge* [gehalten am 5. und 7. Juli 1985 in Stuttgart]. — Stuttgart: Edition Schwarz, Galerie Kubinski, 1986. — 81 S.

Ulrike HEIDER (Hrsg.), *Sadomasochisten, Keusche und Romantiker. Vom Mythos neuer Sinnlichkeit.* — Reinbek bei Hamburg: Rowohlt, 1986 (rororo Sachbücher; 7979). Zu Sade insbes. S. 9 und 24—26).

Jules JANIN, *Der Marquis von Sade und andere Anschuldigungen.* Mit einem Text von Ernst ULITZSCH sowie einem Nachwort [von Michael FARIN]. — München: belleville, 1986. — 76 S. [Enthält neben Janins Text aus dem Jahr 1835 die vorne unter 1796/1810, 1808, 1815, 1829, 1833/1898, 1841 und 1920 aufgeführten Texte von HUBER, [SCHREIBER], E. T. A. HOFFMANN, WAGENSEIL, SCHLITZ, WOLFF und ULITZSCH].

Wolfgang KOEPPEN, Beiläufige Erwähnung Sades in Artikeln zu Lautréamont, Peter Weiss und Jules Michelet, in: *Gesammelte Werke,* hrsg. von Marcel Reich-Ranicki, Bd. 6, Frankfurt am Main: Suhrkamp, 1986, S. 143, 411 und 493.

Stanislaw LEM, *Sade und die Spieltheorie.* Aus dem Polnischen von Friedrich Griese. — Frankfurt am Main: Suhrkamp, 1986. 214 S. (^{1}1981).

Bernd MATTHEUS, *Heftige Stille. Andere Notizen.* — München: Matthes & Seitz, 1986. Zu Sade: S. 121, 166, 188 f., 234, 264 und 269.

Beatriz RUFER, »Sind Frauen humaner als Männer? Notizen zum Aggressionstabu der Frau«, in: *Widerspruch. Beiträge zur sozialistischen Politik,* Heft 12, Zürich 1986, S. 64—74 (zu Sade insbes. S. 69—71).

Eberhard SCHLOTTER, *16 Radierungen zu »Philosophie im Boudoir« von Marquis de Sade.* — München: Edition Kress, [1986 (?)], [19 Bl.] 16 Illustrationen (Auflage 100 Exemplare).

Hermann SCHREIBER, Beiläufige Nennung Sades in *Frankreichs große Jahrhunderte. Historische Impressionen zwischen Absolutismus und Empire.* — Gießen: Damals-Bibliothek, 1986, S. 77, 172, 188 und 203.

Otto SCHWEITZER, *Pier Paolo Pasolini.* — Reinbek bei Hamburg: Rowohlt, 1986 (rororo-Monographien; 354). Zu Sade: S. 125.

Jörg TRAEGER, *Der Tod des Marat: Revolution des Menschenbildes.* — München: Prestel, 1986. Zu Sade: S. 9, 146 und 198.

Jean-Noël VUARNET, *Der Künstler-Philosoph.* Aus dem Französischen von Brunhilde Wehinger. — Berlin: Merve Verlag, 1986 (Merve Diskurs; 127). OA: Paris 1977.

1987

JUSTINE ODER DIE LEIDEN DER TUGEND GEFOLGT VON JULIETTE ODER DIE WONNEN DES LASTERS. Aus dem Französischen von Raoul Haller. Hrsg. und mit einem Dossier versehen von Michael Farin und Hans-Ulrich Seifert. — Nördlingen: Greno, 1987. 1184, xlvii S. (^{1}1905).

JUSTINE. Mit [27] Kupferstichen der Ausgabe von 1797. — München: Delphin Verlag 1987. Unter Verwendung der Übersetzung von Christian Barth *[Les Infortunes de la vertu,* dt.]. — 255 S.

Georges BATAILLE, *Die Literatur und das Böse.* Aus dem Französischen von Cornelia Langendorf. Mit einer Studie von Gerd Bergfleth und einem Beitrag von Daniel Leuwers. — München: Matthes & Seitz, 1987. Zu Sade: S. 91—117. OA: Paris 1957.

Mechthild CURTIUS, *Lubéron und Lacoste: das Lustschloß des Marquis de Sade.* — München: TR-Verlags-Union, 1987. — 14 S. [Manuskript zu einer Fernsehsendung des Bayerischen Rundfunks].

Andrea DWORKIN, Der Marquis de Sade (1740—1814)«, in: *Pornographie. Männer beherrschen Frauen.* Aus dem Amerikanischen von Erica Fischer. — Köln: Emma Frauenverlags-GmbH, 1987. S. 88 bis 124. OA: New York 1981.

Paul Eluard, *Liebesbriefe an Gala (1924—1948)*. Hrsg. und kommentiert von Pierre Dreyfus. Aus dem Französischen von Thomas Dobberkau. — Hamburg: Hoffmann & Campe, 1987. Zu Sade: S. 113, 205 und 208. OA: Paris 1984.

Hubert Fichte, »Der Blutige Mann. Sade.«, in: *Homosexualität und Literatur. Polemiken. 1. Teil.* — Frankfurt am Main: Fischer, 1987, S. 23—131.

Margrit Gerste, »De Sade verbieten? Politikerinnen und Journalisten diskutieren über Pornographie«, in: *Die Zeit*, Nr. 50 vom 4. Dezember 1987, S. 17.

Peter Gorsen, *Sexualästhetik: Grenzformen der Sinnlichkeit im 20. Jahrhundert.* — Reinbek bei Hamburg: Rowohlt, 1987. Zu Sade: S. 32, 120, 124, 215, 231 f., 345, 366, 377 und 383.

Hans-Jürgen Heinrichs, Radiofeature in der Reihe ›Städte und Landschaften‹ über *Lubéron und Lacoste — die Landschaft und das Schloß des Marquis de Sade.* Sendung am 24. Mai 1987, 17^h 00 bis 18^h 00 auf SWF 2.

Dieter Hoof, *Pestalozzi und die Sexualität seines Zeitalters.* — Sankt Augustin: Verlag Hans Richarz, 1987 (Sexualpädagogische Beiträge; 3). Zu Sade: S. 259 f., 343, 466, 490, 530, 550 f., 568, 582, 589.

Peter Jost, *Endlose Strände mit jubelnden Völkern* (Theaterstück, in dem u. a. Sade vorkommt; Uraufführung im Zürcher Theater am Neumarkt am 21. Mai 1987). Hörspielfassung unter dem Titel *Unheimliche Vertrautheiten (Die Reise der Charlotte Corday)* am 2. Juni 1987 in Radio DRS-2 gesendet.

Ursula Link-Heer, *Der »göttliche Marquis« als Anwalt der Tugend? Zum Paradox des Sadeschen Theaters.* Habilitations-Vortrag Universität Siegen vom 14. Dezember 1987. Maschinenschriftlich.

Lexikon des Internationalen Films. Das komplete Angebot in Kino und Fernsehen seit 1945. Redaktion Klaus Brüne. Hrsg. vom Katholischen Institut für Medieninformation e.V. und der Katholischen Filmkommission für Deutschland. Bd. 1—10, Reinbek bei Hamburg, 1987. Zu Sade Bd. 3, S. 1689 f.; Bd. 4, S. 1924 f.; Bd. 5, S. 2171 und 2497 und Bd. 8, S. 4059 (Filme von Pierson, Bernardson, Franco, Vadim, Brook und Pasolini).

Bruno Preisendorfer, Zu Sades *Justine*, in: *Zitty. Illustrierte Stadtzeitung* (Berlin), Nr. 24 (1987), S. 44—45.

Raymond Queneau, Beiläufige Erwähnung Sades in »Philosophie und Taugenichts«, übersetzt von Marianne Karbe, in: *Tumult. Zeitschrift für Verkehrswissenschaft*, Heft 9 (1987), S. 5—16. OA: Paris 1950.

Manfred STARKE, Artikel »Sade«, in: Manfred NAUMANN (Hrsg.), *Lexikon der französischen Literatur*. — Leipzig: VEB Bibliographisches Institut, 1987, S. 393—394.

Harald STÜBING, *Die maskierte Moderne. Untersuchungen zur Konstitution der Gegenwart [Baudelaire, Sade ...]*. — Diss. phil. Freie Universität Berlin 1987. 267 S.

Stefan ZWEIFEL und Michael PFISTER, *La Coste*. — Zürich: [Selbstverlag der Autoren], 1987. Illustriert von Martin HODEL. 28 S. [Führer durch Sades Stammschloß Lacoste mit ausführlichen bibliographischen Angaben].

1988

Artikel »Sade«, in: *Lexikon der Weltliteratur*. Bd. 1: Biographisch-bibliographisches Handwörterbuch nach Autoren und anonymen Werken. Hrsg. von Gero von WILPERT. 3., neubearb. Aufl. Stuttgart: Alfred Kröner Verlag, 1988, S. 1318.

Artikel »Sade«, in: *Das große Personen-Lexikon zur Weltgeschichte in Farbe*. Texte von Roswitha GLÜCK und Rainer NIER-GLÜCK. Band 2 (L—Z), [Dortmund]: Chronik Verlag, [1988], S. 1189—1190.

Artikel »Sade«, in: *Der Literatur Brockhaus*. Hrsg. und bearbeitet von Werner HABICHT, Wolf-Dieter LANGE und der Brockhaus-Redaktion. — Mannheim: F. A. Brockhaus, 1988, S. 263 f.

William Howard ADAMS, Beiläufige Erwähnung Sades in: *Prousts Figuren und ihre Vorbilder*. Aus dem Amerikanischen von Christoph Groffy. — Frankfurt am Main: Suhrkamp, 1988, S. 129—131.

Simone DE BEAUVOIR, *Soll man de Sade verbrennen? 3 Essays zur Moral des Existenzialismus*. — Reinbek: Rowohlt, 1988 (rororo; 5174). [1]1964.

Hartmut BÖHME, »Umgekehrte Vernunft. Dezentrierung des Subjekts bei Marquis de Sade«, in: *Natur und Subjekt. Versuche zur Geschichte der Verdrängung*. — Frankfurt am Main: Suhrkamp, 1988, S. 274—308. (Edition Suhrkamp; 1470). Erstmals 1984 unter anderem Titel.

Das Denken von Sade. Hg. von TEL QUEL. Aufsätze von Pierre Klossowski, Roland Barthes, Philippe Sollers, Hubert Damisch und Michel Tort. — Frankfurt am Main: Fischer Verlag, 1988 (Fischer Wissenschaft; 7413). ([1]1969).

Albert DRACH, »Grundstoffe. Über das Sammeln von Feinden [und die Bedeutung de Sades]«, in: *Schreibheft. Zeitschrift für Literatur*, Nr. 32, November 1988, S. 3—8.

Jean-Pierre Dubost, *Eros und Vernunft. Literatur der Libertinage.* — Frankfurt am Main: Athenäum, 1988. — 444 S. mit 20 Abb.

Reinhold R. Grimm, »›Les délices du nouveau régime‹ — Der Marquis de Sade und die französische Revolution«, in: *Literatur der französischen Revolution. Eine Einführung.* Hrsg. von Henning Krauß. — Stuttgart: Metzler, 1988, S. 228—247.

Thomas Hölscher, *Bild und Exzeß. Näherungen zu Goya.* — München: Matthes & Seitz, 1988. Zu Sade: S. 34, 60, 108, 117 und 138.

Elisabeth Lenk, »JUSTINE und JULIETTE. Antagonistisches Frauenbild und antagonistische Moral bei D. A. F. de Sade«, in: *Streitbare Philosophie. Margherita von Brentano zum 65. Geburtstag.* Hrsg. von Gabriele Althaus und Irmgard Staeuble. — Berlin: Metropol, 1988, S. 285—301.

Claus Lutterbeck, »Ein Gläschen auf den Marquis de Sade« [über Thibault de Sades Werbung für einen Champagner ›de Sade brut‹], in: *Der Stern*, Nr. 11 vom 9. März 1988, S. 243.

Heiner Müller (im Gespräch mit Fritz Raddatz), »Ich wünsche mir Brecht in der Peep-Show«, in: *Transatlantik*, Heft 3 (1988), S. 32 bis 37 (zu Sade: S. 34).

Jean Jacques Pauvert, »Bürger Sade. Aus dem ersten Band der neuen Biographie, die sein Verleger Jean-Jacques Pauvert schrieb. Übersetzt von Yvonne Petter«, in: *taz* vom 24. Februar 1988, S. 15 bis 16.

Andreas Pfersmann, *Gorgo und Gomorra. Versuch über Sade.* — Diss. phil. Universität Wien, 1988, III, 191 S. [Résumé in *Sprachkunst* 19 (1988), S. 166].

Michael Pfister und Stefan Zweifel, »Die Mühen des Marquis de Sade mit der deutschen Sprache. Zu den drei Fassungen auf deutsch von Sades ›Justine/Juliette‹«, in: *Tages-Anzeiger* (Zürich) vom 22. September 1988, S. 12.

Michael Pfister und Stefan Zweifel, Ein Schlaglicht auf die Sade-Rezeption. Neuerscheinungen zum Marquis de Sade«, in: *Neue Zürcher Zeitung* vom 11./12. Juni 1988 (Nr. 134), S. 68.

Michael Pfister und Stefan Zweifel, »Lacoste, das provenzalische Stammschloß des Marquis de Sade«, in: *Neue Zürcher Zeitung* vom 22./23. Oktober 1988 (Nr. 247), S. 86—88. Mit Photographien von Karl Hofer.

Rolf Reichardt, Artikel »Bastille«, in: *Handbuch politisch-sozialer Grundbegriffe in Frankreich 1680—1820*, Heft 9, München: R. Oldenbourg Verlag, 1988, S. 7—74 (beiläufig zu Sade S. 19 und 21).

Roter Kalender gegen den grauen Alltag: 1989. Revolutionskalender. — Berlin: Rotbuch Verlag, [1988]. Verzeichnet Sades Sterbedatum (2. Dez.) und die Uraufführung seines Theaterstückes »Graf Oxtiern« (22. Oktober).

Beatriz RUFER, »Gewalt in der Pornographie. Notizen zur Natur- und Subjekt-Konzeption bei Sade«, in: *Widerspruch. Beiträge zur sozialistischen Politik,* Heft 16 (1988), S. 23—30.

Gunter SCHMIDT, beiläufige Erwähnung Sades in dem Artikel »Frust in unseren Betten«, in: *Der Stern,* Nr. 15 vom 7. April 1988, S. 42.

Christoph SCHULTE, *Radikal böse. Die Karriere des Bösen von Kant bis Nietzsche.* — München: Wilhelm Fink Verlag, 1988 (zugleich Diss. phil. FU Berlin 1987). Zu Sade: S. 105 und S. 331—333.

Catherine SILBERSCHMIDT, »Die Lust ist unteilbar«, in: *WochenZeitung* (Zürich), Nr. 16 vom 22. April 1988, S. 4 f.

Ingrid STROBL, »Justine und Justiz«, in: *Emma,* Heft 2, Februar 1988, S. 31—32. (Wieder in *Emma Sonderband* 5, Februar 1988, S. 66—67). Erstmals unter dem Titel »Justine und die Justiz« in *taz* vom 20. Januar 1988, S. 10.

Thornton WILDER, *Die Tagebücher 1939—1961.* Ausgewählt und hrsg. von Donald GALLUP. Aus dem Amerikanischen von Joachim A. Frank. — Frankfurt am Main: Fischer, 1988. Zu Sade S. 191 und 330. OA: London 1985.

Die Wonne des Lasters. Seltene Sadiana. Hrsg. und mit einem Dossier von Michael FARIN und Hans-Ulrich SEIFERT. — München: Wilhelm Heyne Verlag, 1988. 171 S. (Heyne Exquisit; 422). [Enthält die vorstehend aufgeführte Justine-Ausgabe aus dem Jahr 1874, sowie Texte von Julian Schmidt (1858), Dr. med. Ritter (um 1900). Dr. Veriphantor (1903), Wladimir Russalkov (1894), *Aus den Memoiren einer Sängerin* (1870), Regina von Wladiczek (1907) und *Meyers Konversationslexikon* (1878)].

1989

JULIETTE ODER DIE VORTEILE DES LASTERS. Aus dem Französischen von Raoul HALLER [Auszüge. Nachdruck der 1973 im Wilhelm Heyne Verlag München erschienenen Ausgabe]. Mit einem Nachwort von Hermann KAUSS. — Frankfurt am Main/Berlin: Ullstein, 1989. 330 S. (Die Frau in der Literatur; 30221).

KLEINE SCHRIFTEN. Aus der von Marion Luckow hrsg. 3bändigen Ausgabe ausgewählt, zusammengestellt und mit einer Einführung versehen von Karl Heinz KRAMBERG. — Hamburg: Merlin Verlag, 1989. 664 S. (^{1}1968).

SCHRIFTEN AUS DER REVOLUTIONSZEIT. 1788—1795. Hrsg. von Georg Rudolf LIND. — Frankfurt am Main: Insel Verlag, 1989. 213 S. (Insel Taschenbuch; 1117). (^{1}1969).

PHILOSOPHISCHE NEUJAHRSGRÜSSE [Brief Sades an Mademoiselle Rousset vom 26. Januar 1782]. Aus dem Französischen übersetzt und erläutert von Stefan ZWEIFEL und Michael PFISTER, in: *Der Pfahl. Jahrbuch aus dem Niemandsland zwischen Kunst und Wissenschaft*, hrsg. von Axel Matthes, Bd. 2, München: Matthes & Seitz, 1989, S. 228—233.

VOM UNGLÜCK DER TUGEND. WORTE DES MARQUIS DE SADE [eine Zusammenstellung von 223 Zitaten aus Sades Werk]. Hrsg. von Werner DÜRRSON. Aus dem Französischen übersetzt von Werner DÜRRSON unter Mitarbeit von Andrée SCHMITT. — Eggingen: Edition Isele, 1989. 98 S.

DIE WAHRHEIT. Aus dem Französischen von Michael PFISTER und Stefan ZWEIFEL, in: Bernd Mattheus/Axel Matthes (Hrsg.), *Ich gestatte mir die Revolte*. — München: Matthes & Seitz, 1989, S. 308 bis 316 (Debatte; 17).

HIMMEL UND HÖLLE IM IRRENHAUS [Textauszug aus der *Histoire de Juliette*]. Übersetzt von Michael PFISTER und Stefan ZWEIFEL, in: *Sans Blague! Magazin für Schund und Sünde* (Zürich), Nr. 5, April 1989, S. 20—24.

DER TOD DER PRINZESSIN BORGHESE [Textauszug aus der *Histoire de Juliette* nach der Merlin Werkausgabe], in: *Das Buch der Niedertracht*, hrsg. von Klaus G. RENNER. — Frankfurt am Main: Fischer, 1989, S. 54—60 (Fischer Taschenbuch; 9295). (^{1}1986).

o. A., Notiz zur geplanten Verfilmung von Sades Leben durch Franz GEIGER für das Deutsche Fernsehen, in: *Tages-Anzeiger* (Zürich) vom 24. Januar 1989.

F[riedhelm] B[ECKMANN], Artikel »Sade«, in: *Harenbergs Lexikon der Weltliteratur. Autoren — Werke — Begriffe*, Bd. 4, Dortmund: Harenberg-Lexikon-Verlag, 1989, S. 2531—2532.

Gerd BERGFLETH, »Theoretische Grundlagen des Surrealismus«, in: *Der Pfahl*, hrsg. von Axel MATTHES. — München: Matthes & Seitz, 1989, S. 47—81 (zu Sade: S. 56, 66 und 75).

Janine CHASSEGUET-SMIRGEL, *Anatomie der menschlichen Perversion*. — Stuttgart: Deutsche Verlags-Anstalt, 1989. Zu Sade besonders S. 137 ff. und S. 169 ff.

Enzo CORMANN, *Sade, Höllenkonzert.* Programmheft des Theaters Dortmund, hrsg. von den Städtischen Bühnen Dortmund. 40 S., illustriert [enthält Beiträge von Michael PFISTER und Stefan ZWEIFEL und Übersetzungen verschiedener Texte von und zu de Sade]. Deutsche Uraufführung von Cormanns Stück: 21. Oktober 1989.

Henri COULET, »Das Innenleben von Sades Justine«. Aus dem Französischen übersetzt und mit Kommentaren versehen von Michael PFISTER und Stefan ZWEIFEL. In: *Der Pfahl. Jahrbuch aus dem Niemandsland zwischen Kunst und Wissenschaft* 3 (1989), hrsg. von Axel Matthes, Bd. 3 (1989), S. 82—92. OA: Paris 1968.

Michel DELON, »Sade: Marquis-Sansculotte?«. Aus dem Französischen von Carolin FÖRSTER. In: Hans Joachim Neyer (Hrsg.), *Vive la Révolution. Freiheit, Gleichheit, Brüderlichkeit.* — Berlin: Elefanten Press, 1989, S. 131—141.

Pascal DIBDIE, *Wie man sich bettet. Die Kulturgeschichte des Schlafzimmers.* — Stuttgart: Klett-Cotta, 1989. Zu Sade: S. 162.

Jean-Pierre DUBOST, *»Der Weg ist nunmehr vorgezeichnet...« Sade und die Französische Revolution.* — Stuttgart: Edition Schwarz, 1989. — 285 S.

Michael ENDE, *Der satanarchäolügenialkohöllische Wunschpunsch.* — Stuttgart: Thienemann, 1989. Zu Sade: S. 196.

Marlies GERHARDT, »Blaubarts letztes Privileg«, in: *Literatur Konkret,* Heft 14, 1989/90, S. 12—13.

Klaus HARPRECHT, *Die Lust der Freiheit. Deutsche Revolutionäre in Paris.* — Reinbek bei Hamburg: Rowohlt, 1989. Zu Sade, ganz en passant, S. 367 und 397.

Ludwig HASLER, »Marquis de Sade«, in: *St. Galler Tagblatt* vom 5. Januar 1989, S. 2.

Hermann KAUSS, »Nachwort« zu *Juliette oder die Vorteile des Lasters.* — Frankfurt am Main/Berlin: Ullstein, 1989, S. 321—330 (Die Frau in der Literatur; 30221).

Jochen KÖHLER, »Paradoxien der Libertinage: Mirabeau — de Sade«, in: *Das Gewitter der Freiheit. Bedeutung und Wirkung der Französischen Revolution heute.* — Frankfurt am Main: Eichborn, 1989, S. 228—238.

Bernd MATTHEUS, *Georges Bataille. Eine Thanatographie.* Band 2: Chronik 1940—1951. — München: Matthes & Seitz, 1989 (Batterien; 32). Zu Sade insbes. S. 222 ff.

Rob Neuhaus, »Michael Pfister, 10. 11. 1967, Stefan Zweifel, 22. 12. 1967, beide Zürich [über die beiden Sade-Übersetzer], in: *Du*, Februar 1989, S. 18—19.

Michael Pfister und Stefan Zweifel, »Die Frau bei Sade — Schreiben als Inzest«, in: *Der Alltag* (Zürich), Oktober 1989, S. 139—145 (wieder im o. a. Programmheft zur Uraufführung von Enzo Cormanns Sadestück abgedruckt).

Michael Pfister und Stefan Zweifel, »Ein rebellischer ›Sohn der Revolution‹. Vom Umgang des Bicentenaire mit dem Marquis de Sade«, in: *Neue Zürcher Zeitung* vom 21. August 1989.

Michael Pfister und Stefan Zweifel, »Sade: unterwegs zu einer revolutionären Erotik der Politik«, in: *Fabrik-Zeitung* (Zürich) Nr. 53 (Juni 1989), S. 1—5. Mit Fotos von Jul Keyser (wieder im o. a. Programmheft zur Uraufführung von Enzo Cormanns Sadestück abgedruckt).

Matthias A. Poss, *Die Nichtrepräsentierbarkeit des ganz anderen: Studien zu Adorno, Benjamin, Büchner, Goethe, Thomas Mann, de Sade.* — Frankfurt am Main/Bern/New York: Lang, 1989.

Rabenkalender. Für jeden Tag im Jahr 1990. Hrsg. von Gerd Haffmanns. — Zürich: Haffmanns Verlag, [1989]. Eintragung zu Sade unter seinem Geburts- und Sterbedatum.

Dietmar Rieger, Die Literatur des 18. Jahrhunderts, in: *Französische Literaturgeschichte*, hrsg. von Jürgen Grimm. — Stuttgart: Metzler, 1989. Zu Sade: S. 185, 216 und 226 f.

Werner Ross, »Der Schädel des Marquis de Sade«, in: *Frankfurter Allgemeine Zeitung* vom 23. Mai 1986, Nr. 117, S. 26 (Zu Jules Janin).

Andreas Rossmann, »Aus dem Leben eines Stellungskriegers. Kann man de Sade erkennen? — Enzo Cormanns ›Höllenkonzert‹ als deutsche Erstaufführung in Dortmund«, in: *Frankfurter Allgemeine Zeitung* vom 30. Oktober 1989, S. 37.

SADEDAS [Katalog einer Ausstellung der Gruppe art-contact, Karlsruhe 27. Mai—24. Juni 1989, mit Arbeiten von Günter Brus, Hermann Nitsch, Pavel Schmidt, Daniel Spoerri, Roland Topor u. a.] — München: Anderland Verlagsgesellschaft, 1989. — 89 S.

Simon Schama, *Der zaudernde Citoyen. Rückschritt und Fortschritt in der Französischen Revolution.* Aus dem Englischen von Gerda Kurz und Siglinde Summerer. — München: Kindler, 1989. Zu Sade: S. 397—399 und 404—405. OA: New York 1989.

Ulrich Schreiber, »Rundlöcher, Ovallöcher. Enzo Cormanns ›Sade, Höllenkonzert‹ in Dortmund«, in: *Frankfurter Rundschau* vom 25. Oktober 1989, S. 17.

Hannelore Schröder, »Absolutistisches Subjekt contra ›subjektives Subjekt‹ oder Objekt«, in: Astrid Deuber-Mankowsky, Ulrike Ramming, E. Walesca Tietsch (Hrsg.), *1789/1989 — Die Revolution hat nicht stattgefunden*. Dokumentation des V. Symposions der Internationalen Assoziation von Philosophinnen. — Tübingen: Edition Diskord, 1989, S. 150—171.

Hans-Ulrich Seifert, Zu Sades Bastilleaufenthalt, in: *Die Bastille. bilder — Buch — Geschichte(n)*. Katalog einer Ausstellung der Universitätsbibliothek Trier. — Trier 1989, S. 31—33.

Jean Starobinski, Kurze Anmerkung zu Sade als Klassiker unserer Zeit, in: *Neue Zürcher Zeitung* vom 7./8. Oktober 1989, S. 66.

Jean Tulard, *Frankreich im Zeitalter der Revolutionen 1789—1851*. Aus dem Französischen übertragen von Arnulf Moser. — Stuttgart: Deutsche Verlags-Anstalt, 1989 (Geschichte Frankreichs; 4). Zu Sade: S. 27 f., 60, 179, 244. OA: Paris 1985.

Niels Werber, »Sade, Höllenkonzert, von Enzo Cormann« [Wiederabdruck einer Ankündigung aus der *taz*], in: *Magazin des Theaters Dortmund*, September 1989, S. 16.

Nils Werber, »Sade, Höllenkonzert, von Enzo Cormann« [Wietik & Politik, Nr. 6, Oktober 1989—Januar 1990, S. 12—15.

Unica Zürn, Anmerkung zu Sade, in: *Gesamtausgabe*, hrsg. von Günter Bose und Erich Brinkmann, Bd. 5, Berlin: Brinkmann & Bose, 1989, S. 157—158.

Gerhard Zwerenz, *Der Marquis de Sade*. Radiosendung in SWF 2 am 30. März 1989, 14^h 30—15^h 00.

DIE GROSSE HEYNE-JAHRESAKTION 1990

SCHAMLOS SCHÖN

»Ein Lesebuch der Sinnlichkeit«

Bedeutende Schriftsteller unserer Zeit schreiben über ihre sexuellen Phantasien, über Liebe, Lust und Leidenschaft.
Diese Sammlung vereint ausgewählte Höhepunkte der modernen erotischen Weltliteratur.
Die Autoren: Anaïs Nin, Henry Miller, Alberto Moravia, Anne-Marie Villefranche, Erica Jong, Charles Bukowski, Emmanuelle Arsan, Vladimir Nabokov u.a.

Heyne-Taschenbuch
01/8124

Wilhelm Heyne Verlag München

JUBILÄUMSBAND
HEYNE VERLAG

Erotische Romane,
in denen sinnliches Begehren,
Leidenschaft und Abenteuer
im Mittelpunkt stehen – prickelnd,
pikant, unwiderstehlich.

Heyne Jubiläumsband:
Lust
50/40

Heyne Jubiläumsband:
Erotik 50/15

Heyne Jubiläumsband:
Sinnlichkeit
50/31

WILHELM HEYNE VERLAG
MÜNCHEN